書影一　1965年8月24日，黃敬《易經初學義類》初版封面。

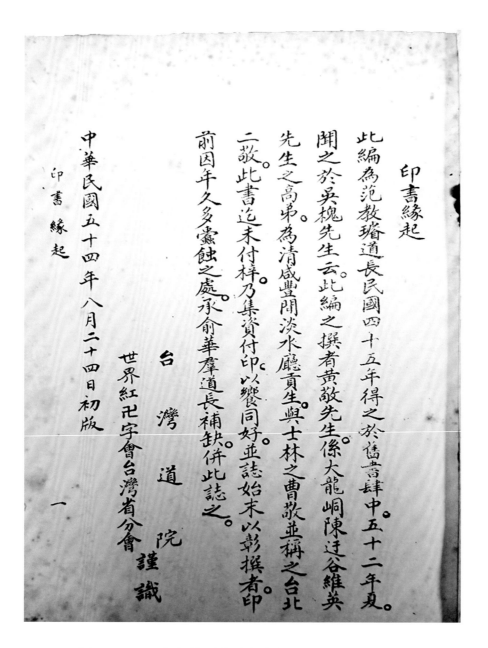

印書緣起

此編為范教璿道長民國四十五年得之於舊書肆中。五十二年夏。
聞之於吳槐先生云。此編之撰者黃敬先生係大龍峒陳迂谷維英
先生之高弟。為清咸豐閒淡水廳貢生與士林之曹敬並稱之台北
二敬。此書迄未付梓乃集資付印以饗同好並誌始末以彰撰者印
前因年久多蠹蝕之處承俞華犖道長補缺併此誌之。

　　　　　　　　　　台　灣　道　院

　　　　　　　世界紅卍字會台灣省分會　謹　識

中華民國五十四年八月二十四日初版

印書緣起

一

書影二　1965年初版〈印書緣起〉，1973年再印則無。

本書撰者署傳

本書撰者黃　敬傳　錄自臺北縣志卷二十七人物志第四

黃敬字景寅淡水廳芝蘭堡干豆莊人干豆或作關渡故學者稱關

渡先生少孤母潘氏守節性純孝勤苦讀書安溪舉人盧春選來此

設教敬事之授周易咸豐四年舉貢生嗣授福清縣教諭以母老辭。

假莊中天后宮為社塾先後肄業者數百人北臺文學因之日興敬

為人謹飭一言一動載之日記至老不倦束修所入悉以購書或勸

其置田曰吾以此遺子孫勝於良田十甲也著經義類存編二卷易

義總論古今占法各一卷觀潮齋詩集一卷卒後散佚民國四十年

鄉人陳鐵悍為之輯佚有詩數十首未刊。

書影三　1965年8月24日，黃敬《易經初學義類》撰者略傳。

書影四　1965年8月24日，黃敬《易經初學義類‧目錄》一。

書影五　1965年8月24日，黃敬《易經初學義類‧目錄》二。

書影六　　1965年8月24日，黃敬《易經初學義類・目錄》三。

易經初學義類

四聖作易源流

卦畫者。伏羲所畫也。伏羲仰觀俯察。見陰陽有奇耦之分。而畫一奇

以象陽畫一耦以象陰。奇者一也。耦者二也。見一陰一陽有各生一

陰一陽之象。故自下而上再倍而三。以成八卦。三畫已具八卦已成。

則又三倍其畫以成六畫。而於八卦之上各加八卦以成六十四卦

也。

卦象者。文王所繫之辭也。如乾卦繫以元亨利貞坤卦繫以元亨利

牝馬。至安貞吉屯卦繫以元亨。至利建侯。所以斷一卦之辭也。餘各

源流

一

書影七　1965年8月24日，《易經初學義類‧四聖作易源流》。

觀易十例

凡觀卦須知卦德。如陽剛德陰柔德。乾有健之德。坤有順之德。震有

動之德。巽有入之德。坎有險之德。離有明之德。艮有止之德。兌有

說之德是也。如蒙卦、坎下艮上、坎德險。艮德止。故象傳曰險而止。此是取乎卦德也。餘卦可類推。

凡觀卦須知卦體。卦體者、以卦之體勢論也。內卦為下卦。外卦為上

卦。如屯卦、震下坎上。下體三震陽初動於陰下。故象傳曰、剛柔始交上

體三坎陽陷於陰中。故象傳曰、而難生也。此取乎卦體也。餘卦可

類推。

凡觀卦須知卦位。如四、為臣位。五、為君位。又初、為下卦之下位。二、為

觀易十例

九

書影八 1965年8月24日，《易經初學義類·觀易十例》。

乾

易經初學義類　上卷　淡江黃　敬訂

周易卷之一

周易上經

本義周代名也。易書名也。其卦本伏羲所
畫有交易變易之義。故謂之易。其辭則文
王周公所繫故繫之周。以其簡袠重大。故
分為上下兩篇。經則伏羲之畫文王周公
之辭也并孔子所作之傳十篇凡十二篇。

乾上
乾下

二

書影九　1965年8月24日，《易經初學義類・卷之一》。

乾

乾卦元亨利貞、四者，分看則為四德，合看則為大通，而利在正固。蓋凡事雖可大通，不正固亦不可久。如秦晉及隋，號令能及于天下，亦云元亨矣，然皆以力，不以德，是不出于貞正，故雖一時事可濟功可成，而卒不能保其終焉。

易首以占教天下也。伏羲所畫全體，仍名為乾，純陽至健，故體之象而繫。文王統觀全。然非可特吾力能之，必能利。利，宜也，貞，正而固也。○本義：乾，健也；元，大也；亨，通。元亨，有為而妄為之。以陽居下，其象猶潛龍。

三一

【初九】陽數，故象為龍。在初則為潛龍，如諸葛武侯躬耕南陽，時號卧龍先生是已。

初九，周公析觀一節之變，而繫辭於各九，以陽。○本義：陽物也。勿用。○陽物也。

【九二】剛健中正。上則出初，在初之潛象，見龍在田。霖雨足以利及物而為利見之大人。○本義龍。

九二、象列以九居之二、已。亦非正也。但純乾之德、與他卦不同、故朱。

【九三】重剛不中，居下之上。乃君子，必終日乾乾。至夕又而惕若。厲，危地也，占得此爻之。敬畏如屬，而可无咎。○本義：乾乾，不息也，厲。

書影十　1965年8月24日，黃敬《易經初學義類·乾卦》一。

子獨自主張曰、剛健危
中正按此又以利見初
人有三義以二視初、
則二為物所利見之、
大人以二視五、則二
又利見二、則五亦利
以五視二之大人、蓋
見九二之大人也。
上足致君、下足澤民、
禹臯伊旦之傳是已。

九四、以陽居陰、陽進而陰退、
下退且初離下體入上體、改革之
際、皆進而
則未遽躍占者、皆无咎。
象未定而或欲躍而猶在淵。能隨
時進退、則无咎。

九五、剛健中正、以居尊
位、象為飛龍在天、物
而為天下利見

【九三】重剛則過剛不
中則失當居下之上、
則有重責在身、故為
之說、爻辭所云是
有悔。

上九、陽極於上。
其象如
亢龍之久於在天
而不返於淵。亢龍占
者得此勢威則傾
動必有悔。
本義亢者過於上
而不能下之意也。

用九、謂乾之坤也。剛
而能柔、象為見羣龍
剛之陽皆變而為陰
即春秋傳所見羣龍剛之
則有重責在身、如周
公夜以繼日、坐以待
旦、即君子終日乾乾、
夕惕若也、
乾

而今无其首、柔矣、故用
吉。○本義用九者皆用九
得陽爻者、皆用九言凡筮

一三

書影十一　1965年8月24日，黃敬《易經初學義類·乾卦》二。

坤卦

葉氏佩蓀曰、乾☰☷坤上坤下坤相配陽必不可無陰故夫人道之立君必得臣以播政父必名為坤之至信乎元亨守也然須知常象利牝

陰故夫人道之立君必得臣以播政父必名為坤之至信乎元亨守也然須知常象利牝

婦以理內然使夫必得為臣馬之貞貞馬何如。君子之有攸往任己至於陰。先則物

得子以克家夫必得為臣馬之貞貞馬何如。

專則人皆欲惡居後則人得於義陰收斂而主於利人之陰。

紀之尚而卒不可以獨往西南則陰方得其朋往東北則陽方喪其朋能大抵

可无而老教其不明老居後則迷

勝哉自易道其言曰安于貞其元則亨而至哉坤之元乎萬物皆資以

柔勝剛牝勝牡曰慈而所夫子舉地道象曰至哉坤之元乎萬物皆資以

氏隱居志慈以明坤之義象曰至哉坤之

謂三寶則曰慈曰儉曰不敢為天下先者陰性生乃順承乎天地之道也。○坤之元也。

曰不敢為天下先者陰性生乃順承乎天地之所施耳。○本義此言坤之元也。

者坤為母儉者陰後得主乾德無疆何如。蓋坤之道原以載物。其德合乎乾无

得吝也邪子謂老氏得乾德無疆何如。蓋坤之道原以載物。其德合乎乾无

三元

書影十二　1965年8月24日，黃敬《易經初學義類·坤卦》。

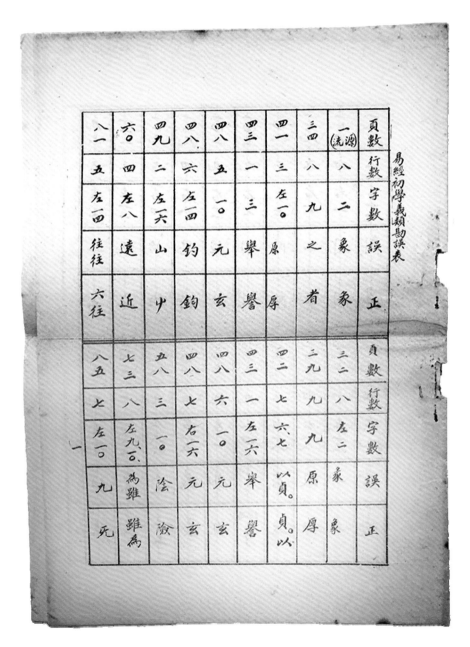

書影十三　1965年初版另附勘誤表，1973年本則無。

頁	行	字	誤	正
二三四	九	一五	其妄	其革之
加添三七 落字				
一〇五	九	一〇	因	乾因
一五一	項註四	六	五	二五
二三三	三	六	食	之食
二七六	九	一二	位以濟	位乎外以濟
二八四	四	三	以	以
四五	八	六	辨以辨也致	行大過 大過以
一四四	六	一九		萬物天地萬物
二二七	五	一二		于是得安 得安處于是處
二二九	二	一		辨致辨也以

增補落行

六八頁第八行後落二行列下：
象曰、師或輿尸、大无功也。
六四、陰柔不中、未可勝歉、而居陰得正為能盈、師退舍左次之象无咎。

二五頁第六行後落一行列下：
象曰、艮其輔。以中正也。

二八七頁第五行後落一行列下：
過以利貞。與時行也柔得中、是以小事吉也。

七

書影十四　1965年初版另附勘誤表，1973年本則無。

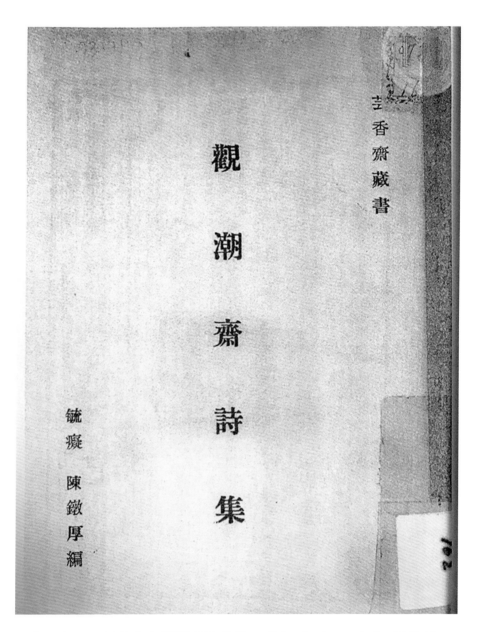

書影十五　新北市臺灣圖書館典藏，昭和5年（1930年）5月抄錄，
毓癡　陳鐵厚編印《芸香齋藏書・觀潮齋詩集》初版封面。

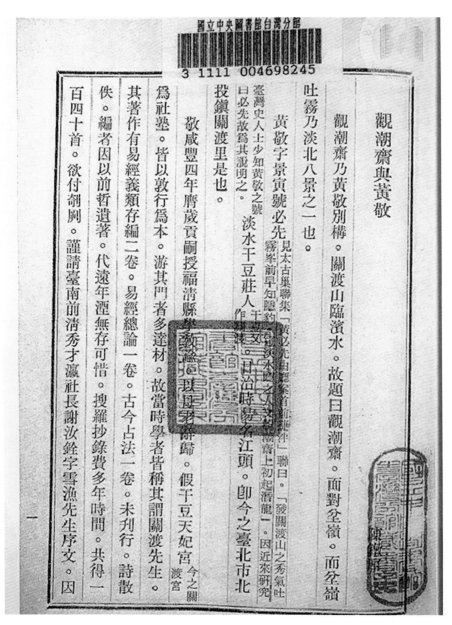

觀潮齋與黃敬

觀潮齋乃黃敬別構。關渡山臨濱水。故題曰觀潮齋。面對崟嶺。而崟嶺吐霧乃淡北八景之一也。

黃敬字景寅號必先〔見太古巢聯集「黃必先祖隱齋者所推牌字」聯曰。「發關渡山之秀氣吐霧峯前早知隱約淡水千豆莊人作漁翁因近來研究臺灣史人士少知黃敬之號曰必先故爲其說明之。淡水千豆莊人。日治時廢名江頭。即今之臺北市北投鎮關渡里是也。

敬咸豐四年歲貢嗣授福清縣學教諭。其卑母辭歸。假千豆天妃宮〔今之關渡宮〕爲社塾。皆以敦行爲本。游其門者多達材。故當時學者皆稱其謂關渡先生。

其著作有易經義類存編二卷。易經總論一卷。古今占法一卷。未刊行。詩散佚。編者因以前哲遺著。代遠年湮無存可惜。搜羅抄錄費多年時間。共得一百四十首。欲付剞劂。謹請臺南前清秀才瀛社長謝汝銓字雪漁先生序文。因

一

觀潮齋詩集序

關渡黃敬先生　品詣學術　兩俱優美　爲當時社會推重　素精易學　闡明廉

遺　馬融絳帳　咸爲受易而來　著有易經義類存編二卷　易經總論　古今占

法各一卷　讀其略傳　可知其概　先生於易以外　又能詩　暇時常吟詠自娛

有觀潮齋詩一卷　存而未梓　稻江陳鐵厚君　以前哲遺著　代遠年湮　散佚

可惜　爲保此吉光片羽　不憚煩勞　搜羅抄錄　集資將付剞劂　請序於余

爲之通篇瀏覽　卷帙無多　覺能獨闢蹊徑　迥出尋常　輕清流利者有之　典

贍風華者有之　當時學界　重文不重詩　故能作詩人之詩者殊少　觀潮齋詩

能不爲文人之詩　蓋其致力於此者有素　斯集鋟板　必見其傳　足爲晉南涙

學界　增一光彩　謹以此爲序而歸之

民國十九年（昭和己卯）古曆蒲節　　　　　　雪漁謝汝銓作於稻江奎府樓

三

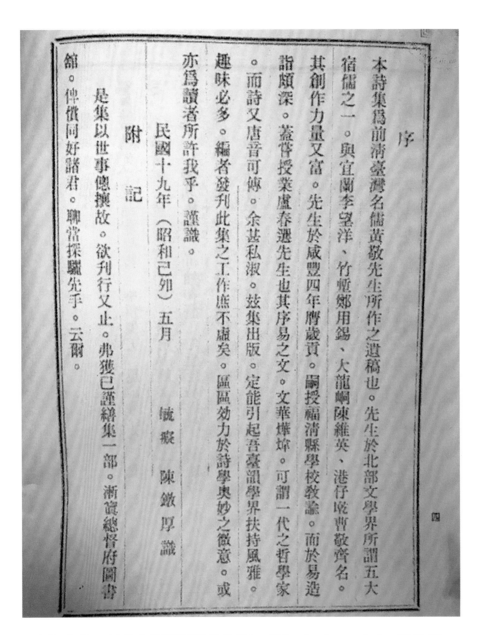

序

本詩集爲前清臺灣名儒黃敬先生所作之遺稿也。先生於北部文學界所謂五大宿儒之一。與宜蘭李望洋、竹塹鄭用錫、大龍峒陳維英、港仔墘曹敬齊名。其創作力量又富。先生於咸豐四年膠庠歲貢。嗣授福清縣學校教諭。而於易造詣頗深。蓋嘗授業盧春選先生也其序易之文。文華燁烊。可謂一代之哲學家。而詩又唐晉可傳。余甚私淑。茲集出版。定能引起吾臺詞學界扶持風雅。或亦爲讀者所許我乎。謹識。

民國十九年（昭和己巳）五月 毓癡 陳鏞厚識

趣味必多。編者發刊此集之工作庶不虛矣。區區效力於詩學奧妙之徵意。

附 記

是集以世事憁攘故。欲刊行又止。弗獲已謹繕集一部。漸篔總督府圖書館。俾償同好諸君。聊當採驪先手。云爾。

觀潮齋詩集

臺北　毓癡　陳鐵厚編

曹仁憲榮壽　道光乙巳秋作

名區自昔人文藪
誰作畫圖傳不朽
惟我夫子間世生
大地鍾靈想獨厚
一日能誦千萬言
小儒望之皆却走
占作蟾宮第一人
出宰閩中蓍績久
榮天雅量會耆耇
至今景仰洛陽風
堪與前賢相匹耦
況乎聚石爲書倉
奇才何啻誇八斗
心花煥發筆花開
回頭同輩在其後
三山轉渡鳳山來
蒼顏黃髮古衣冠
猶說香山有九叟
聰明賦質不尋常
家學相傳淵源有
英年經笥腹便便
高舉凌雲攀桂手
旋瞻考選獲銅章
沙馬磯頭煩保守

五

書影十九　新北市臺灣圖書館典藏，昭和5年（1930年）5月抄錄，毓癡　陳鐵厚編《觀潮齋詩集》首篇〈曹仁憲榮壽〉六十句七言賀詩。

多閑戶　少嬉遊　少嬉遊　世態蒸人氣易浮　執袂拍肩相逐逐

春場馳騖起風流

九則

遲一刻　缺一功　缺一功　學業不絕腹笥空　我這數言當木鐸

諸生莫作耳邊風

十則

宜勉力　勿徘徊　勿徘徊　人人盡是棟樑材　眼前多少龍門客

那箇不從燒尾來

題漁樵耕讀圖

（漁）

古岸斷　扁舟橫　老漁夫　醉未醒　睡未醒　隔江處　有人喚渡不聞聲

（樵）

書影二十　新北市臺灣圖書館典藏，昭和5年（1930年）5月抄錄，
毓癡　陳鐵厚編印《觀潮齋詩集》末篇〈題漁隱耕讀圖〉。

經學研究叢書‧經學史研究叢刊

黃敬《易經初學義類》校釋

附：《觀潮齋詩集》

〔清〕黃景寅　原著

賴貴三　校釋

簡逸光　主編

臺灣《易》學先賢與關渡先生黃敬遺著考略

賴貴三

　　黃敬（字景寅，號必先，1806-1888），[1]淡水關渡人，精研《易》學。咸豐四年（1854）歲貢生，授福清縣學教諭，以母老辭官歸鄉，假關渡天后宮授徒，從學者百人，與士林曹敬（字興欽，號愨民，1818-1859），[2]人稱「二敬」。[3]據陳培桂（字香根，生卒年不詳，廣東人）編《淡水廳志》卷十六「附錄三」〈志餘‧紀人〉所載，著有《易經理解》。

1　黃敬生年史載不詳，卒於光緒十四年（1888）。據本編後附《觀潮齋詩集》，陳慶煌教授：〈黃敬生年試探‧《觀潮齋詩集》略評〉考證，論定黃敬出生於嘉慶十一年（1806）丙寅，辭世於光緒十四年（1888）戊子，享壽八十有三歲，「言之成理，持之有故」，鑿然可信。再者，黃敬號「必先」，考見於〔清〕陳維英（字實之，又字碩芝，號迂谷，臺北大龍峒仕紳，1811-1869）撰，田大熊、陳鐵厚合編，何茂松發行，昭和十二年（1937）十月三十日，無聊齋刊行的《太古巢聯集》，頁12，分別有（1）〈黃必先由廳案首前捷泮〉聯曰：「發關渡山之秀氣，吐霧峯前，早知隱豹；冠淡水廳之人文，觀潮齋上，初起潛龍。」（2）〈黃必先捷泮〉二聯，其一：「文字曲江場中稱帥，家聲冕仲殿上掄元」；其二：「名冠郡中風霜文字，人求嚴下霖雨襟期」。以及頁45，〈輓黃必先祖母（年八十五）〉：「近九旬而母幹後彤，女中松柏；開四葉則孫枝爭秀，門內菁莪」。
2　曹敬，淡水八芝蘭（今臺北士林）人，少時聰穎過人，為陳維英門人。好詩文，又精於書法、繪畫、雕刻，平日在大龍峒港仔墘設帳講學，講學特重品德，與黃敬合稱「淡北二敬」。有《曹敬詩文略集》傳世，作品中有不少是試帖詩，其餘與詩友唱和、詠懷、寫景等詩，雖不太見作者性情，也展現出文人書生罕見的詩作面向。
3　詳參楊雲萍：《臺灣史上的人物》（臺北：成文出版社，1981年5月），頁217。

復據楊雲萍（1906-2000）《臺灣的文化與文獻》，則著有《易經義類存稿》二卷、《易經總類》一卷、《古今占法》一卷與《觀潮齋詩》一卷。而《重修臺灣省通志》卷十〈藝文志‧著述篇〉所列，其《易》學著作有《周易總論》四卷、《周易義類存編》三卷與《古今占法》一卷。各家記載分歧，而其書多不存，今可見者唯《易經初學義類》上、下二卷與《觀潮齋詩》一卷。

　　《易經初學義類》與楊雲萍記載的《易經義類存稿》二卷，以及《重修臺灣省通志》著錄的《周易義類存編》三卷，卷數雖有不同，三者內容應該相去不遠。至於《易經理解》，則只有《淡水廳志》著錄。由此，可見黃敬《易》學著作之梗概。又根據《重修臺灣省通志》卷十〈藝文志‧著述篇〉，《周易總論》分別述說《易‧訟‧大象傳》義、《易‧屯二》爻辭義、《易‧師‧履‧臨「大君」》義、《易‧蠱「先甲後甲」‧巽「先庚後庚」》義、《易‧既濟「東鄰西鄰」》等六篇，而黃敬《易經初學義類》解《易》，多本於朱熹（字元晦，號晦庵、遯翁，1130-1200）《周易本義》，偏重於卦爻辭義理與人事的闡發，自成一家之言，誠為臺灣先賢《易》學傳承與教育薪傳的佼佼者。

一　前言

臺澎真奧區，敻絕重洋隔。民情好鬥閧，官務稱繁劇。
唯公邀帝簡，超擢逾常格。朝秉通守麾，暮樹外臺戟。
亮哉聖人聰，足使遠俗革。舊部聞公來，欣欣手加額。
威惠必兼施，次第抒善策。監車昔困驥，蕩節今乘驛。
鯫生慚濫竽，龍門幸著籍。壯遊不獲從，離緒無由釋。

歌謠訪閩疆，書函寄海舶。側耳聆政成，頌聲被金石。[4]

　　臺灣先賢關渡先生黃敬今存《易經初學義類》上、下二卷與《觀潮齋詩》一卷，以下先整理臺灣早期《易》學人物與著作考略，提供歷史文獻的背景瞭解參考。

（一）臺灣府學教授葉亨及其門生：王璋、陳夢球

　　據高拱乾（字洪喜，號九臨，生卒年不詳）《臺灣府志》載，府學教授葉亨（字叔通，生卒年不詳）諸生，深造有得，精通經學，研習《易經》而中第者有：康熙三十二年（1693），臺灣府王忠孝（字長儒，號愧兩，1593-1667）侄王璋（字昂伯，生卒年不詳）、[5]臺灣縣陳夢球（字二受，號游龍，1664-1700）中舉，皆習《易經》。康熙三十三年（1694），臺灣府陳永華（字復甫，諡文正，1634-1680）子陳夢球中進士，習《易經》。[6]據此，可知葉亨是臺灣《易》學教育史上的第一人，他的門生王璋、陳夢球成為臺灣《易》學教育史上的第一批學者，只可惜未能考見葉氏師生有關《易》學的傳世論述。

4　此詩係2002年8月1日，偶閱〔清〕揚州儀徵劉文淇（字孟瞻，1789-1854）《劉文淇集・詩集》，卷十〈送姚石甫先生瑩觀察臺灣〉，因此鈔錄存參。姚瑩（字石甫，1785-1853），安徽桐城人，道光十八年（1838），擢升臺灣兵備道，為當時臺灣最高軍政官員，治績頗佳；道光二十年（1840），中英鴉片戰爭爆發，奉命嚴守臺灣，為少數曾打敗英軍的清朝官員。著有《臺北道里記》、《東槎紀略》、《中復堂全集》、《上督撫言防海急務狀》、《節錄臺灣十七口設防狀》、《駁淡水守口兵費不可停給議》等，多與臺灣軍政事務相關。

5　案：王璋，康熙三十二年（1693）舉人，曾任宜良知縣、監察御史。康熙三十四年（1695）曾分修《臺灣郡志》，為明遺老王忠孝之侄孫。

6　詳參〔清〕高拱乾：《臺灣府志》（臺北：臺銀經濟研究室，1960年），《臺灣文獻叢刊》第65號，卷八〈人物志〉「進士年表」、「舉人年表」，頁207-208。

（二）南臺府縣學諸生：蘇峨、楊阿捷、王錫祺、許宗岱

據史載臺灣各地府縣學生，研習《易經》而中舉者，尚有：康熙二十六年（1687），鳳山縣蘇峨（生卒年不詳）習《易經》。康熙五十年（1711），臺灣府楊阿捷（字慶衡，生卒年不詳）、諸羅縣王錫祺[7]與臺灣縣許宗岱（生卒年不詳）皆習《易經》。[8]以上先賢生平惜均未詳，而可知清初領治臺灣時，承明鄭遺緒，政學重心仍在南臺：鳳山縣城原在今高雄左營半屏山下、蓮池潭畔，舊城遺蹟尚存，猶可憑弔，後遷治今高雄市鳳山區。臺灣府及臺灣縣，大抵在今臺南市各區境內，惟有「全臺首學——孔廟」巋然獨存。諸羅縣即今嘉義市，縣學所在，也不易覓得遺蹤了。

（三）北臺府縣學諸生：郭菁英、王士俊、黃敬

陳培桂編《淡水廳志》卷十六「附錄三」〈志餘・紀人〉，也記錄三位臺灣先賢在經學與《易》學上的學養造詣，其中「郭菁英」（名列第一）、「王士俊」（名列第三）、「黃敬」（名列第十五），三位先賢均為清前中期北臺灣淡水廳（新竹以北）的著名學者，史志傳略迻錄如下：

> 郭菁英，字顯相，成金兄，廩生。胸次高潔，絕營求，背誦六經如流。與人交，和藹可親。[9]
>
> 王士俊，號熙軒，竹塹開墾首，世傑之五世孫，嘉慶間庠生。篤

7　《淡水廳志》卷三〈建置志〉載：「淇里岸石橋，廳北芝蘭堡淇里岸街東，乾隆四十六年（1781）舉人王錫祺、莊耆潘元振等捐造。」「淇里岸柴橋，廳北淇里岸街西，舉人王錫祺捐造。」臺灣先賢王錫祺，率眾抵淇里岸（今作「唭哩岸」），開墾荒野，留下發展足跡。其後人至今仍於此地定居，薪火相傳、綿延不絕。

8　詳參〔清〕周元文（字洛書，生卒年不詳）：《重修臺灣府志》（第66號，1960年），卷八〈人物志・選舉〉「進士年表」、「舉人年表」、「副榜年表」，頁259-261。

9　案：郭菁英，生年不詳，卒於道光十四年（1834），字顯相，竹塹西門人，嘉慶十五年（1810）生員。曾與王士俊倡設儒學於竹塹，學人郭成金之兄，商號「郭怡齋」。

學，尤邃於《易》；授徒日廣，言論風生，每講奧義，必引史以證之，鄭用錫輩皆出其門。[10]

連橫（字雅堂，1876-1936）《臺灣通史》卷三十四〈文苑列傳〉曰：

王士俊，字熙軒，淡水竹塹樹林頭莊人。始祖世傑以開墾致富，至是中落。士俊勤苦讀書，嘉慶間入泮。設塾於家，鄭用錫輩皆出其門。著《易解》若干卷，今亡；或云其友竊之。
郭菁英，字顯相，亦竹塹人，廩膳生也。與弟成金俱有名。成金字貢南，嘉慶二十四年舉於鄉。家富，藏書多，主講明志書院，以振興文教為念。後授連江教諭，未任而卒。[11]

據上文，可知王士俊先賢，學邃於《易》，「著《易解》若干卷，今亡」，「每講奧義，必引史以證之」，他或許是臺灣《易》學史中「史事《易》」（引史證《易》）的第一人。

黃敬，字景寅，歲貢生，芝蘭堡關渡莊人。少失父，事母極孝，母病，奉湯藥惟謹，身不貼席者十餘夕，家人曰：「子病矣。」曰：「吾惟求母之不病，遑知己病乎？」課徒不計財帛，但來從學者，

---

10 詳參〔清〕陳培桂：《淡水廳志》（第172種，1964年），卷十六〈附錄三‧志餘‧紀人〉，頁449-451。案：王士俊（生卒年不詳），字子才，號熙軒，號子才，竹塹樹林頭庄人，王世傑五世孫，嘉慶十年（1805）生員。嘉慶五年（1800），王士俊與郭菁英等聯名呈請設儒學於竹塹，設塾家中，推展文教有功，鄭用錫（字在中，號祉亭，1788-1858）為其高弟。連橫（字雅堂，1876-1936）：《臺灣通史》，將郭菁英及其弟郭成金，同列入〈文苑傳‧王士俊〉傳下。

11 案：郭成金，生於乾隆四十五年（1780），卒於道光十六年（1836），字甄相，號貢南，嘉慶二十四年（1819）舉人。嘉慶末年，捐題建造文廟，主講明志書院，為「竹塹七子」之一。

諄誨不倦。著有《易經理解》（據紳士采訪）。[12]

而先賢黃敬所著《易經理解》或許也是臺灣《易》學史中，著錄的第一部《易》學存目專著。非常遺憾郭菁英與王士俊二家學說與著作失傳於後，無法考知究竟。又連橫《臺灣詩乘》記載：

> 黃敬字景寅，淡水人，敦內行，設教關渡，及門多秀士，後貢明經。曩余撰《通史》，至北訪求。其孫金印造門請見，攜示所著《易經義類存編》。余讀其書，為作列傳。[13]

據此可知，黃敬除上述《易經理解》外，尚有《易經義類存編》（即為《易經初學義類》）；而下文連橫名著《臺灣通史》所載，尤為詳盡，謂：「著《易經義類存編》二卷，《易義總論》、《古今占法》各一卷。」黃敬可謂臺灣文教史先賢楷模，也是最有資格尊為臺灣《易》學專家的名儒，有關他的生平學行與《易》著、《易》說，《臺灣通史・文苑列傳》所載最詳：

> 黃敬，字景寅，淡水干豆莊人。干豆或作關渡，故學者稱「關渡先生」。少孤，母潘氏守節。性純孝，勤苦讀書。安溪舉人盧春選來北設教，敬事之，授《周易》。咸豐四年（1854）歲貢生，嗣授福清縣學教諭，以母老辭。假莊中天后宮為社塾，先後肄業者數百人。當是時，港仔墘曹敬[14]亦聚徒講學，皆以敦行為本，游其門者多達材。人稱為「二敬」。北臺文學因之日興。

---

12 王松（字友竹，1866-1930）：《臺陽詩話》（第34種，1959年），下卷，頁50，又有傳略曰：「黃敬，字景寅，淡水關渡人。性孝友，喜讀書，歲貢生，著有《易經理解》。」

13 詳參連橫：《臺灣詩乘》（第34種，1960年），卷三，頁152。

14 案：《臺灣通史》謂曹敬是港仔墘人，蓋誤，港仔墘為曹敬設教之處，並非里籍。詳參楊雲萍：《臺灣史上的人物》，頁217。

敬為人謹飭，一言一動，載之日記，至老不倦。束修所入，悉以購書，或勸其置田，曰：「吾以此遺子孫，勝於良疇十甲也。」著《易經義類存編》二卷、《易義總論》、《古今占法》各一卷、《觀潮齋詩》一卷，未刊。

其序《易》曰：「吾因卜筮而設。聖人欲人於事，審可否，定從違，察吉凶，以謹趨避，特為假借之辭，聊示會通之意。故體則兼該靡盡，用則泛應不窮。無論人為何人，尊卑貴賤皆可就此以占；事為何事，大小輕重皆可依此以斷。豈一、二義類所得泥而拘乎？唯其為書廣大精微，擴而充之，義多浩渺，研而究之，義又奧幽。前聖之言，非必故為詭祕，以待後人深求。《易》本懸空著象，懸象著占，道皆虛而莫據，辭易混而難明。欲為初學者講，不就其義以整其類，則說愈繁而旨益晦。譬如登山，仰止徒嘆其高，莫得尋其徑路。譬如入海，望洋徒驚其闊，莫得覓其津涯。執經習焉不察，開卷茫乎若迷。將《易》所以教人卜筮，欲啟之以明，反貽之以昧；欲命之以決，反滋之以疑，日言《易》而《易》不可言矣。夫《易》之數本於天也。天非以人為驗，無以知天。《易》之辭憑乎理也。理非以事為徵，無以見理。茲編之所解者，悉遵《本義》，主乎象占，以卜筮還之。而於各卦之義，各爻之義，復采古來人事相類者與為證明。或係前人，或由己見，皆敬小窗閒坐所讀，苦無端倪，欲以課虛責實，庶幾得所持守，誌而不忘耳。卷帙既成，不忍恝然廢棄，爰顏之曰《義類存編》，以示子弟姪輩，俾之便習此經，因以兼通諸史，不無稍有裨益。雖所引著，其事未必與其義適符，而望影藉響，以為比類參觀，亦足知類通達。況由是觸類以引而伸，充類以至於盡，推類以概其餘。覺義雖舉一、二人之類，可作千萬人想。義雖舉一、二事之類，可作千萬事觀。化而裁之，推而行之，神而明之，何致拘泥鮮通，不能兼該泛應，有負

於《易》為卜筮之書也哉！」[15]

在臺灣《易》學史中，前述十位前輩碩學鴻儒，可說是臺灣經學史上的先鋒人物，雖然著述多不傳，影響有限，但在文化傳統薪傳的歷史論述上，他們所奉獻的引領力量與先導地位，卻永恆存在著不容後生輕忽為時間泯滅的文獻實證與文教薪傳意義。

（四）鳳山縣令、淡水同知曹謹獎掖學《易》士子

此外，曹謹（字懷樸，號定庵，1787-1849），原名瑾，河南河內人，嘉慶十二年（1807）丁卯解元。大挑直隸知縣，改福建，補鳳山。鳳山苦旱，開九曲塘，引下淡水溪，砌石為五門，以時蓄洩。臺灣知府熊一本（字以貫，號介臣，1778-1853）善其能，勒碑紀事，稱曰「曹公圳」。道光二十一年（1841），升淡水同知；朔、望詣明倫堂，宣講聖諭。刊《孝經》、小學，付蒙塾誦讀，給以獎賞。能兼《易經》朱註者，賞有加。復捐俸，續修學海書院，寒士多賴成業，祀德政祠。[16]

（五）臺灣先賢於《易》學、《易》教有功有行者

以下為檢閱與《易》學相關，凡所得經學儒士六人，節錄其傳略著述，提供參考：

---

15 錄自連橫：《臺灣通史》（第128種，1962年），卷三十四〈列傳六‧文苑列傳‧黃敬〉，頁984-985。

16 〔清〕陳文騄（字仲英，號壽民，湖南祁陽人，1840-1904）修，蔣師轍（字紹由，號遯庵，江蘇上元人，1847-1904）編纂：《臺灣通志》（第130種，1962年），〈列傳‧政績‧曹謹〉，頁434-435。並見〔清〕陳培桂：《淡水廳志》（172種，1963年），卷九（上）〈列傳一‧名宦‧文職〉，頁261；〔清〕沈茂蔭（生平未詳）：《苗栗縣志》（159種，1962年），卷十四〈列傳‧文職〉，頁199-200。

1 洪受

　　明儒洪受，字鳳鳴，金門鳳山（今金湖鎮西洪村）人。潛心力學，於經傳多所發明。在庠教授，稱大師，門徒多成名。所著有《四書易經從正錄》、《滄海紀遺》，嘉靖四十四年（1565）乙丑，以貢歷國子助教、夔州通判，卒於官。[17]洪受傳略見於《金門志》，早於明鄭時期，與臺灣關係間接，錄此備參。

　　此外，《金門志》中對《易經》有所涉獵的金門先賢不乏其人，如南宋泉州府同安縣小嶝嶼（今屬金門縣）的丘葵[18]（又作邱葵）著有《易疑解》；明代陳榮選著有《易旨》；同安人張應星（字子翼，生卒年不詳）[19]撰有《易經管窺》、《易經燈影》。今金門縣金寧鄉后湖人許獬（字子遜，號鍾斗，1570-1606），著有《叢青軒易解》。瓊林的蔡宗德與父、子皆為進士的蔡貴易（字爾通，號肖兼，生卒年不詳）、蔡獻臣（字體國，號虛臺，生卒年不詳），祖孫三代，都曾以《易經》為家學。

---

17 〔清〕徐鼒（字彝舟，號亦才，江蘇六合人，1810-1862）：《小腆紀傳》（第139種，1963年），卷十〈人物列傳（二）・文學・洪受許材許開〉，頁230。〔清〕林焜熿（生平未詳）：《金門志》（第80種，1960年），卷十〈人物列傳（二）・文學・洪受許材許開〉，頁2230。

18 〔明〕何喬遠（字稚孝，號匪莪，福建泉州晉江人，1558-1632）：《閩書》（福州：福建人民出版社，1994-1995年），卷127，記載：「丘葵，字吉甫，同安人。居海嶼中，因自號釣磯。蚤有志考亭之學，初從辛介甫，繼從信州吳平甫授《春秋》，親炙呂大圭、洪天錫之門最久。風度端凝，如立鶴振鷺。宋末科舉廢，杜門屬學。所著有《易解義》、《書解》、《詩口義》、《春秋通義》四書。日講經世書，聲音既濟，圖《周禮》補亡。元時，倭寇至其宅，他無所犯，惟取遺書以去，故其著述多無傳者。」

19 〔清〕廣平府知府李清馥（李光地之孫，字根侯，號遜齋，福建安溪人，1703-？）撰：《閩中理學淵源考》（臺北：臺灣商務印書館，1983年），卷六十四，〈教諭張子翼先生應星〉，引錄《閩書・何司徒撰墓志》，可知其傳略。

2　丁蓮

丁蓮（字青若，號霞瞻，生卒年不詳），晉江人。父天禧，登崇禎十三年（1640）庚辰武進士。蓮幼孤力學，康熙五十二年（1713）癸巳進士，任興化教授，學行純華。巡撫陳璸（字文煥，號眉川，1656-1718）延主鼇峰書院，教士一循〈白鹿洞規〉，多所成就。調臺灣府學，倡明經術，海外化之。秩滿，擢知儀徵縣，未抵任卒。著有《易經萃解》十二卷。[20]據此可知，丁蓮與前文葉亨，雖前後而異時同功，均作育英才，卓然有成。

3　鄭用錫

竹塹（今新竹）城人鄭用錫（字在中，號祉亭，1788-1858），原籍同安，崇和子，少穎異，淹通經史百家，尤精於《易》，好吟詠。主明志書院講席，汲引後進。淡自開闢，志乘無書，乃纂稿藏傳。嘉慶二十三年（1818）戊寅，舉於鄉，道光三年（1823）癸未成進士。開臺二百餘年，通籍自用錫始。治家最嚴，所編《家規》，子孫猶恪守遵行。晚築「北郭園」以自娛，著述日富，有詩文若干卷，請祀鄉賢祠。[21]今新竹市內及郊外，猶完整保存鄭氏家廟及其墓園古蹟，嘗親訪拜謁憑弔，至今印象深刻！

4　鄭用鑑

鄭用鑑（字明卿，號藻亭，1789-1867），用錫從弟，拔貢生，性恬淡，嘗倡修文廟，復襄舉義渡、義倉諸事。掌教明志書院，垂三十年。佐

20　〔清〕陳文騄修，蔣師轍編纂：《臺灣通志》（第130種，1962年），〈列傳・政績・丁蓮〉，頁463。並參〔清〕黃任（字於莘、莘田，號端溪長吏、十硯老人，福建永泰人，1683-1768）纂，章倬標（字杲堂，浙江金華人，生卒年不詳）補：《泉州府志選錄》（第233種，1967年），〈志人・丁蓮〉，頁152。

21　傳詳〔清〕陳培桂：《淡水廳志》（第172種，1964年），卷九（中）〈列傳二・先正〉，頁270-271。

兄用錫兼修《廳志稿》，以運津米勞，加內閣中書銜；同治元年（1862）
壬戌，舉孝廉方正。著《易經易讀》（《易經圖解易讀》）、《靜遠堂文鈔》，
俱未付梓。以下連橫《臺灣通史》記載較詳，可供參考，並觀異同：

> 用鑑，字明卿，號藻亭，用錫從弟也。道光五年，[22]貢成均。性真
> 摯，重然諾。設塾課徒，以德行為先，文藝為次。及門陳維英輩皆
> 傑出。主明志書院講席垂三十年，誨人諄諄，至老不倦。素樂善，
> 捐修淡水學宮，佐用錫纂《志稿》。……著《易經圖解易讀》三卷
> 及詩文，未刊。[23]

光緒初年，入祀鄉賢祠。[24]

5 楊克彰

　　楊克彰（字信夫，1836-1896），淡水佳臘（今臺北萬華）人，黃敬弟
子。[25]於光緒十四年（1888），上任臺南府儒學訓導，也是唯一一任，上

---

22 案：道光五年，公元1825年。

23 連橫：《臺灣通史》（第128種，1962年），卷三十四〈列傳六・鄉賢列傳・鄭用鑑〉，頁
968-969。

24 〔清〕鄭鵬雲（生平未詳）、曾逢辰（生平未詳）：《新竹縣志初稿》（第61種，1959
年），卷四〈列傳・鄉賢〉，頁167。

25 案：林淑慧：《禮俗・記憶與啟蒙——臺灣文獻的文化論述及數位典藏》（臺北：臺灣學
生書局，2009年2月），頁123，記曰：「楊克彰，佳臘莊（今臺北市東園街附近）人。少年
即跟黃敬學習，1875年（光緒1年）中貢生，於料管口燕山宗祠執教數年，基隆舉人江呈
輝、苗栗舉人謝維岳、艋舺黃喜彩，皆為其門下弟子。後掌學海、登瀛兩書院，歷任臺
南府學訓導、苗栗縣學教諭。1890年（光緒16年）12月，赴任為苗栗知縣。著《周易管
窺》，惜亦未刊行。其弟子黃喜彩，幼年即跟隨楊克彰學習諸經。當清治末年，海外列強
覬覦臺灣，而清廷卻不知警戒，文武百官耽溺聲樂；卻仰天長嘆言：『天下有事，當以
此身濟天下，豈老一儒哉！』於是著力鑽研經世之學。這些在地文人的著述與教學，構
成了十九世紀後半葉的臺北文教發展的記憶。」

任三年，主要從事南臺灣境內教育行政，品秩雖低，但地位崇高。光緒十六年（1890）庚寅署恩貢，官職旋即裁撤，著有《周易管窺》四卷、《讀易要語》、《易中辨義》諸書。[26]連橫《臺灣通史》卷三十四〈列傳六・文苑列傳〉殿末曰：

> 楊克彰，字信夫，淡水佳臘莊人。讀書精大義。從貢生黃敬學，受《周易》，覃思鈎玄，得其微蘊。顧尤工制藝，掃盡陳言。每一篇出，同輩傳誦。光緒十三年，以覃恩貢成均。數赴鄉闈，不售。侯官楊浚見其文，歎曰：「子文如太羹玄酒，味極醇醲，其不足以薦群祀也宜哉。故終不遇。」設教於鄉，及門數十人，四方師事者亦數十人。每社課，執筆修削，日數十篇，無倦容。艋舺黃化來具禮致千金，請設函丈於燕山宗祠。不赴。或問之，曰：「吾上有老母，足以承歡。下有妻子，足以言笑。讀書課徒，足以為樂。使吾昧千金，而遠庭闈，吾不為也。」而化來請之益堅，歲晉聘書。克彰觀其誠，乃許之。宗祠距家六、七里，每夕必歸，進甘旨，視母已寢始行。風雨無間。途中背誦所讀書，手一燈，踽踽行。里人見之，知楊先生歸也。
>
> 克彰設教三十年，及門多達才；而江呈輝、黃希堯、謝維嶽、楊銘鼎尤著。嗣為學海、登瀛兩書院監督。知府陳星聚聞其文行，欲舉為孝廉方正，辭。十六年，大府議修《臺灣通志》，飭各縣開局採訪，與舉人余亦皋纂《淡水縣志》。嗣任臺南府學訓導。翌年，陞苗栗縣學教諭。苗栗初建，士學未興，竭力獎之。越數年，調臺灣縣學教諭。

---

26 傳詳〔清〕沈茂蔭：《苗栗縣志》（第159種，1962年），卷十二〈職官表・文職・苗栗縣訓導〉，頁190-191。劉寧顏編：《重修臺灣省通志》（臺北：臺灣省文獻委員會，1994年）。

乙未之役，避亂梧棲，倉皇內渡。而老母在家，每東向而望。軍事稍救，趣歸故土，奉以行。母年已八十，居同安，未幾卒。克彰哭之慟。越數月亦卒，年六十有一。著《周易管窺》八卷，未刊。子五人。次仲佐、維垣、潤波均讀書，能世其業。

復據楊雲萍〈博覽會文獻館舉要〉，知其《周易管窺》稿本「現為楊氏家藏」。[27]又從《臺灣歷史辭典》，黃美娥教授所撰「周易管窺」條，稱：

> ……原著有《周易管窺》6本，及《易中辨義》2冊，但遭二次洪水，次子楊嘯霞保存《管窺》1部，餘皆飄失無存。……[28]

文中所稱楊嘯霞即楊克彰哲嗣楊仲佐（號嘯霞，1876-1968），為「網溪別墅」創建者，戰後曾任「永和鎮長」、「臺北縣文獻委員會」委員，子楊三郎（1907-1995）為著名畫家。在嘯霞《網溪詩文集》卷上，即收其父著述數篇，並於〈網溪詩文集序〉言：

> 先大人著《周易管窺》六本、及《易中辨義》二冊以外，所作經解策論制藝時文，不下千篇，遭兩次洪水，僅存《管窺》一部，餘皆漂失無存。五年前偶於故紙中搜得同治年間，蒙臺灣學政夏公獻綸以冠軍入庠之制藝一篇，手澤猶新，面命如昨。……

在《網溪詩文集》書中，嘗論及楊克彰著述序跋兩種弁言，序中又云：

---

27 收入楊雲萍：《臺灣的文化與文獻》（臺北：臺灣風物雜誌社，1990年1月），〈博覽會文獻館舉要〉，頁100-102。

28 詳參許雪姬總策劃：《臺灣歷史辭典》（臺北：遠流出版事業公司，2004年5月），頁433。

先父所著《周易管窺》被洪水沖壞數頁一事，已載別文。最近經
「臺灣省文獻委員會」將原本攝存，待補闕後印行。茲先將其原
序，有關《易》理雜文，擇其一二，以供參考。

可知，楊克彰著述僅《周易管窺》存於家，而此本又有「臺灣省文獻會」
（今「國史館臺灣文獻館」）攝影底稿，或可循此線索，訪得原書（或影
本）。[29]

6 黃文儀

黃文儀（生平不詳），嘗賦〈寄興〉詩，以言誦《易》尋道之旨：
「……閉戶誦《周易》，焚香清道心；爻詞如可會，大象何難尋？」[30]然
未見黃氏有《易》學著述載錄。

從以上檢索整理的吉光片羽文獻中，可知臺灣早期《易》家梗概，而
臺閩地區學子習《易》，大凡均以初唐孔穎達（字沖遠、仲達，574-648）
《周易正義》、南宋朱熹《周易本義》以及清初李光地（字晉卿，號厚
庵、榕村，1642-1718）《周易折中》以為準式，故康熙五十四年（1715）
〈御製周易折中序〉說：

《易》學之廣大悉備，秦、漢而後，無復得其精微矣。至有宋以

---

29 感謝林慶彰教授指導東吳大學中國文學系郭明芳博士提供論文：〈《清領時期臺灣儒學參
考文獻》述評——兼談清領時期臺灣儒學資料的搜集與整理〉，並參郭明芳：〈黃敬《易
經初學義類》流傳與刊行顛末——兼談黃敬高弟楊克彰著述存佚〉，《東海大學圖書館館
刊》第50期（2020年3月15日），頁14-26。經尋訪「國史館臺灣文獻館」並檢索館藏，
惜一無所獲。

30 〔清〕盧德嘉（生卒年不詳）：《鳳山縣采訪冊》（第73種，1960年），〈癸部・藝文
（二）・詩詞〉，頁512。案：盧德嘉為清鳳山縣學廩生。光緒十八年（1892）臺灣倡修
通志，鳳山縣於十二月設採訪局，纂修《鳳山縣采訪冊》，由盧氏總其成。

來，周、邵、程、張闡發其奧：惟朱子兼象數、天理違眾而定之，五百餘年無復同異。宋、元、明至於我朝，因先儒已開之微旨，或有議論己見，漸至啟後人之疑。朕自弱齡留心經義，五十餘年未嘗少輟；但知諸書《大全》之駁雜，奈非專經之純熟。深知大學士李光地素學有本，《易》理精詳；特命修《周易折中》，上律《河洛》之本末、下及眾儒之考定與通經之不可易者，折中而取之。越二寒、暑，甲夜披覽，片字一畫，斟酌無怠。康熙五十四年春，告成而傳之天下。後世能以正學為事者，自有所見與！[31]

綜之，以上各家《易》學著作，除黃敬《易經初學義類》之外，十分可惜都僅存目於臺灣方志文獻中，未能藏之名山，傳諸後世；而日本統治臺灣以來，因推行皇民化運動，漢學教育與傳承僅賴書院、私塾加以維繫，[32]並未能厚植基礎深耕發展，故有待於臺灣光復（1945）以來，至今四代的薪火相傳，才能上繼傳統，下開新葉。

二　黃敬及其傳世《易經初學義類》

據中央研究院中國文哲研究所林慶彰教授指導東吳大學中國文學系郭明芳博士訪搜購獲的黃敬《易經初學義類》[33]影印楷書刊本，卷前有錄自《臺北縣志》卷二十七〈人物志〉第四章〈學行列傳〉之〈黃敬略傳〉，

---

31 〔清〕劉良璧（字省齋，湖南衡陽人，生卒年不詳）：《重修福建臺灣府志》（第74種，1961年），卷首〈聖謨・御製周易折中序〉，頁10。

32 詳參李園會編著：《日據時期臺灣教育史》（臺北：編譯館出版，臺南：復文書局發行，2005年5月初版）。林玉体：《臺灣教育史》（臺北：文景書局，2003年9月）。

33 筆者獲贈黃敬《易經初學義類》複印楷書刊本，於卷前〈黃敬略傳〉、上卷《周易》卷之一與下卷《周易》卷之二〈未濟〉書末下，皆鈐有「明芳」（郭明芳）陽文篆印。

基本上節錄自前引連橫《臺灣通史》，[34]謹鈔於後提供比較參考：

> 黃敬，字景寅，淡水廳芝蘭堡干豆莊人。干豆或作關渡，故學者稱
> 關渡先生。少孤，母潘氏守節。性純孝，勤苦讀書。安溪舉人盧春
> 選來此[35]設教，敬事之，授《周易》。咸豐四年（1854）歲貢生，
> 嗣授福清縣學教諭，以母老辭。假莊中天后宮為社塾，先後肄業者
> 數百人，北臺文學因之日興。敬為人謹飭，一言一動，載之日記，
> 至老不倦。束修所入，悉以購書，或勸其置田，曰：「吾以此遺子
> 孫，勝於良田[36]十甲也。」著《經義類存編》[37]二卷、《易義總
> 論》、《古今占法》各一卷、《觀潮齋詩》一卷，卒後散佚。民國四
> 十年（1951）鄉人陳鐵厚為之輯佚，有詩數十首，未刊。

據此，以及前文所引相關歷史文獻資料，可知黃敬生平傳略。而其《易經
初學義類》傳世版本，目前考知有二：

（一）1965（民國54）年初印版本，為范教璿（約1930-）道長於
1956（民國45）年購得於舊書肆，而後聽聞吳槐（字琪樹，？-？）說此
書為臺北大龍峒仕紳陳維英（字實之，號迂谷，1811-1869）高弟——清
咸豐年間淡水廳貢生黃敬所撰，因此集資付印。美國西來大學（The West
University）圖書館、臺灣大學國際華語研習所圖書室，皆有典藏本可以
參閱。

（二）1973（民國62）年再印版本，係1951（民國40）年鄉人毓癡陳
鐵厚（自號壁角生，1904-1997）輯佚付梓，後由周超（？-？）擔任發行

---

34 詳參連橫：《臺灣通史》，卷三十四〈列傳六・文苑列傳・黃敬〉，頁984-985。

35 案：「此」字，依連橫《臺灣通史》原文，當作「北」字為是。

36 案：「田」字，依連橫《臺灣通史》原文，作「疇」字。

37 案：《經義類存編》，依連橫《臺灣通史》原文，當作《易經義類存編》，遺漏「易」字。

人的臺北「萬有善書出版社」，[38]於1973（民國62）年10月影印發行。

　　《易經初學義類》原稿已不知下落，惟賴此傳抄本，始得窺見瞭解黃敬《易》學豹斑。而檢讀王國璠（字璞安，一字粹甫，1917-2009）《臺灣先賢著作提要》，於《周易義類存編》條稱：

> 計分上中下三冊，毛邊紙行楷手抄。上卷百五十七頁、中卷百四十二頁、下卷七十一頁。白棉紙封面，右下鑴「萬物靜觀皆自得」陽文長方小印，左上隸書「周易義類存編」六字，卷首有自序一篇。[39]

此外，並言「惜書不傳」，則今所見《易經初學義類》，或即此書的遺傳。又在黃氏所著《易義總論》一篇，〈提要〉云：

> 民國十六年（1927），連橫先生創辦「雅堂書局」，謀刊未成。惟就

38　案：周超所擔任發行人的「萬有善書出版社」，位於臺北市延平北路5段社子五街26巷5號。據參考網路資料：https://reurl.cc/D1Anxm（檢索日期：2019年10月17日），周超又名周金標，「在玉珍書局之外，臺灣一貫道最重要的善書店是萬有善書經銷處，又叫萬有善書流通處、萬有善書出版社。這個店位於舊臺北市政府（長安西路）對面，其創辦者叫周超，又叫周金標。據林萬傳多年前告知，此人原先似乎不務正業，信一貫道後改作善書出版。我在1989年左右曾光顧該店，是其女兒顧店，後再去已關門並將庫存書轉給尚德圖書公司」。

39　案：詳參王國璠：《臺灣先賢著作提要》（新竹：臺灣省立新竹社會教育館，1974年），頁5-6。並可參閱王國璠、邱勝安：《三百年來臺灣作家與作品》（高雄：臺灣時報社，《臺灣時報叢書》，1977年8月），〈關渡先生黃敬〉，頁89-91；頁90下，所述與此大體相同，逐錄供對照參考：「《周易義類存編》，分上、中、下三卷，用毛邊紙行楷手抄。上卷一百五十七頁，中卷一百四十二頁，下卷七十一頁，以白棉紙作封面，右下方鑴『萬物靜觀皆自得』的陽文長方小印，左上方用隸書寫著『周易義類存編』六字，開卷的第一頁是自序。以後是正文，發凡舉例，闡微摘隱，博求諸儒的異同。在這書裏，他參用鄭元（玄），王弼及程朱的學說，解釋義理，同時以人事來證明，容易使人了解。他認為『六爻之義本一理，曰（當作「四」）聖之旨本一貫』。進士丁壽泉說他『所見甚有是處』。可惜這部書沒有流傳下來，無法進一步瞭解它的內容。」

上存諸書而論，似為殘稿，奈是書失傳已久，無以證之。或謂黃氏諸作，曾由其子孫售於上海某書商，商患瘵死，遂不悉下落云。[40]

以上說法可供參考，而王國璠於〈關渡先生黃敬〉一文中，又有說云：

> 《易義總論》，據說有四卷，分別述說《易・訟大象傳義》，《易・屯》二爻辭義，《易・師履臨》大君義，《易・蠱》「先甲後甲」、〈巽〉「先庚後庚」義，《易・既濟》「東鄰西鄰」義等六篇。民國十六年，連雅堂先生創辦雅堂書局，想要把它出版，但未實現。這書從尚存的諸目看來，似是殘稿，可惜失傳已久，無法確證。有人說黃敬各類作品，曾由他的子孫售給上海某書商，這位書商死後就下落不明了。
>
> 至於《古今占法》，僅為一卷，凡卅六節，分別舉出古今測候，占驗，星象之學，來論人事得失榮枯之理。同時附錄了象數考原，年神方位，月事吉凶占辨的方法十二章，八十八解。末後有諸儒的姓氏，《易》學源流，邵子、程子、朱子綱領及筮儀五贊，經傳音釋，《本義》異同，《程傳》異同，《啟蒙》大旨等篇，都能疏通其義，成一家言。另外有逐爻漸生，陽退陰進逆數論，來貫穿邵、朱二子的論點。可惜這書也沒有付梓，後人難窺堂奧。[41]

1948年，「臺灣省博覽會」曾借展黃敬遺著，楊雲萍有文記其盛。目前除《易經初學義類》外，其餘諸作應該已經亡佚了。今存所見《易經初

---

40 詳參王國璠：《臺灣先賢著作提要》，頁7。

41 參閱王國璠、邱勝安：《三百年來臺灣作家與作品》，〈關渡先生黃敬〉，頁90-91。

學義類》，為陳鐵厚謄錄本，應非黃氏原稿。是書謄錄時間，或許在1960年《臺北縣志》出版以後，因書前有據《臺北縣志》所謄錄傳記一篇，又據前引連橫《臺灣通史》鈔錄序《易》文，黃敬自言：

> 茲編之所解者，悉遵《本義》，主乎象占，以卜筮還之。而於各卦之義，各爻之義，復采古來人事相類者與為證明。或係前人，或由己見，皆敬小窗閒坐所讀，苦無端倪，欲以課虛責實，庶幾得所持守，誌而不忘耳。

可知，黃敬《易》學本於朱熹《周易本義》，而於各卦、各爻之義，多採「古來人事相類者與為證明」，於《易》學「義理派」二宗的「儒理宗」與「史事宗」，都有所發揮己見心得，自成一家之言。

今存《易經初學義類》，共分上、下二卷，〈黃敬略傳〉一頁，目錄共八頁；上卷《周易》卷之一前，有〈四聖作易源流〉、〈八卦取象歌〉、〈分宮卦象次序〉、〈上、下經卦名次序歌〉、〈上、下經卦變歌〉、〈觀易十例〉六種，以上除〈四聖作易源流〉與〈觀易十例〉二種外，餘皆照錄自朱熹《周易本義》。其後，又有附論二種〈六十四卦名釋畧〉、〈月令所屬卦名〉，頁一至二十；《周易》卷之一，上經〈乾〉至〈離〉三十卦，頁二十一至一五四。下卷為《周易》卷之二，下經〈咸〉至〈未濟〉三十四卦，頁一五五至二九八。

黃敬《易經初學義類》所論〈四聖作易源流〉，以為：「卦畫者，伏羲所畫也。」「卦象者，文王所繫之辭也。」「卦象者，卦之上、下兩象，及兩象之六爻，周公所繫之辭也。」「卦傳者，孔子所作也。」其實，此說也是本於朱熹《周易本義》圖說之後的闡釋增補文字：

> 右《易》之圖九。有天、地自然之《易》，有伏羲之《易》，有文

王、周公之《易》，有孔子之《易》。自伏羲以上，皆无文字，只有圖畫，最宜深玩，可見作《易》本原精微之意。文王以下，方有文字，即今之《周易》。然讀者亦宜各就本文消息，不可便以孔子之說，為文王之說也。[42]

黃敬在〈分宮卦象次序〉之後，又加一「按」語，以西漢京房（李君明，77-37B.C.E.）所創「八宮世應卦法」為說「八純卦」一至五世，以及游魂、歸魂卦變模式。至於〈觀易十例〉，則可見其《易》學體例進路與宗旨要義：

（一）凡觀卦須知卦德。
（二）凡觀卦須知卦體。
（三）凡觀卦須知卦位。
（四）凡觀卦須知卦象。
（五）凡觀卦須知卦主。
（六）凡觀卦須知卦應。
（七）凡觀卦須知卦變。
（八）凡觀卦須知卦互。
（九）凡觀卦須知爻乘。
（十）凡觀卦須知爻承。[43]

而附論二種，其一引錄明儒陸振奇（字庸成，生平未詳）〈六十四卦

---

42 詳參〔南宋〕朱熹：《易本義》（臺北：世界書局，1988年11月10版），頁10。又可互參《周易本義·乾》「元亨利貞」以下朱熹註解文字。

43 案：〈觀易十例〉之後「附論」序文，引錄元儒胡炳文（字仲虎，號雲峰，婺源考川人，1250-1333）：《周易本義通釋》卷三。

釋略〉，[44]循名責實，為另一卦序的新解。至於〈月令所屬卦名〉，則以西漢孟喜（字長卿，生卒年不詳）「卦氣說」中「十二消息辟卦」為示例，準此以觀黃敬《易》學，可謂兼綜義理與象數兩大系統。政治大學中國文學系劉柏宏博士（今已獲聘為中研院中國文哲研究所經學組助研究員），曾於2014年8月18日「罕傳本經典研讀（五）：第一、二次讀書會」中，發表〈黃敬《易經初學義類》的詮釋策略〉論文初稿，提出黃氏解《易》的五大策略，分別為：

（一）人事政事解《易》。

（二）聖人教化天下。

（三）象義緊密相繫。

（四）解《易》特重實效。

（五）解《易》重視應時。[45]

劉博士以此五大進路與策略，詮解黃敬《易經初學義類》，可謂具體中肯。綜合而言，黃敬《易經初學義類》解《易》，雖偏重於卦爻辭義理的闡發，且多本於朱熹《周易本義》，承先啟後，繼往開來，誠為臺灣先賢中的佼佼者，也是臺灣經學史上的先鋒人物。

三　黃敬及其傳世《觀潮齋詩集》

關渡先生黃敬除倖存流傳於世的《易經初學義類》抄寫刊本外，尚有

---

44 詳參〔明〕陸振奇：《易芥》（臺南：莊嚴出版社，1997年，據北京圖書館分館藏清乾隆十六年〔1751〕刻本影印），〈通卦名釋略〉。案：乾隆十六年，公元1751年。

45 詳參劉柏宏：〈黃敬《易經初學義類》的詮釋策略〉，臺北：中央研究院中國文哲研究所，「罕傳本經典研讀（五）：第一、二次讀書會」，2014年8月18日，頁2-14。

臺北毓癡陳鐓厚與李恆剛費多年時間，於1930（昭和5年，民國19）年5月，「不憚煩勞，搜羅抄錄」《觀潮齋詩集》，共得一百四十首，然「以世事倥攘故，欲刊行又止，弗獲已」，遂「謹繕集一部，暫實總督府圖書館，俾償同好諸君，聊當探驪先手」。[46]嗣於1939（昭和14年，歲次己卯，民國28）年，以此臺北芸香齋藏書《觀潮齋詩集》一部，始正式鉛印出版刊行。[47]除此芸香齋版本之外，尚有二種：一為臺灣文學館出版、施懿琳等編輯《全臺詩》，[48]二為臺灣文學館網站所設之「智慧型全臺詩知識庫」。[49]1979（民國68）年2月，央圖臺灣分館（已改制為「臺灣圖書館」）收入典藏。[50]卷前有謝汝銓（字雪漁，號奎府樓主，1871-1953）作

---

46 案：以上括號內引文，詳參下文所引卷前謝汝銓（字雪漁，號奎府樓主，1871-1953）作於稻江奎府樓的《觀潮齋詩集・序》與陳鐓厚《觀潮齋詩集・序・附記》。

47 案：從下文引錄雪漁謝汝銓與毓癡陳鐓厚二〈序〉，時間均記為「民國十九年（昭和己卯）」，但民國十九年（1930）舊曆歲次為「庚午」年，並非「己卯」年。二序既然皆作「民國十九年（昭和己卯）」，「己卯」為民國二十八年（昭和十四年，1939）與「庚午」為民國十九年（昭和五年，1930），顯然矛盾扞格。因此，臆斷民國十九年（昭和五年，1930）歲次「庚午」，當為陳鐓厚抄輯《觀潮齋詩集》之年；而民國二十八年（昭和十四年，1939）歲次「己卯」，則當為《觀潮齋詩集》正式鉛印刊行之年。

48 施懿琳等編撰：《全臺詩》（文化建設委員會發行、臺灣文學館出版、遠流出版事業公司印行，2004年2月1日），第4冊。

49 「智慧型全臺詩知識庫」：http://xdcm.nmtl.gov.tw/twp/index.asp（檢索日期：2021年5月6日）。

50 案：「央圖臺灣分館」前身為日本時期「臺灣總督府圖書館」，於1914（日本大正3）年4月13日，以敕令第六十二號公布「臺灣總督府圖書館」官制，而於同年11月在艋舺（萬華）清水祖師廟內，設置臨時事務所，籌備開館事宜，翌年六月，遷館至博愛路舊彩票局（臺灣總督府左後方博愛路與寶慶路口，今博愛大樓）內辦公，8月9日正式對外開放閱覽。二戰後，1945（民國34）年10月，臺灣省行政長官公署接收「臺灣總督府圖書館」，次年並合併日人「財團法人南方資料館」，成立「臺灣省行政長官公署圖書館」（簡稱為臺灣省圖書館）。1948（民國37）年5月，奉命改隸臺灣省政府教育廳，更名為「臺灣省立臺北圖書館」。該館於「臺灣省行政長官公署圖書館」與「臺灣省立臺北圖書館」二時期皆借用「臺灣省立博物館」（臺北市館前路、襄陽路口）一樓營運；受限於空間狹小，續於臺北市八德路、新生南路口建造新館，迨1973（民國62）年7月1日，奉行政院令改為「央圖臺灣分館」，隸屬教育部。由於業務不斷發展，藏書總量急遽增

於稻江奎府樓的《觀潮齋詩集・序》，文曰：

> 關渡黃敬先生，品詣學術，兩俱優美，為當時社會所推重。素精《易》學，闡明靡遺，馬融絳帳，成為受《易》而來。著有《易經義類存編》二卷、《易經總論》、《古今占法》各一卷。讀其略傳，可知其概。先生於《易》以外，又能詩，暇時常吟詠自娛，有《觀潮齋詩》一卷，存而未梓。稻江陳鐵厚君，以前哲遺著，代遠年湮，散佚可惜，為保此吉光片羽，不憚煩勞，搜羅抄錄，集貲將付剞劂，請序於余。為之通篇瀏覽，卷帙無多，覺能獨闢蹊徑，迥出尋常。輕清流利者有之，典贍[51]風華者有之，當時學界，重文不重詩，故能作詩人之詩者殊少。《觀潮齋詩》能不為文人之詩，蓋其致力於此者有素。斯集鋟板，必見其傳，足為吾南溟學界，增一光彩，謹以此為序而歸之。[52]

讀此序，可知黃敬《觀潮齋詩集》與《易經初學義類》，都為鄉人毓癡陳鐵厚所集貲刊刻傳世，而今所見存者，僅此二種，斯文不泯，信然！陳鐵厚又撰〈序〉與〈附記〉，文曰：

> 本詩集為前清臺灣名儒黃敬先生所作之遺稿也。先生於北部文學界所謂「五大宿儒」之一，與宜蘭李望洋、竹塹鄭用錫、大龍峒陳維

加，新生南路館舍不敷使用，復經中和市公所（今中和區公所）同意無償撥用四公頃土地使用，1989（民國78）年教育部同意遷建，迭經「覓地撥用計畫」、「工程開工計畫」到「館務搬遷計畫」三階段，2004（民國93）年12月20日中和新館正式開幕啟用，為目前臺灣空間規模最大的圖書館。2013（民國102）年1月1日，奉行政院令改為「臺灣圖書館」。

51 案：「贍」字，誤刊作「膽」字。

52 案：本序文每句皆空一格，並未加上標點符號，以上皆為筆者自行標點句讀。

英、港仔墘曹敬齊名，其創作力量又富。先生於咸豐四年贋歲貢，嗣授福清縣學校教諭，而於《易》造詣頗深，蓋嘗授業盧春選先生也。其序《易》之文，文華燁燁，可謂一代之哲學家。而詩又唐音可傳，余甚私淑。茲集出版，定能引起吾臺韻學界扶持風雅，趣味必多。編者發刊此集之工作，庶不虛矣。區區効力於詩學奧妙之微意，或亦為讀者所許我乎！謹識。

是集以世事傯攘故，欲刊行又止，弗獲已。謹繕集一部，漸寘[53]總督府圖書館。俾償同好諸君。聊當「探驪先手」云爾。

承上，復據徐慧鈺《鯤島逐華波──清領時期的本土文人與作品》敘述：

黃敬之詩作多不傳，昭和19年（1940）幸經陳鐵厚、李恆剛搜羅抄錄，得詩百餘首，輯為《觀潮齋詩集》，詩作內容多寫自然景物之美。謝雪漁謂其詩風或輕清流利、或典瞻風華；而陳鐵厚更將之與鄭用錫、李望洋、陳維英、曹敬齊名，並稱為臺灣北部文學界五大宿儒，視之為當時北臺文壇之能手。[54]

據此二序、附記與徐慧鈺引述文字，可知《觀潮齋詩集》幸有心人陳鐵厚與李恆剛兩位先生廣為搜求輯佚，傳世不易，自當珍惜寶愛，研閱廣傳。《觀潮齋詩集》未編有目次，僅四十三頁，質善而量少，今《全臺詩》第肆冊錄其詩作共一四〇首，惟筆者統計則有一五〇首，另補遺三首，共一五三首，並詳本書後附《觀潮齋詩集》。

黃敬詩作題材內容主要有二個部分：一為「閒情詠物」，描繪書齋即

---

53 案：「漸寘」，疑為「暫寘」之誤。「寘」，同「置」。

54 詳參徐慧鈺：《鯤島逐華波──清領時期的本土文人與作品》，收入《臺灣文學史長編》（臺南：臺灣文學館，2013年8月），第4冊，頁154-155。

景──山水、漁火、小艇、星子、月、江鷗等,自然景致──淡北八景、月、蟬、村人、春山、魚、時令、新雷等,以及植物書寫──秋菊、春柳、冬梅、水仙花、涼草、竹筍等;二為「寄言懷抱」,多為與友贈答、詠嘆古人與勸人為學(「勸學歌」十一則)。從此可知,黃敬《觀潮齋詩集》頗具「隱逸」詩風。

　　觀其詩題,尋常生活點滴,一般寓目風景,人情世故、禮尚往來……,如詩聖、詩史杜甫一般,興觀群怨,溫柔敦厚,多識於鳥獸草木之名,洵可謂真性情、有生命的臺灣先賢詩家,足資吟詠讚歎,讀之神交心嚮其詩中繁華與真淳的風雅本色。

本書撰者黃敬略傳[*]

　　黃敬字景寅，[1]淡水廳芝蘭堡干豆莊[2]人。干豆或作關渡，故學者稱「關渡先生」。

　　少孤，母潘氏守節。性純孝，勤苦讀書。安溪舉人盧春選[3]來此設教，敬事之，授《周易》。咸豐四年[4]舉貢生，嗣授福清縣[5]教諭。以母老辭，假莊中天后宮[6]為社塾。先後肄業者數百人，[7]北臺文學因之日興。[8]

　　敬為人謹飭，一言一動，載之日記，至老不倦。束修所入，悉以購書；或勸其置田，曰：「吾以此遺子孫，勝於良田十甲也。」著《經義類

---

* 錄自《臺北縣志》卷二十七《人物志》第四章〈學行列傳〉。
1 案：〔清〕黃敬（字景寅，號必先，1806-1888），生於清仁宗嘉慶十一年（1806）丙寅，卒於清德宗光緒十四年（1888）戊子。本篇略傳都以句號標斷文字，今改以新式標點符號，並分別段落，以利閱讀。
2 案：淡水廳芝蘭堡干豆莊，日本時期易名「江頭」，今屬臺北市北投區關渡里，與新北市淡水區毗鄰相連。
3 案：〔清〕盧春選，福建安溪舉人，生平未詳。據史載，盧氏於清道光二十八年（1848）東渡淡水，設教授徒。
4 案：咸豐四年，為清文宗甲寅歲，公元1854年。
5 案：福清縣，今改為縣級「福清市」，位於福建省福州市東南部，福建中部沿海，與臺灣一水之隔。
6 案：關渡「天后宮」，原名「靈山天妃廟」，黃敬於此廟設立私塾，教育關渡子弟，以敦行為本，及門多秀士。
7 案：當時北臺名儒黃敬與曹敬作育英才甚多，時人合稱為「淡北二敬」。若再加上大龍峒陳維英，以及竹塹前輩鄭用錫（字在中，1788-1858）、蘭陽後生李望洋（字子觀，1829-1901），可謂為清領時期「北臺五大宿儒」。
8 案：黃敬擅長《易》學，相關著述頗富，惜多已亡佚不存，門生楊克彰（字信夫，1836-1896）薪傳其學，淡北因此成為北臺《易》學中心之一。

存編》[9]二卷,《易義總論》、《古今占法》各一卷,《觀潮齋詩集》一卷。卒後散佚,民國四十年[10]鄉人陳鐵厚[11]為之輯佚。有詩數十首,未刊。

9　案:《經義類存編》,當作《易經義類存編》,「經」字前缺漏「易」字。

10　案:民國四十年,辛卯歲,公元1951年。

11　案:陳鐵厚(毓癡,自號壁角生,1904-1997),清德宗光緒三十年(1904)甲辰十二月二十七日誕生,1997(民國86)年5月10日逝世,享壽九十三歲。日本時期,曾任職於「臺灣總督府圖書館」;戰後,續服務於改制的「臺灣省立臺北圖書館」(「央圖臺灣分館」與「臺灣圖書館」前身),1973(民國62)年自典藏股股長退休,編輯出版臺灣先賢著作,薪傳斯文,功不唐捐。

印書緣起[*]

　　此編為范教璿[1]道長1956（民國45）年得之於舊書肆中，1963（民國52）年夏，聞之於吳槐[2]先生云：「此編之撰者黃敬先生，係大龍峒陳迁谷維英先生之高弟，[3]為清咸豐間淡水廳貢生，與士林之曹敬[4]並稱之『臺北

---

* 案：1965年初版所附「印書緣起」。
1 案：范教璿道長，生平未詳，高壽，嘗撰〈至聖先天老祖真傳〉，收入《道慈綱要・演教篇》，頁154-156；以及《道慈研究》第六期，頁28-32，並可參考《道德精華錄》。與下文「俞華羣道長」，經檢索生平都未詳。從「印書緣起」，可知此書複印初版於「中華民國五十四年（1965）八月二十四日」。
2 案：吳槐先生（字琪樹，生卒年未詳）。日本時期曾在《民俗臺灣》撰文，戰後自臺北市太平國小教師退休，曾任大同區長，臺北市文獻會委員，同時也在《臺灣風物》與《臺北文獻》等刊物撰文發表。
3 案：〔清〕陳維英（字實之，又字碩芝，號迁谷，臺北大龍峒仕紳，1811-1869），「陳悅記」家族成員，本籍福建泉州府同安縣，嘉慶十六年（1811）十月生於臺灣府淡水廳大龍峒（今臺北大龍峒），卒於同治八年（1869），為仕紳陳遜言四子，從小受業於伯兄陳維藻，鄉試中舉。陳維英對臺灣最大貢獻為教育方面，除了曾任教於明志書院（位於今新北市泰山區）外，也創辦噶瑪蘭（今宜蘭）仰山書院，並擔任艋舺（今臺北萬華）學海書院院長。著有《太古巢聯集》、《鄉黨質疑》及《偷閒錄》等。2006年9月23日，陳維英入祀弘道祠，為臺北孔子廟在1919年辦理最後一次先儒入祀至今，第一位入祀的人物。
4 案：〔清〕曹敬（字興欽，號慤民，1818-1859），八芝蘭（今臺北士林）人。少讀書，從舉人陳維英學。道光二十二年（1842）入泮；翌年試府學，取一等一名，補增生。二十五年，設教港仔墘，門下多達才。課暇，喜以書法、繪畫、雕刻自娛，所鐫黃楊木人物，細緻精巧，栩栩若生，足與三山名匠李七相媲美。存世者有南極仙翁（李騰嶽收藏）、散花仙女（陳逢源收藏）、孟麗君等。士儒君子以其品高德重，在當時大龍峒港仔墘（今臺北市大同區境內）作育英才甚多，時人與關渡黃敬，合稱「淡北二敬先生」，或稱「港仔墘先生」。所著詩文甚夥，多半散失，門弟子輯其存者為《曹慤民先生詩文略》，臺北市文獻委員會刊印。皆清峭雅切，境界高迥，無矯揉造作習氣，可以低吟，可以朗誦。〈菊影〉諸絕，有陶淵明田園之趣。卒於咸豐九年（1859）四月二十三日，

二敬』。」⁵此書迄未付梓，乃集資付印，以饗同好，並誌始末以彰撰者。印前因年久多蠹蝕之處，承俞華羣道長補缺，併此誌之。

　　臺灣道院、世界紅卍字會臺灣省分會　謹識。

　　1965（民國54）年8月24日初版。

　　案：本書為晚清臺灣先賢關渡先生黃敬《易經初學義類》影印楷書刊
　　　　本，筆者初得版本係多年前臺北大學古典文獻研究所碩士、私立東
　　　　吳大學中國文學系博士郭明芳訪搜所獲，後轉陳指導教授中央研究
　　　　院中國文哲研究所研究員林慶彰先生，承蒙該所副研究員蔣秋華先
　　　　生複印相贈，特此誌謝。本書於卷前〈黃敬略傳〉、上卷《周易》
　　　　卷之一與下卷《周易》卷之二〈未濟〉書末下，皆鈐有「明芳」陽
　　　　文篆印，「明芳」即「郭明芳」。書後版權頁，登載如下：「著作
　　　　者：干豆黃景寅先生。發行處：萬有善書出版社。發行人：周超
　　　　（臺北市延平北路五段社子五街26巷五號）。總經銷：萬有善書經
　　　　銷處（臺北市長安西路八八號門前）。中華民國六十二年十月印。
　　　　內政部內版業字第二一七九號。」筆者於臺灣師範大學國文學系碩
　　　　士班指導學生林芷羽（碩論：「臺灣先儒黃敬《易經初學義類》研
　　　　究」，2021年7月）、高慧芬（碩論：「關渡先生黃敬《觀潮齋詩集》
　　　　研究」，2019年7月）分別於網路以高價新臺幣三千元與千餘元郵購
　　　　得初版印本，都轉贈筆者存參紀念，對校之下，乃知郭博士所得
　　　　1973（民國62）年版本係後出複印發行，並未刊出「印書緣起」，
　　　　且無「承俞華羣道長補缺」另附於初版書內四頁的「勘誤表」。今
　　　　觀讀初版印本，乃知此書刊印始末，特加案補識，提供瞭解參考。

　　享年僅四十有二歲。詳參《臺北市志》卷九〈人物志・賢德篇〉，頁42。

5　案：「臺北」、「臺灣」都寫作通用之「台北」、「台灣」，以下統一改作標準正字。

序*

　　吾因卜筮而設。聖人欲人於事，審可否，定從違，察吉凶，以謹趨避，特為假借之辭，聊示會通之意。故體則兼該靡盡，用則泛應不窮。無論人為何人，尊卑貴賤皆可就此以占；事為何事，大小輕重皆可依此以斷。豈一、二義類所得泥而拘乎？唯其為書廣大精微，擴而充之，義多浩渺，研而究之，義又奧幽。前聖之言，非必故為詭祕，以待後人深求。

　　《易》本懸空著象，懸象著占，道皆虛而莫據，辭易混而難明。欲為初學者講，不就其義以整其類，則說愈繁而旨益晦。譬如登山，仰止徒嘆其高，莫得尋其徑路。譬如入海，望洋徒驚其闊，莫得覓其津涯。執經習焉不察，開卷茫乎若迷。將《易》所以教人卜筮，欲啟之以明，反貽之以昧；欲命之以決，反滋之以疑，日言《易》而《易》不可言矣。夫《易》之數本於天也。天非以人為驗，無以知天。《易》之辭憑乎理也。理非以事為徵，無以見理。

　　茲編之所解者，悉遵《本義》，主乎象占，以卜筮還之。而於各卦之義，各爻之義，復采古來人事相類者與為證明。或係前人，或由己見，皆敬小窗閒坐所讀，苦無端倪，欲以課虛責實，庶幾得所持守，誌而不忘耳。卷帙既成，不忍恝然廢棄，爰顏之曰《義類存編》，以示子弟姪輩，俾之便習此經，因以兼通諸史，不無稍有裨益。雖所引著，其事未必與其義適符，而望影藉響，以為比類參觀，亦足知類通達。況由是觸類以引而

＊　案：此序原書所無，筆者抄錄自連橫：《臺灣通史》（臺北：臺銀經濟研究室，1962年，《臺灣文獻叢刊》第128種，卷三十四〈列傳六‧文苑列傳‧黃敬〉，頁984-985），補附於此，提供學者參考。

伸，充類以至於盡，推類以概其餘。覺義雖舉一、二人之類，可作千萬人想。義雖舉一、二事之類，可作千萬事觀。化而裁之，推而行之，神而明之，何致拘泥鮮通，不能兼該泛應，有負於《易》為卜筮之書也哉！

目次

附錄 ……………………………………………………………… 407

附

《觀朝齋詩集》目次

壹

壹　緒論

一　四聖作《易》源流

　　卦畫者，伏羲所畫也。伏羲仰觀俯察，見陰陽有奇耦之分，而畫一奇以象陽，畫一耦以象陰。奇者，━也；耦者，--也。見一陰一陽有各生一陰一陽之象，故自下而上，再倍而三，以成八卦。三畫已具，八卦已成，則又三倍其畫，以成六畫。而於八卦之上各加八卦，以成六十四卦也。[1]

　　卦彖[2]者，文王所繫之辭也。如乾卦繫以「元亨利貞」，坤卦繫以「元亨利牝馬」至「安貞吉」，屯卦繫以「元亨」至「利建侯」，所以斷一卦之辭也。餘各卦倣此。

　　卦象者，卦之上、下兩象，及兩象之六爻，周公所繫之辭也。凡畫卦由下而上，故最下一畫為初爻；逆數而起，第二畫為二爻，第三畫為三爻，第四畫為四爻，第五畫為五爻，最上一畫為上爻。凡畫值奇，則繫以

1　案：本書為毛筆楷書影印刊行版本，正文每句，均以句號標示；注文則以句號或頓號標示，今改以新式標點符號，以便閱讀；再者，本書目錄與正文各節、項原無標示序號，都為筆者所加，以利檢覽，特此說明。又此編原為筆者執行科技部專題研究計畫：「關渡先生黃敬《易》學及其傳承與影響研究」（MOST 105-2411-H-003-115-）的文獻原典整理成果，分別由兼任研究助理指導博士生羅文傑學棣負責「緒論」、「乾至蠱」卦，指導碩士生廖筱慧女棣負責「臨至損卦」、吳建廷學棣負責「益至未濟」打字工作，特此致謝。惟因三位助理指導學生《易》學程度參差與釋讀能力不足，錯漏頗多，校對覆核，費時費力，遷延數年，至今方克竟全功。

2　案：覆核初版原書《《易經初學義類》勘誤表》，「彖」誤書作「象」，以下勘誤並相互對照。本書凡書名號均加《……》，篇名號加〈……〉，書名篇名連用則作《…‧…》，以示區別。而《易傳》十翼，各傳皆以篇名號標示，八卦與六十四卦則例不加篇名號，以省篇幅。

九;值耦,則繫以六。如乾卦六畫皆奇,則皆九;坤卦六畫皆耦,則皆六。屯卦初值奇,則九;二值耦,則六。又於九、六以下,復繫以爻辭。如乾卦初九,繫以「潛龍勿用」,所以斷一爻之吉凶也。餘爻倣此。

　　卦傳者,孔子所作也。〈彖傳〉,如〈乾卦・彖〉曰「大哉乾元」至「萬國咸寧」是也,所以釋文王之彖辭也。〈大象傳〉,如〈乾卦・象〉曰「天行健,君子以自強不息」是也,所以釋卦之上、下兩象也。〈小象傳〉,如乾卦「潛龍勿用,陽在下」至「不可為首也」,所以釋兩象之六爻也。餘卦倣此。(舊〈彖〉、〈象〉兩傳,本與〈文言〉、〈繫辭〉、〈說卦〉、〈序卦〉、〈雜卦〉合一卷。漢鄭康成,始以〈彖〉、〈象〉,附於各卦。而王弼又以〈文言〉,附乾、坤兩卦之後。)[3]

二　八卦取象歌

　　　　　☰ 乾三連　　　☷ 坤六斷
　　　　　☳ 震仰盂　　　☶ 艮覆碗
　　　　　☲ 離中虛　　　☵ 坎中滿
　　　　　☱ 兌上缺　　　☴ 巽下斷[4]

三　分宮卦象次序

　　乾、坎、艮、震,為陽四宮;巽、離、坤、兌,為陰四宮。每宮陰陽八卦。

3　案:以下括號內文字,原為正文下注文,以雙行小楷書寫,為免造成排版困擾,凡注文皆改以標楷字體標示。

4　案:連同以下「分宮卦象次序」、「上下經卦名次序歌」與「上下經卦變歌」,都鈔錄自〔南宋〕朱熹《周易本義》卷前所附資料內容,可以相互對照參考。

乾為天	天風姤	天山遯	天地否	風地觀	山地剝	火地晉	火天大有
坎為水	水澤節	水雷屯	水火既濟	澤火革	雷火豐	地火明夷	地水師
艮為山	山火賁	山天大畜	山澤損	火澤睽	天澤履	風澤中孚	風山漸
震為雷	雷地豫	雷水解	雷風恆	地風升	水風井	澤風大過	澤雷隨
巽為風	風天小畜	風火家人	風雷益	天雷无[5]妄	火雷噬嗑	山雷頤山

風蠱

離為火	火山旅	火風鼎	火水未濟	山水蒙	風水渙	天水訟	天火同人
坤為地	地雷復	地澤臨	地天泰	雷天大壯	澤天夬	水天需	水地比
兌為澤	澤水困	澤地萃	澤山咸	水山蹇	地山謙	雷山小過	雷澤歸妹

　　按：八宮首卦名為「八純」，以下七卦各就首卦遞變耳。如乾宮☰乾，為天卦；☰變一畫為天風姤，☰變二畫為天山遯，☰變三畫為天地否，☰變四畫為風地觀，☰變五畫為山地剝。復自上而下，第四畫再變☰為火地晉，名「游魂卦」；又下三爻俱變，歸本宮首卦☰為火天大有，名「歸魂卦」。（後七宮傚此）[6]

四　上、下經卦名次序歌

乾坤屯蒙需訟師，比小畜兮履泰否，同人大有謙豫隨。
蠱臨觀兮噬嗑賁，剝復无妄大畜頤，大過坎離三十備。
咸恆遯兮及大壯，晉與明夷家人睽，蹇解損益夬姤萃。

5　案：「无」誤書作「旡」，「无」同「無」。本書「无」都誤書作「旡」，統一改作「无」。
6　詳見〔西漢〕京房（李君明，78-37B.C.E.）「八宮六十四卦表圖（含世應）」，除「八宮（純）卦」之本宮卦外，其下各分一世（本宮卦初爻變）、二世（本宮卦二爻亦變）、三世（本宮卦三爻亦變）、四世（本宮卦四爻亦變）、五世（本宮卦五爻亦變）、游魂（五世卦第四爻復原本宮爻象）、歸魂（五世卦下三爻復原本宮爻象）。

升困井革鼎震繼，艮漸歸妹豐旅巽，兌渙節兮中孚至。
小過既濟兼未濟，是謂下經三十四。

五　上、下經卦變歌

訟自遯變泰歸妹，否從泰來隨三位；首困噬嗑未濟兼，
蠱三變賁井既濟。噬嗑六五本益生，賁原於損既濟會；
无妄訟來大畜需，咸旅恆豐皆疑似。晉從觀更睽有三，
離與中孚家人繫；蹇利西南小過來，解升二卦相為贅。
鼎由巽變漸渙旅，渙自漸來終於是。

六　觀《易》十例

（一）凡觀卦須知卦德

　　如陽剛德，陰柔德。乾有健之德，坤有順之德。震有動之德，巽有入
之德。坎有險之德，離有明之德。艮有止之德，兌有說[7]之德是也。（如蒙
卦，坎下艮上；坎德險，艮德止。故〈彖傳〉曰：「險而止。」此是取乎
卦德也。餘卦可類推。）

（二）凡觀卦須知卦體

　　卦體者，以卦之體勢論也。內卦為下卦，外卦為上卦。如屯卦（震下
坎上），下體☳震，陽初動於陰下。故〈彖傳〉曰：「剛柔始交。」上體
☵坎，陽陷於陰中。故〈彖傳〉曰：「而難生也。」此取乎卦體也。餘卦
可類推。

7　案：「說」，古「悅」字。《論語・學而第一》開宗明義曰：「學而時習之，不亦說乎！」
　　此「說」同「悅」，喜悅也。

（三）凡觀卦須知卦位[8]

如四，為臣位；五，為君位。又初，為下卦之下位；二，為下卦之中位；三，為下卦之上位。四，為上卦之下位；五，為上卦之中位；上，為上卦之上位。六爻惟二與五得中位，故二、五為中，餘皆不中。又初、與三、與五，為陽位；二、與四、與上，為陰位。若以九居初，是以陽居陽便是正；以九居二，是以陽居陰便是不正。若以六居初，是以陰居陽便是不正；以六居二，是以陰居陰便是正。餘爻可類推。（如乾卦，以九居初，是陽在下。以九居二，是剛健且中。以九居三，是九陽，三亦陽；陽有剛德，故為重剛。三非中位，故為不中也。）

（四）凡觀卦須知卦象

如乾為天，坤為地。震為雷，巽為風、木。坎為泉、水、雲，離為火。艮為山，兌為澤是也。（如屯卦，震下坎上，〈象傳〉曰：「雲雷，屯。」蒙卦，坎下艮上，〈象傳〉曰：「山下出泉。」是也。餘卦可以類推。）

（五）凡觀卦須知卦主

若全卦五陰一陽，則以一陽為主。如師卦以九二為主是也。五陽一陰，則以一陰為主。如小畜以六四為主是也。若內卦二陰一陽，則以一陽為內外之主。如蒙之九二是也。（餘卦倣此。）

（六）凡觀卦須知卦應

卦應者，上卦爻位，與下卦爻位相應也。如初與四相應，二與五相應，三與上相應是也。若初是九、四是六，則陽與陰應，便是正應；如屯

---

8 案：「觀」字前，漏書「凡」字，於此補上。

卦，初九與六四正應是也。（初是六、四是九，亦為正應。）若初是六、四亦是六，便為无應；如蒙卦，初六之與六四无應是也。（初是九、四亦是九，亦為无應。）餘爻倣此。

（七）凡觀卦須知卦變

卦變者，以此卦變自彼卦來也。如訟卦，變自遯卦而來；訟䷅九二，乃自遯䷠九三來居於二耳。泰卦，變自歸妹卦來；歸妹䷵六三變為九三，九四變為六四，便成泰卦䷊矣。朱子《本義》所謂「六往居四，九來居三」者此也。後有卦變可以類推。（按：《本義》多主兩爻交變論，不但以一爻變論也。）

（八）凡觀卦須知卦互

卦互者，以二互至四，而別成一卦；以三互至五，而亦別成一卦也。如需卦䷄，自九二互至六四為兌☱，兌為口舌，故第二爻取象「小有言」。履卦䷉，自九二互至九四為離☲，離為目，故第三爻取象於「眇能視」；自六三互至九五為☴，巽為股，故第三爻又取象於「跛能履」。後倣此。（按：《本義》，未嘗以互卦論。敬於上層多所添補，故并附之。）

（九）凡觀卦須知爻乘

爻乘者，二乘初，三乘二，四乘三，五乘四，上乘五是也。如䷂〈屯卦‧象〉曰：「六二之難，乘剛也。」蓋二乘初九之剛也。後倣此。

（十）凡觀卦須知爻承

初承二，二承三，三承四，四承五，五承上是也。如䷇比卦六三，《本義》謂承、乘、應、皆陰，蓋三所應六四、六二，亦陰也。後倣此。

七　附論

《易》懸空取象，卦各有卦之義，爻各有爻之義。不得以卦取，與爻取象，不合而疑之；亦不得以此爻取象，與彼爻取象，不符而訝之。須著卦觀看，確是此卦取象；隨爻觀看，確是此爻取象方得。

又《易》之取象雖虛，而无所不該。然欲以實事證之，大約不外政事、學問兩途，學者著卦、著爻，以此二途想之，便自虛中有實。

胡炳文曰：「上經四卦，乾曰『天行』，坤曰『地勢』，坎曰『水洊至』，離曰『明兩作』，先體而後用也。下經四卦，震曰『洊雷』，艮曰『兼山』，巽曰『隨風』，兌曰『麗澤』，先用而後體也。乾、坤不言重，異於六子也；稱健不稱乾，異於坤也。」[9]

八　陸振奇〈六十四卦名釋略〉[10]

乾從干之乙取春，木之盛也；乾知大始，於木之發生見之。坤從支之申取夏秋之交，土之旺也；坤作成物，於土之成功見之。[11]坎以一陽之

9　詳參〔元〕胡炳文（字仲虎，號雲峰，婺源考川人，1250-1333）《周易本義通釋》卷三。案：胡炳文為元代著名《易》學家，與胡一桂（字庭芳，號雙湖，徽州婺源人，1247-1315）並稱；除著有《周易本義通釋》十卷外，尚有《周易啓蒙通義》、《六爻反對論》、《二體相易論》。此外，亦專精《四書》，歸宗朱子，著有《四書通》三十四卷。

10　案：〔明〕陸振奇，據《四庫全書總目提要・經部八・易類存目二》：「《易芥》八卷，浙江吳玉墀家藏本，〔明〕陸振奇撰。振奇字庸成，仁和人，萬曆丙午舉人。是書《經義考》作十卷，與此本不符；然所引鄭之惠說，稱陸庸成為諸生時，著《易芥》八卷，與此本合，則十卷乃字之誤也。書中不載經文，其訓詁專主義理，每卦多論反對之意。其論用九，謂非六爻皆變，與《左傳》蔡墨所稱乾之坤者，顯相乖剌，知其不以古義為宗矣。」〔清〕吳玉墀（字蘭陵，號小谷，1737-1817），錢塘人（今浙江杭州），為清代藏書名家吳焯（字尺鳧，號繡谷，1676-1733）次子，能傳家業。乾隆年間，開四庫全書館，詔求遺書，吳玉墀出家藏古書百餘種進呈，獲賜《佩文韻府》一部。

11　案：「乾知大始」與「坤作成物」，見於《周易・繫辭上傳》首章：「乾知大始，坤作成

陷，天一所變也。離以一陰之麗，地二所化也。陽性動而一陽起衰陰之下，故為震。陰性入而一陰伏堅陽之下，故為巽。止兼背以名艮，戒有意之失也。說去言以名兌，懲尚口之窮也。

　　天地不可不交也，通則泰，塞則否也。水火天地之用也，互則既濟，別則未濟也。雷風有相與之機，亦有相助之義，故恆、益同利焉。澤山有相感之氣，亦有相尅之理，故咸、損異用焉。

　　履者禮之如，儗天澤而作儀。豫者樂之原，法雷地而宣化。賁以敷文，如火之蘊於山，而惡其著也。師以閱武，如水之行于地，而惡其擾也。比畫以五耦，統乎一奇，列爵維五，開封建之規。井畫上卦五，而下卦四，方里九區，示井田之制。節者，理財之書，說于入不若儉於出也。噬嗑者，用刑之書，明于情猶欲，斷于法也。

　　上止下動，頤象也，故己不役而民可養。內險外止，蒙意也，故真不壞而聖可作。物莫忌於不相用，事莫大於互為功，故火澤分見則睽，並見則革也。水上於天，則雲隨天行，故需以俟其雨也。既下於天，則逆而行矣，此人情之必訟也。需無為，訟有言也。火出於地，則明因地遠，故晉以普其光也。苟入於地，則幽不明矣，此世道之見傷也。晉為晝，夷為夜也。

　　臨、觀、萃、升，全盛之卦也。臨之二陽既浸而長，勢必為萃之君、相，四、五是也；為觀之君、師，五、上是也。至於升而柔代之者，陽至上則降，故柔升也。蹇不蹇於險，而貴其能止。困不困於險，而貴其能說。

　　坎水在雷上為雲，故雲雷鬱而孕者屯。坎水在雷下為雨，故雷雨作而

物。乾以易知，坤以簡能。易則易知，簡則易從。易知則有親，易從則有功。有親則可久，有功則可大。可久則賢人之德，可大則賢人之業。易簡而天下之理得矣。天下之理得，而成位乎其中矣。」〔東晉〕韓康伯（332-380）注曰：「天地之道，不為而善始，不勞而善成，故曰易簡。」又本文原一氣呵成，並未分別段落，今為便省讀，以兩卦成組，各自標斷，以利對照。再者，原書中「於」、「于」互用，並不統一，校釋仍保持原貌，俱不改動。其他古今字、異體字、省繁字等，皆存原貌，不予更易，特此說明。

結者解。風出山，而其行有漸，君子所以無躁仕。山藏風，而其入必盡，後人所以利新圖。[12] 動而說者，民從君謂之隨。說以動者，少女從長男謂之歸妹。風遇水而易散，則外渙也。風遇澤而常凝，則中孚也。飄沙漫空，天上之風難係。崇岡峻極，山中之天難窺。此畜之所以有小、大也。

　　四陽居於內，所御太輕。四陰制於外，所向太迫。此過之所以有小、大也。陰有時而有象陽，則大中之五，能有其大也。陽有時而同一陰，則得中之二，宜人所同也。當天下有雷，而人心猶敢戲渝者乎？妄之无也，畏天之威也。當雷行天上，而正氣有不激烈者乎？大之壯也。

　　動與天俱也，鼎重器也，難凝而易遷，誰知顛趾折足之虞？豐盛時也，難得而易失，誰存見沫、見斗之戒？風自火而近曰家人，文王刑于之化也。火去山而遠曰旅，孔子轍轘之象也。天不忌山，山不能犯天之高，則不進而遯者。遯之微也，地屈於山，山反能處地之下，則有能而謙者。謙之善也，方剝而倏復矣，方夬而倏姤矣。四者陰陽消息之大樞也。

　　陽不能無陰，猶陰不能無陽，故剝不於盡也，碩果而天心見焉。夬不於終焉，无號而蹢躅孚焉。夫寧獨四卦然哉？乾之亢乃无首，坤之戰乃大終。彼謂《易》為扶陽抑陰，必盡去陰而後快，未之有矣。去之不如用之之尊陽也，故天用地而泰，男用女而咸，雷用風而恆，火用水而濟。則一陰一陽之謂「道」，而《易》生生之謂「易」，宇宙所以至今不毀耳。

九　月令所屬卦名

　　陽復於子，極於巳；陰復於午，極於亥。[13]

12　案：原作「君子所以無躁。仕山藏風。而其入必盡。後人所以利新。圖動而說者。」此斷句有誤，上句當於「仕」處斷，「仕」字連上「躁」字；下句當於「圖」處斷，「圖」字連上「新」字，今改正如上。

13　案：此屬〔西漢〕孟喜（字長卿，生卒年不詳）〈卦氣圖〉「十二月卦」（又稱「十二辟卦」、「十二消息卦」）。

十一月　一陽來復 ䷗ 為復卦（建子）

十二月　二陽來復 ䷒ 為臨卦（建丑）

正月　　三陽來復 ䷊ 為泰卦（建寅）

二月　　四陽來復 ䷡ 為大壯卦（建卯）

三月　　五陽來復 ䷪ 為夬卦（建辰）

四月　　六陽來復 ䷀ 為乾卦（建巳）

五月　　一陰來復 ䷫ 為姤卦（建午）

六月　　二陰來復 ䷠ 為遯卦（建未）

七月　　三陰來復 ䷋ 為否卦（建申）

八月　　四陰來復 ䷓ 為觀卦（建酉）

九月　　五陰來復 ䷖ 為剝[14]卦（建戌）

十月　　六陰來復 ䷁ 為坤卦（建亥）

---

14 案：原書誤書「豫」，當作「剝」，今改正之。

貳 《易經初學義類》上卷

淡江　黃敬　訂

屯仁　賴貴三　校釋

《周易》卷之一‧《周易》上經

　　《本義》:「周，代名也。《易》，書名也。其卦本伏羲所畫，有交易、變易之義，故謂之《易》。其辭則文王、周公所繫，故繫之周。以其簡袠[1]重大，故分為上、下兩篇。經則伏羲之畫，文王、周公之辭也；並孔子所作之傳十篇，凡十二篇。」[2]

一　☰ 乾下乾上　乾

乾：元亨，利貞。

　　《易》首以占教天下也。伏羲所畫上、下皆乾，純陽至健，故仍名為「乾」。文王統觀全體之象，而繫之辭，則為剛健，則能有為，其占當得「元亨」。然非可恃吾力能有為，而妄為之，必「利」在「貞」正，然後可以保其終也。[3]○《本義》:「乾，健也。元，大也。亨，通也。利，宜

1　案：袠，同「袟」、「帙」，書衣、書的卷冊或卷次，也可為「書籍」的代稱。

2　案：引自〔南宋〕朱熹《周易本義》卷前文字，其後尚有一段文字未錄:「中間頗為諸儒所亂。近世晁氏始正其失，而未能盡合古文。呂氏又更定著為經二卷、傳十卷，乃復孔氏之舊云。」此書係以《周易本義》為底本。又臺灣師大國文學系碩士指導學生林芷羽女棣2021年7月學位論文「臺灣先儒黃敬《易經初學義類》研究」，於其《易》學淵源、治《易》方法與特色等，俱有析論，提供參考。

3　案：黃敬此書正文體例，係將經、傳原典與「增字衍釋」注解文字一併連寫，文義貫串而下，並將經、傳原典與「增字衍釋」注解文字，以書寫字體大、小區別，此種體例甚為罕見。經、傳註解文字之後，多擇錄朱熹《周易本義》等文獻，另加為之區隔，簡寫為《本義》，以供參考對照。今為便省覽，先將各經、傳原典分別獨立於前，再將黃敬

也。貞,正而固也。」

乾卦「元亨利貞」,四者分看則為四德,合看則為大通,而利在正固。蓋凡事雖可大通,不正固亦不可久。如秦、晉及隋,號令能及于天下,亦云元亨矣;然皆以力,不以德,是不出于貞正,故雖一時,事可濟,功可成,而卒不能保其終焉。[4]

初九:潛龍,勿用。

「初九」,周公析觀一節之變,而繫詞於各爻之下以為九。以陽居下,其象猶「潛」藏之「龍」。占者遇之,未可有為,故曰「勿用」。○《本義》:「龍,陽物也。」

初九　九,陽數,故象為龍。在初,則為潛龍。如諸葛武侯躬耕南陽,時號「臥龍先生」是已。

九二:見龍在田,利見大人。

「九二」,剛健中正,在初之上,則出初九[5]潛象。「見龍在田」,霖雨足以及物,而為「利見」之「大人」。

九二　《蒙引》:「以九居二,亦非正也。但純乾之德,與他卦不同,故朱

「增字衍釋」注解文字加上新式標點,不另作經、傳大字,注文小字的區別,惟經、傳文字都以引號標示。另外,其天頭眉批,再依相關對應經、傳原典,逐錄於經、傳注文或《本義》之後,以相觀照。

4　案:黃敬於本書經傳本文注解,除引述《伊川易傳》、《周易本義》之外,皆於天頭眉批,節引諸家《易》說與史事論《易》,可見其博觀約取、厚積薄發之治《易》旨趣與淑世懷抱。以下眉批內容,均以標楷體示之。

5　案:此「九」字印刷漫漶,就其殘形,斷為「九」字無疑。

子獨自主張曰：『剛健中正。』」[6] 按：此爻「利見大人」有三義，以二視初，則二為物所利見之大人；以二視五，則二又利見九五之大人；以五視二，則五亦利見九二之大人。蓋二，上足致君，下足澤民，禹、皋、伊、旦之儔是已。

九三：君子終日乾乾，夕惕若，厲，无咎。

「九三」，重剛不中，居下之上，乃危地也。占得此爻之「君子」，必「終日乾乾」，至「夕」而又「惕若」。敬畏如此，則雖「厲」，而可以「无咎」。○《本義》：「乾乾，不息也。厲，危也。」

九三　重剛則過剛，不中則失當，居下之上則有重責在身，故為之兢惕。爻辭所云，是則有重責在身。如周公夜以繼日，坐以待旦，即「君子終日乾乾，夕惕若」也；而當日之流言恐懼，風雷啟〈金縢〉[7]之書，即「厲，无咎」也。

九四：或躍[8]在淵，无咎。

「九四」，以陽居陰，陽進而陰退；在上之下，上進而下退，且初離下體入上體。改革之際，皆進退未定也。象龍，「或」欲「躍」而升；猶「在淵」，則未遽躍。占者能隨時進退，則「无咎」。

6　案：此「蒙引」係指〔明〕蔡清（字介夫，號虛齋，福建晉江人，1453-1508）《易經蒙引》，《欽定四庫全書提要・經部一・易類》評曰：「是書專以發明朱子《本義》為主，故其體例以《本義》與經文並書，但於《本義》每條之首，加一圈以示別，蓋尊之亞於經也，然實多與《本義》異同。」以下各卦爻多次徵引，可知《易經蒙引》為黃敬重要的參考文獻之一。

7　案：〈金縢〉之「縢」，誤書作「滕」。事詳《尚書・周書・金縢》篇，《史記》卷三十三〈魯周公世家第三〉並可互參。

8　案：原書於「躍」下，衍「而」字，當刪去。

九四 此爻是欲進而不輕於進者，如伊尹必待三聘而後出是。

九五：飛龍在天，利見大人。

「九五」，剛健中正。以居尊位，象為「飛龍在天」，霖雨徧及於物，而為天下「利見」之「大人」。

九五 此爻是聖天子繼天出治，三皇、五帝、三王，皆足以當之。

上九：亢龍，有悔。

「上九」，陽極於上，其象如「亢龍」之久於在天，而不返於淵。占者得此，勢盛則傾，動必「有悔」。○《本義》：「亢者，過於上，而不能下之意也。」

上九 此爻戒占者以持盈守滿之道焉。如堯老而舜攝，舜亦以命禹；伊尹復政厥辟，蔡澤歸相印于秦，知此道也。

用九：見群龍，无首，吉。

「用九」，六陽皆變而為陰，即《春秋傳》所謂「乾之坤」[9]也。剛而能柔，象為「見群龍」之剛猛在首；而今「无」其「首」，則能用柔矣，故「吉」。○《本義》：「用九言凡筮得陽爻者，皆用九而不用七，蓋諸卦百九十二陽爻之通例。」

---

9 詳參《左傳·昭公二十九年》，魏獻子問於蔡墨曰：「吾聞之，蟲莫知於龍，以其不生得也，謂之知。信乎？」……對曰：「……《周易》有之，在乾之姤曰『潛龍勿用』，其同人曰『見龍在田』，其大有曰『飛龍在天』，其夬曰『亢龍有悔』，其坤曰『見群龍無首，吉』，坤之剝曰『龍戰于野』，若不朝夕見，誰能物之？」

用九　九，老陽之數。陽老則變，占用其變，故陽爻皆用九。言「无首」而繫以「群龍」者，見其本剛，而能用柔也。

象曰：大哉乾元，萬物資始，乃統天。雲行雨施，品物流
　　　形。大明終始，六位時成，時乘六龍以御天。乾道
　　　變化，各正性命，保合太和，乃利貞。首出庶物，
　　　萬國咸寧。

　　夫子作傳，以釋文王卦「彖」之詞，因以天道明乾義，「曰大哉」其「乾」之「元」乎！「萬物」之生，皆「資」之以為「始」，而得其理以為性，得其氣以為形，又非僅「萬物資始」已也。凡亨通、利遂、貞成，莫非此理之運行，而不息焉。是元「乃統」貫乎亨、利、貞之「天」德也，不亦大乎！○《本義》：「此一節，首釋『元』義也。」

象傳　《蒙引》：「非以萬物之始處當『元』。始者，萬物之始也。物之所資以始者，元也。元是天德。……[10]天之所以為天，四德而已矣。統四德即是『統天』。」

　　以乾之元亨言之。乾道亨通，氣機一到，「雲行雨施」，諸「品」植「物」，向之有氣無形、有形未著者，今則咸「流」露「形」質，而生生不已焉，不亦亨乎！然天以元亨生萬物，聖人豈無元亨以生萬民乎？天道貞下起元，終而復始，時焉而已。[11]聖人「大明」天道之「終始」，因見卦之「六位」——潛、見、惕、躍、飛、亢，各以「時成」，而「時乘」

10　案：此段引述〔明〕蔡清《易經蒙引》，係連貫而下；但經核對原文，「元是天德」以下
　　有省文，故加上省略號。
11　案：「不亦亨乎」以下，至「時焉而已」以上文字，為黃敬自注文字，誤寫入《本義》
　　「此釋乾之亨也」句下，二者當加以分別。

此「六龍」變化之妙,「以御」行「天」道,而措諸政治焉,是乃聖人之元亨也。○《本義》:「此釋乾之亨也。」

「元亨」之後,「利貞」何如乎?惟見夫「乾道變化」,物各得其宜,不相妨害,其得於生,初者既「各正」其「性命」之稟矣。迨至生意飽足,無少欠缺,其全於生,後者又「保合」其「太和」之氣焉,此「乃」乾道之「利貞」也。○《本義》:「變者,化之漸;化者,變之成。物所受為性,天所賦為命。太和,陰陽會合,沖和之氣也。[12]此以釋利貞之義也。」

然天以利貞成萬物,聖人豈無利貞,以成萬民乎?蓋聖人「首出」於「庶物」,而「萬國」各得其所而「咸寧」,亦猶乾道變化,而萬物无不各正保合焉,此聖人「利貞」也。○《本義》:「蓋嘗統而論之。元者,物之始生;亨者,物之暢茂。利則向於實也,貞則實之成也。實之既成,則其根葉[13]脫落,可復種而生矣。此四德之所以循環而無端也。然而,四者之間,生氣流行,初無間斷,此元之所以包四德而統天也。其以聖人而言,則孔子之意,蓋以此卦為聖人得天位、行天道,而致太平之占也。雖其文義有非文王之舊者,然讀者各以其意求之,則並行而不悖也。坤卦倣此。」

象曰:天行健,君子以自強不息。

夫子統取全卦之「象」,論之「曰」:卦之兩象皆天。[14]今日一周,而

---

12 案:「沖和之氣也」,朱熹《周易本義》原作「中和之氣也」。經核對此句後,尚有一段文字:「各正者,得於有生之初。保合者,全於已生之後。此言乾道變化无所不利,而萬物各得其性命以自全。」黃敬節引《周易本義》文字要旨,多非照錄全文,常有增減與改字之例。

13 案:「根葉」,《本義》原作「根蔕」,因形近而書誤。

14 案:以下文字節引於《本義》:「但言天行,則見其一日一周,而明日又一周。若重複之象,非至健不能也。君子法之,不以人欲害其天德之剛,則自強而不息矣。」

明日又一周，循環無間。「天行」之不息，惟其至「健」也。「君子」法之，不以人欲害天德之剛，而「以自強不息」。○《本義》：「天，乾卦之象也。」

游廣平曰：「至誠無息，天行健也，『文王之德之純』是也。未能无息而不息者，君子之自強也，若顏子『三月不違仁』是也。」[15]

潛龍勿用，陽在下也。見龍在田，德施普也。終日乾乾，反復道也。或躍在淵，進无咎也。飛龍在天，大人造也。亢龍有悔，盈不可久也。用九天德，不可為首也。

　　又析各爻之象論之。初言「潛龍勿用」者，以九為「陽」，猶「在」卦「下也」。二言「見龍在田」者，為其剛健中正，出潛離隱，「德」澤之所「施」，「普」遍也。三言「終日乾乾」者，任大責重，只是箇「反復」的「道」理。重復踐行，不敢逸「也」。四言「或躍在淵」者，可以進而不進，其「進」以時，故「无咎」也。五言「飛龍在天」者，蓋以聖德之「大人」，乘時「造」作「也」。上言「亢龍有悔」者，蓋「盈」則必消，本「不可久也」。陽爻何以皆「用九」哉？蓋剛為「天德」，固不可无。然為物先，則純任乎剛，而恐缺折，故「不可為首也」，言須用坤德以濟之。

文言曰：元者，善之長也；亨者，嘉之會也；利者，義之和也；貞者，事之幹也。君子體仁，足以長人；嘉會，足以合禮；利物，足以和義；貞固，足以

---

15 案：〔南宋〕游酢（字定夫，號豸山、鷹山，學者稱「廣平先生」，福建建陽人，1053-1123）。此處所引，原見於《游鷹山集》卷一〈中庸義〉，後又被收錄於《周易傳義大全》中。

幹事。君子行此四德者，故曰「乾：元，亨，
利，貞」。

〈彖傳〉以天道明乾義，此以人道申〈乾・彖傳〉之意。「〈文言〉
曰」，天德之在人有所為。「元者」，乃吾性中慈愛之理，得乎天德之先，
而為眾「善之長也」。「亨者」，乃吾性中恭敬之理，統乎經曲之全，而為
「嘉」美「之會也」。「利者」，乃吾性中裁制之理，得乎其分之宜，而為
「義之和也」。「貞者」，乃吾性中明覺之理，知乎經權之道，而為眾「事
之幹也」。四德之在人如此。○《本義》：「幹，木之身，而枝葉所依以立
者。」

四德圖──元：春、仁（居東）。亨：夏、禮（居南）。利：秋、義（居
西）。貞：冬、知（居北）。[16]

亨（夏、禮）

元（春、仁）　　　　利（秋、義）

貞（冬、知）

四德，在「乾」為「元亨利貞」，在「時」為「春夏秋冬」，在「人」為
「仁義禮智」。

四德本人心所同具，惟「君子」能全「體」乎「仁」，而无一物不在
所愛之中，故「足以長人」。「嘉」其所「會」，而動容周旋無不中節，故

「足以合」乎「禮」。「利物」使各得其所，則親疏上、下皆定分聯情，故足以和義。知貞之理，而守必固，則是非可否，亦皆知明守定，故「足以幹」其「事」。四德之全，於君子如此。蓋以「君子」至健，為能「行此四德者」，「故曰：乾元亨利貞」。○《本義》：「此第一節，申〈彖傳〉之意。與《春秋傳》所載穆姜[17]之言不異，疑古有此語。」

初九曰：「潛龍勿用。何謂也？」
子曰：「龍德而隱者也。不易乎世，不成乎名；遯世无悶，不見是而无悶。樂則行之，憂則違之，確乎其不可拔，潛龍也。」

於是取各爻象傳之意而申之。「初九曰：潛龍勿用，何謂也？子曰：龍德而隱」於下位「者也」。守此龍德於己，而「不」變「易乎世」，藏此龍德於時，而「不」求「成乎名」；惟不隨世變易，勢必至於「遯世」，而畧「无」所「悶」，不求成乎名，人亦不見以為是，而亦畧无所悶。蓋以為道與時行而可「樂，則」未嘗不「行之」，以兼善天下；惟道與時違而可「憂，則」姑且「違之」，以獨善其身也，初守此憂違之操。「確乎其不可拔」，真時「潛」之「龍」也。○《本義》：「龍德，聖人之德也。大抵乾卦六爻、〈文言〉，皆以聖人明之，有隱見而無淺深也。」

17　案：穆姜事，詳參《左傳‧襄公九年》：「穆姜薨於東宮。始往而筮之，遇艮之八。史曰：『是謂艮之隨。隨，其出也，君必速也。』姜曰：『亡。是於《周易》曰：「隨，元亨利貞，無咎。」元，體之長也；亨，嘉之會也；利，義之和也；貞，事之幹也。體仁足以長人，嘉德足以合禮，利物足以和義，貞固足以幹事。然，故不可誣也，是以雖隨無咎。今我婦人而與於亂，固在下位而有不仁，不可謂元；不靖國家，不可謂亨；作而害身，不可謂利；棄位而姣，不可謂貞。有四德者，隨而無咎，我皆無之，豈隨也哉？我則取惡，能無咎乎？必死於此，弗得出矣。』」

九二曰：「見龍在田，利見大人。何謂也？」
子曰：「龍德而正中者也。庸言之信，庸行之謹，閑邪存
　　　其誠，善世而不伐，德博而化。《易》曰：『見龍在
　　　田，利見大人。』君德也。」

　　　「九二曰：見龍在田，利見大人。何謂也？子曰：龍德而」處不潛未
躍之時，是位之「正中者也」。蓋彼雖「庸」常之「言」，必出「之」以
「信」；雖「庸」常之「行」，必出「之」以「謹」。夫信、謹，誠也；不
信、不謹，邪也。彼則「閑」其「邪」，以「存其誠」，而「無斁亦保」[18]
焉。雖言行之「善」，足以蓋「世而不」自「伐」其善；但見「德」之所
被者「博」，「而」物无不「化」，斯皆大人之事也。「《易》曰：見龍在
田，利見大人」，雖非君位，而有「君德也」。

九三曰：「君子終日乾乾，夕惕若，厲，无咎。何謂也？」
子曰：「君子進德修業。忠信，所以進德也；修詞[19]立其
　　　誠，所以居業也。知至至之，可與幾也；知終終
　　　之，可與存義也。是故，居上位而不驕，居下位而
　　　不憂，故乾乾因其時而惕，雖危无咎矣。」

　　　「九三曰：君子終日乾乾，夕惕若，厲无咎。何謂也？子曰：君子」
欲以「進德修業」，必主於心者，无一念之不誠。而「忠信」，正「所以進
德也」，必見之事者，无一言之不實；而「修辭立其誠」，正「所以居業
也」。知忠信所以進德，而可「至」德，即便「至之」；雖一時未能遽至，

---

18 案：此實本諸朱熹《周易本義》。「斁」，或作「射」，音同亦，厭倦也；或音杜，敗壞
　　也。「無斁（射）而保」，語出《詩經·大雅·文王之什·思齊》篇。
19 案：「修詞」，傳統通行版本作「修辭」。

而理已先得，「可與」其知「幾也」。「知」修立所以居業，而可「終」業，即便「終之」，則踐履篤實，持守堅固，「可與」其「存義也」。進修如是，安往不宜？「是故，居上位」，則持盈「而不驕；居下位」，則勝任「而不憂」焉。夫進德修業，「故乾乾因其時而惕」，不驕不憂，「故」雖處「危」，而「无咎」矣。

九四曰：「或躍在淵，无咎。何謂也？」
子曰：「上下無常，非為邪也；進退无恆，非離群也。君子進德修業，欲及時也，故无咎。」

　　「九四曰：或躍在淵，无咎。何謂也？子曰」：不安於下，亦不遽上，是為「上下無常」，其跡若近於為邪，然其心「非為邪也」。不安於退，亦不遽進，是為「進退无恆」，其跡若近於離群，然其心「非」欲「離群也」。「君子」之心，蓋以既「進德修業，欲及時」以進，而不先不後「也，故无咎」。

九五曰：「飛龍在天，利見大人。何謂也？」
子曰：「同聲相應，同氣相求。水流濕，火就燥；雲從龍，風從虎；聖人作，而萬物覩。本乎天者親上，本乎地者親下，則各從其類也。」

　　「九五曰：飛龍在天，利見大人。何謂也？子曰」：試觀之物理。「同聲」者，必唱和而「相應」；「同氣」者，必施愛而「相求」。「水流」下，故就「濕」；「火」炎上，故「就燥」。「雲」水氣，龍亦水畜，故「從龍」；「風」威烈，虎亦威猛，故「從虎」。物理感應如此，況聖人乎？故「聖人」興「作」在位，「而萬物」共「覩」其心。所以然者，以聖人為

人類之首，而臣民皆以類應之；亦如動物「本乎天者」得陽氣，而其首「親上」；植物「本乎地者」得陰氣，而其首「親下」，「則」无不「各從其類」故「也」，又何疑於利見哉？○《本義》：「物，猶人也。」

上九曰：「亢龍有悔。何謂也？」
子曰：「貴而无位，高而无民；[20]賢人在下位，而无輔，是以動而有悔也。」

　　「上九曰：亢龍有悔。何謂也？子曰」：居卦之上，至「貴」者也，「而」過亢，則「无」以長守其「位」。至「高」者也，「而」過亢，則「无」以得乎「民」心。九五以下皆賢人，而過亢，則「賢人在下位，而无」肯來「輔」，「是以動而有悔也」。○《本義》：「此第二節，申〈象傳〉[21]之意。」

潛龍勿用，下也。見龍在田，時舍也。終日乾乾，行事也。或躍在淵，自試也。飛龍在天，上治也。亢龍有悔，窮之災也。乾元用九，天下治也。

　　初之「潛龍勿用」，以龍德而隱居卦「下」，无位「也」。二之「見龍在田」，以龍德正中，未得君位，暫為「時舍」也。三之「終日乾乾」，因時而惕，以盡其進修，乃「行」所當行之「事也」。四之「或躍在淵」，進欲及時，非故為遲疑，正「自試」其時，可進與否「也」。五之「飛龍在天」，聖作物覩，言居「上」以「治」下「也」。上之「亢龍」動而「有

---

20 案：原典「貴而无位，高而无民」，此書遺漏「而」字，作「貴无位，高无民」。
21 案：「象傳」，此誤書作「彖傳」。

悔」，以時值其「窮之」所以「災也」。「乾元」天德不可為首，故「用九」焉。君道剛而能柔，「天下」无不「治也」。○《本義》：「此第三節，再申前意。」

潛龍勿用，陽氣潛藏。見龍在田，天下文明。終日乾乾，與時偕行。或躍在淵，乾道乃革。飛龍在天，乃位乎天德。亢龍有悔，與時偕極。乾元用九，乃見天則。[22]

　　「潛龍勿用」，在卦之下，正「陽氣」之「潛藏」也。「見龍在田」，雖曰時舍，然「天下」已被其化，而成「文明」之俗也。

見龍　九二之「大人」，亦是得時位者，故能「德施普」、「天下文明」。其曰「時舍」，言未得在上如九五耳，故只言「在田」，如益、伊尹、周公之不有天下是。

　　「終日乾乾」，固為行事，正以危疑之時，不敢少懈，「與時偕行」而不悖也。「或躍在淵」，欲以自試。以「乾道」離下而上正，「乃」變「革」之時，故遲疑也。「飛龍在天」，誠為上治，然惟有是德，宜居是位，是「乃位乎天德」也。「亢龍有悔」，為窮之災，蓋時值其極，而過高志滿，「與時偕極」也。「乾元用九」，天下已治。然剛而能柔，於此「乃」可以「見天之」法「則」焉。○《本義》：「此第四節，再申前意。」

乾元者，始而亨者也。[23]利貞者，性情也。乾，始能以美利利天下，不言所利，大矣哉！

22　案：「乃見天則」，此書衍「之」字，作「乃見天之則」，今正之。

23　案：「始而亨者也」，此書「者」誤書作「之」，故「始而亨之也」，當正作「始而亨者也」。

　　夫子以乾之四德不可見，教人於物上認之，言所謂「乾元者」，何處見得？觀於物之「始」，機緒一露，即暢茂條達，而必「亨者也」。即物，而乾之元可知矣。所謂「利貞者」，於何見之？觀於物之收斂歸藏，生理各具，而得「性情」之實「也」。即物，而「利貞」可知矣。分之雖四德流行，合之實一元統貫，吾知「乾」元啟資始之端，且能即其「始」，而因物遂全。是「能以」嘉「美」之「利」，「利」益「天下」之物，而无跡可見，「不」得名「言」其「所利」，元不「大矣哉」！○《本義》：「始者，元而亨也。利天下者，利也。不言所利者，貞也。」

大哉乾乎！剛健中正，純粹精也。六爻發揮，旁通情也。時乘六龍以御天也，雲行雨施，天下平也。

　　要之，四德皆乾所為耳。「大哉！乾」之道「乎」。其體，則元亨利貞，專一不撓而「剛」，其用則元亨利貞，迭運不息而「健」。其用之所行，一氣分為四序，無過不及而「中」；其體之所立，四時各一其氣，無少偏倚而「正」。且剛健之極，不雜陰柔而「純」；中正之極，不雜邪惡而「粹」。又純粹之至，而極其「精也」。乾之大如此。如此則乾之為情，幾無可名言矣。自「六爻」布列於卦，「發揮」於詞，而潛、見、惕、躍、飛、亢，足以「旁通」乎其「情也」。○《本義》：「旁通，猶言曲盡。」

　　而六爻即六龍，六龍即時也，聖人有見於此，而「時乘六龍以御天」道也，故德澤廣被。如「雲行雨施」，而「天下平也」。此聖人之元亨利貞也。○《本義》：「此第五節，復申首章之意。」

君子以成德為行，日可見之行也。潛之為言也，隱而未見，行而未成，是以君子弗用也。

　　復尋味六爻而申言之。謂初九之「君子」,「以」已「成」之「德為」措諸「行」,宜不「日」之間,「可見」功業「之行也」。而占何以曰「勿用」?蓋以「潛之為言也,隱而未見」,則欲「行而」猶「未成」,「是以君子弗用也」。

君子學以聚之,問以辨之,寬以居之,仁以行之。《易》曰:「見龍在田,利見大人。」君德也。

　　二為成德。大人而成德有其由,「君子」以性雖固有,而事物之理,亦必務「學以聚之」。聚則混淆,又必「問以辨之」。既辨矣,豈遽會於心乎?則優游厭飫,以俟其化,而「寬以居之」。既居矣,可勿體於身乎?則當理無私,以踐其實,而「仁以行之」,此所以成大人之德。《易》曰:「見龍在田,利見大人」,正言「君德也」。

九三,重剛而不中,上不在天,下不在田,故因其時而惕,雖危无咎矣。

　　「九三,重剛而不中」,且「上不」如九五之「在天」,「下不」如九二之「在田」,皆為人利見而不用惕,「故」占者必須「因其時而惕,雖危无咎矣」。○《本義》:「重剛,謂陽位、陽爻。」

九四,重剛而不中,上不在天,下不在田,中不在人,故或之。或之者,疑之也,故无咎。

　　「九四,重剛而不中,上不在天,下不在田」,并「中」亦「不」如三為吾人進修之地,而「在人」皆不用疑,蓋四位無定在,「故或之。或

之者，疑之也」；疑所當疑，卒於無疑，「故无咎」。○《本義》：「九四，非重剛，『重』字疑衍。」[24]

夫大人者，與天地合其德，與日月合其明，與四時合其序，與鬼神合其吉凶。先天而天弗違，後天而奉天時。天且弗違，而況於人乎？況於鬼神乎？

「夫」五稱利見之「大人者」，非獨以位，以其德也。德莫大於天、地，大人「與天、地合其德」，自是而天、地之間有日、月。大人「與日、月合其明」有四時，大人「與四時合其序」有鬼神，大人「與鬼神合其吉凶」，信乎與天、地合德也。故「先天」以開人，創古今所未有，「而天弗違」於大人；「後天」以立政，順性命所同然，「而」大人「奉」行乎「天時。天且弗違，而況於人乎？況於鬼神乎？」利見，又何疑耶？

大人 吳氏曰：「先天、後天，只是一件，如堯禪舜授，湯武放伐，制禮作樂，網罟、舟車，一切開先創造者，總是天、地間未有之事，畢竟是天、地間原有之理。以其創乎事所未有，則曰『先天』；以其本乎理所原有，則曰『後天』。總是形容聖人縱橫與道相合。」[25]

---

24 案：〈文言傳〉於九三、九四，既兩言「重剛」，當有其分別之義理；而朱熹《周易本義》以為疑衍「重」字，是以本位及其陰陽屬性，雙重言之。然筆者以為九四之「重剛」，當以其上承與下乘之兩爻皆為陽剛解之。

25 案：此節引「吳氏」文，「吳氏」為吳默（字言箴，一字因之，江蘇吳江人，1554-1640）。〔明〕潘士藻（字去華，號雪松，安徽婺源人，生卒年不詳），萬曆十一年（1583）進士。其《讀易述》卷一引「吳因之曰」：「先天二句，總是一件。〈文言〉只要狀他橫行直撞，與天為一，故分簡先後形容之。如堯舜之禪受，湯武之放伐，分四時別五常，制禮作樂，網罟、舟車，天地間一切開先創造者，總是天地間未有之事，然畢竟是天地間原有之理。以其創乎前之所未有，則曰『先天』；以其本乎理之所原有，則曰『後天』，其實一也。天弗違者，道理不能違。大人奉天時者，大人不能違道理。一是默契，一是奉行，見大人渾身是天。」黃敬所引蓋本於此。

亢之為言也，知進而不知退，知存而不知亡，知得而不知喪。其唯聖人乎！知進退存亡，而不失其正者，其唯聖人乎！

　　上九「亢之為言也，知進而不知退，知存而不知亡，知得而不知喪」，所以「動而有悔」也。求其善處。不至於悔，「其唯聖人乎」！「知進退存亡」，「而」處之「不失其正者，其唯聖人乎」！○《本義》：「此第六節，復申第二、第三、第四節之意。」

二　䷁坤下坤上　坤

坤：元亨，利牝馬之貞。君子有攸往，先迷，後得，主利。西南得朋，東北喪朋，安貞吉。

　　內外皆坤之卦，仍名為「坤」。陰之純，順之至，信乎「元亨」也。然須常守此順象，「利牝馬之貞」焉，牝馬之貞何如？「君子」之「有攸往」也，須知任己，「先」物則「迷」，居「後」從人則「得」。且陽斷制而主於義，陰收斂而「主」於「利」。至於與人之際，往「西南」陰方，則「得」其「朋」；往「東北」陽方，則「喪」其「朋」。大抵能「安」于「貞」正，則有以得其元亨，而「吉」矣。是謂「利牝馬之貞」也。

坤卦　葉氏佩蓀曰：「乾、坤相配，陽必不可無陰。[26]故夫人道之立，君必得臣以播政，父必得子以克家，夫必得婦以理內。然使為臣、為子、為婦者，自用自專，則人人皆欲惡而絕之。豈非以陰之不可无，而卒不可以獨勝哉？自《易》教不明，老氏隱居志道，其言曰『柔勝剛』、『牝勝牡』，而

26　案：以下有一大段省略文字，其後「人道之立」葉氏原文作「人倫之立」；而以下多節引《易守》文句，並非照錄原文。黃敬提挈要義，擷精取華工夫，由此可窺其一斑。

所謂『三寶』，則『曰慈、曰儉、曰不敢為天下先』。慈者，坤象母；儉者，陰性吝；不為先者，先迷後得也。邵子謂老氏得《易》之體。然而極其弊，則但欲以無為為順，是莫不順於自強不息之為勞，而莫順於逍遙自適之為樂也。蓋老氏舍乾而專效坤者也。莊、列之徒，暢其風宗，皆引其支而揚其波者耳。嗟乎！經訓之是非，關乎學術；學術之真偽，中乎人心；人心之公私，成乎世運。學《易》者，於幾微之介，安可以无辨之哉？」[27]

象曰：至哉坤元，萬物資生，乃順承天。坤厚[28]載物，德合无疆，含弘[29]光大，品物咸亨。牝馬地類，行地无疆。柔順利貞，君子攸行。先迷，失道；後順，得常。西南得朋，乃與類行；東北喪朋，乃終有慶。安貞之吉，應地无疆。

　　夫子舉地道以明坤之義。「象曰：至哉坤」之「元」乎！「萬物」皆「資」之以「生」，「乃順承」乎「天」之所施耳，地之道也。○《本義》：「此言坤之元也。」

　　坤之亨何如？蓋乾德無疆，而「坤」道之「厚」足以「載物」。其「德合」乎乾，亦「无疆」焉。何以見之？當資生時，物之生意蘊於中，為「含」而无所不包，何其「弘」也？物之生意達於外，為「光」而无所不周，何其「大」也？而「品」彙之「物」，「咸」隨坤德而「亨」。此坤所以「德合無疆」也。○《本義》：「此言坤之亨也。」

---

27 案：〔清〕葉佩蓀（字丹穎，號辛麓，浙江歸安人，1731-1784），有《易守》四十卷。以下引文，詳見《易守》卷一〈易卦總論〉第一條「乾坤」，共六葉十一面，篇幅頗長，內容豐富，足供參考。

28 案：「厚」，誤書作「原」，並下文，皆正之。

29 案：「弘」字缺末筆，避乾隆「弘曆」名諱。以下本書所見「弘」字，皆同此例。

「利貞」而曰「牝馬」，何哉？蓋「牝」陰物，而「馬」又行地，是為「地類」，固順矣。且其「行地」，任重致遠，又「无疆」焉，則順而健也。以其順象，於坤則為「柔順」之德；以其健象，於坤則為「利貞」之德。蓋[30]坤承天以生物，「柔順」也；生物直至有終，即「利貞」也。而體之者，亦在「君子」之「攸行」。○《本義》：「此言利貞也。」

君子所行何如？蓋陰而居「先」則「迷」，是「失」柔順之「道」；陰惟居「後」則「順」，是「得」柔順之「常」。至於，「西南得朋」，以陰從陰，「乃與類行」。「東北」雖「喪朋」，然返之西南，「乃終有」喜「慶」焉。如是，則「君子」之「柔順利貞」，誠「安貞之吉」也，不足以「應地」道之「无疆」乎？所謂「君子」之「攸行」也。

象曰：地勢坤，君子以厚德載物。

「象曰：地」之形「勢」至順，為「坤」之象，亦惟其厚耳。「君子」體之，「以厚德」承「載」天下之「物」，亦一坤也。

初六：履霜，堅冰至。

「初六」，一陰始生於下，其端甚微，而勢必積至六陰，其象如「履霜」，而知「堅冰」之將「至」耳。○《本義》：「霜盛，則水凍而為冰。」[31]

30　案：「蓋」此書多作「葢」，或作「葢」，為「蓋」異體，統改作通用「蓋」字，其他相關字例皆準此。又，「蓋」為文言虛詞，一表發語詞，如「蓋聞」；二表大概如此，如「蓋近之矣」；三表連詞，表示原因，如「有所不知，蓋未學也」。

31　案：以上隄栝《本義》，原文曰：「六，陰爻之名。陰數，六老而八少，故謂陰爻為六也。霜，陰氣所結，盛則水凍而為冰。此爻陰始生於下，其端甚微，而其勢必盛，故其象如履霜，則知堅冰之將至也。夫陰陽者，造化之本，不能相无，而消長有常，亦非人

初六　此戒人之謹微也。趙飛燕初入宮，有披香博士唾曰：「此禍水也，滅火必矣。」³²蓋履霜，而知堅冰之將至焉。

象曰：履霜堅冰，陰始凝也；馴至其道，至堅冰也。

「象曰」，初六「履霜（堅冰）」，蓋以一「陰始凝」，而為霜「也」。若不預防，而「馴致其」陰「道」之極，必「至堅冰也」。○《本義》：「《魏志》作『初六履霜』，今當從之。」

六二：直，方，大；不習，无不利。

「六二」，柔順中正，又得坤道之純，故其德內「直」、外「方」，而又盛「大」，「不」待學「習」，而自「无不利」。

六二　《蒙引》：「乾九五一爻，當得乾一卦；坤六二一爻，當得坤一卦。」按：九五以剛健中正，居乾之尊位，是聖人无為而治，堯、舜之「垂裳拱手」是；六二以柔順中正，得坤之純道，是聖人不勉而中，孔子之「從心所欲」是。

所能損益也。然陽主生，陰主殺，則其類有淑慝之分焉。故聖人作《易》，於其不能相无者，既以健順、仁義之屬明之，而无所偏主。至其消長之際，淑慝之分，則未嘗不致其扶陽抑陰之意焉。蓋所以贊化育而參天地者，其旨深矣。不言其占者，謹微之意，已可見於象中矣。」

32 案：「披香博士」，漢朝時宮廷中教習妃嬪之博士，九卿太常屬官。博士，秩俸比六百石，掌教育弟子，國有疑問，掌承問對。又〔漢〕伶玄（字子予，生卒年不詳），潞水（今山西潞城）人，其所著《飛燕外傳》載曰：「（漢成帝）使樊嫕進合德（趙飛燕妹），……宣帝時，披香博士淖方成，白髮教授宮中，號『淖夫人』。在帝後唾曰：『此禍水也，滅火必矣！』」

象曰：六二之動，直以方也；不習无不利，地道光也。

「象曰：六二之動」，因「直」以成方也；「不習无不利」，是六二之道，即「地」之「道」，所以為有「光也」。

六三：含章，可貞；或從王事，无成，有終。

「六三」，陽為陰包，內「含章」美，但「可貞」固自守；然三居下之上，不終含藏，故「或」時出而「從王」之「事」，則雖始「无成」，而後必「有終」其功焉。

六三　此就為臣之分上說。「含章」是不預露圭角，以取人疑忌，惟「含章」然後可以「時發」。「從王事」而「无成有終」者，當是始无敢矯詔專成，後因君命而有以終其功焉，若郭子儀者，其得之乎？

象曰：含章可貞，以時發也；[33]或從王事，知光大也。

「象曰：含章可貞」，「以」待「時」可為而后「發也」；「或從王事」，不為始而為終，是其「知」識之「光大也」。

六四：括囊，无咎，无譽。[34]

「六四」，重陰不中，斂身不出，如「括囊」然；然可以遠害，故「无咎」。亦無自而有為，故「无譽」。占者或時當隱遯，或事當謹密也。○《本義》：「括囊，結囊口而不出也。譽，過實之名。」

---

33 案：「含章可貞，以時發也」，誤書作「含章可以貞，時發也」，今正之。
34 案：「无譽」，誤書作「无舉」。

六四　按：此爻，重陰不中，是居昏昧之朝，處不當之位，而能韜晦，不
求聞達也。蓋天地閉，賢人隱，四雖臣位，亦當棄官歸去，如梅福變姓名
為吳門市卒焉。[35]

象曰：括囊无咎，慎不害也。

　　「象曰：括囊无咎」，惟能謹「慎」，故「不害也」。

六五：黃裳，元吉。

　　「六五」，以陰居尊，陰順而五得中，有中順之德，為「黃裳」之
象，其占「元吉」。○《本義》：「黃，中色；裳，下飾；元，大善也。」
六五　此爻言在上之人，能盡柔順之道，溫恭接下也，如堯之「允恭克

35　案：「梅福」事，詳《漢書·梅福傳》：「梅福，字子真，九江壽春人也。少學長安，明
　　《尚書》、《穀梁春秋》，為郡文學，補南昌尉。後去官歸壽春，數因縣道上言變事，求
　　假軺傳，詣行在所條對急政，輒報罷。……至元始中，王莽顓政，福一朝棄妻子，去九
　　江，至今傳以為仙。其後，人有見福於會稽者，變名姓，為吳市門卒云。」並參見〔南
　　宋〕陸游（字務觀，號放翁，1125-1210）〈梅子真泉銘〉曰：「梅公之去漢，猶鴟夷子之
　　去越。變姓名，棄妻子，舟車所通，何所不閒？彼吳市閒，人偶傳之，而作史者，因著
　　其說。倘信吳市而疑斯山，不幾乎執一而廢百？梅公之去，如懷安於一方，則是以頸
　　血，丹莽之斧鉞也。山麓之泉，甘寒澄澈。珠霏玉雪，與子徘徊。酌泉飲之，亦足以盡
　　公之高，而歎其決也。」〔元〕王袆（字子章，號煮石山農，1287-1359）《竹齋集》卷
　　七〈雜文〉首篇〈梅先生傳〉曰：「……當漢成帝時，梅福以文學補南昌尉，上書言朝
　　廷事，不納，亦隱去，變姓名，為吳市門卒云，自是子孫散處，不甚顯。」又古會稽陶
　　鏞鑑定、古翁山王亨彥輯《普陀洛迦新志》卷九〈流寓門第九〉（共十三人），於「漢·
　　梅福」條曰：「梅福，字子真，九江壽春人。漢成帝時，為南昌尉。見王氏權盛，漢祚
　　將移，乃為疏，從縣道上書。福本微官，又為奸黨所抑，不報。福見時事日非，遂棄官
　　佯狂吳市閒。後有人見福於山。明萬曆閒，僧如迥，以梅岑之椒，為福煉丹處，重創梅
　　福庵，以存古蹟。」

讓」，³⁶文之「徽柔懿恭」³⁷是已。

象曰：黃裳元吉，文在中也。

「象曰：黃裳元吉」，非偽為也；中順之「文在中」，而見於外「也」。

上六：龍戰于野，其血玄黃。

「上六」，陰盛之極，至與陽爭，則陽固龍，而陰亦龍，象「龍戰于野」焉。然陽傷，而陰亦必傷，又象「其血玄黃」。

上六　胡炳文曰：「六爻皆陰，而上爻言龍，存陽也。不曰陰與陽戰，而曰龍戰于野，以討陰之義，予陽不許陰為敵也。稱血者，以取敗之理，懼陰也。《春秋》『王師敗績于茅戎』、『天王狩于河陽』，與此同一書法。」³⁸

象曰：龍戰于野，其道窮也。

「象曰：龍戰于野」，由馴致「其」陰「道」，至於「窮」極，而不可制「也」。

36　案：「允恭克讓」，語出《尚書·堯典》：「曰若稽古，帝堯，曰放勳，欽、明、文、思、安安，允恭克讓，光被四表，格于上下。克明俊德，以親九族；九族既睦，平章百姓；百姓昭明，協和萬邦，黎民於變時雍。」

37　案：「文」謂文王也。「徽柔懿恭」，語出《尚書·無逸》：「文王卑服，即康功田功。徽柔懿恭，懷保小民，惠鮮鰥寡。」

38　案：〔元〕胡炳文《周易本義通釋》原文作：「坤六爻皆臣，而下卦之上曰『王事』，有君也。六爻皆陰，而上卦之上曰『龍』，有陽也。不言陰與陽戰，而曰龍戰於野，與《春秋》書『王師敗績于茅戎』、書『天王狩于河陽』，同一書法也。」

用六：利，永貞。

「用六」，陰皆變為陽，雖柔必強，而能固守矣。占者「利」于「永」守此「貞」固焉。

> 用六 　六，老陰之數，陰老則變，占用其變，故陰爻皆用六。

象曰：用六永貞，以大終也。

「象曰：用六永貞」，蓋陽大陰小。用六則陰變陽，弱轉為強，是「以大終也」。○《本義》：「用六，言凡筮得陰爻者，皆用六而不用八，亦通例也。」

文言曰：坤至柔而動也，剛；至靜而德，方。[39]後得主而有常，含萬物而化光。坤道其順乎！承天而時行。

夫子復申地道中〈象傳〉之意。「〈文言〉曰」，彼坤必曰「牝馬之貞」，何也？蓋「坤至柔而」其「動」，以成物「也」；承乾而流行莫禦，又何其「剛」？「至靜而」其「德」之成物也，承乾而一定不易，又何其「方」？夫柔，靜、順也；剛，方、順而健，此所以象「牝馬之貞」也。○《本義》：「方，謂生物有常。」

進溯其利。坤惟居乾之「後」，為「得」以「主」乎利，遂萬物「而有常」道也。○《程傳》曰：「『主』下，當有『利』字。《本義》從之。」

進溯其亨。坤，包「含萬物」生意，「而」發達于外，「化」機甚為「光」顯，所謂「含弘光大」也。○《本義》：「復明『亨』義。」

---

39 案：「至靜而德方」，誤書作「至靜而德物也方」，今正之。

又以順承天之義明之。「坤」元之「道，其順」矣「乎」！「承天」之施，「而」以「時行」之，何順如之？○《本義》：「復明『順承天』之義。此以上申〈彖傳〉之意。」

積善之家，必有餘慶；積不善之家，必有餘殃。臣弒其君，子弒其父，非一朝一夕之故，其所由來者，漸矣！由辨之不早辨也。[40]《易》曰「履霜，堅冰至」，蓋言順也。

取釋初六「馴致其道」之意而申之，謂「積善之家，必有餘慶」，流于苗裔；「積不善之家，必有餘殃」，及乎子孫。又如「臣弒其君，子弒其父」，必「非一朝一夕之故，其所由來者，漸矣」！「由」君、父「辨之不早辨」，以馴致至此耳。「《易》曰：履霜，堅冰至。」「蓋言」當「順」之于微「也」。○《本義》：「『順』，當作『慎』。」

直，其正也；方，其義也。君子敬以直內，義以方外；敬義立，而德不孤。「直方大，不習无不利」，則不疑其所行也。

取釋六二，動直以方之意而申之。所謂「直」者，言「其」心本體之「正也」；所謂「方」者，言「其」心裁制之「義也」，是已成之德，然亦由學以至此耳。「君子」所以主「敬以直」其「內」，守「義以方」其「外」，內外交養，循環不窮，由是「敬義」既「立」，其德盛矣！不期大，「而德」自大，「不」至於「孤」陋也。六二之「直方大」如此，又曰

---

40 案：「由辨之不早辨」，原典作「由辯之不早辯也」，「辨」、「辯」可通用，而此脫「也」字。

「不習无不利」者,蓋欲直斯直,欲方斯方,「則不疑其所行」,何假於習「也」乎?

陰雖有美含之,以從王事,弗敢成也。地道也,[41]妻道也,臣道也。地道无成,而代有終也。

　　取釋六三,知光大之意而申之。言「陰雖有」章「美含之」於中,而「以從王事」,則「弗敢」自「成也」。蓋「地」,陰「道也,妻道也,臣道也」。「地道无」敢自「成」,「而代」天「有終也」。地道如此,妻道可知,況臣道乎?

> 陰雖 李氏光縉曰:「當始事而有自專、自必之心,皆『成』也。爻言『無成』,〈文言〉曰『弗敢成』,『弗敢』二字妙!操、懿、莽、溫之惡,皆以『敢』心成之耳。」[42]

天地變化,草木蕃;天地閉,賢人隱。《易》曰「括囊,无咎无譽」,蓋言謹也。

　　取釋六四「慎不害」之意而申之。謂「天地」開泰而「變化」,雖「草木」亦「蕃」盛,而況賢人有不出乎?若「天地閉」塞,則道隨時否,「賢人」可不「隱」乎?「《易》曰:括囊,无咎无譽。蓋言」當

---

41 案:「地道也」,原書脫「地」字,今補之。

42 案:〔明〕李光縉(字宗謙,號衷一,福建泉州塗門街人,1549-1623),人稱「衷一先生」。十九歲為諸生,拜著名學者、解元、會魁蘇濬(浚)為師。萬曆十三年(1585),鄉試第一;萬曆十四年,上京赴試落第,從此斷絕仕進之念,一心一意研究學問,認真考究《四書》、《易傳》。治學嚴謹,「其文章悉嘔心而出,不輕下一語」、「其理潔淨精微,其詞平正適達」,有《景璧集》傳世。詳參〔清〕薛嘉穎(生平未詳)編《易經精華》(六卷末一卷)卷一引。

「謹」慎而隱去「也」。

君子黃中通理，正位居體，美在其中，而暢於四支，[43]發
於事業，美之至也。

　　取五，文在中之意而申之。謂五云「黃」者，蓋「君子」中德在內，
而為「黃中」。統觀之，則時應不窮而「通」；析言之，則條理不紊而
「理」，故其象為「黃」也。○《本義》：「黃中，言中德在內。釋『黃』
字之義也。」

　　又云「裳」者，蓋君子雖「正位」南面，而謙恭下士，平易近民，是
「居」下「體」，故取象於「裳」也。○《本義》：「雖在尊位，而居下
體。釋『裳』字之義也。」

　　合言之，「黃中通理」，人之美德也。君子有「美」德積「在其中」，
由是「而暢於四支」；動作謙恭，「發於事業」，治體渾厚，非「美之至」
不能「也」。○《本義》：「美在其中，復釋『黃中』。暢於四支，復釋『居
體』。」

陰疑於陽必戰，為其嫌於无陽也，故稱龍焉；猶未離其類
也，故稱血焉。夫玄[44]黃者，天地之雜也，天玄而地黃。

　　取上六，其道窮之意而申之。謂「陰」之勢「疑於陽」，則「必」至
相抗而「戰，為其嫌於」陰之欲「无陽」也，「故稱龍」以存陽「焉」。猶
「未離其」陰之「類也」，「故稱血」以別乎陽「焉」。「夫玄黃者」，交爭之

43　案：「四支」，同「四肢」。
44　案：「玄」，原書作「元」。因清聖祖康熙名「玄燁」，清人著作多諱「玄」，改作「元」，
　　以下所見，皆同此例。

下，彼此交傷；「天地之」色相間「雜也」，然雖雜而有別，「天玄而地黃」。○《本義》：「疑，謂鈞敵而无大小之差也。血，陰屬，蓋氣陽而血陰也。玄黃，天地正色，言陰陽皆傷也。以上申〈象傳〉意。」

[陰疑] 項氏安世曰：「玄黃者，上下无別。所謂『雜也』、曰『疑于陽』、曰『嫌于無陽』、曰『未離其類』、曰『天地之雜』，皆言陰之似陽，臣之似君。楚公子圍[45]之美矣君哉也，然終以野死，則亦何利哉？」[46]

三 ䷂ 震下坎上 屯

屯：元亨，利貞；勿用，有攸往，利建侯。

其卦以震遇坎，乾坤始交，而遇險陷，故名「屯」。屯難之世，天所以啟聖賢，占者當得「元亨」；然不可恃才輕進，而「利」在貞。「貞」固自守，「勿用有攸往」，又屯難之時，不可无主，又「利」於「建」立賢「侯」焉。○《本義》：「屯，難也，物始生而未通之意。故其為字，象屮[47]穿地，始出而未申也。」

[屯卦] 按：屯之世，而云「元亨」者。如嬴秦之亂，而漢高起於亭長；新

---

45 案：〔春秋楚〕公子圍，楚康王之弟，時任令尹，掌握軍政大權。其事可互參《左傳》與《穀梁傳》昭公元年「楚公子圍聘於鄭」，以及《國語·魯語下》載叔孫穆子知楚公子圍有篡國之心，公子圍反，殺郟敖而代之。

46 案：詳參〔南宋〕項安世（字平甫，號平庵，1129-1208）《周易玩辭》卷一。項安世，其先括蒼（今浙江麗水）人，後家江陵（今屬湖北）。慶元年間，因謫居江陵，足不出戶，專事研究，於《左傳》、《周易》諸經皆有見解，自謂其學得自程頤（字正叔，號伊川，1033-1107）《易傳》，清儒紀昀（字曉嵐，號石雲，1724-1805）評曰：「安世之經學深矣，何可輕詆也。」傳世有《周易玩辭》十六卷、《項氏家說》、《平庵悔稿》等。筆者碩士學位論文《項安世周易玩辭研究》，於其生平與《易》學，俱有考述闡論，可供參考。

47 案：「屮」，誤書作「山」，今正之。

莽之亂,而光武起自南陽;前五代之亂,而唐高祖以興;後五代之亂,而宋太祖以出,皆以能為之才,展布於難為之時。要亦貞固自守,未嘗妄有所往,故能成濟屯之功焉。曰「利建侯」者,震為長子,長子主器,有侯之象,宜立之,以為濟屯之主也。

彖曰:屯,剛柔始交,而難生。動乎險中,大亨,貞。雷雨之動滿盈,天造草昧,宜建侯而不寧。

「彖曰」,卦名「屯」者,下體陽動陰下,是「剛柔始交」也;上體陽陷陰中,「而難生」也。天地蒙混,生意鬱結,故名「屯」。○《本義》:「以二體釋卦名義。」

辭何以曰「元亨利貞」?蓋卦德震動坎險,是「動乎險中」也。能動則奮發有為,故得「大亨」;而在險,則當此大難,又必利於「貞」焉。○《本義》:「以二體之德,釋卦辭。」

又云「利建侯」者,卦象,震「雷」、坎「雨之動,滿盈」天地之間,有「天造草昧」之象。當此天下未定,名分未明,「宜建」立賢「侯」,以統治之,「而」猶「不」可遽謂安「寧」也。○《本義》:「以二體之象,釋卦辭。天造,猶言天運。草,雜亂。昧,晦冥也。」

象曰:雲雷,屯;君子以經綸。

「象曰」,震坎合體,是「雲雷」交作而未成雨,鬱塞不通,「屯」之象也。「君子」值屯難之世,正有為之時,「以」之正其大綱,而「經」之於先,舉其節目,而「綸」之於後。○《本義》:「坎,不言水而言雲者,未通之意。」

初九：盤桓，[48]利居貞，利建侯。

「初九」，以陽居動體，才能濟屯而在下，勢未可逞；上應陰柔險陷之爻，事無與共，有「盤桓」之象。然居得其正，占者「利」於「居」守「貞」正以待時。又初九，本成卦之主，為民所歸，有「侯」之象。占者「利建」以為「侯」，而成濟屯之功焉。○《本義》：「盤桓，難進之貌。」

初九　《蒙引》：「爻之『盤桓』，即卦所謂『屯』也；爻之『利居貞』，即卦所謂『利貞』、『勿用有攸往』也。」按：此爻當得屯一卦，可即就漢高想之。漢高百戰百敗，盤桓不得進也，而能忍耐退入西蜀，利居貞以待時也。由沛公而進號漢王者，利建侯以濟屯，欲慰乎民望也。

象曰：雖盤桓，志在行正也。利居貞，以貴下賤，大得民也。

「象曰」，初「雖盤桓」不得進，然「志在行正也」，故占者必「利居貞」。又陽貴陰賤，九以陽居陰下，降身恤民，是「以貴下賤，大得民」心，「利建侯也」。

六二：屯如，邅如；乘馬，班如；匪寇，婚媾。女子貞，不字；十年，乃字。

「六二」，陰柔中正，有應於上，而乘初剛，故為所難，而邅回不進，有「屯如，邅如」。而所「乘」之「馬」，亦「班如」之象；然初之難

---

48 案：「盤桓」，原典作「磐桓」，皆為疊韻聯綿詞，可相通用，意義無別。

二，「匪」為之「寇」也，乃求與己為「婚媾」耳。但二固守其正，如「女子」之「貞」，而「不字」於初。至於「十年」，數窮理極，妄求者去，正應者合，「乃字」於五焉。○《本義》：「班，分布不進之貌。字，許嫁也。寇，害也。」

六二　此良臣擇主而事，如女子擇夫而嫁也，如王郎之困信都，非欲以害任光也，特欲其助己耳。而任光不肯，後聞劉秀至，大喜，乃歸之，是「不字」於初，而「字」於五焉。[49]

象曰：六二之難，乘剛也；十年乃字，反常也。

　　「象曰：六二之難，乘」初之「剛」，而不得進「也」；然二、五正應，理之常也。「十年乃字」，是「反」其「常也」。

六三：即鹿，无虞，惟入于林中；君子幾，不如舍，往，吝。

　　「六三」，陰柔居下，不中不正，上无正應，妄行取困，象為「即鹿，无虞」人以指引，「惟」有陷「入于林中」而已。「君子」見「幾，不如舍」去，若「往」而不舍，必「吝」。

六三　據史云：「秦失其鹿，天下共逐之。」則「鹿」，古人往往喻天下。虞人，喻賢人。當屯時，共爭天下，如「即鹿」然。六三陰柔居下，不中不正，是无才无德，又無正應，是無賢人相輔，如項羽之不用范增，故「往」而「吝」也。

---

49 案：王郎（本名王昌，？-24）、任光（字伯卿，？-29）與劉秀（字文叔，6B.C.E.-57C.E.）史事，詳參〔南朝宋〕范曄（字蔚宗，398-445）《後漢書‧本紀第一‧光武帝紀》、〈列傳第二‧王郎傳〉與〈列傳第十一‧任光傳〉。

象曰：即鹿无虞，從禽也；君子舍之，往吝窮也。

「象曰：即鹿无虞」，徒以身「從禽也」；「君子舍之」，蓋以「往」必「吝」，而取困「窮也」。

六四：乘馬，班如，求婚媾；往，吉，无不利。

「六四」，陰柔居屯不能上進，故為「乘馬班如」之象。然初九守正居下，以應於己，有「婚媾」之象。其占宜下「求婚媾」，藉陽剛以往濟時艱，則「吉」而「无不利」。

六四 知己陰柔之才，不足濟屯，而求初九之賢以輔，如先主之下聘孔明是。

象曰：求而往，明也。

「象曰：求」初九之賢，「而往」以濟屯，可謂「明也」。

九五：屯其膏，小貞，吉；大貞，凶。

「九五」，雖以陽剛中正居尊位，然當屯之時陷於險中，正應六二陰柔才弱，不足以濟。初九得民於下，眾皆歸之；九五，坎體有膏澤，而不得施，為「屯其膏」之象。占者以處「小」事，則守「貞」正，猶可獲「吉」；以處「大」事，則雖「貞」正，而不免於「凶」。

九五 按：體坎為水，膏澤之象。五居尊位，有膏者也，而以剛中之才，陷於陰中。如英主之溺於群小；正應陰柔，又輔助无人，以致澤不下究。初九得民，五之澤為其所蔽，而不及民，是「屯其膏」也。「小貞吉」、「大

貞凶」者，言小正之則吉，大正之則凶也。蓋惟修德於內，小心畏謹，則
澤可獲施而吉；若好大喜功，如魯昭之於季氏，則反害而凶。[50]

象曰：屯其膏，施未光也。

　　「象曰：屯其膏」，是時勢有阻其所「施未光」大「也」。

上六：乘馬，班如；泣血，漣如。

　　「上六」，陰柔无應，處屯之終，進无所之，憂懼而已。有「乘馬，
班如；泣血，漣如」之象。

| 上六 | 此爻如漢獻帝是已。 |

象曰：泣血漣如，何可長也？

　　「象曰：泣血漣如」，喪無日矣，「何可長」久「也」？

四 ䷃ 坎下艮上　蒙

蒙：亨。匪我求童蒙，童蒙求我。初筮，告；再三，瀆；
　　瀆，則不告，利貞。

　　其卦以坎遇艮，名曰「蒙」。蒙固難亨，然有「亨」道焉，蓋明者之
發蒙也。必「匪我求童蒙」，乃「童蒙求我」，則道不枉，而教自尊。又必

50　案：魯昭公與季氏史事，詳參〔西漢〕司馬遷（字子長，約145-87B.C.E.）《史記》卷三
　　十三〈魯周公世家第三〉。

如「初筮」之誠而始「告」，若筮者「再三」則「瀆」慢，「瀆」慢「則不告」，則道不輕，而教易入。然發蒙即所以養蒙，又必「利」於以「貞」正焉。○《本義》：「蒙，昧也。我，二也。童蒙，幼稺，而蒙昧，謂五也。」

蒙卦　胡炳文曰：「有天地即有君師。屯建侯，作之君；蒙養正，作之師，皆『利貞』也。」[51]按：卦惟二與上兩爻為陽，故主治蒙之人言。餘四爻皆陰，俱是蒙者也。二剛中，故為「包蒙」；上過剛，故為「擊蒙」。初之「發蒙」，有可教者也；五之「童蒙」，能受教者也。三之「勿娶」，不屑以教也；四之「困蒙」，不知求教也。蓋三代以下，教在師儒，而三代以上，教之權，皆有位者操之，故爻詞云「用刑人」、「子克家」、「童蒙吉」，皆就有位之人言。然教之位雖有異，而教之道則無異，故孔、孟尤為百世師焉。

象曰：蒙，山下有險；險而止，蒙。「蒙亨」，以亨行，時中也。「匪我求童蒙，童蒙求我」，志應也。「初筮告」，以剛中也；「再三瀆，瀆則不告」，瀆蒙也。蒙以養正，聖功也。

「象曰」，卦名「蒙」者，卦象艮「山下有」坎「險」，上既峻絕，下又阻深，蒙昧謂也。卦德坎「險而」艮「止」，內不能安，外不能進，蒙之意也，故名「蒙」。詞曰「蒙亨」者，蓋卦體九二，「以」可「亨」之道「行」，發人之蒙，而又得其「時中也」。「亨行，時中」，何如？如辭所云「匪我求童蒙，童蒙求我」者，以二剛明，五柔暗，故二不求五，而五求二，其「志」自相「應也」。所云「初筮告」者，「以」二有「剛中」之

---

51 案：〔元〕胡炳文《周易本義通釋》原文作：「有天地即有君師。乾、坤之後，繼以屯，主震之一陽而曰『利建侯』，君道也。又繼以蒙，主坎之一陽而曰『童蒙求我』，師道也。君、師之道，皆利於貞。」

德，剛有可告之具中，則其告有節「也」。「再三瀆，瀆則不告」者，以彼既不誠，而我猶告之，恐「瀆」其「蒙也」。至云「利貞」者，蓋當「蒙」時，「以養」之於「正」，乃作「聖」之「功也」。此皆所謂亨行時中，而蒙由以得亨也。

象曰：山下出泉，蒙；君子以果行育德。

「象曰」，艮山坎泉，「山下出泉」，其勢必行，而行有漸蒙之象也。「君子」亨蒙之道，內外交養而已，「以果」決其身之「行」，涵「育」其心之「德」。

初六：發蒙。利用刑人，用脫[52]桎梏；以往，吝。

「初六」，以陰居下，蒙之甚也。占者當「發」其「蒙」，然發之道，「利」於「用刑人」，而嚴以收其威。又當「用脫桎梏」，而寬以俟其悟。若遂「以」一「往」而過督，則致羞「吝」矣。

初六　爻，本是蒙者，而詞主發蒙之人言，蓋以蒙固當發之也。「用刑人」痛懲之，以責其前；「脫桎梏」暫舍之，以觀其後，如孔子之於冉求，既以「非吾徒」絕之，固見其嚴；而又使門人正之，又見其愛人之无已，蓋寬猛並用也。[53]《蒙引》：「刑人。如今之皂隸也。桎，足械。梏，手械也。」

---

52 案：「脫」，原典作「說」，「說」音義同「脫」。

53 案：「孔子之於冉求」事，見《論語‧先進第十一》：「季氏富於周公，而求也，為之聚斂，而附益之。子曰：『非吾徒也。小子鳴鼓而攻之，可也。』」

象曰：利用刑人，以正法也。

「象曰：利用刑人」，懲戒所「以正法也」。法，即規矩、條約。

九二：包蒙。吉，納婦吉，子克家。

「九二」，以陽剛為內卦之主，統治群陰，當發蒙之任者；然剛而不過，合賢否而隨材造就，象「包蒙」然而「吉」。又以陽受陰象，「納婦」然而「吉」。又居下位能任上事，是以臣代君而宣教，如以「子」代父，而「克家」焉。

九二　此爻「包蒙」，即孔子所謂「有教無類」，孟子所謂「歸斯受」是也。[54]《蒙引》：「就本爻看，只『包蒙吉』一句便了。其『納婦吉』、『子克家』，都是就『包蒙』象轉取出來，故《本義》『以陽受陰』、『又居下位而能任上事』二句，畢竟都是統治群陰之義。」

象曰：子克家，剛柔接也。

「象曰：子克家」者，由二有「剛」中之德，六五「柔」順之君，與之相「接」應，故二得以伸其才「也」。

六三：勿用取女，見金夫，不有躬，[55]无攸利。

---

54 案：孔子所謂「有教無類」，見《論語·衛靈公第十五》；孟子所謂「歸斯受」，見《孟子·盡心下》，孟子曰：「逃墨必歸於楊，逃楊必歸於儒。歸，斯受之而已矣。今之與楊墨辯者，如追放豚，既入其苙，又從而招之。」

55 案：「不有躬」，此誤書作「不有其躬」，「其」字衍，當刪去。

「六三」，陰柔不中不正，「勿用」以「取」此「女」也。蓋此女「見」有「金」之「夫」，必「不」能「有其躬」。占者遇之，「无攸利」矣。○《本義》：「金夫，蓋以金賂己而挑之，若魯秋胡之為者。」[56]

六三　據《程傳》：「三以陰柔蒙闇，不中不正，正應在上，不能遠從；近見九二，為群蒙所歸，得時之盛，捨其正應而從之。」[57] 則此爻「見金夫，不有躬」，正如陳相棄陳良之學，而學許行是。[58]

象曰：勿用取女，行不順也。

「象曰：勿用取女」者，以此女素「行不順也」。○《本義》：「『順』，當作『慎』。」

56　案：〔唐〕歐陽詢（字信本，557-641）主編《藝文類聚》卷第十八〈人部二‧賢婦人〉曰：「魯秋胡潔婦者，魯秋胡之妻也。秋胡子既納之，五日而去，宦於陳，五年乃歸。未至家，見路傍有一美婦人，方採桑。秋胡子下車曰（《列女傳‧五》、《太平御覽‧四百四十一》作「謂曰」）：『若曝獨採桑，吾行道遠，願託桑陰下一食。』婦人採桑不輟。秋胡子謂曰：『力田不如逢少年，力桑不如見公卿。今吾有金，願與夫人。』婦人曰：『採桑力作，紡織經織，以供衣食，奉二親，養夫子而已矣，吾不願人之金也。』秋胡子還家，奉金遺母，母使人呼其婦。婦乃向採桑婦，婦乃自投於河而死。」〔唐〕高適（字達夫，706-765）〈秋胡行〉（一作〈魯秋胡〉）云：「妾本邯鄲未嫁時，容華倚翠人未知。一朝結髮從君子，將妾迢迢東魯陲。時逢大道無艱阻，君方游宦從陳汝。蕙樓獨臥頻度春，彩閣辭君幾徂暑。三月垂楊蠶未眠，攜籠結侶南陌邊。道逢行子不相識，贈妾黃金買少年。妾家夫婿經離久，寸心誓與長相守。願言行路莫多情，道妾貞心在人口。日暮蠶饑相命歸，攜籠端飾來庭闈。勞心苦力終無恨，所冀君恩即可依。聞說行人已歸止，乃是向來贈金子。相看顏色不復言，相顧懷慚有何已。從來自隱無疑背，直為君情也相會。如何咫尺仍有情，況復迢迢千里外？誓將顧恩不顧身，念君此日赴河津。莫道向來不得意，故欲留規誡後人。」

57　案：《程傳》原文：「三以陰柔處蒙闇，不中不正，女之妄動者也，正應在上，不能遠從，近見九二，為群蒙所歸，得時之盛，故捨其正應而從之，是女之見金夫也。女之從人，當由正禮，乃見人之多金，說而從之，不能保有其身者也，无所往而利矣。」

58　事詳《孟子‧滕文公上》：「陳良之徒陳相與其弟辛，負耒耜而自宋之滕，曰『聞君行聖人之政，是亦聖人也，願為聖人氓。』陳相見許行而大悅，盡棄其學而學焉。」

六四：困蒙。吝。

「六四」，既遠於陽，又無正應，為「困」於「蒙」之象。占者如是，可羞「吝」也。能求剛明之德，而親近之，則可免矣。[59]

六四 凡人之德，必有輔而后成。如子賤親賢取友，[60]故能成其德。六四遠乎陽，則不能親賢；无正應，則不能取友，是蒙終无啟發，而致困也，故可羞吝。

象曰：困蒙之吝，獨遠實也。

「象曰：困蒙之吝」，為其「獨遠」乎「實也」。陽實陰虛，「遠實」指上、下皆陰說。

六五：童蒙。吉。

「六五」，柔中居尊，下應九二，純一未發，以聽於人，故其象為「童蒙」。而其占為如是，則「吉」也。

六五 《蒙引》：「此童蒙與卦詞童蒙，小不同。卦詞只是說蒙昧而已，此言其柔中之善，純一之心。」按：柔中、純一，正所謂「不失赤子之心」也。居尊下應，是以君聽臣，如湯之學於伊尹是已。

---

59 案：參照朱熹《周易本義》：「既遠於陽，又无正應，為困於蒙之象。占者如是，可羞吝也。能求剛明之德而親近之，則可免矣。」

60 案：《論語‧公冶長第三》，子謂：「子賤，君子哉！若人。魯無君子者，斯焉取斯。」《呂氏春秋‧察賢篇》云：「宓子賤治單父，彈鳴琴，身不下堂，而單父治。」〔宋〕《冊府元龜》卷八百四十二〈總錄部‧知人〉曰：「宓不齊，字子賤，魯人。為單父令，孔子謂子賤君子哉！若人，魯無君子者，斯焉取斯。」

象曰：童蒙之吉，順以巽也。

「象曰：童蒙之吉」，以五有此「順」德，「以巽」乎九二之賢人「也」。

上九：擊蒙。不利為寇，利禦寇。

「上九」，以剛居上，治蒙過剛，為「擊蒙」之象；然「不利」於取必太過，攻治太深，而我反「為」之「寇」。惟「利」于捍其外誘，以全其天真，而「禦」彼之「寇」焉。○《本義》：「寇，害也。」

上九　舜命契曰：「敷教在寬。」[61]今上九過剛，故象為「擊蒙」。顧擊以強其所難，則反為之害而不利。若擊以禁其為惡，則可以止其害而有利，可見剛當善用也。

象曰：利用禦寇，上、下順也。

「象曰：利用禦寇」者，上以剛而禦蒙之寇，蒙因上之剛，以自治其寇，是「上、下」皆得其道而「順也」。

五　☵ 乾下坎上　需

需：有孚，光亨；貞，吉，利涉大川。

---

61 案：「敷教在寬」，典出《尚書·虞書·舜典》：「帝曰：『契，百姓不親，五品不遜。汝作司徒，敬敷五教，在寬。』」《史記·殷本紀》載曰：「帝舜乃命契，曰：『百姓不親，五品不訓，汝為司徒，而敬敷五教，五教在寬。』」

其卦以剛遇險，能忍耐而待，故名「需」。詞謂，人之所需，固有出于勢不得已，而非心之實然者。若心能「有孚」，則其心自「光」明「亨」通矣；然人又有心孚，而事或不正者，尤宜事出「貞」正，則其事必有濟而「吉」矣。貞吉如是，固无所不「利」，而「涉大川」，尤利於能需，則不致犯難矣，占者戒之。○《本義》：「需，待也；孚，信之在中者也。」

需卦　需而不孚，則勢雖出于需，而心未免有急迫覬望之意，必無光且亨之時，此欲速所以不達也。需而不貞，則心雖安于需，而事未免有行險僥倖之為，必無吉且利之理，此誇大之所以無成也。惟有孚而貞，則功深而效自得矣。《存疑》：「利涉大川作實象說，天下之險難，亦在其中。大川多有風波險阻，人都不能耐，而致覆溺之禍，故聖人特於需發其義。」[62]

象曰：需，須也。險[63]在前也，剛健而不陷，其義不困窮矣。「需，有孚，光亨，貞，吉」，位乎天位，以正中也；「利涉大川」，往有功也。

　　「象曰」，卦名「需」，「須」待之義「也」。以坎「險在前也」，然乾德「剛健」，能忍耐久待，「而不陷」于險，「其義」自「不」至「困窮矣」。詞曰「需有孚」，則「光亨貞」，則「吉」者，蓋卦體以九居五，在上卦之中，是「位乎天位」，「以正」而且「中也」。正即貞，中即有孚也。又云「利涉大川」者，以卦體中正，則无期望僥倖。卦象，乾健臨坎

62　案：〔明〕林希元（字茂貞，號次崖，福建同安人，1481-1565）《易經存疑》原文作：「利涉大川作實象說，天下之險難亦在其中。大川多有風波之險，人多不能寧耐，而致覆溺之禍，故聖人特於需發其義，使天下後世之人，知涉大川巨險者，皆必能待然後有濟。」

63　案：「險」，此誤書作「陰」，故正之。

水，健則能從容忍耐，故「往」涉大川，險必可濟，而「有功也」。有功，即所謂「利」也。

象曰：雲上於天，需；君子以飲食宴樂。

「象曰」，坎雲、乾天，「雲上於天」，无所復為，待其陰陽之和而自雨耳。事之當「需」者，亦不容更有所為，「君子」但「以飲食宴樂」，俟其自至而已。一有所為，則非需也。○《本義》：「飲食，即宴樂之具。」

象曰　《存疑》：「非教人飲食樂也，明其無所作為耳。為學者，致知力行工夫已做，若夫學業之成，唯當待之，孟子『勿助』、『勿忘』，即此意也。為治者，治道規矩皆已備舉，若夫治道之成，惟當待之，夫子『必世而後仁』，[64]即此意也。」

初九：需于郊。利用恆，无咎。

「初九」，去險最遠，安處草野，待時之清，為「需于郊」之象。而九，陽剛又能「利用恆」于其所之象。占者能如是，則不陷于險而「无咎」。○《本義》：「郊，曠遠之地，未近于險之象也。」

初九　此爻如伯夷當紂之時，居北海之濱，以待天下之清是已。

象曰：需于郊，不犯難行也；利用恆无咎，未失常也。

「象曰：需于郊」者，言「不犯」世「難」以「行也」。「利用恆，无咎」者，言「未失」其所需之「常也」。

---

64 案：「後仁」，此誤書作「后人」，參見《論語·子路》：「如有王者，必世而後仁。」

九二：需于沙。小有言，終吉。

「九二」，漸進近坎，小有害矣。為「需于沙」，「小有言」語之傷之象。而剛中能需，不陷于險，故得「終吉」。戒占者，當如是也。○《本義》：「沙，則近于險。言語之傷，亦災害之小者。」

九二　爻自二至四，互卦為兌。兌為口舌，故為「小有言」之象；而能以寬居中，不急于進。如關中張載，以議新政不合，移疾家居是。

象曰：需于沙，衍在中；雖小有言，以吉終也。

「象曰：需于沙」者，寬「衍在中」，而不急進也；「雖小有言」語之傷，而後必「以吉終也」。○《本義》：「衍，寬意。」

九三：需于泥。致寇至。

「九三」，泥與水連，將陷于水，去險愈近，[65]「需于泥」之象；而過剛不中，急于求進，自逼于險，乃「致寇」之「至」耳。○《本義》：「泥將陷于險矣，寇則害之大者。」

九三　按：此爻辭，就內外卦體言，坎為險、為水，又為盜，以三近坎，故有此象。如晉伯宗，[66]每朝好直言，其妻戒之曰：「盜憎主人，民怨其上。子好直言，必不免後累。」果遭三郤之害，是自致寇之至也。

---

65 案：「近」，此誤書作「遠」，參見《周易本義》：「九三，去險愈近，而過剛不中。」
66 案：春秋晉伯宗史事，詳參《左傳‧成公十五年》：「初，伯宗每朝，其妻必戒曰：『盜憎主人，民惡其上。子好直言，必及於難。』」黃敬下文所引，文字稍異，而義無不同。

象曰：需于泥，災在外也；自我致寇，敬慎不敗也。

「象曰：需于泥，災在外」，卦近處「也」。「自我致寇」，為不敬慎；若能「敬慎」，猶可「不敗也」。此聖人發明占外之意。○《本義》：「外，謂外卦。」

六四：需于血。出自穴。

「六四」，既交坎體，入于險矣，故為「需于血」之象。然柔得其正，需而不進，卒出乎險，故又為「出自穴」之象。○《本義》：「血者，殺傷之地。穴者，險陷之所。」

六四　按：血，陰象。「需于血」，已入坎體而在陰也。「穴」亦就陰險取象。其能出之者，以陰爻居陰位，有柔順之德，而互卦為兌，陰出二陽之上，有「出」象，其德為說，有順聽之象。又互為離明，是能知幾識務之人。《蒙引》：「沛公見羽鴻門，彷彿此爻之義。」

象曰：需于血，順以聽也。

「象曰：需于血」，雖危，然能柔「順以聽」時，故卒出自穴「也」。

九五：需于酒食。貞，吉。

「九五」，陽剛中正而居尊位，治道已盡，治效未臻，不必復有所為，象為「需于酒食」，而安以待之。占者如是而「貞」固，則得「吉」也。

九五　周自文、武至于成王，而後禮樂興，可見上道本無速效。若不安以待之，則心或出於計功謀利，事或出於好大喜功，是不貞而安得吉乎？

象曰：酒食貞吉，以中正也。

「象曰：酒食貞吉」者，「以」居卦之「中」，在陽位之「正」。中則心不偏，正則行無邪，故能安以待之「也」。

上六：入于穴，有不速之客三人來，敬之，終吉。

「上六」，陰居險極，无才而處至險，有陷而「入于穴」之象。幸其下應九三，與下二陽，需極並進，无煩召致，同起而濟時艱，「有不速之客三人來」之象。上六，性柔能順，「敬」以待「之」，藉其力以濟險，故「終」得出自穴而「吉」。

上六　按：此是己不能濟險，而資人以濟。如春秋時，鄭微弱而為命，有子產、裨諶諸人，[67]故鄭不見侵；衛無道而用才，有蘧、史、圍、賈諸人，[68]故衛不至喪，正〈象傳〉所謂：「雖不當位，未大失也。」

---

67 案：〔春秋鄭〕子產、裨諶史事，參見《論語·憲問》：「子曰：『為命：裨諶草創之，世叔討論之，行人子羽脩飾之，東里子產潤色之。』」《說苑·尊賢》：「至簡公用子產、裨諶、世叔、行人子羽，賊臣除，正臣進，去強楚，合中國，國家安寧，二十餘年，無強楚之患。」《鹽鐵論·非鞅》：「雖有裨諶之草創，無子產之潤色，有文、武之規矩，而無周、呂之鑿枘，則功業不成。」

68 案：蘧，為蘧瑗（字伯玉）；史，為史鰌（字子魚）；圍，為仲叔圉（孔文子，名圉，字仲叔）；賈，為王孫賈，四人皆春秋衛國賢臣。蘧伯玉、史魚故事，詳參《呂氏春秋·恃君覽·召類》：「趙簡子將襲衛，使史默往睹之，期以一月，六月而後反。趙簡子曰：『何其久也？』史默曰：『謀利而得害，猶弗察也？今蘧伯玉為相，史鰌佐焉，孔子為客，子貢使令於君前，甚聽。《易》曰：「渙其群，元吉。」渙者，賢也；群者，眾也；元者，吉之始也；渙其群元吉者，其佐多賢也。』趙簡子按兵而不動。凡謀者，疑也。疑則從義斷事，從義斷事則謀不虧，謀不虧則名實從之。賢主之舉也，豈必旗償將斃而乃知勝敗哉？察其理而得失榮辱定矣。故三代之所貴，無若賢也。」《說苑·奉使》篇所錄同此，可以互參。又《中論·七國》：「昔桀奔南巢，紂蹈於京，屬流於彘，幽滅於戲，當是時也，三后之典尚在，良謀之臣猶存也。下及春秋之世，楚有伍舉、左史倚

象曰：不速之客三人來，敬之終吉；雖不當位，未大失也。

　　「象曰：不速之客來，敬之終吉」，「雖」陰居險極，為「不當位」，亦「未大失也」。

六　☰☵坎下乾上　訟

☷☰ 遯[69]

訟：有孚，窒惕，中吉，終凶。利見大人，不利涉大川。

　　乾剛坎險，「訟」之道也。然必情真受誣，理直見枉，「有孚」而「窒」方可訟。又必心存憂懼而「惕」，辨明即止，而「中」則「吉」，若「終」訟不已則「凶」。又「利」于「見大人」，資其明斷；「不利」于駕虛求實。如「涉大川」，以行險僥倖而取勝焉。○《本義》：「訟，爭辨也。孚，實也。」

訟卦 胡炳文曰：「屯、蒙之後，繼以需、訟，需由于屯世，不屯无需；訟由于蒙人，不蒙无訟。然需以『有孚』而『光亨』，坎在上也；訟以『有孚』而『窒惕』，坎在下也。」[70]

相、右尹子革、白公子張，而靈王喪師；衛有太叔儀、公子鱄、蘧伯玉、史鰌，而獻公出奔；晉有趙宣子、范武子、太史董狐，而靈公被殺；魯有子家羈、叔孫婼，而昭公野死；齊有晏平仲、南史氏，而莊公不免；虞、虢有宮之奇、舟之僑，而二公絕祀。由是觀之，苟不用賢，雖有無益也。然此數國者，皆先君舊臣世祿之士，非遠求也。」仲叔圉、王孫賈史事，詳見《論語・憲問》：「子言衛靈公之無道也，康子曰：『夫如是，奚而不喪？』孔子曰：『仲叔圉治賓客，祝鮀治宗廟，王孫賈治軍旅。夫如是，奚其喪？』」

69　案：遯卦書於訟卦卦象之下，所以示「訟自遯變」之意。

70　案：〔元〕胡炳文《周易本義通釋》原文作：「屯、蒙之後繼需、訟，需由於屯世，不屯无需；訟由於蒙人，不蒙无訟。然需非『有孚』，時至何用？訟非『有孚』，情得必窮。

象曰：訟，上剛下險，險而健，訟。「訟，有孚，窒惕，
中吉」，剛來而得中也；「終凶」，訟不可成也。「利
見大人」，尚中正也；「不利涉大川」，入于淵也。

「象曰」，卦名「訟」者，蓋卦德乾剛、坎險；以上、下言，則「上剛」以制其下，「下險」以伺其上。以一人言，則內險而外健；以兩人言，則己「險而」彼「健」，皆訟之所由成也，故名「訟」。詞曰「有孚窒」而「惕中」則「吉」者，以卦變自遯而來，為「剛來」居二，「而得」下卦之「中」，有能躍而得中之象「也」。曰「終凶」者，卦體上九過剛，居上之極，有終極其訟之象，故戒以「訟不可成也」。曰「利見大人」者，以九五「尚」乎「中正」，斷獄无過當「也」。曰「不利涉大川」者，卦象坎為險，陷淵之象也，乾剛乘之「入于淵也」。冒險求勝，必至覆敗矣。

象曰：天與水違行，訟；君子以作事謀始。

「象曰」，天上水下，「天與水」相「違」而「行」，亦猶人情相乖，「訟」之道也。「君子以」為爭訟於既成，不若絕訟於未萌，故「作事謀」之于「始」，而訟端絕矣。

象曰 何氏楷曰：「始之不謀，輕惕遽怒，施報滋甚。若女子爭桑，而吳、楚速兵；羊斟爭羊，而宋師敗績。曹、劉共飯，地分於匕箸之間；蘇、史滅宗，忿起於笑談之頃是也。」[71]

故二卦皆以坎之中爻，『有孚』為主，特需之坎在上，為光為亨；訟之坎在下，為窒為惕。窒惕者，光亨之反也。」

71 案：〔明〕何楷（字玄子，一作元子，福建泉州晉江人，1594-1645），著有《古周易訂詁》。何楷《古周易訂詁》於此所言「曹、劉共飯」以下史事，係有所承，並先見於

初六：不永所事，小有言，終吉。

「初六」，陰柔居下，才弱力微，不能終訟，是「不永所事」也。其始雖「小有言」語之傷，而「終」必辨明而「吉」。

初六　按：六以陰柔居下，而上應九四，是所與訟者，乃剛強權貴之人，勢所不敵，故為「不永所事」。如穿封戌與王子圍爭囚，而不得勝是也。[72]

象曰：不永所事，訟亦不可長也；雖小有言，其辨明也。

「象曰：不永所事」者，非特屈于勢，以理揆之，「訟」亦「不可長也」。故「雖小有言」，其終必「辨明也」。

九二：不克訟，歸而逋，其邑人三百戶，无眚。

〔南宋〕項安世《周易玩辭》曰：「乾陽生於坎水，坎水生於天一，乾、坎本同氣而生者也，一動之後相背而行，遂有天淵之隔。由是觀之，天下之事不可以細微而不謹也，不可以親昵而不敬也，禍亂之端，夫豈在大？曹、劉共飯，地分於匕箸之間；蘇、史滅宗，忿起於笑談之頃。謀始之誨，豈不深切著明乎？」〔明〕來知德（字矣鮮，號瞿塘，四川夔州府梁山縣人，1526-1604）《周易集註》（《易經來註圖解》）曰：「天上蟠，水下潤；天西轉，水東注，故其行相違。謀之于始，則訟端絕矣。作事謀始，工夫不在訟之時，而在于未訟之時也。與其病後能服藥，不若病前能自調之意。天下之事，莫不皆然。故曰：『曹、劉共飯，地分于匕筋之間。蘇、史滅宗，忿起于談笑之頃。』蘇逢吉、史弘文俱為令，見《五代史》。」

72　案：王子圍，為春秋楚國羋圍，即位後諡為「楚靈王」。因《左傳》堅持《春秋》大義，不稱其為王子，而稱他為「公子圍」。穿封戌與王子圍爭囚事，詳參《左傳‧魯襄公二十六年‧六月》：「楚子、秦人侵吳，及雩婁，聞吳有備而還。遂侵鄭。五月，至于城麇。鄭皇頡戍之，出，與楚師戰，敗。穿封戌囚皇頡，公子圍與之爭之，正於伯州犁。伯州犁曰：『請問於囚。』乃立囚。伯州犁曰：『所爭，君子也，其何不知？』上其手，曰：『夫子為王子圍，寡君之貴介弟也。』下其手，曰：『此子為穿封戌，方城外之縣尹也。誰獲子？』囚曰：『頡遇王子，弱焉。』戌怒，抽戈逐王子圍，弗及。楚人以皇頡歸。」

　　「九二」，陽剛為險之主，本欲訟者也。然居柔得中，而上應九五，勢不可敵，其象為「不克訟，歸而逋」逃。「其」所逃之「邑人」，只有「三百戶」之小，則自處卑約，以免災患，可「无眚」矣。

|九二|　重耳之奔狄，沛公之入蜀，皆在小邑，所以「无眚」。若太叔段[73]之都城過百雉，安能免於患乎？

象曰：不克訟，歸逋竄也；自下訟上，患至掇也。

　　「象曰：不克訟，歸」而「逋竄也」，蓋「自下訟上」，二非五敵，「患」難之「至」，乃自「掇也」。惟其有見于此，故能退處耳。○《本義》：「掇，自取也。」

六三：食舊德，貞；厲，終吉。或從王事，无成。

　　「六三」，陰能[74]柔非能訟者，故守分而「食舊德」；居正而「貞」，則不與人訟，雖危「厲」而「終吉」。然「或」出而「從王事」，則亦必「无成」功焉。○《本義》：「食，猶食邑之食，言所享也。」

|六三|　據〈象傳〉「從上吉也」，則「无成」，當指不敢專主言，不為訟主也。蓋六三陰柔，本非能訟，而守舊居正，不與人訟，或出亦不為訟主。如鍾瑾之無皁白，惟以退讓為貴是已。[75]

73　案：太叔段，原作「大叔段」，即春秋鄭莊公寤生胞弟共叔段，詳參《左傳・隱公元年》「鄭伯克段于鄢」史事。

74　案：「能」字為黃敬增衍，〔南宋〕朱熹《周易本義》云：「六三陰柔，非能訟者。」

75　詳參〔北宋〕司馬光（字君實，號迂叟，世稱涑水先生，1019-1086）主編《資治通鑑》卷五十三《漢紀四十五・桓帝建和三年（己丑，公元149年）》：「鍾皓素與荀淑齊名，李膺常歎曰：『荀君清識難尚，鍾君至德可師。』皓兄子瑾母，膺之姑也。瑾好學慕古，有退讓風，與膺同年，俱有聲名。膺祖太尉脩常言『瑾似我

象曰：食舊德，從上吉也。

「象曰」，三之「食舊德」吉者，謂「從上」則「吉也」。若自主乎事，則亦必无成功也。

九四：不克訟。復，即命；渝，安貞，吉。

「九四」，剛而不中，故有「訟」象，以其居柔不純任乎剛，又為「不克訟」，而能以義自制於所行之事。「復即」於「命」，且「渝」變其心，「安」處于「貞」正之象。占者如是，則「吉」也。○《本義》：「即，就也。命，正理也。渝，變也。」

九四 張曰：「二以下訟上，其不克者勢也，故歸而逋竄；四以上訟下，其不克者理也，故復而即命。皆剛居柔，故能如此。」[76]按：「復即命」，是事就于正；「渝安貞」，是心安于正。因理有所屈，而能悔過。如左雄為周舉所劾而謝曰：「是吾過也。」[77]正「不克訟」而无忿爭之意，故為不失焉。

家性，「邦有道，不廢；邦無道，免於刑戮」。』復以膺妹妻之。膺謂瑾曰：『孟子以為「人無是非之心，非人也」，弟於是何太無皂白邪！』瑾嘗以膺言白皓。皓曰：『元禮祖、父在位，諸宗並盛，故得然乎！昔國子好招人過，以致怨惡，今豈其時邪！必欲保身全家，爾道為貴。』」

76 案：龔氏，〔北宋〕龔原（字深之、深父，人稱括蒼先生，浙江處州遂昌人，1043-1110）。據《宋史‧藝文志》所載，龔原著有《續解易義》十七卷、《易傳》十卷。〔明〕胡廣（字光大，號晃庵，諡文穆，湖北南郡華容人，1369-1418）《周易傳義大全》引龔氏之說，云：「二與五訟，四與初訟。其與為敵者，強弱不同，而皆曰不克者，蓋二以下訟上，其不克者勢也；四以上訟下，其不克者理也。二見勢之不可敵，故歸而逋竄；四知理之不可渝，故復而即命。二、四皆剛居柔，故能如此。」

77 案：左雄（字伯豪，？-138），周舉（字宣光，？-149），俱為東漢重臣，《後漢書‧左周黃列傳第五十一》有本傳可參考。黃敬所舉此一史事，詳《資治通鑑》卷五十二《漢紀四十四‧孝順皇帝下永和三年（戊寅，公元138年）》：「初，尚書令左雄薦冀州刺史周舉為尚書。既而雄為司隸校尉，舉故冀州刺史馮直任將帥。直嘗坐臧受罪，舉以此劾奏

象曰：復即命，渝安貞，不失也。

「象曰：復即命，渝安貞」者，不惟无忿爭之事，亦并无忿爭之心，內外皆「不失也」。

九五：訟，元吉。

「九五」，陽剛中正，以居尊位聽訟，而得其平之大人也。若「訟」而有理，必獲伸矣。其占，「元吉」。

九五　張中溪[78]曰：「聽訟以中正為主。訟獄之歸舜，虞、芮之質文，九五有之。」[79]

雄。雄曰：『詔書使我選武猛，不使我選清高。』舉曰：『詔書使君選武猛，不使君選貪污也。』雄曰：『進君，適所以自伐也。』舉曰：『昔趙宣子任韓厥為司馬，厥以軍法戮宣子僕，宣子謂諸大夫曰：「可賀我矣！吾選厥也任其事。」今君不以舉之不才誤升諸朝，不敢阿君以為君羞；不竊君之意與宣子殊也。』雄悅，謝曰：『吾嘗事馮直之父，又與直善；今宣光以此奏吾，是吾之過也！』天下益以此賢之。」

78 案：據〔清〕鄭杰輯，陳衍補訂：《閩詩錄》丙集卷十六，頁19-b。「張中溪」，〔宋元之際〕張清子（字希獻，號中溪，福建建安人，生卒年不詳），為宋末元初學者，宋亡後不仕，事蹟不詳。著有《易本義通釋附錄集注》十一卷，惜已亡佚，其說多收錄於〔明〕胡廣主編之《周易傳義大全》。

79 案：〔明〕張獻翼（字幼于，江蘇崑山人，生卒年不詳），著有《讀易紀聞》六卷，其卷一曰：「《書‧呂刑》云『咸庶中正』，則中正者，聽訟之道也。虞、芮爭田之訟，必欲見文王，故其訟之理決；鼠牙、雀角之誠偽，必欲見召伯，故其訟之理明。為聽訟之大人者，不尚中正可乎？」〔清〕程廷祚（字啟生，號綿莊，1691-1767）《大易擇言》於「正義」下，引〔南宋〕郭雍（字子和，號白雲，1106-1187）《易說》云：「白雲郭氏曰：『九五以中正之德，聽天下之訟，人之所利見，實天下之吉世，獄訟之歸虞舜，虞、芮之質文王，其九五之謂歟！』」考察「訟獄之歸舜」史事，詳參《孟子‧萬章上‧第五章》：「舜相堯二十有八載，非人之所能為也，天也。堯崩，三年之喪畢，舜避堯之子於南河之南。天子諸侯朝覲者，不之堯之子而之舜，訟獄者，不之堯之子而之舜；謳歌者，不謳歌堯之子而謳歌舜。故曰：『天也。』夫然後，之中國踐天子位焉。而居堯之宮，逼堯之子：是篡也，非天與也。〈泰誓〉曰：『天視自我民視，天聽自我民

象曰：訟元吉，以中正也。

「象曰：訟元吉」者，蓋「以」九五「中正也」。

上九：或錫之鞶帶，終朝三褫之。

「上九」，以剛居訟極，終訟而能勝之，故有「或錫之鞶帶」之象。然以訟得豈能長久？又有「終朝三褫之」之象。○《本義》：「鞶帶，命服之飾。褫，奪也。」

上九　按：陽剛居上，而下訟六三之陰柔无材勢，故可以勝。鞶帶，男服也，就陽取象，朝亦就陽取義。以其撲之于理，而不順于三刺三讞之法，皆不得其正，故云「三褫」。「三褫」當以理言，理不正而倖勝，雖得猶失也。

象曰：以訟受服，亦不足敬也。

「象曰：以訟」之无理而倖勝，有如「受服」，「亦不足敬也」。

七 ䷆ 坎下坤上　師

師：貞。丈人，吉，无咎。

聽。』此之謂也。」而「虞、芮爭田之訟」，詳參《史記·周本紀第四》，《孔子家語·好生》篇載曰：「虞、芮二國爭田而訟，連年不決。乃相謂曰：『西伯、仁人也。盍往質之？』入其境，則耕者讓畔，行者讓路；入其邑，男女異路，斑白不提挈；入其朝，士讓為大夫，大夫讓為卿。虞、芮之君曰：『嘻！吾儕小人也，不可以履君子之庭。』遂自相與而退，咸以所爭之田為閑田矣。孔子曰：『以此觀之，文王之道，其不可加焉！不令而從，不教而聽。至矣哉！』」

其卦坎險坤順，古者寓兵于農，伏至險于大順。又九二為將，六五之君以柔任之，有命眾出師之象，故名「師」。然用師之道，必貴「貞」正，而師出有名，又必得老成之將如「丈人」者，乃有「吉」而「无咎」。○《本義》：「師，兵象也。丈人，長老之稱。」

師卦 《程傳》：「一陽之卦得位者，師、比而已。先王之制，民無事則為比閭族黨，故比卦象在內，一陽在上為之主，君象也；有事則為伍兩卒旅，故師卦象在外，一陽在下為之主，將帥象也。」陳際泰云：「三政不廢兵，五材不去金。訟繼以師者，大刑用甲兵也。」[80]《存疑》：「吉、无咎分看，言其功可成，而于理又无咎。有吉而有咎者，嬴秦之滅六國是也。有无咎而不吉者，孔明之伐魏是也。」[81]

象曰：師，眾也；貞，正也。能以眾正，可以王矣。剛中而應，行險而順，以此毒天下，而民從之，吉，又何咎？

「象曰」，卦名「師」者，伍兩卒旅，「眾」之謂「也」。而詞曰「貞」者，仁義弔伐，「正」之謂「也」。卦體九二，一陽居下之中，而五陰皆為所以，是「能以眾正」，為王者之師，「可以王矣」。○《本義》：「以，謂能左右之也。」

「丈人吉，无咎」者，卦體九二，「剛中而」五「應」之，是有為將

---

80 案：〔明〕陳際泰（字大士，號方城，江西臨川鵬田人，1567-1641）。據《四庫全書總目提要》，陳氏著有《易經說意》七卷、《周易翼簡捷解》十六卷、《群經輔易說》一卷，僅存其目，惜未傳世，惟偶見引。

81 案：「孔明之伐魏」，「伐」誤書作「代」。詳參〔明〕林希元（字茂貞，號次崖，福建同安人，1481-1565）《易經存疑》十二卷之卷二，原文曰：「吉、无咎當分看，有吉而无咎者，湯、武之伐桀、紂，漢高之誅秦、麇項是也。有吉而有咎者，嬴秦之滅六國是也。有无咎而不吉者，孔明之伐魏是也。吉、无咎言其功可成，於理又无咎也。」

之才，而君任之。卦德坎險坤順，是兵凶戰危，「行」乎「險」道，「而」能「順」乎人心，故雖「以此」勞民動眾，不无「毒」害「天下」，「而」適以安天下，「民」悅而「從之，吉，又何咎？」

象曰：地中有水，師；君子以容民畜眾。

「象曰」，坎水坤地，「地中有水」，水寓於地，猶兵寓於民為「師。君子」知兵不外民，于「以容」保其「民」，即所以「畜」養其「眾」。

初六：師出以律，否臧，凶。

「初六」，在卦之初，為師之始。「師出」當謹「以律」則吉，「否臧」則「凶」。○《本義》：「律，法也。否臧，不善也。」

初六　出師之始，最宜以律嚴號令，慎部伍，方可成功。若屈瑕之師，亂次以濟；囊瓦之師，蔑有鬥心，[82]則失律矣，故至于喪敗而凶。

象曰：師出以律，失律凶也。

82　案：「若屈瑕之師，亂次以濟；囊瓦之師，蔑有鬥心」，此書誤作「若屈瑕之師亂次，以濟囊瓦之師，蔑有鬥心」，詳參下文。屈瑕（？-699 B.C.E.），春秋楚武王之子，出生地楚國丹陽（今湖北省宜昌市），羋姓，熊氏，名瑕，曾擔任楚國最高官職「莫敖」，故史稱「楚莫敖」；因被封於屈邑，其後代以封地為氏，遂稱屈氏，為屈姓先祖，楚辭鼻祖屈原為其後裔。其事詳參《左傳·桓公十三年·屈瑕以自用敗》。囊瓦（字子常），春秋時楚國大夫，其事載《春秋·定公四年》：「冬，十有一月，庚午，蔡侯以吳子及楚人戰于柏舉，楚師敗績，楚囊瓦出奔鄭；庚辰，吳入郢。」〔唐〕杜佑（字君卿，735-812）《通典》卷第一五八〈兵十一〉曰：「春秋時，吳、楚二師陣於柏舉。吳子闔廬之弟夫概王，晨請於闔廬曰：『楚相囊瓦不仁，其臣莫有死志。先伐之，其卒必奔；而後大師繼之，必剋。』以其屬五千，先擊囊瓦之卒。楚師亂，吳師大敗之。」〔北宋〕李昉（字明遠，925-996）主編《太平御覽》卷三〇八《兵部三十九·戰上》所錄同。

「象曰：師出以律」，苟或「失律」，不免「凶也」。

九二：在師中，吉，无咎。王三錫命。

「九二」，在下為眾陰所歸，將之象也。而有剛中之德，「在師中」而為將，自有制勝之「吉，无」撓敗之「咎」。上應六五，[83]為所寵任，又有「王三錫命」之象。

九二　〈象傳〉謂「承天寵」，是推原將之所以立功；「懷萬邦」，是推原君之所以任將。如湯之伐桀，而肆求元聖與之戮力；武之伐紂，而既獲仁人以遏亂畧是已。元聖謂伊尹；仁人，太公之徒。

象曰：在師中吉，承天寵也；王三錫命，懷萬邦也。

「象曰：在師中吉」，是將「承天」之「寵」任「也」。「王三錫命」，是王「懷萬邦」之困，使伐暴以安之「也」。

六三：師或輿尸，凶。

「六三」，以陰居陽，才弱志剛，不中不正，而犯非其分，為「師或輿尸」之象，「凶」可知矣。○《本義》：「輿尸，謂師徒撓敗，輿尸而歸也。」

六三　《蒙引》：「或者，其意亦欲取勝，而乃至于敗也。」按：如楚子玉之敗于城濮，子反之敗于鄢陵，[84]正犯此義。

83　案：「六五」，誤書作「九五」。

84　案：春秋楚成得臣（？-632 B.C.E.），成氏，名得臣，字子玉。楚成王時令尹，楚晉城濮之戰時戰敗，率殘部歸國途中受責，於連谷引咎自殺。「楚子玉敗于城濮」史事，載於

象曰：師或輿尸，大无功也。[85]

六四：師左次，无咎。

　　「六四」，陰柔不中，未可勝敵，而居陰得正，為能全「師」退舍，有「左次」之象，「无咎」。[86]

六四　按：荀瑩之彼出我入，伍員之多方誤楚，文種之約辭行成，皆得「左次」之義。[87]因有謀慮在前，而非以退縮為高也。若吳公子札之安眾、安民，亦為无咎焉。[88]

　　《春秋·僖公二十八年》。《左傳》敘述「城濮之戰」較《公羊傳》更為詳細，《國語·晉語四·文公救宋敗楚於城濮》、《史記·楚世家》與〈晉世家〉俱有載錄，可以互參。子反（?-575 B.C.E.），名側，即公子側，春秋楚國司，楚穆王子，莊王兄弟。「子反之敗于鄢陵」史事，載於《春秋·成公十六年》，《左傳》於「晉楚鄢陵之戰」有詳細始末，可供參考。

85　案：原書遺漏未寫此「師·六三·小象」文，以及其後「六四：師左次，无咎」爻辭。

86　案：此據1965（民國54）年初版所附「勘誤表」，增補遺漏二行說解注文。

87　案：「荀瑩」，當作「荀罃」。荀氏，封地為「知」（智）氏。荀罃（字子羽，世稱知伯，謚號武，?-560 B.C.E.），春秋晉國將軍，荀林父之弟荀首（知首、知莊子）之子，史稱「知武子」，其事詳載於《左傳·成公三年》。伍員（音雲，字子胥，?-484 B.C.E.），春秋楚人。其父、兄皆為楚平王所殺，逃至吳國，襄助吳王闔閭築城練兵，發憤圖強，升任相國。周敬王八年（512 B.C.E.），闔閭提出攻楚計畫，伍子胥提出「疲楚誤楚」的戰略方針，針對楚國執政者眾而不和，且互相推諉的弱點，提出分吳軍為三部輪番擊楚，以誘楚全軍出戰，「彼出則歸，彼歸則出」，「亟肆以罷（疲）之，多方以誤之」，待楚軍疲敝，再大舉進攻。此後數年間，吳軍連年擾楚，迫楚軍被動應戰，疲於奔命，實力大為削弱。其事詳載《左傳·昭公三十年》。文種（又作文仲，一名會，字子禽，?-472 B.C.E.），春秋楚國郢（今湖北江陵）人，著名謀略家，輔佐越王句踐打敗吳王夫差，功高震主，遭句踐賜死。《國語》卷第十九《吳語·趙王句踐命諸稽郢行成於吳》，具載其事。

88　案：吳公子札，即季札（576-484 B.C.E.），姬姓，壽氏，名札，又稱公子札、延陵季子、延州來季子、季子，《漢書》稱作「吳札」，春秋吳王壽夢第四子，封於延陵（今江蘇常州），後又封州來，傳為避王位「棄其室而耕」常州天甯焦溪的舜過山下。季札不

象曰：左次无咎，未失常也。

「象曰」，知難而退，師之常也。「左次无咎」，「未失」其「常也」。

六五：田有禽，利執言，无咎。長子帥師，弟子輿尸，貞
　　　凶。

「六五」，居尊用師之主，柔順而中，不為兵端者也。然或敵加于己象，為「田」中「有禽」侵害禾稼，則「利」于搏「執言」，而「无」窮兵之「咎」，然命將又必老成。如九二之「長子」以「帥師」；若使新進如三、四之「弟子」參之，必致「輿尸」。雖名義甚「貞」正，亦无功而「凶」矣。○《本義》：「言，語辭也。」

六五 《大全》：「長子帥師，乃本爻有此象；弟子輿尸，是假設之詞。」[89]胡雲峯曰：「甚言任將之不可不審且專也。」[90]按：如趙以趙括代廉頗，即棄長子而用弟子之象。[91]

僅品德高尚，而且是深具遠見卓識的政治家、外交家。下言其「安眾、安民」事，詳載於《左傳・哀公十年》：「冬，楚子期伐陳，吳延州來季子救陳，謂子期曰：『二君不務德，而力爭諸侯，民何罪焉？我請退，以為子名，務德而安民。』乃還。」其他相關事蹟詳參《左傳・襄公二十九年・季札觀樂》、《禮記・檀弓下》、《史記・吳太伯世家》等。

[89] 案：《大全》，即〔明〕胡廣主編《周易傳義大全》，原文作：「或問：『《易》爻取義，如師之五長子帥師，乃是本爻有此象，又卻說弟子輿尸，何也？』朱子曰：『此假設之辭也。言若弟子輿尸，則凶矣。』問：『此例恐與家人嗃嗃，而繼以婦子嘻嘻同。』曰：『然。』」

[90] 案：胡雲峯，即〔元〕胡炳文，引文見《周易本義通釋》。

[91] 案：「趙括代廉頗」事，詳參《史記・廉頗藺相如列傳》：「趙括既代廉頗，悉更約束，易置軍吏。秦將白起聞之，縱奇兵，詳（佯）敗走，而絕其糧道，分斷其軍為二，士卒離心。四十餘日，軍餓，趙括出銳卒自搏戰，秦軍射殺趙括。括軍敗，數十萬之眾遂降秦，秦悉阬之。」

象曰：長子帥師，以中行也；弟子輿尸，使不當也。

　　「象曰：長子帥師」，「以」九二「中」德而「行也」；「弟子輿尸」，君之「使不當也」。

上六：大君有命，開國承家，小人勿用。

　　「上六」，師之終順之極，論功行賞之時也，于是「大君有」爵賞之「命」。功大者，使「開國」而為侯伯；功小者，使「承家」而為鄉大夫。若「小人」則雖有功，亦「勿」概「用」以干預朝政，但優以金帛可也。○《本義》：「坤為土，故有開國承家之象。」

[上六]　漢光武欲保全功臣爵土，[92]不令以吏治為過，故功臣并不用，畧似此爻之義。蓋功臣不必皆君子，容或有小人；小人平時易致驕盈，況挾其功乎？此漢之英、彭所由亡，[93]魏之司馬所由篡也，故戒之曰「勿用」。

象曰：大君有命，以正功也；小人勿用，必亂邦也。

　　「象曰：大君有命，以正」武「功」大小之等「也」。「小人勿用」者，蓋用之「必亂邦也」。

92　案：「爵土」，當作「爵士」，〔南宋〕朱熹《周易本義》曰：「然小人則雖有功，亦不可使之得有爵士。」

93　案：英，為〔西漢〕英布；彭，為〔西漢〕彭越。英布（又稱黥布，?-195 B.C.E.），六縣（今安徽六安）人，秦末漢初名將，項羽封其為九江王，漢朝建立後封淮南王；由於漢高祖接連消滅異姓諸王，遂起兵謀反，事敗被殺，詳參《史記》卷九十一〈黥布列傳第三十一〉。彭越（字仲，?-196 B.C.E.），昌邑（今山東鉅野）人，秦末漢初軍事政治人物，西漢開國功臣，封梁王。後遭整肅、流放，慘遭呂后殺害，滅族，詳參《史記》卷九十〈魏豹彭越列傳第三十〉。

八 ䷇ 坤下坎上　比

比：吉，原筮；元，永貞，无咎。不寧，方來；後夫，凶。

　　其卦九五中正在上，五陰順從，臣民歸附一人，為「比」之象固「吉」。然必再「原筮」以自審，果有「元」善長「永貞」固之德，而後「无咎」。如是，則未比而心有「不寧」者「方來」未已，若遲而後至，為「後夫」則已晚而「凶」矣。○《本義》：「原，再。寧，安也。」

比卦　《存疑》：「比，親輔也。有元而不永者，唐太宗貞觀之治，而不克終；唐明皇天寶之亂，不及開元是也。有元永而不貞者，漢文恭儉二十年如一日，而不免溺于黃老清淨；宋神宗銳志更政，終身為王安石所惑而不悟是也。无咎是就為人所比者言。不寧[94]方來，又極其效而言之。」按：如禹合諸侯于塗山，執玉帛者萬國，防風氏後至，禹因而戮之，[95]此即「後夫凶」也。

象曰：比，吉也。比，輔也，下順從也。「原筮，元永
　　　貞，无咎」，以剛中也。「不寧方來」，上、下應
　　　也；「後夫凶」，其道窮也。

---

94 案：「寧」，誤書作「能」。〔明〕林希元《易經存疑》原文作「寧」。
95 案：「禹合諸侯于塗山，執玉帛者萬國」的記載，詳參《左傳・哀公七年》：「季康子欲伐邾，乃饗大夫以謀之，子服景伯曰：『小所以事大，信也；大所以保小，仁也。背大國不信，伐小國不仁，民保於城，城保於德，失二德者，危將焉保？』孟孫曰：『二三子以為何如？惡賢而逆之。』對曰：『禹合諸侯於塗山，執玉帛者萬國，今其存者，無數十焉，唯大不字小，小不事大也，知必危，何故不言？魯德如邾，而以眾加之，可乎？』不樂而出。」《國語・魯語下》亦曰：「吳伐越，墮會稽，獲骨焉，節專車。吳子使來好聘，且問之仲尼，曰：『無以吾命，賓發幣於大夫。』及仲尼，仲尼爵之，既徹俎而宴。客執骨而問曰：『敢問骨何為大？』仲尼曰：『丘聞之，昔禹致群神於會稽之山，防風氏後至，禹殺而戮之，其骨節專車，此為大矣。』」

「彖曰：比，吉也」。○《本義》：「此三字，疑衍文。」

卦名「比」者，取親「輔」之義「也」。卦體九五在上，而「下」五陰「順從也」，故名「比」。詞曰「原筮，元永貞，无咎」者，蓋「以」九五陽「剛」居上之「中」故「也」。曰「不寧方來」者，以「上、下」五陰「應」五，內外歸服「也」。曰「後夫凶」者，蓋執迷不服，為聖世不容，「其道窮也」。

象曰：地上有水，比；先王以建萬國，親諸侯。

「象曰：地上有水」，相合無間，「比」之象也。「先王」體之，「以建萬國，親諸侯」，亦比于天下而無間焉。○《本義》：「彖意，人來比我，此取我往比人。」

象傳[96]　胡雲峯曰：「師之容民畜眾，井田法也，可以使民自相合而无間；比之建國親侯，封建法也，可以使君與民相合而无間。」

初六：有孚，比之，无咎；有孚，盈缶。終來，有它，[97] 吉。

「初六」，比人之始，貴乎「有孚」信，「比之」則可「无咎」。若其充積「有孚」之心，如物「盈」滿於「缶」中，則「終來」，又「有它吉」。

初六　按：缶，瓦器，所以盛水；就坤土上盛坎水取象也。蓋比人之始，

---

96 案：〈象傳〉，誤書作〈彖傳〉。本文原連續於「比卦」眉批之下，因其內容為言〈象傳〉，故改置於此。

97 案：「有它」，此書作「有他」，以下所見「有他」，皆改作「有它」。

固貴有信，方可无咎；又必充積此信之心，則有他吉。如貢禹彈冠待薦，[98]
范巨卿鷄黍相約，[99]可謂信之至矣。

象曰：比之初六，有它吉也。

「象曰：比之初六」，不但「无咎」，又「有它吉也」。

---

98 案：「貢禹彈冠待薦」，典出《漢書》卷七十二〈王貢兩龔鮑傳〉，《幼學瓊林》卷二〈朋
友賓主〉作：「王陽在位，貢禹彈冠以待薦。」〔西漢〕王吉（字子陽，？-48 B.C.E.），
西漢宣帝年間官至博士諫大夫。貢禹（字少翁，127-44 B.C.E.），「以明經潔行著聞」，主
張選賢能，誅奸臣，罷倡樂，修節儉，後世尊為「貢公」。王吉與貢禹情意相投，交往至
深，漢元帝即位後，召王吉、貢禹同赴朝廷為官，故有「王陽在位，貢公彈冠」的成語。

99 案：「范巨卿鷄黍相約」，范式（字巨卿，生卒年不詳），山陽（今山東濟寧）人，東漢
名士。范式重友情，講信義，與汝南張劭（字元伯，生卒年不詳），交誼甚厚，生死兩
別，猶然深篤。其事詳《後漢書》卷八十一〈獨行列傳第七十一·范式〉：「范式字巨
卿，山陽金鄉人也，一名氾。少遊太學，為諸生，與汝南張劭為友。劭字元伯。二人並
告歸鄉里。式謂元伯曰：『後二年當還，將過拜尊親，見孺子焉。』乃共剋期日。後期
方至，元伯具以白母，請設饌以候之。母曰：『二年之別，千里結言，爾何相信之審
邪？』對曰：『巨卿信士，必不乖違。』母曰：『若然，當為爾醞酒。』至其日，巨卿果
到，升堂拜飲，盡歡而別。式仕為郡功曹。後元伯寢疾篤，同郡郅君章、殷子徵晨夜省
視之。元伯臨盡，歎曰：『恨不見吾死友！』子徵曰：『吾與君章盡心於子，是非死友，
復欲誰求？』元伯曰：『若二子者，吾生友耳。山陽范巨卿，所謂死友也。』尋而卒。
式忽夢見元伯玄冕垂纓屣履而呼曰：『巨卿，吾以某日死，當以爾時葬，永歸黃泉。子
未我忘，豈能相及？』式怳然覺寤，悲歎泣下，具告太守，請往奔喪。太守雖心不信而
重違其情，許之。式便服朋友之服，投其葬日，馳往赴之。式未及到，而喪已發引，既
至壙，將窆，而柩不肯進。其母撫之曰：『元伯，豈有望邪？』遂停柩移時，乃見有素
車白馬，號哭而來。其母望之曰：『是必范巨卿也。』巨卿既至，叩喪言曰：『行矣元
伯！死生路異，永從此辭。』會葬者千人，咸為揮涕。式因執紼而引，柩於是乃前。式
遂留止冢次，為脩墳樹，然後乃去。」〔元〕宮天挺（字大用，大名人）〈死生交范張鷄
黍〉雜劇、〔明〕馮夢龍（字猶龍，號龍子猶，1574-1646，蘇州府長洲人）《古今小說
（喻世明言）》第十六卷〈范巨卿鷄黍死生交〉，具載范式與張劭生死至交的故事，可以
參考。

六二：比之，自內；貞，吉。

「六二」，柔順中正，而上應九五，遇可事之君。「比之自內」而出，則身正不辱而「貞」，道行不枉而「吉」。

六二　如傅說舉于板築之間，膠鬲舉于魚鹽之中，¹⁰⁰是「自內」出也。

象曰：比之自內，不自失也。

「象曰：比之自內」，「不自失」已，故吉「也」。

六三：比之，匪人。

「六三」，陰柔不中正。承、乘、應，皆陰，有「比之匪人」之象。

六三　如石顯與牢梁、五鹿充宗結為黨友是已。¹⁰¹

---

100 案：「傅說舉于板築之間，膠鬲舉于魚鹽之中」，殷高宗武丁曾於夢中得天賜賢人，身著囚衣，自謂姓傅名說，後果於工人中，發現其人，與之談，舉以為相。膠鬲，亦作膠革，殷賢人；初為魚鹽商販，周文王舉而進之於紂。其事載於《孟子・告子下》，孟子曰：「舜發於畎畝之中，傅說舉於版築之間，膠鬲舉於魚鹽之中，管夷吾舉於士，孫叔敖舉於海，百里奚舉於市。故天將降大任於是人也，必先苦其心志，勞其筋骨，餓其體膚，空乏其身，行拂亂其所為；所以動心忍性，曾益其所不能。人恆過，然後能改；困於心，衡於慮，而後作；徵於色，發於聲，而後喻。入則無法家拂士，出則無敵國外患者，國恆亡。然後知生於憂患，而死於安樂也。」

101 案：「石顯與牢梁、五鹿充宗結為黨友」，其事詳載於《漢書・佞幸傳》。石顯（字君房，？-33 B.C.E.），濟南人，為西漢宣帝與元帝時宦官，先後出任中黃門、中書僕射、中書令及長信中太僕等職位。元帝沉溺聲色，疏於政事，朝中由石顯把持，先後迫害蕭望之、張猛、京房、陳咸等人；元帝死後，成帝繼位，石顯惡行為人上書揭發，被貶回原籍，病死途中。牢梁，元帝時為中書僕射，與中書令石顯、少府五鹿充宗結黨擅權，諸附倚者皆得寵位；成帝即位，石顯失勢，被免官，後不知所終。五鹿充宗（字君孟，生卒年不詳），氏五鹿，名充宗，代郡人，西漢著名學者，受學於弘成子，

象曰：比之匪人，不亦傷乎！

「象曰：比之匪人」，「不亦」可「傷乎」！

六四：外比之，貞，吉。

「六四」，以柔正近剛中之五，不內應初，而「外比之」于五，是无內顧之憂，而委身以比聖主，亦「貞」正而「吉」。

六四　四，近君之位，以賢臣而輔聖君，唐、虞之明良喜起，成周之後先奔走，皆有此象。

象曰：外比於賢，以從上也。

「象曰：外比於賢」君，以其「從上」九五「也」。

九五：顯比，王用三驅，失前禽，邑人不誡，吉。

「九五」，一陽居尊，剛健中正，卦之群陰皆來比己，「顯」其「比」而无私。如天子不合圍，開一面之網，來者不拒，去者不追，有「王用三驅，失前禽」，而「邑人不誡」之象。蓋雖私屬，亦喻上意，不相警備以求必得，皆「吉」之道也。

九五　按：顯比，大同之世也。王用三驅，天下皆受其範圍也。失前禽，不率教者，移之郊、移之遂也。邑人不誡，《語類》作「有聞無聲」之意是也。蓋九五在上，坤土為其所屬，故有此象。

梁丘賀派《易》學及《齊論語》傳人，心辨善辭，元帝時貴幸；成帝即位後，石顯失勢，五鹿充宗被貶為玄菟太守。

象曰：顯比之吉，位正中也。舍逆取順，失前禽也。邑人
　　不誡，上使中也。

　　「象曰：顯比之吉」，以五「位正中也」。「舍」其「逆」，而「取」其
「順」，故有「失前禽」之象也。「邑人不誡」者，由「上」之德，「使」
不偏而「中也」。

上六：比之，无首，凶。

　　「上六」，居卦之上，「首」之象也。而陰柔无以比下，為「比之无
首」之象，其占「凶」也。

　└上六┘　居首而不能比下，是為「无首」。此末代之君之象，周之紂王是已。

象曰：比之无首，无所終也。

　　「象曰：比之无首」，「无所」保其「終也」。○《本義》：「以上、下
之象言之，則為无首；以終、始之象言之，則為无終，无首則无終矣。」

九 ䷈乾下巽上　小畜

小畜：亨。密雲不雨，自我西郊。

　　此卦巽陰畜乾陽，又一陰畜五陽，蓋取小能畜大，又能畜而不能固之
意，故為「小畜」之象，其占當得「亨」通。蓋陰之畜猶小，未能害陽；
象雖為[102]「密雲」，而「不」能成「雨」，以其起「自我西郊」陰方，陰先

---

102 案：「雖為」，誤書作「為雖」。

倡而陽不和，此陽所以得亨也。○《本義》：「小，陰也；畜，止之之義也。密雲，陰物；西郊，陰方；我者，文王自我也。文王演《易》于羑里，視岐周為西方，正小畜之時也。筮者，得之，則占亦如其象云。」

小畜卦 據《本義》，謂文王演《易》於羑里，正小畜之時，則此象辭，乃文王就本身以著占也。夫文王為崇侯虎所譖，而紂囚之羑里，是小畜矣；然卒以寶玉、文馬贖之，是志得行而亨也。蓋由小人之勢，尚未能害君子，猶雲雖密而未能成雨，但起自西郊陰方，未能制陽，陽之氣猶得上行也。朱子曰：「凡雨者，皆是陰氣盛，凝結得密，方濕潤下，降為雨。且如飯甑，蓋得密了，氣鬱不通，四畔方有濕汗。今乾上進一陰，止他不得，所以云『尚往也』，是指乾欲上進之象，是陰包住他，不得陽氣，更散做雨不成，所以『尚往也』。」[103]

象曰：小畜，柔得位，而上、下應之，曰小畜。健而巽，
　　　剛中而志行，乃亨。「密雲不雨」，尚往也；「自我
　　　西郊」，施未行也。

「象曰」，卦名「小畜」者，卦體六四「柔得」其「位，而上、下」五陽「應之」；是一陰得位，而眾陽皆為所制，故「曰小畜」。詞曰「亨」者，蓋以內乾「健，而」外巽「巽」；健則能為，巽則善處。且二、五，

---

103 案：「朱子曰」引文，出於《朱子語類》卷第七十〈易六·小畜〉，而黃敬節錄頗有異，茲錄原文供參：問「密雲不雨，自我西郊」〉，曰：「此是以巽畜乾，巽順乾健，畜他不得，故不能雨。凡雨者，皆是陰氣盛，凝結得密，方濕潤下降為雨。且如飯甑，蓋得密了，氣鬱不通，四畔方有溫汗。今乾上進，一陰止他不得，所以〈象〉中云『尚往也』，是指乾欲上進之象。到上九，則以卦之始終言。畜極則散，遂為『既雨既處』。陰德盛滿如此，所以有『君子征凶』之戒。（學履）」「學履」為林學履，字安卿，永福人。又：「『密雲不雨，尚往也』，是陰包他不住，陽氣更散，做雨不成，所以尚往也。（礪）」案：「礪」為劉礪，字用之，三山人。

以「剛」德君子居「中」用事，「而」其「志」可「行」，「乃亨」道也。
又曰「密雲不雨」者，以畜之未極其氣，猶可「尚往也」。故雲雖密，「自
我西郊」，而雨澤之「施，未」得「行也」。

象曰：風行天上，小畜；君子以懿文德。

　　「象曰」，乾天巽風，「風行天上」，能畜而不能久，故為「小畜」之
象。「君子」體之，「以懿文德」而已。○《本義》：「懿文德，言未能厚積
而遠施也。」

初九：復自道，何其咎？吉。

　　「初九」，體乾則志欲上進，而居下得正，前遠于陰，故雖與四正
應，能自守正，不為所畜，有進「復」其本位，「自」其故「道」之象。
占者如是，「何其咎」之有？而且「吉」也。

初九　據《本義》則主上進而言；而龔氏煥又云：「復自道，[104]謂復于在下
之位，而不進也。初九以陽剛之才，位居最下，為陰所畜，知幾不進，而
自復其道焉，何咎之有？」[105]此說可參。

象曰：復自道，其義吉也。

104　案：「復自道」，誤書作「復其道」。
105　案：龔煥，生平未詳。此節引自〔清〕李光地（字晉卿，號厚庵、榕村，世稱安溪先
　　　生，福建泉州安溪湖頭人，1642-1718）《御纂周易折中・小畜》「集說」，引龔氏煥曰：
　　　「復自道，此復字與『无往不復』、『不遠復』之義同，謂復於在下之位而不進也。初
　　　九以陽剛之才位居最下，為陰所畜，知幾不進而自復其道焉，何咎之有。」

九二：牽復，吉。

「九二」，亦體乾則志欲上進，而漸近于陰，為其所畜。然以其剛中與初同德，故能與初「牽」連而「復」，亦「吉」。

九二 據《本義》亦當主上進而言，而以龔氏之說推之，[106]則是與初牽復于下位而不進。如〈蔓草〉之咏美人，而與子偕藏；[107]〈十畝〉之歌桑者，而行與子逝[108]是。

象曰：牽復在中，亦不自失也。

「象曰」：二能「牽復」者，以「在」下之「中」，故「亦」自守，而「不自失也」。

---

106 案：龔氏之說，出處同前注，曰：「九二牽復，亦謂與初九牽連而內復也。《易》及諸經，無有以復為上進者。」李光地案曰：「《傳》、《義》皆以復為上進，沿王弼舊說也。以大畜初二爻比例觀之，則王氏、龔氏諸說為長。」復案：王氏，為〔元〕王申子（字巽卿，生卒年不詳，邛州人），《御纂周易折中·小畜》「集說」，首引其說：王氏申子曰：「復，反也。初以陽剛居健體，志欲上行，而為四得時得位者所畜，故復。然初剛而得正，雖為所畜而復，如自守以正，不為所畜者，故曰『復自道』。言雖為彼所畜，而吾實自復於道也。」王申子著有《大易緝說》十卷，《欽定四庫全書·經部·易類一·提要》云：「（〔元〕王申子）……隱居慈利州天門山垂三十年，始成此書，反覆設問，取十數為河圖；分緯之，以畫先天九數為洛書；錯綜之，以位後天。同時吳澂、李琳諸人，咸稱其殫思之精。」

107 案：「〈蔓草〉之咏美人，而與子偕藏」，「偕藏」當作「偕臧」，出自《詩經·國風·鄭風·野有蔓草》：「野有蔓草，零露漙兮。有美一人，清揚婉兮。邂逅相遇，適我願兮。野有蔓草，零露瀼瀼。有美一人，婉如清揚。邂逅相遇，與子偕臧。」

108 案：「〈十畝〉之歌桑者，而行與子逝」，出自《詩經·國風·魏風·十畝之間》：「十畝之間兮，桑者閑閑兮，行與子還兮。十畝之外兮，桑者泄泄兮，行與子逝兮。」

九三：輿脫[109]輻，夫妻反目。

「九三」，亦欲上進，然剛而不中，迫近于陰，又非正應；但以陰陽相悅，而為所係畜，不能自進，有「輿脫輻」之象。然志剛不平，而與之爭，故又為「夫妻反目」之象。

九三 據《本義》謂「下卦乾體，本皆在上之物，志欲上進，而為陰所畜」，則是九三，乃急于圖進，不能自守，而攀援匪人，卒為所制。如賈捐之素短石顯，又欲援顯以圖進，卒為顯所制是已。[110]

象曰：夫妻反目，不能正室也。

「象曰：夫妻反目」者，由夫之「不能正」其「室也」。則三之為陰所畜，亦由其與陰悅，自脫其輻耳。

六四：有孚，血去；惕出，无咎。

「六四」，以一陰畜眾陽，本有傷害憂懼，以其柔順得正，虛中巽體，二陽助之，是「有孚」則身可无傷，而「血去」，心可無懼，而「惕出」之象。占者有是德，亦「无咎」也。

六四 《程傳》：「四於畜時，處近君之位，畜君者也。若內有孚誠，則五志信之，從其畜也。」據此，則四，以陰畜陽，乃是臣遇九五之剛君，而

---

109 案：「脫」，原作「說」，下文並同。

110 案：〔西漢〕賈捐之（字君房，？-43 B.C.E.，洛陽人），賈誼（200-168 B.C.E.，賈太傅、賈長沙）曾孫。長安令楊興稱其「君房下筆，言語妙天下」，若其任尚書令，當強勝五鹿充宗。賈捐之經常批評掌權宦官石顯，石顯懷恨在心，因此一直擔任待詔，未得受官。初元三年（46 B.C.E.），西漢元帝時，石顯趁機陷害京房、賈捐之，下獄，棄市。其傳詳參《漢書‧賈捐之列傳》。

能盡孚誠以感之，故其傷害遠而「血去」，其危懼免而「惕出」也。如此，則可以无咎。如鍾離意數封還詔書，[111]而上從其諫；唐李絳每指陳得失，[112]而上謂其忠。蓋能有孚，故能畜止其君之欲而无咎。

象曰：有孚，惕出，上合志也。

「象曰：有孚」，血去，「惕出」，以「上」二陽之「合志也」。

九五：有孚，攣如；富，以其鄰。

「九五」，巽體三爻，同力畜乾，「鄰」之象也。而九五居中處尊，勢能有為，以兼乎上、下，故為「有孚攣如」。用「富」厚之力，而「以其鄰」之象。

九五 按：「有孚攣如」者，實心相固結也。九五居中處尊，信孚上、下，能以其鄰，同力畜乾。如舜命一德之五臣，以征逆命之三苗；[113]武會同心之八百，以伐無道之獨夫。[114]雖用富厚之力，而實相孚以誠，不獨恃其富厚之力也。

象曰：有孚攣如，不獨富也。

---

111 案：〔東漢〕鍾離意（字子阿，生卒年不詳），會稽山陰人。其傳詳參《後漢書·第五鍾離宋寒列傳》。

112 案：〔唐〕李絳（字深之，764-830），趙郡贊皇人。唐憲宗元和二年（807），授翰林學士。為人正直，直言敢諫，憲宗稱「疾風知勁草，卿當之矣。」貞元末年，拜監察御史，其傳詳《舊唐書》卷一百六十四〈列傳〉第一百一十四。

113 案：「舜命一德之五臣，以征逆命之三苗」，事詳《尚書·虞書·舜典》。

114 案：「武會同心之八百，以伐無道之獨夫」，事詳《尚書·周書·泰誓上中下》與〈牧誓〉。

「象曰：有孚攣如」者，蓋誠足感人，「不獨」用「富」厚之力，以屈群力「也」。

上九：既雨，既處，尚德載。婦貞，厲，月幾望；君子
　　　征，凶。

「上九」，陰盛之極，制得陽住，陽見畜而不與抗，陰陽和矣，是不雨者「既雨」矣。陽至此而不能進，是不處者「既處」矣。蓋由尊「尚」陰「德」，至于積「載」而然也。然陰加于陽，如「婦」抗夫，雖「貞」正亦「厲」，陰盛而抗陽，如「月幾望，君子」亦不可以有行矣。若「征」行，則「凶」。

上九　陰盛制陽。如李林甫用，而張九齡罷相；韓侂冑進，[115]而趙汝愚遭貶。故君子不可以有行也。

象曰：既雨既處，德積載也；[116]君子征凶，有所疑也。

「象曰：既雨既處」，由陰「德」之「積載也」。「君子征凶」者，以小人而抗君子，君子不得不「有所疑」慮「也」。

十 ䷉ 兌下乾上　履

履：履虎尾，不咥人，亨。

以兌遇乾其卦名「履」，然和悅以躡剛強之後而不見傷，其占為「履

---

115 案：「韓侂冑」，誤書作「韓佗冑」，下文並同。
116 案：「德積載」，誤書作「德積滿」，今正之。

虎尾，不咥人」之象，「亨」之道也。○《本義》：「履，有所躡而進之義
也。」

履卦　《存疑》：「朱子謂柔能制剛，弱能制強。諺云：『凶拳不打笑面。』
沛公見羽鴻門近之。」

象曰：履，柔履剛也，說而應乎乾，是以「履虎尾，不咥
　　　人，亨」。剛中正，履帝位，而不疚，光明也。

「象曰」，卦名「履」者，二體以兌「柔」而「履」乾「剛」，其道甚
危「也」，故名「履」。履危難得亨矣，然卦德兌以和「說，而應乎乾」
剛，能承順之，自足以弭其強武，「是以履虎尾，不咥人，亨」。又卦體九
五，有「剛中正」之德，以「履帝位」，德稱其位「而不疚」。由是功用發
越，而「光明也」，亦履危得亨之意。

象曰：上天下澤，履；君子以辨上、下，定民志。

「象曰：上天下澤」定分，不易上、下之正理，人之所履當如是也，
故名「履；君子」觀履之象，「以」分「辨上、下」，使各當其分，而「定
民」之心「志」。

初九：素履。往，无咎。

「初九」，以陽在下，居履之象。是賢人處于卑位，方進之始，未為
物遷，率「素」之所「履」者也。占者如是，則「往」而「无咎」。

初九　此爻亦是已進者，但始進于下耳。如柳下惠不卑小官，進不隱賢，

必以其道是。[117]

象曰：素履之往，獨行願也。

「象曰：素履之往」，「獨行」平日之「願也」。

九二：履道，坦坦；幽人，貞，吉。

「九二」，有剛中之德，在下無應于上，有「履道坦坦」，幽獨守貞之象。「幽人」履道，而遇其占，則「貞」而「吉」。

九二　茲以前爻例之，則此爻亦當以已進言。幽人貞，《本義》訓「幽獨守處」[118]，可知非專指隱士也，蓋樂道之人耳。如邵康節坦夷溫厚，程子稱為「內聖外王之學」，其道純一不雜，汪洋浩大，就其所至，可謂安且成是已。

象曰：幽人貞吉，中不自亂也。

「象曰：幽人貞吉」者，以其居下體之中，「中」德在內，「不」以外物「自亂也」。

---

117 案：典出《孟子‧公孫丑上》，孟子曰：「柳下惠，不羞汙君，不卑小官。進不隱賢，必以其道。遺佚而不怨，阨窮而不憫。故曰：『爾為爾，我為我，雖袒裼裸裎於我側，爾焉能浼我哉？』故由由然與之偕而不自失焉，援而止之而止。援而止之而止者，是亦不屑去已。」

118 案：「處」，《本義》作「貞」；「幽獨守處」，當作「幽獨守貞」。原書此句連下「可知」為斷，當斷在「幽獨守處」，而「可知」連下讀較為通順妥善。

六三：眇能視，跛能履；履虎尾，咥人，凶。武人為于大
　　　君。

「六三」，不中不正，柔而志剛，其象為「眇」；本不能視，而自以為
「能視」。「跛」本不能履，而自以為「能履」。以此履乾，必見傷害，如
「履虎尾」而「咥人，凶」矣。亦猶之剛「武」之「人」，本无能也，而
「為于大君」得志，而肆暴之象，豈能久哉？

<u>六三</u>　按：互離為目，故曰「眇能視」。互巽為股，故曰「跛能履」。又不
中不正，故有「眇」、「跛」之象。武人為君，是就柔而志剛取象。《本
義》：「如秦政、項籍，豈能久也？」謂象是如此。其實三非君位，不過取
以戒剛愎自用者耳。

象曰：眇能視，不足以有明也；跛能履，不足以與行也；
　　　咥人之凶，位不當也。武人為于大君，志剛也。

「象曰：眇能視」，實「不足以有明也；跛能履」，實「不足以與行
也；咥人之凶」，由不中不正，而「位不當也」。「武人為于大君」，由其柔
而「志剛」，故妄行以觸禍「也」。

九四：履虎尾，愬愬，終吉。

「九四」，不中不正，履九五之剛，如「履虎尾」。然幸其以剛居柔，
因危知懼，「愬愬」然敬畏无已，故「終吉」。

<u>九四</u>　按：六爻惟三與四云「履虎尾」者，三履乾，四履五也。三多凶，
故為「咥人」；四多懼，故得「終吉」。穆王命君牙曰：「心之憂危，若蹈虎

尾。」¹¹⁹與此同意。

象曰：愬愬終吉，志行也。

「象曰：愬愬」而得「終吉」，「志」可「行也」。

九五：夬履。貞，厲。

「九五」，以剛中正履帝位，而下以兌說應之，凡事必行，无所疑礙，象為「夬」決其「履」。然危多出於所忽，故雖「貞」正亦「厲」。
九五　此爻如漢明帝崇尚儒學，斷獄得情，承平之治，稱東都第一，亦見所行无礙。然性褊察，朝廷莫不悚慄，¹²⁰爭為嚴切以避誅，是夬決其履，雖正而不免于厲矣。

象曰：夬履貞厲，位正當也。

「象曰：夬履貞厲」者，以其恃「位」之「正當也」；所以剛愎自用，而不免于厲焉。

119　案：典出《尚書‧周書‧君牙》：穆王命君牙，為周大司徒，作〈君牙〉。王若曰：「嗚呼！君牙，惟乃祖乃父，世篤忠貞，服勞王家，厥有成績，紀于太常。惟予小子嗣守文、武、成、康遺緒，亦惟先正之臣，克左右亂四方。心之憂危，若蹈虎尾，涉于春冰。今命爾予翼，作股肱心膂，纘乃舊服。無忝祖考，弘敷五典，式和民則。爾身克正，罔敢弗正，民心罔中，惟爾之中。夏暑雨，小民惟曰怨咨；冬祁寒，小民亦惟曰怨咨。厥惟艱哉！思其艱以圖其易，民乃寧。嗚呼！丕顯哉，文王謨！丕承哉，武王烈！啟佑我後人，咸以正罔缺。爾惟敬明乃訓，用奉若于先王，對揚文、武之光命，追配于前人。」王若曰：「君牙，乃惟由先正舊典時式，民之治亂在茲。率乃祖考之攸行，昭乃辟之有乂。」

120　案：原書斷句作「然性褊察朝廷，莫不悚慄」，稍不暢意；「朝廷」當屬下讀，改作「然性褊察，朝廷莫不悚慄」為洽切。

上九：視履。考祥，其旋，元吉。

　　「上九：視履」之既終，以「考」其「祥」；若「其」周「旋」無虧，則得「元吉」。占者禍福，視其所履而未定也。

上九　《蒙引》：「『祥』字，兼『休』、『咎』說。」則此爻即「動乎四體」之意也。蓋必如管仲辭鄉為有禮，而知其世祀；敬仲辭火為不淫，而卜其必昌，方是「元吉」。若邾子執玉高，公受玉卑，子貢以為必死亡，[121]又何吉之有？

象曰：元吉在上，大有慶也。

　　「象曰：元吉在」乎履之「上」者，惟德動天，非常之福；自天申之，「大有慶也」。

十一　䷊ 乾下坤下　泰

䷵ 歸妹[122]

泰：小往，大來；吉，亨。

　　為卦天、地交而二氣通，故名「泰」。卦體，坤往居外，乾來居內。又卦變，自歸妹來，則六往居四；[123]九來居三，是為「小往大來」。占者

---

121 原書斷句作「若邾子執玉，高公受玉，卑子貢以為必死亡」，當改作「若邾子執玉高，公受玉卑，子貢以為必死亡」為正。

122 案：歸妹卦書於泰卦卦象之下，所以示「泰自歸妹變」之意。

123 案：「六往居四」，誤書作「往往居四」，《本義》正作「六往居四」。

有陽剛之德，則「吉」而「亨」。○《本義》：「泰，通也。小，謂陰；大，謂陽。」

泰卦　自乾、坤至履，陰陽之數均，而繼以泰，可見造化、人事，泰為極盛。開泰者天、地，致泰者君、相，君、相所以主保天、地之泰也。曰「小往大來」者，陰衰陽盛，小人道消，君子道長。如宋哲宗時，熙、豐小人退居閒野，元祐諸君子久抑得伸，亦有此象。[124]

象曰：「小往大來，吉亨」，則是天、地交而萬物通也，上、下交而其志同也。內陽而外陰，內健而外順，內君子而外小人，君子道長，小人道消也。

　　「象曰」，卦名「泰」，而詞曰「小往大來，吉亨」者，蓋當泰之時，「則是天、地交而萬物通」，泰之見于造化「也；上、下交而其志同」，泰之見于人事「也」。「內」卦乾「陽」，「而外」卦坤「陰」；「內」卦乾「健，而外」卦坤「順；內」卦陽為「君子，而外」卦陰為「小人」。惟內君子，故「君子」致君澤民之「道」日「長」；惟外小人，故「小人」妨賢病國之「道」日「消也」。所謂「小往大來」如此，而「吉，亨」可知矣。

象曰：天、地交，泰；后以財成天、地之道，輔相天、地之宜，以左右民。

　　「象曰」，乾下坤上，天氣下降，地氣上騰，「天、地」之氣「交」通，「泰」之象也。元「后」體之，「以財成天、地之道」，而制其過；「輔

相天、地之宜」，而補不及；「以左右」斯「民」，亦以開萬世之泰。○《本義》：「財、裁，同。左，音佐；右，音佑。」

初九：拔茅茹，以其彙；征，吉。

「初九」，一陽[125]與上二陽相連而進，猶之「拔茅」而根「茹」，自「以其彙」而起之象，「征」行之「吉」道也。

初九　此賢人相引而進也。楊誠齋曰：「君子之志在天下，不在一身，故曰『在外』。」[126]《蒙引》：「伊尹言：『與我處畎畝之中，豈若使君為堯、舜之君，民為堯、舜之民？』此所謂在外也。」

象曰：拔茅征吉，志在外也。

「象曰：拔茅征吉」者，君子之「志」欲上進而「在外也」。

九二：包荒，用馮河，不遐遺；朋亡，得尚于中行。

「九二」，以剛居柔在下之中，上有六五之應，主乎泰而得中道者也。占者能「包」容「荒」穢，而果斷剛決，如「用馮河」之勇，且「不」於「遐」遠而「遺」，又不狃近習而「朋」比之私「亡」焉，則「得尚」合「于」此爻「中行」之道矣。

---

125 案：「一陽」，誤書作「一陰」。

126 案：楊誠齋，〔南宋〕楊萬里（字廷秀，號誠齋，江西吉水人，1127-1206），與陸游（字務觀，號放翁，越州山陰人，1125-1210）、范成大（字致能，號石湖，江蘇蘇州人，1126-1193）、尤袤（字延之，號遂初，江蘇無錫人，1127-1194），合稱南宋「中興四大詩人」，詩文清新，富有意趣，著有《誠齋集》傳世，其《誠齋易傳》為史事《易》學代表名著。

九二　「包荒」則不至苛察，「用馮河」則不狃因狗，「不遐遺」則不忽遠圖，「朋亡」則不昵近習，故為得中。蓋當泰時，非失之過剛，失之過柔，此「允執厥中」[127]之語，堯所以授舜，舜所以命禹焉。

象曰：包荒，得尚于中行，以光大也。

「象曰：包荒」，至「得尚于中行」，「以」心之「光大也」。

九三：无平不陂，无往不復；艱，貞，无咎；勿恤其孚，于食有福。

「九三」，將過乎中，泰將極而否欲來之時也。「无」有常「平」而「不」險「陂」者，「无」有常「往」而「不復」來者，此天運必然也。惟「艱」難守「貞」則「无咎」，而可「勿」憂「恤其」泰極否來之有「孚」信焉，而「于食有福」矣。○《本義》：「恤，憂也。孚，所期之信也。」

九三　往復平陂，理之必然；而有信者，所謂孚也。如夏至太康，商至雍己，周至夷、昭，皆治極生亂，見天運之必然。然人事亦所當盡，若艱貞則无咎，而理數之常者不足恤，福可致矣。三於時未過中，不待過中而戒，聖人之於泰如此。

象曰：无往不復，天、地際也。

「象曰：无往不復」者，以三所處「天、地」否、泰之「際也」。

---

127 案：「允執厥中」，典出《尚書·虞書·大禹謨》：「人心惟危，道心惟微；惟精惟一，允執厥中。」

六四：翩翩，不富以其鄰，不戒以孚。

「六四」，已過乎中，泰極矣，故三陰同惡相濟，「翩翩」然而下復，其力之協也，「不」待「富」厚，而「以其鄰」自從之。其心之信也，「不」待「戒」令，而「以」其類自「孚」信之。其占為小人合交，以害正道君子，當戒焉。○《本義》：「陰虛陽實，故凡言，『不富』者，皆陰爻也。」

六四　翩翩，是小人類聚之勢也。不待富而其類從也，是小人力之協也。不待戒而其類信之，協力同心，以害君子。如梁成大附史彌遠，[128]攘臂以排斥忠良；徐爵附馮保，[129]仗勢以進退人材是已。

象曰：翩翩不富，皆失實也；不戒以孚，中心願也。

「象曰：翩翩不富」者，以小人竊據高位，「皆失」其分之「實也」。曰「不戒以孚」者，以小人同謀害君子，乃「中心」之素「願也」。○《本義》：「陰，本居下，在上為失實。」

六五：帝乙歸妹，以祉，元吉。

---

128 案：〔南宋〕梁成大（字謙之，福建福州人，生卒年不詳），諂事史彌遠家臣以求進，理宗寶慶元年（1225），承史彌遠（字同叔，浙江鄞縣人，1164-1233）旨，誣劾魏了翁（字華父，號鶴山，四川邛州蒲江人，1178-1237）、真德秀（字景元，後改景希，號西山，福建建州浦城人，1178-1235）；次年，又劾奏楊長孺（楊萬里長子，號東山，江西吉水人，1157-1236）、徐瑄（生平不詳）、胡夢昱（字季昭，又字季汲，號竹林愚隱，江西吉水人，1185-1226）等人，事詳《宋史》本傳。

129 案：〔明〕馮保（字永亭，號雙林，河北深縣人，1543-1583），嘉靖時為司禮秉筆太監提督東廠兼管御馬監，徐爵（生平不詳）附馮保，為其黨任錦衣指揮同知，挾詐犯法，事詳《明史》卷二三六〈馮保列傳〉。

「六五」，陰柔居尊為泰之主，下應九二下交之時，為「帝乙歸妹」
之象。貴而下賢，上合天心，天將降之「以祉」，而獲「元吉」。

> 六五　帝乙，商之君也。歸妹，下嫁也。此以君下賢之象也。

象曰：以祉元吉，中以行願也。

「象曰：以祉元吉」者，由有柔「中」之德，「以行」下賢之「願
也」。

上六：城復于隍，勿用師；自邑，告命，貞，吝。

「上六」，泰極否來。如「城」坦而「復于隍」也，須「勿用師」以
力爭于遠，但當修德于近，而「自」所治之「邑」，播「告命」令焉。然
既不能制治未亂，否至而後修，雖得其「貞」，亦不免羞「吝」。

> 上六　處泰之極，多好大喜功，窮兵黷武。如漢武席文、景之富庶，而開
> 西南夷，卒致輪臺之悔。[130]故戒以「勿力爭于遠，惟修德于近」可也。

象曰：城復于隍，其命亂也。

「象曰：城復于隍，其命亂」，故復否「也」，告命所以治之也。

---

130 案：「輪臺之悔」，指漢武帝一生，致力開拓西域，國力大損；至晚年深悔之，遂棄輪
　　臺之地，並下詔罪己，謂之「輪臺詔」。事見《史記》卷十二〈孝武本紀第十二〉、《漢
　　書‧西域傳》。〔南宋〕楊萬里（字廷秀，號誠齋，1127-1206）〈讀罪己詔〉詩：「莫讀
　　〈輪臺詔〉，令人淚點垂。」

十二 ䷋ 坤下乾上 否

䷋[131]

否：否之匪人，不利君子；貞，大往，小來。

　　乾上坤下，二氣隔絕而不通，故名「否」。當否「之」時，三綱淪，无[132]法澤，「匪人」道之常矣，其占「不利」于「君子」之「貞」。[133]蓋乾往居外，坤來居內，又自漸卦而來，則九往居四，六來居三，為「大往小來」之象焉。○《本義》：「否，閉塞也。」

否卦　大往小來，謂陽衰陰盛，君子道消，小人道長。如石顯、宏恭進，而蕭望之、劉更生、周堪之輩退；梁冀、曾騰進，而陳蕃、李固、張綱之徒退是已。

象曰：「否之匪人，不利君子貞」，則是天、地不交，而萬物不通也；上、下不交，而天下无邦也。內陰而外陽，內柔而外剛，內小人而外君子，小人道長，君子道消也。

　　「象曰」，卦否，而詞曰「否之匪人，不利君子貞」者，以造化言，「則是天、地不交，而萬物不通也」；以人事言，「上、下不交，而天下无邦也。內陰而外陽，內柔而外剛，內小人而外君子，小人」之「道」曰「長」，「君子」之「道」曰「消也」。是以謂之「匪人，不利君子貞」也。

---

131 案：漸卦卦象畫於否卦卦象之下，所以示「否從泰來隨三位」卦變之意。

132 案：「无」，誤書作「九」。

133 案：本書於「貞」字旁，寫上「正道」，即以「正道」釋「貞」義。

象曰：天、地不交，否；君子以儉德辟難，不可榮以祿。

「象曰」，坤下乾上，「天、地不交」而閉塞，「否」之象也。「君子」
于此「以儉」（收斂）其「德」，深自韜晦，而「辟」小人之「難」，人
「不可」得而「榮」之「以祿」。

初六：拔茅茹，以其彙；貞，吉，亨。

「初六」，三陰在下，當否之時，小人連類而進，亦猶之「拔茅」而
根「茹」，自「以其彙」而起之象，而初之惡則未形也，故戒其「貞」則
「吉」而「亨」，蓋能如是，則變而為君子矣。

初六 按：既為小人，何以能變為君子？如唐坰初附王安石，後乃奏疏陳
時事，直斥王安石專作威福，曾布等表裏擅權，王珪曲事安石，無異廝
僕。元絳、薛向、陳繹，安石頤指氣使，張璪、李定為安石爪牙，張商英
乃安石鷹犬，是坰能變為君子，而「志在君」也。

象曰：貞吉，志在君也。

「象曰」，拔茅，「貞吉」者，小人變為君子，則能以愛君為念，「志
在君也」。

六二：包承。小人，吉；大人，否。亨。

「六二」，陰柔而中正，以小人而能「包」容，「承」順乎君子之象，
在「小人」能如是固「吉」，而「大人，則當安守其「否」，儉[134]德避難，

---

134 案：「儉」，誤書作「險」。

而后道「亨」;不可因彼「包承」,而自失其守也。

六二 小人雖能包承君子,而大人自不亂群。如孔子之待陽虎,孟子之處王驩皆是。[135]身否而道亨者,道不以窮、達為存亡也。

象曰:大人否亨,不亂群也。

「象曰:大人否亨」者,以「不亂」于小人之「群也」。

六三:包羞。

「六三」,以陰居陽而不中正,小人處非其位,未能傷善,故為「包」藏「羞」恥之象。然以其未發於外,故无凶咎之戒。

六三 彼雖小人,亦自羞其有傷善之心,「包」則未見其有傷善之事。如秦檜未為相時,胡瑗、李綱等皆不知其奸,即所謂「包羞」也。

象曰:包羞,位不當也。

「象曰:包羞」,蓋无勢、无才,處「位不當也」。

---

135 案:「孔子之待陽虎,孟子之處王驩」,疑襲自清康熙皇帝經筵的《易經》講義,以朱子《周易本義》為正宗的〔清〕牛鈕《日講易經解義・否六二》:「孔子之待陽虎,孟子之處王驩,可謂合乎大人之道矣。」「孔子之待陽虎」事,參見〔西漢〕劉向(字子政,79-8B.C.E.)《說苑・雜言》:「孔子之宋,匡簡子將殺陽虎,孔子似之。甲士以圍孔子之舍,子路怒,奮戟將下鬥。孔子止之,曰:『何仁義之不免俗也?夫詩、書之不習,禮、樂之不脩也,是丘之過也。若似陽虎,則非丘之罪也,命也夫。由,歌予和汝。』子路歌,孔子和之,三終而甲罷。」「孟子之處王驩」事,參見《孟子・公孫丑下》:「孟子為卿於齊,出弔於滕,王使蓋大夫王驩為輔行。王驩朝暮見,反齊滕之路,未嘗與之言行事也。公孫丑曰:『齊卿之位,不為小矣;齊滕之路,不為近矣。反之而未嘗與言行事,何也?』『曰:夫既或治之,予何言哉?』」

九四：有命，无咎；疇，離祉。

「九四」，否過中矣，將濟之時，天意已回，故為「有命」。以陽居陰，剛柔得中，人事獲盡，故為「无咎」。而九四、一陽，與「疇」二陽，皆「離」其福「祉」矣。○《本義》：「命，謂天命。」

九四 按：此爻有中興氣象。「有命」則天心有悔禍之機，「无咎」則人事有挽回之力，「疇，離祉」則賢人、君子俱獲轉否而泰之福矣，故〈象傳〉曰「志行也」。

象曰：有命无咎，志行也。

「象曰：有命无咎」，則轉否而泰，其「志」得「行也」。

九五：休否。大人，吉；其亡其亡，繫于苞桑。

「九五」，剛中正以居尊位，能「休」息天下之「否」，以馴到於泰，此「大人」之能事固「吉」。然安不忘危，須時懷戒懼，曰：吾「其亡」乎！吾「其亡」乎！則致治保邦，如「繫于苞桑」之固焉。○《程傳》：「桑之為物，其根深固。苞，謂叢所生，其固尤甚。」

九五 按：五，君位、大人之象。休否，是轉危為安也。其亡其亡，是安而不忘危也。係于苞桑，是知危而卒安也。唐、虞之儆戒无虞，[136] 成周之制治未亂，[137] 即此意也。

---

136 案：「儆戒无虞」，語出《尚書・虞書・大禹謨》，禹曰：「惠迪吉，從逆凶，惟影響。」益曰：「吁！戒哉！儆戒無虞，罔失法度。罔游于逸，罔淫于樂。任賢勿貳，去邪勿疑。疑謀勿成，百志惟熙。罔違道以干百姓之譽，罔咈百姓以從己之欲。無怠無荒，四夷來王。」

137 案：「制治未亂」，語出《尚書・周書・周官》，王曰：「若昔大猷，制治于未亂，保邦

象曰：大人之吉，位正當也。

「象曰：大人」有休否「之吉」，以「位正當也」。

上九：傾否。先否，後喜。

「上九」，以陽剛居否極，有復泰之會，能「傾」天下之「否」而盡平之，故其「先」雖「否」，而「後」則有「喜」矣。

上九　按：「休否」是化草昧而文明，起積習而更新，尚是緩詞；「傾否」則盡將其否而倒瀉之，乃急詞也。如湯之革夏命，武之反商政是已。以其陽剛，故能撥亂反正也。

象曰：否終則傾，何可長乎？

「象曰：否」至於「終」，勢「則」必「傾」，「何」有「可長」否之理「乎」？

于未危。」曰：「唐虞稽古，建官惟百。內有百揆四岳，外有州、牧、侯伯。庶政惟和，萬國咸寧。夏商官倍，亦克用乂。明王立政，不惟其官，惟其人。今予小子，祗勤于德，夙夜不逮。仰惟前代時若，訓迪厥官。立太師、太傅、太保，茲惟三公。論道經邦，燮理陰陽。官不必備，惟其人。少師、少傅、少保，曰三孤。貳公弘化，寅亮天地，弼予一人。冢宰掌邦治，統百官，均四海。司徒掌邦教，敷五典，擾兆民。宗伯掌邦禮，治神人，和上下。司馬掌邦政，統六師，平邦國。司寇掌邦禁，詰奸慝，刑暴亂。司空掌邦土，居四民，時地利。六卿分職，各率其屬，以倡九牧，阜成兆民。六年，五服一朝。又六年，王乃時巡，考制度于四岳。諸侯各朝于方岳，大明黜陟。」

十三 ☲☰ 離下乾上 同人

同人：同人于野，亨；利涉大川，利君子，貞。

卦以火遇天，其性同；以二應五，其德同；又以一陰[138]共與五陽，其情同，故為「同人」。然所同者，必公而曠遠无私，為「于野」之象，則「亨」而「利」于「涉大川」之險焉。然必「利」于合「君子之貞」正，乃為亨而利涉也。

同人 同人，與人同也。于野，大公無我也。必大公而後能大同，故可亨而利涉。然非出于君子之正道，則或流于烏合，或失于詭隨，安得為利？今此卦德，內文明，則能知夫正道；卦外乾健，則能行夫正道；卦體中正相應，則我能以正道同乎人，人亦能以正道同乎我。有此正道，故能通天下之志。唐、虞三代之盛，一道同風，有如此象。

彖曰：同人，柔得位得中，而應乎乾，曰同人。同人曰「同
　　　人于野，亨；利涉大川」，乾行也。文明以健，中正
　　　而應，君子正也。唯君子為能通天下之志。

「彖曰」，卦名「同人」者，以六二「柔得位得中，而應乎乾」九五，彼此无間，故「曰同人」。「同人曰」衍文。「同人于野」固可「亨」矣，而所謂「利涉大川」者，何哉？蓋卦德「乾」健而「行」，才足濟變，所以利涉「也」。又曰「利君子之貞」者，何哉？蓋卦德離「文明」，而乾「以健」，卦體二、五「中正而」相「應」，皆「君子」之「正」道「也。唯君子」之正道，「為能通天下之志」，乃為大同也。

---

138 案：「陰」，誤書作「陽」。

象曰：天與火，同人；君子以[139]類族辨物。

「象曰：天」在上「與火」炎上其性同，「同人」之象也。「君子」以為欲致大同，无如審異而「類」人之「族」、「辨物」之屬，則不苟同，所以致大同也。

初九：同人，于門，无咎。

「初九」，同人之初，未有私主，以剛在下，則己无私心，上无正應，則于人無私與，[140]有「同人于門」外之象。占者如是，則「无咎」。

初九 ⃞ 同人于門，无親疏之別也。如祁奚舉祁午，而不廢羊舌職；魏戊舉魏鄆，而不廢賈辛；[141]又唐狄仁傑舉其子光嗣，亦薦張東之、姚崇、桓彥範、敬暉等，[142]皆為名臣。蓋同出于公，又誰咎乎？

象曰：出門同人，又誰咎也？

---

139 案：「君子」下，原書漏脫「以」字。

140 案：原斷句作「于人無私」，「與」字連下句，今修正作「于人無私與」。

141 案：「祁奚舉祁午，而不廢羊舌職」，「祁」皆誤書作「祈」。事詳《春秋左氏傳·襄公三年》，君子謂：「祁奚於是能舉善矣，稱其讎不為諂，立其子不為比，舉其偏不為黨。〈商書〉曰：『無偏無黨，王道蕩蕩。』」「魏戊舉魏鄆，而不廢賈辛」，事詳《春秋左氏傳·昭公二十八年》，其要曰：「夫舉無他，唯善所在，親疏一也。」「近不失親，遠不失舉。」故《韓非子·外儲說左下》曰：「外舉不避仇，內舉不避子。」

142 事詳〔宋〕李昉《太平廣記·卷一百八十五·狄仁傑》。〔明〕丘濬（字仲深，號深庵，1421-1495）《大學衍義補·崇推薦之道》分別於此二事，按語曰：「君子謂祁奚：『外舉不避仇讎，內舉不避親戚，可謂至公矣！』其言比《左氏》尤為明白，至其所謂公之一言，誠人臣舉賢輔君之要道也。」「唐狄仁傑薦張東之、姚元崇、桓彥範、敬暉等數十人率為名臣。或謂仁傑曰：『天下桃李，悉在公門。』仁傑曰：『薦賢為國，非為私也。』」

「象曰：出門」外去，「同人」无偏昵之私，「又誰咎也」？

六二：同人，于宗，吝。

「六二」，雖中且正，然有應于上，不能大同，而係于私，有「同人，于宗」之象，故「吝」。○《本義》：「宗，黨也。」

六二　細按：此爻與初九相反，初爻是同人之公，此爻是同人之私。初爻又如宋杜、韓、范、富諸公，一時並用，仁宗之朝，而公言廷諍，不相苟合，推之而凡事出于公者皆是。此爻如王、呂、章、曾、蔡氏父子黨同伐異，相與依阿，推之而凡事係于私者皆是。[143]

象曰：同人于宗，吝道也。

「象曰：同人于宗」，心有偏主，「吝」之「道也」。

九三：伏戎于莽，升其高陵，三歲不興。[144]

「九三」，剛而不中，上无正應，欲同于二而非其正，懼九五之見攻，于是「伏戎于莽」，而內懷不測；「升其高陵」，而外起窺伺。然理既不正，勢又不能敵，雖至「三歲」之久，而「不」敢「興」兵焉。

九三　按：此爻離外剛，為甲胄，為戈兵，故有戎象。又互巽，為高，故象高陵，又為進退、為不果，故有伏升不興之象。如陳欲從楚，而恐晉討；鄭欲從晉，而恐楚攻，畧似此義。推之而凡事欲妄同，而進退不果

---

143 案：「杜、韓、范、富」，為北宋名臣「杜衍、韓琦、范仲淹、富弼」；「王、呂、章、曾、蔡氏父子」，為北宋奸臣「王安石、呂惠卿、章惇、曾布、蔡京父子」。

144 案：「三歲不興」下，衍「兵」字，當刪去。

者，皆有此象。

象曰：伏戎于莽，敵剛也；三歲不興，安行也。

「象曰：伏戎于莽」者，將逞其力以「敵」五之「剛也」；「三歲不興」者，由理既不正，勢又不敵，「安」能「行也」？

九四：乘其墉，弗克攻，吉。

「九四」，剛而不中，又无應與，欲同于二，而為三所隔，是三有墉象，四乃欲越三攻二，「乘其墉」矣。然以剛居柔，有能自反而「弗克攻」之象。占者如是，則能改過而得「吉」。

九四 按：秦欲伐鄭，燭之武曰：「越國以鄙遠，君知其難也。」即四之欲越三攻二，而「弗克攻」之象。推之，凡事之越理犯分，而能改過自反，皆有此象。

象曰：乘其墉，義弗克也；其吉，則而反則也。

「象曰：乘其墉」矣，則非力不足，特以「義」之「弗克」，而不攻「也」。「其吉」者「則」困，弗克之，「而」自「反」于法「則也」。

九五：同人先號咷，而後笑；大師克，相遇。

「九五」剛，而六二柔，中正相應，而為三、四所隔象，「同人先號咷」焉。然義理所同，物不得而間之，又象「而後笑」焉。然六二柔弱，而三、四剛強，必用「大師」以「克」，而後「相遇」也。

九五　按：湯未伐夏，而民有「徯后」之呼；武未伐商，而民有「籲天」之嘆，[145]「同人先號咷」也。及湯伐夏，而室家相慶；武伐紂，而萬姓悅服，即「后笑」也。然湯必征國十一，武必滅國五十，「大師克相遇」也。推之，凡事之始異終同者皆是。

象曰：同人之先，以中直也；大師相遇，言相克也。

「象曰：同人之先」號咷後笑者，「以中」正相應，其理「直也」，必「大師」而後「相遇」者，「言」必「相克」而后遇「也」。

上九：同人，于郊，无悔。

「上九」，居外无應，而物莫與同象，「同人于郊」焉。然无合則无睽，故可「无悔」。○《本義》：「郊，在野之內，未至于曠遠，但荒僻无與同耳。」

上九　按：此爻是避世離群，无所與同，如荷蕢、荷篠、長沮、桀溺之流是也。推之凡為學而无友相資，作事而无人共濟，皆有此象。

象曰：同人于郊，志未得也。

「象曰：同人于郊」，是行有未通，而「志未得也」。

---

145 案：「徯后」，同「奚後」，語本《尚書・仲虺之誥》：「徯予后，后來其蘇。」言待我君來，使我民得以蘇息安定。後以「徯后」，表示對明君的盼望。「籲天」，向上天呼告，語本《尚書・泰誓中》：「朋家作仇，脅權相滅，無辜籲天，穢德彰聞。」

十四 ䷍ 乾下離上 大有

大有：元，亨。

　　為卦火在天上，見一人照臨于天下；一陰居尊，五陽應之，見天下會歸于一人，故其為象「大有」。占者有其德則大善而「元」，自无不「亨」通矣。

大有 陳際泰曰：「同人但言柔得位得中，而應乎乾；大有則柔得尊位，大中而上、下應之，擬之王業，其車書一統，玉帛萬國之會乎？」[146] 李灝曰：「比一陽統五陰，而不及大有之盛，『水行地上』自不若『火在天上』之光四表，格上、下也。」[147]

---

146 案：陳際泰，已見前「師卦辭」下注，另據《江西通志》載其傳略：「陳際泰，字大士，臨川人。家貧不能從師，又無書，時取旁舍兒書，屏人竊誦。從外兄所獲書，四角已漫滅，且無句讀，自以意識別之，遂通其義。十歲於外家藥籠中見《詩經》，取而疾走，父見之怒，督往田，則攜至田所，踞高阜而哦，遂畢身不忘。與艾南英輩以文名天下，其為文敏甚，一日可二、三十首，先後所作至萬首。經生舉業之富，無若際泰者。崇禎三年舉於鄉，又四年成進士，年六十有八矣。除行人，居四年護故相蔡國用喪南行，卒於道。子孝威、孝逸並知名。」又「車書一統」，指秦始皇統一六國，「車同軌，書同文，行同倫」；「玉帛萬國」，典出《春秋左氏傳‧襄公七年》：「禹合諸侯於塗山，執玉帛者萬國。」

147 案：〔清〕李灝（字柱文，自署曰南豐、嘉禾，生卒年不詳），據《四庫全書總目提要‧卷一一○‧子部二十》載錄其《易範同宗錄》，無卷數，江西巡撫採進本。提要略曰：「其說取劉歆《河圖》、《洛書》相為經緯之義，以《易》與《洪範》合而一之，分三篇。一曰河洛，其總綱也。二曰《易》卦，三曰範數，其兩目也。河洛列圖書表里之圖，《易》象列伏羲卦圖、文王之《易》、周公之《易》、孔子之《易》，而終以撰法、占法。範數列箕子之範、九峰蔡氏之範、寅清李氏之範，附以所作範詞，又附改定蔡氏占法。夫圖書之說，糾紛極矣，牽《洛書》以解《易》，已為附會，又必取《洪範》以合於《易》，其說於是益支。且以《易》為蓍筮，範為龜卜，是又因龜文之說而綴合為一，於古亦無據也。」

象曰：大有，柔得尊位，大中而上、下應之，曰「大有」。
　　其德剛健，而文明；應乎天，而時行，是以「元
　　亨」。

　「彖曰」，卦名「大有」者，以六五「柔得尊位」，有「大中」之德，
「而上、下」五陽「應之」，臣民歸服，所有者大，故「曰大有」。詞曰
「元亨」者，蓋「其」卦「德」乾「剛健，而」離「文明」；卦體六五居
尊，「應乎天」理之當然，「而」以「時行」之，「是以元亨」。

象曰：火在天上，大有；君子以遏惡揚善，順天休命。

　「象曰」，離火乾天，「火在天上」，所昭[148]者廣，為「大有」之象。
所有既大，則善惡不无蘖蘖之萌，「君子」是「以遏」其「惡」，而不使滋
長；「揚」其「善」，而使之樂為，皆因人性而治之，而性本天命，亦「順
天」本然之「休命」而已。

初九：无交害，匪咎；艱，則无咎。

　「初九」，大有之時，驕侈易生；然以陽居下，上无繫應，而在事
初，是以未涉驕侈之失，故「无交」于「害」而「匪咎」。[149]然在初雖
善，守終為難，必思「艱」難兢業以處之，「則」終「无咎」。
初九　按：《左傳》，公叔文子，[150]請享靈公，史鰌曰：「子必禍矣！子富而

---

148 案：「昭」，當作「照」。
149 案：原書於「咎」字旁，書一「无」字，「匪咎」即「无咎」之意。
150 案：公叔文子，即公叔發（公孫發），又名公叔拔，春秋衛國朝卿。公叔文子家資富
　　有，衛靈公貪婪，欲佔為己有，故詢其憂，與史鰌相商。其事詳參《左傳》襄公、定
　　公各年條下。

君貪。」文子曰：「其若之何？」史鰌曰：「無害，子臣可以免。富而能臣，必免於難；戌也驕，其亡乎！」[151]此爻正與文子相似。

象曰：大有初九，无交害也。

「象曰：大有初九」，驕侈未萌，「无交」于「害也」。

九二：大車以載，有攸往，无咎。

「九二」，剛中得應于上，是有才德而承委任，如「大車以載」物也。「有攸[152]往」，而如是，則能勝任，故「无咎」。

九二 張中溪曰：「伊尹任天下之重，此爻足以當之。」[153]

象曰：大車以載，積中不敗也。

「象曰：大車以載」，是器大勝重任，物充「積」于「中」，「不」至覆「敗也」。

九三：公用，亨于天子；小人，弗克。

「九三」，居下之上，公侯之象。剛而得正，有六五之君，虛中下

賢，得被親接為「公用，亨于天子」之象。占者有其德則如是，若「小人」无剛正之德，雖得此爻，「弗克」當也。○《本義》:「亨，《春秋傳》作『享』，謂朝獻也。」

|九三|　《困指》:「三居公位，以剛正之德，遇下賢之君，明良既會，凡嘉謀嘉猷，可以贊大有之治者，无不入告于君，猶公用享于天子。然若小人則樂四海之无虞，必為豫大豐亨之說，以蠱惑其君上，以虛象說。」[154]

象曰:公用亨于天子，小人害也。

「象曰:公用亨于天子」，唯君子能之，若「小人」將何以獻納于天子哉？適為「害也」。

九四:匪其彭，无咎。

「九四」，以剛近六五，柔中之君，有僭逼之嫌。然其處柔能「匪其彭」，而不極其盛之象，故「无咎」。○程傳:「彭，盛貌。」

|九四|　《存疑》:「臣罔以寵利居成功，伊尹之匪彭也；公孫碩膚，赤舄几几，周公之匪彭也；出入朝堂，小心敬慎，郎僕射竊識視之，[155]不失尺寸，霍光之匪彭也；功蓋天下，而主不疑，位極人臣，而眾不忌，子儀之匪彭也。」

154　案:「困指」，為〔清〕張次仲（字元岵，浙江海寧人，生卒年不詳）《周易玩辭困學記》，原文作:「三，公位也。居下體之上，乘極剛之勢，而承柔順之主，勳名一時莫過焉，蓋桓文之儔也。大有之世，天子威令方行，無有不奉貢之理。此所謂亨者，乃是以嘉謀嘉猷入告耳。若非九三之蘊藉，則亦無可告矣，故曰『小人弗克』。〈象〉申言『小人害』，謂非徒弗克，且以豐亨豫大蠱惑君心。」

155　案:《易經存疑》原文作「郎僕射竊識視之」，此誤書作「即僕射嘗識視」，「竊」誤作「嘗」，又脫「之」字。

象曰：匪其彭无咎，明辨晢也。

「象曰：匪其彭无咎」者，于義理「明辨」之「晢」然，故能如此「也」。

六五：厥孚，交如，威如，吉。

「六五」，柔中居尊，虛己應二，而上、下歸之，是五有以孚信乎二，而天下見二、五交孚，亦信服于五「厥孚」之「交如」。然君道貴剛，太柔則廢，當濟之以「威如」則「吉」。

六五　張中溪曰：「六五為大有之主。離體中虛，有『厥孚』之象。柔得中位而上、下應之，故曰『交如』、『威如』。」[156] 如明罰勑法，董正治官是。[157]

象曰：厥孚交如，信以發志也；威如之吉，[158] 易而无備也。

「象曰：厥孚交如」者，以一人之「信」，足「以發」上、下之「志也」。威如之吉」者，以太柔則人慢「易」之，「而无」畏「備」之心「也」，故必用威焉。

上九：自天祐之，吉，无不利。

---

156 案：張中溪之說，詳見於《周易傳義大全》卷六。

157 案：「明罰勑法」，語出《周易·噬嗑：大象傳》：「雷電，噬嗑；先王以明罰敕法。」「董正治官」，語出《尚書·周書·周官》：「惟周王撫萬邦，巡侯甸。四征弗庭，綏厥兆民。六服羣辟，罔不承德，歸于宗周，董正治官。」

158 案：「威如之吉」，此衍「者」字，以注文冒作正文，而誤書作「威如之吉者」。

「上九」，大有之世，以剛居上，而能下從六五，是能履信思順，而尚賢也。其占，滿而不溢，則行合乎天，而「自天祐之，吉，无不利」。

上九　《折衷》[159]主君道說，六五雖是君，自上視之，則六五在下，只當得賢者，不可泥君位矣。按：如湯信任伊尹，「咸有一德，克享天心，受天明命」是已。前爻是人歸之，所謂「非商求于下民，惟民歸于一德」；此爻是天與之，所謂「非天私我有商，惟天祐于一德」也。[160]

象曰：大有上吉，自天祐也。

「象曰：大有」至「上」，盛極當衰，今乃「吉」无不利者，以「自天祐」之「也」。

十五　䷎艮下坤上　謙

謙：亨，君子有終。

艮下坤上，卦德止乎內，而順乎外，謙之意也。卦體，山至高，而下于地至卑，謙之象也，故名「謙」。占者能謙，則「亨」通矣。且始雖謙不居所有，而有所終不可沒，不為「君子」之道「有終」乎？○《本義》：「謙者，有而不居之義。有終，謂先屈而後伸也。」

謙卦　胡炳文曰：「履乎乾者，以兌一陰，陰為小，說而應乾，安其為小也？故履繼小畜。謙居卑者，以艮一陽，陽為大，勞而能謙，忘其為大

159　案：《折衷》，或作《折中》，即〔清〕李光地，奉敕編纂《周易折中》。

160　詳參《尚書‧商書‧咸有一德》，其要曰：「惟尹躬暨湯，咸有一德，克享天心，受天明命，以有九有之師，爰革夏正。非天私我有商，惟天祐于一德；非商求于下民，惟民歸于一德。德惟一，動罔不吉；德二三，動罔不凶。惟吉凶不僭在人，惟天降災祥在德。」

也。故謙繼大有。」《存疑》:「亨,是目前通達无碍。如所謂在邦必達,在家必達,州里可行,蠻貊可行意。有終,是將來有結果成就。如所謂『汝惟不矜,天下莫與汝爭能;汝惟不伐,天下莫與汝爭功』[161]意。」胡一桂曰:「內卦三爻皆吉而无凶,外卦三爻皆利而无害,謙以致之也。」[162]

象曰:謙亨,天道下濟而光明,地道卑而上行。天道虧盈而益謙,地道變盈而流謙,鬼神害盈而福謙,人道惡盈而好謙。謙,尊,而光;卑,而不可踰,君子之終也。

「象曰」,卦名「謙」,而詞曰「亨」者,何哉?嘗觀之天、地,「天道下濟」于地謙也,「而」萬物因之生成,則「光明」而亨矣。「地道」處「卑」謙也,「而」其氣「上行」于天,而生成乎萬物則亨矣,天、地亦以謙而亨人可知矣。詞曰「君子有終」,何哉?吾觀「天道」,日、月往來,寒、暑屈伸,「虧盈而益謙」也。吾觀「地道」,山、陵傾變而反陷,川、谷流注而益增,「變盈而流謙」也。吾觀「鬼神」,災祥、禍福,則固「害盈而福謙」也。吾觀「人道」,予奪、進退,則皆「惡盈而好謙」也。人而能「謙」,何往不利?時而居「尊」,則為人瞻仰,「而」其德愈「光」。時而居「卑」,則人不敢慢易,「而不可踰」,此「君子」之所以有「終也」。

---

161 案:「汝惟不矜,天下莫與汝爭能;汝惟不伐,天下莫與汝爭功」,語出《尚書‧大禹謨》,帝曰:「來,禹。降水儆予,成允成功,惟汝賢。克勤於邦,克儉於家,不自滿假,惟汝賢。汝惟不矜,天下莫與汝爭能;汝惟不伐,天下莫與汝爭功。予懋乃德,嘉乃丕績,天之歷數在汝躬,汝終陟元後。人心惟危,道心惟微,惟精惟一,允執厥中。」

162 案:〔元〕胡一桂,傳詳《元史‧儒學傳》。此處引自〔清〕李光地《周易折中‧謙卦‧總論》,胡氏一桂曰:「謙一卦,下三爻皆吉而無凶,上三爻皆利而無害,《易》中吉利,罕有若是純全者,謙之效固如此。」

象曰：地中有山，謙；君子以裒多益寡，稱物平施。

　　「象曰：地中有山」，以卑藉高，「謙」之象也。「君子以裒」去其「多」，加「益」其「寡」，所以「稱物」之宜，而「平」其「施」，亦謙之意也。

初六：謙謙君子，用涉大川，吉。

　　「初六」，以柔居下，「謙」而又「謙」之「君子」也。占者即「用」謙謙之道，以「涉大川」，何往不濟？「吉」。

初六　《存疑》：「涉川是虛象，凡涉險難皆是。」按：自二至四互卦為坎，險難在初之前，故取涉川之象，如沛公對項羽曰：「臣如陛下之馬，鞭之則行，勒之則止。」此以謙涉難，即〈象傳〉「卑以自牧」之道也。

象曰：謙謙君子，卑以自牧也。

　　「象曰：謙謙君子」者，「卑」下「以自牧也」。

六二：鳴謙。貞，吉。

　　「六二」，柔順中正，謙德盛而令名著，故為「鳴謙」，其占「貞吉」。

六二　《蒙引》：「非自鳴其謙也，謙而有聲之謂鳴也。」按：如明道先生，人人皆稱其盛德。狡詐者獻其誠，暴慢者致其恭，可謂謙而有聲矣。曰中心得者見，非偽為于外也。

象曰：鳴謙貞吉，中心得也。

「象曰：鳴謙貞吉」者，由柔順中正，為「中心」之自「得也」。

九三：勞謙。君子有終，吉。

「九三」，卦惟此爻一陽居下之上，剛而得正，上、下所歸，有功「勞」而能「謙」者也。然雖自謙，其功難掩，不為「君子有終」而「吉」乎！

九三　胡雙湖[163]曰：「謙以九三一[164]陽爻為成卦之主。文王象辭，唯主九三一爻而言曰『君子有終』，故周公爻辭不復易，但推其勞，而要其吉耳。」

象曰：勞謙君子，萬民服也。

「象曰：勞謙君子」，雖勞不伐，「萬民服也」。

六四：无不利，撝謙。

「六四」，柔而得正，上而能下，其謙如是，「无不利」矣。然位居九三功臣之上，故戒以當更發「撝」其「謙」，以示不敢自安之意也。○（《本義》）：「撝，與揮同。」

六四　按：四相位而居三，功臣之上，乃是危地。如灌、英等，謂蕭何無

---

163 案：「雙湖」，誤書作「雙峯」，〔元〕胡一桂號「雙湖先生」，下文引自《周易傳義大全》。胡氏著有《周易啟蒙翼傳》、《周易本義附錄纂註》，皆傳於世。

164 案：「一」，誤書作「以」。《周易傳義大全》引作「一」，當以「一」為正。

汗馬之勞，而位居諸臣之上是也。[165]先云「无不利」者，見四素本能謙也；又云「撝謙」者，見四當終保其利也者。

象曰：无不利撝謙，不違則也。

「象曰：无不利」矣，而又「撝謙」，非太過也，理當如此，「不違」乎法「則也」。

六五：不富，以其鄰；利用侵伐，无不利。

「六五」，以柔居尊，在上能謙，而從之者象，故為「不富」，而能「以其鄰」之象。設或有未服者，即「利用侵伐」以征之，而于他事，亦「无不利」。

六五　胡炳文曰：「謙之一字，自禹征有苗，伯益發之。六五不言謙，而曰利用侵伐者，亦以戒謙柔之過，不能自立者也。」張雨若曰：「舜德溫恭，而不免三苗之伐；文德懿恭，而不免密人之征。聖人豈輕用兵哉？不得已也。」[166]

象曰：利用侵伐，征不服也。

「象曰：利用侵伐」，蓋以「征不服也」。

165　案：「灌」，灌嬰（？-176B.C.E.）；「英」，英布（黥布，？-195B.C.E.）；「蕭何無汗馬之勞」史事，詳參《史記‧蕭相國世家》、《漢書‧蕭何、曹參傳》。

166　案：張雨若，生平不詳，不知何許人？〔明〕張振淵（生平未詳，室名石鏡山房）著有《（石鏡山房）周易說統》十二卷，其卷三引張雨若之說，云：「舜治溫恭，而不免三苗之伐；文治徽柔，而不免密人之征。聖人豈輕於用兵哉？不得已也。」

上六：鳴謙。利用行師，征邑國。

　　「上六」，謙極聲聞于人，故為「鳴謙」，人所樂與，故「利用行師」。然以其質柔而无位，亦唯可「征」己之「邑國」而已。

上六　按：師雖貴人，和而陰柔，則才不足，[167] 无位則力不充。如昭烈雖得人和，亦惟取益州、荊州而已。[168] 曰「師」、曰「邑國」，皆就坤取象。

象曰：鳴謙，志未得也；可用行師，征邑國也。

　　「象曰」，上之「鳴謙」，而陰柔无位，其「志未得也」。雖「可用行師」，亦惟「征邑國」而已「也」。

十六　☷☳坤下震上　豫

豫：利建侯，行師。

　　此卦坤下震上，名為「豫」。豫，和樂也。人心和樂其占「利」于「建侯」，而百姓歸心，「行師」而三軍用命。

---

167 案：「師雖貴人，和而陰柔，則才不足」，此為原書句讀；然據上下文義，當作「師雖貴人和，而陰柔則才不足」。

168 案：「昭烈」，即三國蜀漢昭烈帝劉備。〔清〕李光地《榕村語錄·卷二十二·歷代》敘及此事，文曰：「武侯有手段，……觀所以治蜀，一事不苟，惟取益州一節，被人議論。朱子到比，亦歎息云：『便是後代聖賢難做。』武侯本意倒要先主受劉表之讓，當時若受了荊州，荊、益相連，劉璋合弱，聲罪西征，何等光明正大。後來據荊襲益，畢竟虧理。只因先主為主，武侯未必把持得住，如東征之役，亦不能止，君臣之際難言之矣。武侯去既去不得，不取益州又無站腳處，奈何！」「昭烈之取蜀，武侯不設一謀，不著一語，然隆中之對，未嘗不以比為言。大樂武侯郎取蜀，亦必有道，不肯不光明正大耳。」

豫卦　胡炳文曰：「『建侯』取震長子象，『行師』取坤眾象。屯有震無坤則言『建侯』，而不言『行師』；謙有坤無震，則言『行師』，而不言『建侯』；惟豫合震、坤成卦，故兼之。」按：豫惟「順以動」，故「利建侯，行師」。而建侯、行師，亦即當順以動方得利。如建侯則曰「天命有德，五服五章」；行師則曰「天討有罪，五刑五用」是已。[169]蓋天即理也，順理即是順天，順天即是順人心；順人心，則人心和樂，有不利也哉？

象曰：豫，剛應而志行，順以動，豫。豫順以動，故天、地如之，而況建侯、行師乎！天、地以順動，故日、月不過，而四時不忒；聖人以順動，則刑罰清，而民服。豫之時義，大矣哉！

「象曰」，卦名「豫」者，卦體九四，陽「剛」上、下「應」之，而其「志」得「行」，豫之意也。卦德坤順震動，「順」理「以動」，動合人心，致豫之由也，故名「豫」。辭曰「利建侯，行師」者，蓋「豫順」理「以動」，則行合天、地。「故」陰陽循度，剛柔協宜，「天、地」尚和樂以「如之，而況建侯、行師」，有不致人心和樂「乎」？極言之，「天、地以順動，故日、月不過」其度數，「而四時」之氣候「不忒；聖人以順動，則刑罰清，而民」自「服」。如是則「豫之時義」，不亦「大矣哉」！

---

169 「天命有德，五服五章」與「天討有罪，五刑五用」，皆語出《尚書·虞書·皋陶謨》。「五服五章」指五種不同的服式與文采，用以區別尊卑；〔西漢〕孔安國傳：「五服，天子、諸侯、卿、大夫、士之服也。尊卑彩章各異，所以命有德。」《左傳·昭公二十五年》：「為九文、六采、五章，以奉五色。」〔魏晉〕杜預注：「青與赤謂之文，赤與白謂之章，白與黑謂之黼，黑與青謂之黻，五色備謂之繡。集此五章，以奉成五色之用。」「五刑」，則指墨、劓、剕、宮、大辟五種刑罰，泛指刑罰。

象曰：雷出地奮，豫；先王以作樂崇德，殷薦之上帝，以
　　　配祖考。

　　「象曰」，坤地震雷，「雷出地」而「奮」振，則鼓天、地和氣，而發
萬物生意，和之至，「豫」之象也。「先王」象雷之聲，取和之義，「以作
樂」而襃「崇」其「德」，至于用樂之「殷」盛，則「薦之上帝，以配祖
考」。○《本義》：「殷，盛也。」

　象傳　冬至，祀上帝于圜丘，而配以祖；季秋，享帝于明堂，而配以考。

初六：鳴豫。凶。

　　「初六」，陰柔小人，上應九四，強援得時，主事說樂之極至，自
「鳴」其「豫」，以誇耀于人，「凶」之道也。○《本義》：「卦辭為眾樂之
義。爻辭，除九四與卦同外，皆為自樂，所以吉凶而有異。」

　初六　胡雲峯曰：「卦詞主九四，曰剛應而志行，是以德言；至于爻辭，則
九四以勢位言。六三以其勢位之可慕，故上視之以為豫，初六以勢位可以
為強援，故應之以為豫，且不勝其豫，而以自鳴。」按：如黃嵩之攀援盧
杞，楊順之攀援嚴嵩，[170]卒致取敗，皆凶也。

象曰：初六鳴豫，志窮凶也。

170　案：〔唐〕黃嵩（生平不詳），盧杞（？-785，字子良），唐德宗朝宰相，傳詳《舊唐
　　書‧盧杞傳》、《新唐書‧姦臣傳下》。〔明〕楊順（字子備，號匪石、海洲，1511-
　　1568），明世宗嘉靖朝臣，傳詳〈明故嘉議大夫兵部右侍郎兼都察院右僉都御史楊公墓
　　志銘〉；嚴嵩（字惟中，號介溪、勉庵，1480-1567），明代嘉靖年間權臣、奸臣，傳詳
　　《明史‧列傳第一九六‧嚴嵩》。

「象曰：初六鳴豫」，「志」意「窮」滿，「凶也」。

六二：介于石，不終日；貞，吉。

「六二」，卦獨此爻中而得正，是上、下皆溺于豫，而二獨能以中正
自守，其「介」如「于石」焉。蓋其德安靜而堅確，故其思慮明審，「不
終日」而見事之幾微也。占者如是，則「貞」正而「吉」。

六二 凡人溺于富貴逸樂之中，其心遂昏蔽，而昧于吉凶禍福之幾。六二
不溺于豫，則靜而能明，亦安而能慮。如晉入楚軍，晉人皆喜，惟士爕
憂；越貢吳師，吳人皆喜，惟子胥懼，[171] 蓋其知幾者然也。

象曰：不終日貞吉，以中正也。

「象曰：不終日，貞吉」，「以」二之「中正也」。

六三：盱豫。悔遲，有悔。

「六三」，陰不中正。而近于四。四為卦主，故六三上「盱」于四，
而下溺于「豫」，宜有「悔」也。而其占為事當速悔，若悔之「遲」，則必
「有悔」焉。○《本義》：「盱，上視也。」

六三 「盱豫，悔」是仰面看人，依時附勢，以得富貴，恣情自樂，禍敗
必及。如張綵附劉瑾為吏部尚書，後伏誅；曹詠附秦檜為戶部侍郎，後罪
貶是已。[172] 張中溪曰：「兩言悔者，始則示人以致悔之端，終則勉人以改過

171 案：「士爕」，即韓厥（韓獻子，生卒年不詳），春秋中期晉國卿大夫。伍子胥（名
　　員，？-484B.C.E.），因封於申，又名「申胥」，傳詳《史記・伍子胥列傳》。
172 案：〔明〕張綵（字尚質，1464-1510），正德初年，依附權閹劉瑾（1451-1510），劉瑾

之悔也。」

象曰：盱豫有悔，位不當也。

「象曰：盱豫，有悔」者，以處「位不當也」。

九四：由豫。大有得，勿疑，朋盍簪。

「九四」，一陽上、下應之，天下之人所「由」致「豫」者也，其占為「大有得」。然豫雖由己而致，必藉賢而保，又當任賢「勿疑」，則「朋」類聚合，而「盍」如髮之聚于「簪」矣。○《本義》：「簪，聚也，又速也。」

九四 《參義》：「自初[173]爻而觀，九四則以四為權臣，其豫者，逸豫也；自本爻而觀，則四為任政之賢臣，其豫者，和豫也。」按：《虞書》：「帝曰：舜俾予從欲以治，四方風動，惟乃之休。」[174]即此爻之「由豫，大有

伏誅後，張綵被捕，死於獄中。事詳〔明〕谷應泰（字賡虞，號霖蒼，1620-1690）《明史紀事本末・六》卷四十三「劉瑾用事」。〔南宋〕曹詠（生卒年不詳），依附秦檜（字會之，1091-1151），官至戶部侍郎；秦檜死，黨羽離散，遭貶謫，其妻兄厲德斯贈之以〈樹倒猢猻散賦〉。秦檜事詳《宋史・奸臣傳》。

173 案：「初」，〔元〕梁寅（字孟敬，生卒年不詳，江西新喻人）《周易參義》原作「諸」，收入於《四庫全書・經部・易類》，其卷一原文曰：「自諸爻而觀九四，則以四為權臣；其豫者，逸豫也。於本爻而觀之，則四為任政之賢臣；其豫者，和豫也。曰『由豫』者，言人心之和豫，由四而致也，處近君之地，以剛而能柔；眾陰之所順附此，所謂『大有得』也。然人既樂從，則當開誠心、布公道，待以曠大之度，不為物我之私，然後有以致人心之皆服，故曰：『勿疑，朋盍簪。』簪所以聚髮者，言朋類之畢來，如髮之聚於簪也，此與咸九四『憧憧往來，朋從爾思』正相反。勿疑，則非憧憧之思也；盍簪，則非朋從爾思也。以貞一无我之心感天下，而天下无不應，其唯豫之九四乎！」

174 案：語出《尚書・大禹謨》，其原文作：「帝曰：『俾予從欲以治，四方風動，惟乃之休。』」

得」也。然舜舍己從人，任賢勿貳，有雄牙七友、益稷五臣、舉八元、登八愷，是又能「勿疑」而「朋盍簪」也。

象曰：由豫大有得，志大行也。

「象曰」，天下「由」九四以致「豫」，而「大有得」，則生平之「志大行也」。

六五：貞，疾，恆不死。

「六五」，當豫之時，以柔居尊，沉溺于豫；又乘九四之剛，眾皆他附，而處勢危，象為「貞」久之「疾」。然所處得中，故又為「恆不死」之象。

六五　按：周之衰而未滅，漢之末而未亡，久疾而不死之象也。

象曰：六五貞疾，乘剛也；恆不死，中未亡也。

「象曰：六五貞疾」，以「乘」九四之「剛」，權歸于下「也」。「恆不死」者，以所處得「中」，幾亡而「未亡也」。

上六：冥豫。成，有渝，无咎。

「上六」，以陰柔居豫極，為昏「冥」于「豫」之象。然震動體，未必不改，故其事雖「成」，而能「有渝」之象。戒占者如是，則能補過，而「无咎」。

上六　胡雲峯曰：「聖人不言冥豫之凶，而言成有渝之无咎，廣遷善之門

也。」按：如太甲顛覆典刑，[175]是「冥豫」也；然能悔過自怨自艾，是又「成有渝」矣。

象曰：冥豫在上，何可長也。

「象曰」，上之「冥豫」者，以「在」卦之「上」，豫之終，禍必及之，「何可長」久「也」。

十七 ䷐ 震下兌上　隨

䷮ 困　䷔ 噬嗑　䷿ 未濟

隨：元亨，利貞，无咎。

震下兌上，其卦為「隨」。夫己能隨物，物來隨己，同心者多，何事不立？當得「元亨」，然必「利」于「貞」正，相隨乃得「无咎」。○《本義》：「隨，從也。」

隨卦 隨既云「大亨」矣，又必「利貞」，乃可无咎，何哉？蓋隨不出于正，則雖同心者多，固可大亨，而終不免違道之咎。如桓、文之霸列國，終是假仁；秦嬴之得天下，終非合義。必如湯、文之以德服人，而人心說誠服，方是貞正而无咎。

---

175 案：「太甲顛覆典刑」，「然能悔過，自怨自艾」，事詳《孟子·萬章上》：「太甲顛覆湯之典刑，伊尹放之於桐。三年，太甲悔過，自怨自艾，於桐處仁遷義；三年，以聽伊尹之訓己也，復歸于亳。周公之不有天下，猶益之於夏，伊尹之於殷也。孔子曰：『唐虞禪，夏后、殷、周繼，其義一也。』」

象曰：隨，剛來而下柔，動而說，隨。大亨，貞，无咎，
　　而天下隨時。隨時之義，大矣哉！

　　「象曰」，卦名「隨」者，卦變自困九來居初，又自噬嗑九來居五；
而自未濟，來者[176]皆為「剛來而下柔」，是己必有致隨之道。故彼有來隨
之應，為隨之義。卦德震「動而」兌「說」，是此動而感于彼，彼說而從
于我，亦隨之義，故名「隨」。詞既言「大亨」矣，又能得「貞」正，而
「无咎」何哉？蓋隨出于正，則合乎人心，「而」盡「天下隨（從）時」
矣。○《本義》：「王肅本，『時』作『之』，今當從之。」

象曰：澤中有雷，隨；君子以嚮晦，入宴息。

　　「象曰」，兌澤震雷，「澤中有雷，隨」。是雷藏澤下，隨時休息。「君
子」取之「以」時「嚮」于「晦」，因「入」于內而「宴息」焉，亦隨時
之義也。

初九：官有渝，貞吉；出門，交，有功。

　　「初九」，以陽居下為震之主，隨之「官」也。既有所隨，則有偏
主，而「有渝」變其常矣。然所隨若出于「貞」正之人，則「吉」。又當
「出門」以「交」，不私其隨，則「有功」也。○《本義》：「卦以物隨為
義，爻以隨物為義。」

初九　按：此戒學者之從友也。初為隨之始，本未有主，而忽有所主，是
渝變其常也。然其所隨，必在正人，則不失之濫而吉。又必出門以交，則

---

176 案：「來者」下，《本義》有「兼此二變」云云。

不失之隘而有功。漢李膺以荀淑為師、陳寔為友，[177]所交盡天下賢士，此爻可以當之。

象曰：官有渝，從正吉也；出門交有功，不失也。

「象曰：官」固「有渝」矣，而能「從正」人，則「吉也」。「出門交有功」者，以能集眾善，而「不」遺「失也」。

六二：係小子，失丈夫。

「六二」，初陽在下而近，五陽在上而遠，二陰柔不能自守，[178]但近從于初，而不從于五，為「係小子，失丈夫」之象，凶咎可知，不假言矣。

六二　按：二本五正應，而從于初。如孔光、王舜等，本漢臣而從莽是已。[179]《蒙引》：「六二，何不取其柔順中正，而言其不能自守耶？蓋以隨言也。若推而言之。如見小利，則大事不成，或小不忍而亂大謀，或貪近功而忘遠圖皆是。」

---

177 案：〔東漢〕李膺（字元禮，？-169），荀淑（字季和，83-149），陳寔（字仲弓，104-186），事詳〔南朝宋〕劉義慶（403-444）《世說新語・德行第一》：「李元禮風格秀整，高自標持，欲以天下名教是非為己任。後進之士，有升其堂者，皆以為登龍門。」「李元禮嘗嘆荀淑、鍾皓曰：『荀君清識難尚，鍾君至德可師。』」〔西晉〕司馬彪（字紹統，240-306）《續漢書》曰：「淑有高才，王暢、李膺皆以為師，為朗陵侯相，號稱神君。」張璠（魏晉間史學家，生卒年不詳）《漢紀》曰：「淑博學有高行，與李固、李膺同志友善。」

178 案：「初陽在下而近，五陽在上而遠，二陰柔不能自守」，此斷句誤作「初陽在下而近五，陽在上而遠二，陰柔不能自守」。

179 事詳《漢書・卷九十九上・王莽傳第六十九上》，莽上書言：「臣與孔光、王舜、甄豐、甄邯共定策，今願獨條光等功賞，寢置臣莽，勿隨輩列。」

象曰：係小子，弗兼與也。

「象曰：係小子」必失丈夫，勢固「弗」得而「兼與也」。

六三：係丈夫，失小子；隨有求得，利居貞。

「六三」，近係九四，而失于初，象為「係丈夫，失小子」，其占為四陽當任而己「隨」之，固「有求」必「得」，[180]然非正應，或為依阿以求，故又戒以「利居」于「貞」正焉。

六三　此戒下屬之從長也。三之「係丈夫」，固為可隨之人，而有求必得，然或以必得而妄求之。如寇準之求王旦薦己為相，[181]則失其道矣，故戒以利于居貞。

象曰：係丈夫，志舍下也。

「象曰」，三所以能「係丈夫」者，由「志」先存乎「舍下」初「也」。

九四：隨有獲，貞凶；有孚，在道，以明，何咎？

「九四」，以剛居上之下，與五同德，以此「隨」君，「有」求必

---

[180] 案：「其占為四陽當任而己隨之，固有求必得」，此書誤斷句作「其占為四陽當任而己，隨之固有求必得」，「已」當作「己」。

[181] 事詳《宋史・王旦傳》：「寇準罷樞密使，託人私求為使相。旦驚曰：『將相之任，豈可求耶？吾不受私請。』準深憾之。已而除準武勝軍節度使，同中書門下平章事。準入見謝曰：『非陛下知臣，安能至此？』帝具道旦所以薦者，準愧歎以為不可及。」

「獲」；然勢凌于五，故雖「貞」正亦「凶」。惟內存忠愛而「有孚」，外循義理而「在道」，「以」此「明」哲處之，不挾其功，則上安下從，「何咎」之有？

九四 按：此戒臣之從君也。如霍光之輔漢宣，亦有求必得，然嘗與上驂乘，而上背如芒刺。人謂霍氏之滅族始于驂乘，則是勢凌于五，雖貞正亦凶也。後使張安世驂乘，上甚肆體安焉，亦由安世之忠愛循理，有明哲保身之道耳。[182]

象曰：隨有獲，其義凶也；有孚在道，明功也。

　　「象曰：隨有獲」，則震主之嫌易生，「其義凶也。有孚在道」者，由其有「明」哲之「功也」。

九五：孚于嘉，吉。

　　「九五」，陽剛中正，下應六二中正，是聖君之任賢相，同心同德，「孚」信「于嘉」，嘉美之德者也。占者如是，其「吉」宜矣。

九五 此戒君勿[183]從臣也。如成湯舉伊尹而任以阿衡，高宗舉傅說而置諸左右是已。[184]

---

182 事詳〔北宋〕司馬光（字君實，號迂叟，1019-1086）《資治通鑑‧卷二十五‧漢紀十七》「地節四年」（乙卯，66B.C.E.）：「帝初立，謁見高廟，大將軍光驂乘，上內嚴憚之，若有芒刺在背。後車騎將軍張安世代光驂乘，天子從容肆體，甚安近焉。及光身死而宗族竟誅，故俗傳霍氏之禍萌於驂乘。」

183 案：「勿」字，右下殘形，模糊難辨，以文義解之，斷為「勿」字。

184 事詳《史記‧殷本紀第三》，又〔唐〕杜佑《通典‧職官典第二十一》：「成湯居亳，初置二相，以伊尹、仲虺為之。伊尹號為阿衡。仲虺，臣名，為湯左相。武丁得傅說，爰立作相，王置諸其左右。武丁，殷之高宗也。得賢相傅說，於是禮命立以為佐相，使在左右也。」

象曰：孚于嘉吉，¹⁸⁵位正中也。

「象曰：孚于嘉」者，以五之「位正中也」。

上六：拘係之，乃從維之，王用亨¹⁸⁶于西山。

「上六」，居隨之極，隨之固結而不可解也，猶有物焉，既「拘」執羈而「係之，乃」更「從」而「維」縛「之」之象，意之誠也，其占即此隨之之誠。「王」者「用亨于西山」之神，而神可格也，況致斯人之隨乎？○《本義》：「亨，亦當祭享之享。自周而言，岐山在西。」

上六　此戒人之相隨貴有終也。魏元同與裴炎交，能保終始，時號「耐久朋」；雷義與¹⁸⁷陳重交，語曰「膠漆雖謂堅，不如雷與陳」是已。¹⁸⁸

象曰：拘係之，上窮也。

「象曰：拘係之」者，以居隨之「上」，積誠至于「窮」極，所以不可解「也」。

---

185 案：「孚于嘉」下，此書脫「吉」字，今補之。

186 案：「亨」，誤書作「享」。

187 案：「與」，誤書作「以」。

188 案：〔唐〕魏元同（玄同，字和初，617-689）與裴炎（字子隆，？-684）相友善，時人謂之「耐久朋」，比喻朋友情誼能長久保持，事詳《舊唐書‧卷八十七‧魏玄同傳、裴炎傳》與《新唐書‧卷一一七‧裴炎列傳第四十二》。〔東漢〕雷義（字仲公，？-？）與同窗陳重（字景公，？-？）以「膠漆之交」聞名。《後漢書‧雷義傳》曰：「義歸，舉茂才，讓於陳重，刺史不聽，義遂陽狂被髮走，不應命。鄉里為之語曰：『膠漆自謂堅，不如雷與陳。』」《後漢書‧陳重傳》云：「少與同郡雷義為友，俱學《魯詩》、《顏氏春秋》。太守張雲舉重孝廉，重以讓義，前後十餘通記，雲不聽。義明年舉孝廉，重與俱在郎署。」

十八 ䷐ 巽下艮上 蠱

蠱：元亨，利涉大川；先甲三日，後甲三日。

　　卦取敗壞之極，有事營為，故名「蠱」。夫蠱壞既極，亂當復治，其占「元亨」。然必冒險越深以求濟，而後可撥亂反正，如「利涉大川」。然而治之之道，前事過中而將壞，則取「先甲三日」之辛，辛有自新之義，以善其始也；後事方起而復始，則取「後甲三日」之丁，丁有丁寧之義，以善其終也。若不如此，何由元亨哉？○《本義》：「蠱，壞極而有事也。」
蠱卦　蠱壞之極，有事營為。如：太康壞天下，而仲康復振；周屬壞天下，而宣王中興。他如：列國衛懿壞，而文公再造；晉靈壞，而悼公復起，易亂為治，故曰「元亨」。然必有挽回之力，故曰「利涉大川」。而治之貴乎自新，故取乎「先甲三日」之辛，善救之道也；治之貴乎叮嚀，故取乎後甲三日之丁，善備之術也者。

象曰：蠱，剛上而柔下；巽而止，蠱。「蠱，元亨」，而天下治也；「利涉大川」，往有事也；「先甲三日，後甲三日」，終則有始，天行也。

　　「象曰」，卦名「蠱」者，以卦體艮「剛」居「上，而」巽「柔」居「下」，上、下不交也。又此卦德下卑「巽」而逡巡畏縮，「而」上艮「止」而因循止息，庶事日壞也，所以積弊而至于蠱，故名「蠱」。治「蠱」而至「元亨」，亂極復治，「而天下治也。利涉大川」者，宜涉險以往濟之，是「往有事也」。治之之道，必「先甲三日」以更始，「後甲三日」以圖終者，以撥亂反正，亂之終即治之始。「終則有始，天」運之「行」然「也」。

象曰：山下有風，蠱；君子以振民育德。

「象曰：山下有風」，物壞而有事矣，曰「蠱；君子以」當蠱之時，風俗敗壞，而「振」起斯「民」，涵「育」己「德」。二者乃事之最大者，而治己治人之道也。

初六：幹父之蠱。有子，考，无咎；厲，終吉。

「初六」，卦為父母，諸爻皆為其子。初亦子也，有「幹父之蠱」之象。在卦初，故蠱未深而事易濟，其占為「有子」克家，而「考」得以「无咎」。然至于蠱，亦危「厲」矣。知危而戒，則「終吉」也。○本義：「幹，如木之榦，枝葉之所附而立也。蠱者，前人已壞之事。」

初六 大禹能補鯀父之過，蔡仲能蓋前人之愆，[189]即此爻之義。

象曰：幹父之蠱，意承考也。

「象曰：幹父之蠱」者，其「意」在乎克「承」前業，曲體「考」心「也」。蓋前人之蠱已壞，未始不欲子孫振起之也。

九二：幹母之蠱。不可貞。

「九二」，以剛居下子也，正應六五，以柔在上母也，其象為子能「幹母之蠱」。然以剛承柔，而治其壞，又「不可」堅「貞」拂戾，而自以為正，言當巽以入之也。

---

189 案：「蔡仲能蓋前人之愆」，語本《尚書・蔡仲之命》：「敬哉！爾尚蓋前人之愆，惟忠惟孝。」

九二　按：明夷之不可疾貞，君臣之分也；此爻之不可疾貞，母子之情也。如舜之處嚚母、閔子之處繼母，[190]可謂得中道矣。又據楊龜山云：「卦以五為君位，而曰母者，陰尊之稱。」[191]則此爻亦是喻人臣，務引其君以當道，不可過于急切也。

象曰：幹母之蠱，得中道也。

「象曰」，二之「幹母之蠱」，以剛[192]居下之中，而「得中道也」。

九三：幹父之蠱。小有悔，无大咎。

「九三」，亦子也，有「幹父之蠱」之象。然過剛不中，故「小有悔」；而巽體得正，亦「无」甚「大咎」。

九三　觀此爻過剛不中，治蠱未免失之過當。蓋子之于父，猶臣之于君。如宋元祐諸臣，矯枉過正，未免有悔，然于理則无大咎也。

象曰：幹父之蠱，終无咎也。

六四：裕父之蠱。往，見吝。

「六四」，以陰居陰，不能有為。象為寬「裕」以治「父之蠱」。如是

---

190 案：「閔子」，孔子弟子閔損（字子騫，生卒年不詳）。《論語・先進》，子曰：「孝哉閔子騫！人不間於其父母昆弟之言。」

191 案：「楊龜山」，即〔北宋〕楊時（字中立，1053-1135），此說見於〔清〕李光地《周易折中・蠱・集說》，楊氏時曰：「或曰卦以五為君位，而可以母言乎？」曰：「母者，陰尊之稱，如晉六二之稱『王母』，小過六二之稱『遇其妣』，皆謂六五也。」

192 案：「剛」，誤書作「中」，今正之。

則蠱終日深，故「往」而「見吝」。

六四　前爻以剛居剛，過于果決；此爻以柔居柔，過于柔弱，正如漢元、成諸臣，優游靡斷，終見羞吝，皆非得中也。

象曰：裕父之蠱，往未得[193]也。

「象曰：裕父之蠱」，則其「往」也，安能有濟？「未得」其蠱「也」。

六五：幹父之蠱。用譽。

「六五」，柔中居尊，而九二承之以德，是繼世之君，能尊用賢臣，故能「幹父之蠱」，而「用」得名「譽」焉。

六五　《程傳》:「成王、太甲皆以臣，而用譽者也。」

象曰：幹父用譽，承以德也。

「象曰：幹父用譽」，非五所能由虛中用二，而二「承以」剛中之「德也」。

上九：不事王侯，高尚其事。

「上九」，陽剛居上，在事之外，是賢人君子不偶于時。故「不」臣「事」乎「王侯」，唯「高尚其」吾身之「事」。

---

193 案：脫「得」字，誤書於注文小字內。

上九　此爻如隋文中子潔身不出，講學于河汾，[194]程子稱其為隱德君子是
已。

象曰：不事王侯，志可則也。

　「象曰：不事王侯」，其「志可」法「則也」。

十九 ䷒兌下坤上 臨

臨：元亨，利貞。至于八月，有凶。

　　卦體二陽浸長以逼于陰，故為「臨」。占者得此，群陰可去，吾道可
行，當得「元亨」。然其所臨必「利」于貞「正」，而後可亨。況陽長必
消，自復卦一陽之月，至二陰之遯，凡經八爻而「至于八月」陽遯之時，
則「有凶」矣。占者可不預備乎？○《本義》：「臨，進而凌迫于物也。」
臨卦　按：陽長迫陰，則陰可去，故得元亨；而又必處之以利貞，戒之以
有凶者，蓋天下治日常少，亂日常多。如漢殺樊豐、耿寶，而黃瓊、李固
之徒相繼登用，豈不元亨乎？乃未幾而宋娥弄權，中官襲爵，梁氏用事，
而賢人君子不能救。漢祚之衰，噫！伊誰之咎哉？〈象傳〉係以消不久
者，其警之也深矣。

---

194 案：〔隋〕文中子（王通，字仲淹，584-617），著有《續六經》（又名《王氏六經》），已
　　佚；其《文中子中說》（簡稱《中說》），仍流傳至今。〔唐〕陸龜蒙（字魯望，?-881）
　　〈送豆盧處士謁宋丞相序〉曰：「文中子生於隋代，知聖人之道不行，歸河汾間，脩先
　　君之業，九年而功就，謂之『王氏六經門徒』。」

彖曰：臨，剛浸而長；說而順，剛中而應。[195]大亨以正，
　　天之道也；「至于八月有凶」，消不久也。

　　「彖曰」，卦名「臨」者，二陽並進于下，「剛浸而長」，勢盛迫陰，故名「臨」。當剛長之時，又有卦德、卦體之善，卦德兌「說」，則意氣不激，「而」坤「順」，則舉動得宜。卦體九二以「剛居中」，則所處得當，「而」上「應」六五，則助之有人，是乃亨之本，而正之歸也，故其占為「大亨」，而必利「以正」者，蓋以說順剛應，此臨之正，即「天之道也」。曰「至于八月有凶」者，言二陽雖長，其「消」固「不久也」。

象曰：澤上有地，臨；君子以教思无窮，容保民无疆。

　　「象曰：澤上有地」，澤臨于地，乃上臨下，「臨」之象也。夫臨下之道，不外教養，「君子以教」化其民，而意「思」如澤之深而「无窮容」受，安「保」其「民」，而量度如地之廣而「无疆」焉。

初九：咸臨。貞，吉。

　　「初九」，陽道方亨，徧臨四陰，為「咸臨」之象。然剛而得正，占者能守其「貞」則「吉」。

初九　《蒙引》：「初、二之咸臨，以君子臨小人也。」

象曰：咸臨貞吉，志行正也。

---

195 案：「剛浸而長」下，此書衍一「臨」字；「剛中而應」下，亦衍「居」字，皆誤以注文為正文，當刪去為注文。

「象曰：咸臨貞吉」者，以君子「志」欲「行正也」。

九二：咸臨。吉，无不利。

「九二」，亦以陽臨陰者，故有「咸臨」之象。且剛得中，而臨之有道；勢上進，而臨之有權。其占，「吉，无不利」。

九二 按：初與二均為咸臨，而初則先曰貞而后吉，二則直曰「吉无不利」者，蓋初是陽道方亨，未可遽去，只是不亂于小人之群，故〈象傳〉曰：「志行正也。」言雖咸臨，而當以正自守焉。二則陽剛上進，有可去之勢，故〈象傳〉曰：「未順命也。」言正理乃天命，小人不順正理，所當咸臨以正之。如孔子為司寇時，不誅少正卯，至攝相七日，而即誅之，蓋時位之有異也。

象曰：咸臨吉无不利，未順命也。

「象曰：咸臨，吉，无不利」者，以小人「未順命」[196]也，故咸臨以去之。

六三：甘臨。无攸利，既憂之，无咎。

「六三」，陰柔不中正，而居下之上，為以「甘」說「臨」人之象，其占固「无」有「攸利」。然能「既憂之」而改行從善，則「无咎」。

六三 按：三居下之上，亦是有位者，而陰柔不中正，又居兌體，為甘說媚人之象。如丁謂為萊公拂鬚，[197]萊公責之曰：「豈有官長而為人拂鬚

---

196 案：「命」旁書「正理」二字，此以「正理」釋「命」義。

197 案：〔北宋〕丁謂（字謂之，後更字「公言」，966-1037），「萊公」為「萊國公」寇準

乎？」由是得罪，是无攸利矣。曰「既憂之，无咎」者，蓋君子不絕人已甚，開其自新之路也。

象曰：甘臨，位不當也；既憂之，咎不長也。

「象曰：甘臨」，以陰，不中正而「位不當也；既憂之」而能補過，「咎」用是「不長也」。

六四：至臨。无咎。

「六四」，處得其位，下應初九，為下「至」切相「臨」之象，宜「无咎」也。

六四　據《程傳》四遇君之位，守正而任賢也，則此爻正如鮑叔之薦管仲、孔明之薦龐統，相臨之切，誠意懇焉，故有此象。

象曰：至臨无咎，位當也。

「象曰：至臨无咎」者，由以柔順得正，處「位」之「當也」。

六五：知臨。大君之宜，吉。

「六五」，柔中應二，不自用而任人，乃「知」者以「臨」之事，而「大君之」體「宜」如是也，「吉」。

（字平仲，961-1023），事詳《宋史·寇準傳》：「初，丁謂出準門至參政，事準甚謹。嘗會食中書，羹污準鬚，謂起徐拂之。準笑曰：『參政，國之大臣，乃為官長拂鬚耶。』謂甚愧之。」後人遂以「拂鬚」為諂事長官的典故。

六五　按：五，君位也。不自用而用人，正如舜之大知，而用禹、皐；湯之勇知，而用伊、萊是。

象曰：大君之宜，行中之謂也。

「象曰：大君之宜」者，以六五柔中應二，乃「行」此「中」德「之謂也」。

上六：敦臨。吉，无咎。

「上六」，居卦上臨終，是與人相臨自始至終，為「敦」厚于「臨」之象，「吉」而「无咎」。

上六　《存疑》：「『晏平仲善與人交，久而敬之。』[198]此爻有焉。」

象曰：敦臨之吉，志在內也。

「象曰：敦臨之吉」者，以「志在內」卦之二陽，而念念不忘，有厚道「也」。

二十　☷☴ 坤下巽上　觀

觀：盥而不薦，有孚顒若。

---

198 案：《論語·公冶長第五·第十七章》，子曰：「晏平仲善與人交，久而敬之。」晏平仲（名嬰，字仲，諡平，578-500B.C.E.），春秋時人。齊靈公、莊公、景公時任齊卿，以節儉力行稱於世，孔子周遊列國時，多有接觸。

　　此卦有觀之象故名「觀」。其占為聖人在上，視聽言動皆當為天下法，而不敢輕，猶祭者「盥」手致潔，「而不」敢輕「薦」，則「有孚」信在中，而「顒若」（然）可仰，斯可為觀于天下也。○《本義》：「盥，將祭而潔手也。薦，奉酒食以祭也。顒若，尊敬之貌。」

觀卦　按：卦有位有德，而以中正為觀于天下。是能躬行于上，而下觀而化，故名觀。如堯「克明峻德」，而「黎民于變」；舜「恭己南面」，而「四方風動」；[199] 推之於禹湯文武，莫不皆然，是「所過者化，所存者神」，[200] 故〈象傳〉曰：「以神道設教，而天下服矣。」自三代以後，能如是者，百無一二。漢明帝尊師重傅，臨雍拜老，羽林之士，亦通《孝經》。唐太宗大召名儒，增廣生員，宗戚子弟，莫不受學，亦欲設教而未能躬行，是未能以神道設教也，其殆異乎此卦之所占矣。

象曰：大觀在上，順而巽，中正以觀天下。「觀，盥而不
　　　薦，有孚顒若」，下觀而化也。觀天之神道，而四
　　　時不忒，聖人以神道設教，而天下服矣。

　　「象曰」，卦體九五在上，四陰仰之，是「大觀」之主「在」乎「上」位，臣民所仰，有其位矣。卦德坤「順」以存心，「而」巽「巽」以處事，又有其德矣。且九五居「中」得「正」，自可「以」為「觀」于「天下」，故名觀。卦名「觀」而詞曰「盥而不薦，有孚顒若」者，言能

199　案：「克明峻德」，「黎民于變」，語出《尚書・堯典》：「克明俊德，以親九族。九族既睦，平章百姓。百姓昭明，協和萬邦。黎民於變時雍。」「恭己南面」，語出《論語・衛靈公第十五》，子曰：「無為而治者，其舜也與？夫何為哉，恭己正南面而已矣。」「四方風動」，語出《尚書・大禹謨》：「皋陶矢厥謨，禹成厥功，帝舜申之。……帝曰：『俾予從欲以治，四方風動，惟乃之休。』」

200　案：語出《孟子・盡心上》：「夫君子所過者化，所存者神，上下與天地同流，豈曰小補之哉？」

如是，則「下」自「觀而化也」。又以觀之道極言之，「觀天之神道」，氣化默運，「而四時不忒」，人莫知其然。「聖人以神道設教」，不顯篤恭，亦如天之不可測，「而天下」自「服矣」。

象曰：風行地上，觀；先王以省方，觀民設教。

「象曰」，坤地巽風，「風行地上，觀」之象也。「先王」體之「以」舉「省方」之典而「觀民」風，隨因民俗以「設教」，亦猶風行而及天下之物矣。

初六：童觀。小人，无咎；君子，吝。

「初六」，陰柔在下，不能遠見。如童子識見不遠，為「童觀」之象。其占在「小人」日用不知，「无」足過「咎」；在「君子」則九五大人在上，而失利見之會，故可羞「吝」。

初六　《蒙引》：「小人、君子以位言。」按：童觀為所見不遠也。如帝堯之時，康衢叟歌「忘帝力于何有」，康衢童謠「順帝則于不知」[201]是已。○童就互艮為少男取象。[202]

201　案：《古詩源・擊壤歌》：「日出而作，日入而息；鑿井而飲，耕田而食，帝力于我何有哉？」後用為歌頌太平的典故。《詩經・大雅・文王之什・皇矣》：「帝謂文王：『予懷明德，不大聲以色，不長夏以革。不識不知，順帝之則。』」《列子・仲尼》曰：「堯治天下五十年，不知天下治歟，不治歟？不知億兆之願戴己歟，不願戴己歟？顧問左右，左右不知。問外朝，外朝不知。問在野，在野不知。堯乃微服游於康衢，聞兒童謠曰：『立我烝民，莫匪爾極。不識不知，順帝之則。』堯喜問曰：『誰教爾為此言？』童兒曰：『我聞之大夫。』問大夫，大夫曰：『古詩也。』堯還宮，召舜，因禪以天下。舜不辭而受之。

202　案：此說當取於〔明〕來知德《周易集註・觀初六》：「童者，童稚也。觀者，觀乎五也。中爻艮為少男，童之象也。初居陽，亦童之象。」

象曰：初六童觀，小人道也。

　　「象曰：初六童觀」者，「小人」之「道也」，豈君子所宜哉？

六二：闚觀。利女，貞。

　　「六二」，陰柔居內而觀于外，為「闚觀」之象，故「利」為「女」子之「貞」正，若丈夫非所利矣。

六二　闚觀自門內以窺門外也。按：前爻乃是以陰柔闇昧之質在下，僻遠之地，不知聖王在上，有失利見，故可羞吝。此爻卻也見得聖王在上，而陰柔無才。在內不出，是遇堯、舜之君，而託巢、由之行，故亦可醜也。○闚，亦就互艮為門闕取象。[203]

象曰：闚觀女貞，亦可醜也。

　　「象曰：闚觀」乃「女」子之「貞」，若丈夫如此，「亦可醜也」。

六三：觀我生，進退。

　　「六三」，居下之上，可進可退也。九五大觀在上，可不必觀。惟反「觀我生」之通塞，以為「進退」。○《本義》：「我生，我之所行也。」

---

203 案：此說亦當取於〔明〕來知德《周易集註・觀六二》：「闚，與窺同，門內窺視也。不出戶庭，僅窺一隙之狹者也。曰利女貞，則丈夫非所利矣。中爻艮，門之象也。變坎為隱伏，坎錯離為目，目在門內隱伏處，窺視之象也。二本與五相應，但二之前即門，所以窺觀。」

六三　楊誠齋曰：「六三察己以從人，九五察人以脩己，六三似漆雕開。」[204]

象曰：觀我生進退，未失道也。

「象曰：觀我生進退」者，當進則進，當退則退，「未失道也」。

六四：觀國之光，利用賓于王。

「六四」，最近于五，故為「觀國之光」之象。占者「利」于朝覲仕進，以「用」得享「賓」禮「于王」焉。

六四　按：古者君之於臣，多待以賓禮。如〈鹿鳴〉之詩曰：「我有嘉賓，德音孔昭。」〈彤弓〉之詩曰：「我有嘉賓，中心好之。」皆以臣為賓。又《書》稱丹朱為虞賓、〈微子〉作「賓于王家」是已。

象曰：觀國之光，尚賓也。

「象曰：觀國之光」，已仕者，願朝覲而尚其賓禮；未仕者，願仕進而尚其賓典，「尚賓也」。

九五：觀我生，君子无咎。

「九五」，陽剛中正，以居尊位而為四陰所觀，君子之象也。占者當「觀我生」之何如，必其陽剛中正，一如九五之「君子」，則「无咎」矣。

---

204 案：《論語・公冶長第六》，子使漆雕開仕。對曰：「吾斯之未能信。」子說。

九五　按：觀民即所以觀己。如湯曰：「萬方有罪，罪在朕躬。」武曰：「百姓有過，在余一人。」[205]是已。

象曰：觀我生，觀民也。

「象曰：觀我生」者，不但觀一身之得失，尤當「觀民」德之善否，以自省察「也」。

上九：觀其生，君子无咎。

「上九」，陽剛居尊位之上，雖不當事任，而以君子之道，範天下者也。占者必反「觀其生」之得失，果學問、道德亦如九五之「君子」，則「无咎」矣。

上九　按：此爻雖處不得位，而在上亦為下所觀。一出言而天下視以為經，一制行而天下視以為法。此孟子所謂：「聖人，百世之師，伯夷、柳下惠是也。」[206]

象曰：觀其生，志未平也。

「象曰：觀其生」者，言上雖不當事任，而人視為儀則，便當戒懼，其「志未」得以安「平也」。

---

205 案：二語皆載於《論語‧堯曰第二十》，堯曰：「咨！爾舜！天之曆數在爾躬。允執其中。四海困窮，天祿永終。」舜亦以命禹。曰：「予小子履，敢用玄牡，敢昭告于皇皇后帝：有罪不敢赦。帝臣不蔽，簡在帝心。朕躬有罪，無以萬方；萬方有罪，罪在朕躬。」周有大賚，善人是富。「雖有周親，不如仁人。百姓有過，在予一人。」謹權量，審法度，修廢官，四方之政行焉。興滅國，繼絕世，舉逸民，天下之民歸心焉。

206 案：語出《孟子‧盡心下》：「聖人，百世之師也，伯夷、柳下惠是也。」

二十一 ䷔ 震下離上　噬嗑

䷩ 益

噬嗑：亨，利用獄。

　　為卦上、下兩陽而中虛，頤口之象。九四一陽間于其中，必齧之而后合，故為「噬嗑」。其占為有間既去，當得「亨」通；然欲去間，非刑不可，又「利用獄」。○《本義》：「噬，齧也。嗑，合也。」

　噬嗑　《蒙引》：「物之有間者，齧之而后合。推之人事，如寇賊姦宄，間吾治化者也，則合之以刑；蠻夷猾夏，間吾封疆者也，則合之以兵。以至凡一事之不如意者，皆必有物以間之者，齧之而合矣。」

象曰：頤中有物，曰噬嗑。噬嗑而亨，剛柔分，動而明，雷電合而章，柔得中而上行，雖不當位，「利用獄」也。

　　「象曰」，卦體虛中為頤，九四一陽橫于內，為「頤中有物」，必齧之而后合，故「曰噬嗑」。詞曰「亨」者，蓋必「噬嗑」而后「亨」也。又曰「利用獄」者，蓋以卦體「剛柔分」而各半，不暴不縱，卦德震「動而」離「明」，能威能照。又卦象震「雷」、離「電，合而」成「章」，則斷察並行。卦變六五，以「柔得中」，乃自益六四「而上行」。來則寬柔得體，「雖」六五居陽不正，為「不當位」；然明威得中，由中可求正，「利用獄也」。

象曰：雷電，噬嗑；先王以明罰勅法。

　　「象曰」，離震合體，「雷電」並見，而其勢不能以有間，「噬嗑」之象。「先王以」為與其有間而后去，不如未間而預防；于是「明」其刑「罰」，以振「勅法」度，使人知所畏避焉。○《本義》：「『雷電』，當作『電雷』。」

初九：屨校滅趾，无咎。

　　「初九」在卦始，罪薄過小，又在卦下，故為「屨」之以「校」，而「滅」其「趾」之象。止惡於初，故得「无咎」。○《本義》：「初、上无位，為受刑之象。中四爻，為用刑之象。」

初九　《蒙引》：「屨校，猶云以校為之屨也。」按：初惡方形而遽止，所以无咎。若京城之太叔，蔓草難除；[207] 曲沃之桓叔，椒聊實甚，[208] 則由其不能止之于初耳。

象曰：屨校滅趾，不行也。

207　案：「京城太叔」，事詳《春秋左氏傳·隱公元年·鄭伯克段于鄢》：「莊公即位，為之請制。公曰：『制，巖邑也，虢叔死焉。佗邑唯命。』請京，使居之，謂之『京城大叔』。祭仲曰：『都城過百雉，國之害也。先王之制：大都不過參國之一，中五之一，小九之一。今京不度，非制也，君將不堪。』公曰：『姜氏欲之，焉辟害？』對曰：『姜氏何厭之有！不如早為之所，無使滋蔓，蔓難圖也。蔓草猶不可除，況君之寵弟乎！』公曰：『多行不義，必自斃，子姑待之。』」

208　案：「椒聊」，為《詩經·唐風》第四篇。椒，花椒，又名山椒；聊，同「菜」，亦作「朻」、「梂」，草木結成的一串串果實。而聞一多（字友三，1899-1946）《風詩類鈔》解作：「草木實聚生成叢，古語叫作聊，今語叫作嘟嚕。」《毛詩·序》與三家詩都以為是諷諫晉昭公，贊美曲沃桓叔勢力盛大、子孫眾多的詩作。

「象曰：屨校滅趾」者，蓋趾人所以行，滅趾則「不」得「行」，使不進于惡也。

六二：噬膚，滅鼻，无咎。

「六二」，中正，故治獄如「噬膚」之易。然以柔乘剛，有所難制。如噬膚而因以傷「滅」其「鼻」之象。然始雖傷，而終「无咎」。○《本義》：「祭有膚鼎，蓋肉之柔脆，噬而易嗑者。」

六二 按：二雖中正治獄，而所治乃強梗之徒，故有難制。如劉秀舍中兒犯法，祭遵治之，而觸帝之怒；湖陽公主之奴殺人，董宣治之，而致主之訴；竇篤夜到止姦亭，周紆治之，而詔收紆下獄。[209]然始雖有所傷，而終皆无咎也。

象曰：噬膚滅鼻，乘剛也。

「象曰：噬膚滅鼻」者，以柔柔「乘」初「剛」，所治者乃強梗之徒，有所難制「也」。

六三：噬腊肉，遇毒；小吝，无咎。

「六三」，陰柔不中正，治人而人不服，為「噬腊肉」，而「遇毒」之象。占者不能斷訟，「小吝」。然時當噬嗑，義「无咎」也。○《本義》：「腊肉，謂獸腊，全體骨而為之者，堅韌之物。」

六三　按：此爻陰柔不中正，不能斷獄，如魏戊與士榮之類。[210]遇毒者，人不輸服，反致告詰也。

象曰：遇毒，位不當也。

「象曰」，三之「遇毒」，以其陰柔不中正，而「位不當也」。

九四：噬乾胏，得金矢；利艱，貞，吉。

「九四」，以剛居柔，用刑得道，隨難治之獄，咸得其輸服之情，有「噬乾胏」之堅，而「得金矢」之象。然治獄必「利」于「艱」難，而无慢易；「貞」正，而无枉屈，則「吉」。○《本義》：「胏，肉之帶骨者，與『胾』通。《周禮》：『訟獄入鈞金束矢，而后聽之。』」

九四　《存疑》：「九四之得金矢者，得聽訟之宜，人願納金矢，以求聽也，蓋人无不服也。」按：如〈呂刑〉之維良折獄，子路之忠信明決，[211]

---

210 案：「魏戊」，春秋晉國政治人物，魏舒之子。事詳《春秋左氏傳‧昭公二十八年》：「梗陽人有獄，魏戊不能斷，以獄上其大宗，賂以女樂，魏子將受之，魏戊謂閻沒女寬曰：『主以不賄，聞於諸侯，若受梗陽，人賄莫甚焉，吾子必諫。』皆許諾，退朝待於庭，饋入召之，比置三歎，既食使坐，魏子曰：『吾聞諸伯叔諺曰，唯食忘憂，吾子置食之間，三歎何也？』同辭而對曰：『或賜二小人酒，不夕食，饋之始至，恐其不足，是以歎，中置自咎曰，豈將軍食之，而有不足，是以再歎，及饋之畢，願以小人之腹，為君子之心，屬厭而已。』獻子辭梗陽人。」「士榮」事則載於《春秋左氏傳‧僖公二十八年》。

211 案：〈呂刑〉，《尚書》篇名，為西周時期周穆王（姬滿，約992-922B.C.E.）命呂侯（甫侯）參照夏朝的贖刑制度制定的刑法，「維良折獄」原文如下：「非佞折獄，惟良折獄，罔非在中。察辭于差，非從惟從。哀敬折獄，明啟刑書胥占，咸庶中正。其刑其罰，其審克之。」子路（仲由，542-480B.C.E.）「忠信明決」事，載於《論語‧顏淵第十二》，子曰：「片言可以折獄者，其由也與？」《太平御覽‧六百三十九》引〔東漢〕鄭玄（字康成，127-200）注云：「惟子路能取信，所言必直，故可令斷獄也。」〔唐〕

皆得聽訟之宜。又張釋之為廷尉，天下无冤民；于定寶為廷尉，民自以不冤是已。[212]

象曰：利艱貞吉，未光也。

「象曰：利艱貞」固「吉」。然以使民無訟之道斷之，則聽訟猶「未光」大「也」。

六五：噬乾肉，得黃金；貞，厲，无咎。

「六五」，柔順而中，以居尊位，用刑于人，人无不服，有「噬乾肉」，而「得黃金」之象。然必權衡「貞」正，惕「厲」其心，乃得「无咎」。○《本義》：「噬乾肉，難于膚，而易于腊胏者也。黃，中色。金，亦謂鈞金。」

六五 《存疑》：「六五之得黃金者，聽訟得中，人願入黃金以求訟也，亦人无不服也。」李氏曰：「四以剛噬，是有司執法之公。五以柔噬，是人君不忍之仁。」[213] 按：如禹有下車之泣，湯有解網之仁是已。[214]

孔穎達（字沖遠、仲達，574-648）《尚書‧呂刑‧疏》引之說云：「子路行直聞於天下，不敢自道其長，妄稱彼短。得其單辭，即可斷獄者，惟子路爾，凡人少能然也。」

212 案：「于定寶」，當作「于定國」。〔西漢〕張釋之（字季，生卒年不詳），事詳《史記‧張釋之列傳》；于定國（字曼倩，生卒年不詳），事詳《漢書‧于定國傳》曰：「于定國為廷尉，為人卑恭，尤重經術。其決疑平法，務在哀鰥寡，罪疑從輕，加審慎之心。朝廷稱之曰：『張釋之為廷尉，天下無冤民；于定國為廷尉，民自以不冤。』」

213 案：「仁」，誤書作「位」。「李氏」，為〔明〕李過（生平未詳），其說載於〔清〕李光地《周易折中‧噬嗑‧集說》曰：「九四以剛噬，六五以柔噬。以剛噬者，有司執法之分。以柔噬者，人君不忍之仁也。」

214 案：「禹有下車之泣」，載於《說苑‧君道》：「禹出見罪人，下車問而泣之，左右曰：『夫罪人不順道，故使然焉，君王何為痛之至於此也？』禹曰：『堯舜之人，皆以堯舜之心為心；今寡人為君也，百姓各自以其心為心，是以痛之。』《書》曰：『百姓有

象曰：貞厲无咎，得當也。

　　「象曰：貞厲无咎」者，蓋貞則公平，厲則詳審，而刑「得」其「當也」。

上九：何校滅耳，凶。

　　「上九」，過極之陽，在卦之上，惡極罪大，象為「何校滅耳」。項頸受枷，枷之厚沒入其耳，「凶」可知也。○《本義》：「何，負也。」

|上九|　胡炳文曰：「噬嗑上離下震，初滅趾不能如震之動，上滅耳不能如離之明。」按：初是罪薄過小，上則罪大惡極。如舜有「怙終賊刑」之條文，有「刑茲無赦」之法是已。[215]

象曰：何校滅耳，聰不明也。

　　「象曰：何校滅耳」，蓋罪其「聰」之「不明」，[216]不聽人說，以至此「也」。

　　罪，在予一人。』」「湯有解網之仁」，事詳《史記・殷本紀》：「湯出，見網於野者，張其四面而祝之曰：『自天下四方，皆入吾網。』湯曰：『嘻，盡之矣！』解其三面，而更其祝曰：『欲左，左；欲右，右；欲高，高；欲下，下；不用命者，乃入吾網。』漢南諸侯聞之，曰：『湯德至矣，及禽獸！』一時歸商者，三十六國。」

215　案：「怙終賊刑」，有過錯而不知悔改之意，語出《尚書・舜典》：「象以典刑，流宥五刑，鞭作官刑，扑作教刑，金作贖刑。眚災肆赦，怙終賊刑。欽哉，欽哉，惟刑之恤哉！」「刑茲無赦」，語出《尚書・康誥》，王曰：「封，元惡大憝，矧惟不孝不友。子弗祗服厥父事，大傷厥考心；于父不能字厥子，乃疾厥子。于弟弗念天顯，乃弗克恭厥兄；兄亦不念鞠子哀，大不友于弟。惟弔茲，不于我政人得罪，天惟與我民彝大泯亂。」曰：「乃其速由文王作罰，刑茲無赦。」

216　案：「聰之不明」，黃敬又注作「耳之不聰」。

二十二 ䷕ 離下艮上 賁

䷨ 損　䷾ 既濟

賁：亨，小利有攸往。

　　卦變自損而來者，柔自三來而文二，剛自二來而文三。自既濟而來者，柔自上來而文五，剛自五上而文上。又內離外艮，故有文明，而各得其分之象，為「賁」。占者，剛得柔助，而離明于內則「亨」；柔得剛助，而艮止于外，則「小利有攸往」。○《本義》：「賁，飾也。」

賁卦　陳際泰曰：「噬嗑，武治也；賁，文治也。噬之而合，則車書一統矣，故受之以賁。」按：賁雖是文，然必以質為之主。如繪畫之事，必以粉素為先也。即如天亦必以清明為質，而后日、月、星辰、風雲、雨露，可以變態而成文。人必以忠信為質，而后君臣、父子、夫婦、朋友，可以有禮而成文。苟无其質，文不虛行，故象辭言，文質之理，柔來文剛，則質為主，而加之以文故亨。剛來文柔，則文為主，而質反輔之，故小利有攸往。

象曰：賁亨。柔來而文剛，故「亨」。分剛上而文柔，故「小利有攸往」。（剛柔交錯），[217] 天文也；文明以止，人文也。觀乎天文，以察時變；觀乎人文，以化成天下。

　　「象曰：賁亨」。○《本義》：「『亨』字疑衍。」
　　卦變自其「柔來而文剛」，則質極文生，「故」詞曰「亨」。自其「分

---

[217] 案：據〔南宋〕朱熹《周易本義》曰：「先儒說，『天文』上當有『剛柔交錯』四字，理或然也。」

剛上而文柔」，則質不稱文，「故」詞曰「小利有攸往」。以此卦變，剛柔交錯，其即日、月、星辰之交錯，賁文一「天文」也。○《本義》：「先儒說，『天文』上當有『剛柔交錯』四字，理或然也。」

　　卦德離「文明」而「以止」，其即人倫之燦然秩然，賁文[218]一「人文」也。極言之，「觀乎天文」可「以察」天「時」之「變，觀乎人文」可「以化成天下」，賁道何其大也？

象曰：山下有火，賁；君子以明庶政，无敢折獄。

「象曰：山下有火」，光燿于山，「賁」之象也。然火為山所障，則內明外正，不能及遠。「君子」體之，亦惟「以」其明脩簿書、錢穀之「庶政」而已，「无敢」輕用其明，以「折」刑「獄」焉。○《本義》：「明庶政，事之小者；折獄，事之大者。」

初九：賁其趾，舍車而徒。

「初九」，剛德明體，自賁于下，為「賁其趾」之象。蓋不以乘車為賁，而以徒步為賁；有「舍」非道之車，「而」安于「徒」步之象。

|初九|　按：此是不願人之膏粱[219]文繡也。如武后臨朝，武攸縮[220]去，隱嵩山。[221]蓋其視不義之富貴，如浮雲然也。

218　案：「文」，誤書作「之」。

219　案：「膏粱」之「粱」，誤書作「橋梁」之「梁」。

220　案：「武攸縮」，當作「武攸緒」（655-723），其事詳《舊唐書》、《新唐書》本傳。

221　案：據《資治通鑑‧卷第二〇五》天冊萬歲元年臘月，「右千牛衛將軍安平王武攸緒，少有志行，恬澹寡慾，扈從封中嶽還，即求棄官，隱於嵩山之陽。太后疑其詐，許之，以觀其所為。攸緒遂優遊巖壑，冬居茅椒，夏居石室，一如山林之士。太后所賜及王公所遺野服器玩，攸緒一皆置之不用，塵埃凝積。買田使奴耕種，與民無異。」

象曰：舍車而徒，義弗乘也。

「象曰：舍車而徒」者，以「義」之不可而「弗乘也」。

六二：賁其須。

「六二」，以陰柔居中正，三以陽剛而得正，皆无應與，故二附三而動，象鬚附頤而動，為「賁其須」（鬚）之象。

六二 朱漢上[222]曰：「三在上有頤體，二在頤下鬚之象。」按：二陰柔不能興起，故必附三之陽剛，以成文明之盛。如成瑨守南陽，任功曹岑晊；宗資安汝南，任功曹范滂，語曰：「南陽太守岑公孝，弘農成瑨但坐嘯；汝南太守范孟搏，南陽宗資主畫諾。」是已。[223]

象曰：賁其須，與上興也。

「象曰：賁其須」者，附「與」于「上」，以「興」起「也」。

九三：賁如，濡如；永貞，吉。

「九三」，一陽居二陰之間，得其賁而潤澤者也，有「賁如，濡如」之象。然助陽者陰，溺陽者亦陰。占者必常「永貞」正，不溺所安，乃可得「吉」。

---

222 案：「朱漢上」，〔南宋〕朱震（字子發，？-1138），著有《漢上易傳》行世。

223 案：事詳《後漢書・黨錮列傳》：「後汝南太守宗資任功曹范滂，南陽太守成瑨亦委功曹岑晊，二郡又為謠曰：『汝南太守范孟搏，南陽宗資主畫諾。南陽太守岑公孝，弘農成瑨但坐嘯。』因此流言轉入太學，諸生三萬餘人，郭林宗、賈偉節為其冠，並與李膺、陳蕃、王暢更相褒重。」

九三　《存疑》:「重耳出奔之時,安于齊姜,而忘四方之志。姜曰:『懷與安實敗名,可謂溺于所安矣。』」《蒙引》:「凡丈夫之于妻妾,人君之于臣下,官長之于左右,皆不可褻,蓋褻則終受其憑陵也。」

象曰:永貞之吉,終莫之陵也。

「象曰:永貞之吉」者,正大足以消側媚,「終莫」使「之」憑「陵也」。

六四:賁如,皤如;白馬,翰如;匪寇,婚媾。

「六四」,以初相賁者,乃為九三所隔,而不得遂,則失其「賁如」,而「皤如」矣。而往來之心,則切求于初,如「白馬,翰如」之疾也。然九三剛正,其隔四「匪」為之「寇」害也,乃求四為「婚媾」耳。○《本義》:「皤,白也。馬,人所乘。人白,則馬亦白矣。」

六四　按:此爻如孟德之召元直,使不得事先主,「賁如,皤如」也。而元直心常切于先主,「白馬,翰如」也。然孟德非欲害元直,第欲其助己耳,「匪寇,婚媾」也。

象曰:六四當位疑也,匪寇婚媾,終无尤也。

「象曰:六四」所「當」之「位」,遠初近三,「疑」若可求「也」。然四以正自守,三雖「匪寇婚媾」,必不加禍,亦「終无尤也」。

六五:賁于邱園,束帛戔戔;吝,終吉。

　　「六五」，柔中為賁之主，敦本尚實，得賁之道，有「賁于邱園」之象。然性儉嗇，又有「束帛戔戔」之象，則儉過中，雖可羞「吝」，然禮奢寧儉，故「終吉」。○《本義》：「束帛，薄物。戔戔，淺小之意。」

六五　按：明太宗出御袖，以示諸臣曰：「此衣已三浣矣。」[224]正是以樸素為貴，不貴之貴也，與此意同。又據《蒙引》：「六五只是賁，諸爻之尊者，不必皆是人君也，則凡能敦本尚儉，以為世風之倡者皆是也。」

象曰：六五之吉，有喜也。

　　「象曰：六五之吉」，雖過乎儉，然「有」可「喜也」。

上九：白賁。无咎。

　　「上九」，賁極反本，復于无色，象為「白賁」，可「无」滅質之「咎」。

上九　按：此爻如春秋時方逐末，而林放獨能問禮之本，故夫子大其問，而告以寧儉、寧戚，[225]即白賁之謂也。

象曰：白賁无咎，上得志也。

　　「象曰：白賁无咎」者，以「上」能「得」反本之「志也」。

---

224 案：「此衣已三浣矣」之典故，似非出自明太宗（太祖，朱元璋），而是唐文宗（李昂，809-840），事詳《新唐書・柳公權傳》：「嘗與六學士對便殿，帝（唐文宗）稱漢文帝恭儉，因舉袂曰：『此三澣（洗）矣！』學士皆賀，獨公權無言。帝問之，對曰：『人主當進賢退不肖，納諫諍，明賞罰。服澣濯之衣，此小節耳。非有益治道者。』」

225 詳參《論語・八佾第三》：「林放問禮之本。子曰：『大哉問！禮，與其奢也，寧儉；喪，與其易也，寧戚。』」

二十三　䷖坤下艮上　剝

剝：不利有攸往。

　　此卦五陰方生而盛長，一陽將盡而消落，故為「剝」。剝之時固當止，而卦德又善所止，占者「不利有攸往」焉。○《本義》：「剝，落也。」

[剝卦]　按：此卦以一陽為主，五陰共剝一陽，欲盡變為陰，是小人世界了。君子唯當巽言晦跡，以免小人之害。如王莽徵薛方。薛方曰：「明主方隆，唐、虞之德，小臣願守箕山之節。」莽悅其言，不強致。[226]是即處剝之時，順而止之之義也。

象曰：剝，剝也，柔變剛也。「不利有攸往」，小人長也。
　　　順而止之，觀象也。君子尚消息盈虛，天行也。

　　「象曰」，卦名「剝」者，一陽將盡而剝落，陰「剝」之「也」。卦體五陰五柔，進于一陽之剛，將并欲「變剛」為柔「也」。詞曰「不利有攸往」者，以五陰為「小人」盛「長也」，且卦德坤順艮止，「順」時「而止之，觀」卦之「象也。君子」觀象而止者，蓋「尚」陽「消」陰「息」、陰「盈」陽「虛」之理，而能順之，固合乎「天」運之「行」所當然「也」。

---

226 案：《欽定古今圖書集成‧理學彙編‧學行典‧篤行部》卷第二三三〈漢‧薛方〉條，按《高士傳》：「薛方，字子容，王莽以安車迎方，因使者辭謝曰：『堯舜在上，下有巢、許。今明主方崇唐、虞之德，亦猶小臣欲全箕山之節也』。使者以聞，遂不彊致。」復按《青州府志》：「方，齊人。以明經飭行，顯名於世，嘗為郡掾祭酒，屢徵不至。王莽時，以安車迎方，方辭謝。居家以經教授，善屬文，著詩賦數十篇。光武即位徵之，道病卒。」

象曰：山附於地，剝；上²²⁷以厚下安宅。

「象曰：山」高于地，反「附於地」，摧落之義，「剝」之象也。「上」思地不厚無以載山，而下不厚又何以安上？故「以」之「厚」利于「下」，于以「安」固其「宅」，斯不至於剝矣。

初六：剝牀以足。蔑貞，凶。

「初六」，陰居下剝之方始，小人勢尚微，象「剝牀」而方及「以足」。然勢必至於「蔑貞」（正），而有「凶」。○《本義》：「蔑，滅也。」 按：此爻如荊公未為相，蘇老泉已知其奸邪；盧杞未為相，郭子儀已防其得志。²²⁸蓋雖未蔑貞，而勢必蔑貞也。

初六

象曰：剝牀以足，以滅下也。

「象曰：剝牀以足，以」陰之「滅」陽，方自「下」而起「也」，君子可以見幾矣。

---

227 案：「上」，誤書作「君子」，下文同。

228 案：前後二史事，分別參見《宋史・卷三二六・王安石列傳第八十六》：「安石未貴時，名震京師，性不好華腴，自奉至儉，或衣垢不澣，面垢不洗，世多稱其賢。蜀人蘇洵獨曰：『是不近人情者，鮮不為大奸慝。』作〈辯奸論〉以刺之，謂王衍、盧杞合為一人。」《資治通鑑・卷二二六・唐紀・四十二》「代宗睿文孝武皇帝下建中二年（辛酉，781年）」載：「御史中丞盧杞，弈之子也，貌醜，色如藍，有口辯。上悅之，丁未，擢為大夫，領京畿觀察使。郭子儀每見賓客，姬妾不離側。杞嘗往問疾，子儀悉屏侍妾，獨隱几待之。或問其故，子儀曰：『杞貌陋而心險，婦人輩見之必笑，他日杞得志，吾族無類矣！』」

六二：剝牀以辨。蔑貞，凶。

「六二」，陰漸進而上，小人之害君子漸迫，象「剝牀以辨」，勢必至于「蔑貞」（正）而「凶」。○《本義》：「辨，音辦，牀幹也。」

六二　《蒙引》：「牀幹，所以分隔上、下者，故曰辨。」按：此爻如秦檜初參政府，而韓世忠辭歸；[229]石亨竊弄威權，而薛文清罷仕，[230]亦知其必蔑貞也。

象曰：剝牀以辨，未有與也。

「象曰：剝牀以辨」，雖甚于足，猶幸「未有」盛于黨「與也」，君子當急避焉。

六三：剝之。无咎。

229　案：事載《宋史・卷三六四・韓世忠列傳第一二三》：「秦檜收三大將權，……。世忠既不以和議為然，為檜所抑。及魏良臣使金，世忠又力言：『自此人情消弱，國勢委靡，誰復振之？北使之來，乞與面議。』不許，遂抗疏言檜誤國。檜諷言者論之，帝格其奏不下。世忠連疏乞解樞密柄，繼上表乞骸。十月，罷為醴泉觀使、奉朝請，進封福國公，節鉞如故。自此杜門謝客，絕口不言兵，時跨驢攜酒，從一二奚童，縱游西湖以自樂，平時將佐罕得見其面。」

230　案：〔明〕焦竑（字弱侯，號澹園、漪園，1540-1620）《玉堂叢話・卷之五・方正》：「薛文清（瑄）初入閣，以疾辭，石亨素敬先生，來視疾，因謂先生曰：『如不留，我為先生啟上，請敕書，即家為塾，以訓子弟，且以資其養。』先生曰：『昔魯齋去元，世祖賜敕書以教人，魯齋懸於梁，終身不以示人，及卒，發而視之，乃敕書也。某若資其養，曷若不辭官之為愈也。』（行狀）」又「英廟復位，薛文清居內閣數月，朝議遣使求獅子於西域，諫不聽，又見石亨竊弄威權，歎曰：『君子見幾而作，豈俟終日乎？』引疾懇乞致仕，得允，即出城。行至直沽，遇風雨，舟不能行，餱糧俱乏，日中猶未舉火，吟詠不輟。子淳私愠曰：『人家好好做官，他便要退，受困誰怨！』先生聞之，恬不為意，曰：『我雖困，而道自亨也。』」

「六三」，當眾陰剝陽之時，而己獨與上為應，是能去其黨而從正，為「剝之」之象，「无咎」之道也。

六三 按：此爻能去其黨而從正。如王章雖王鳳所引，而不黨王氏。[231] 張陵雖梁不疑所薦，而不黨梁氏。[232] 郤正為黃皓所進，而不黨黃皓是已。[233]

象曰：剝之无咎，失上、下也。

「象曰：剝之无咎」者，正以三能「失上、下」四陰而不與之同黨「也」。

六四：剝牀以膚。凶。

「六四」，陰長已盛，禍患及身，為「剝牀」而上及「以」肌「膚」之象，「凶」何如哉？

六四 按：此爻陰禍已加於身，小則貶逐，如范仲淹為章惇所讁是已；[234]

---

231 案：「王章」，誤書作「王音」，事詳《漢書・王章傳》：「王章字仲卿，泰山鉅平（山東泰安）人也。……時，帝舅大將軍王鳳輔政，章雖為鳳所舉，非鳳專權，不親附鳳。會日有蝕之，章奏封事，召見，言鳳不可任用，宜更選忠賢。上初納受章言，後不忍退鳳。章由是見疑，遂為鳳所陷，罪至大逆。」

232 案：「張陵」，誤書作「張稜」，其事載《資治通鑑・卷第五十三・漢紀四十五》：「河南尹不疑嘗舉陵孝廉，乃謂陵曰：『昔舉君，適所以自罰也！』陵曰：『明府不以陵不肖，誤見擢序，今申公憲以報私恩！』不疑有愧色。」

233 案：「郤」（音系，姓氏，出自姬姓，以封地為氏），誤書作「郄」。其事載《三國志・蜀書十二・郤正傳》：「郤正，字令先，河南偃師人也。……正本名纂。少以父死母嫁，單煢隻立，而安貧好學，博覽墳籍。弱冠能屬文，入為祕書吏，轉為令史，遷郎，至令。性澹於榮利，而尤耽意文章，……。自在內職，與宦人黃皓比屋周旋，經三十年，皓從微至貴，操弄威權，正既不為皓所愛，亦不為皓所憎，是以官不過六百石，而免於憂患。」

234 案：「范仲淹為章惇所讁」，事詳《宋史・范仲淹傳（附：子純仁）》，「范仲淹」當作其

大則刑誅，如楊椒山為嚴嵩所害是已。[235]

象曰：剝牀以膚，切近災也。

「象曰：剝牀以膚」，害已及身，「切近」之「災也」。

六五：貫魚，以宮人寵，无不利。

「六五」，為眾陰之長，當率群陰如「貫魚」然。以受制于陽，如后妃之「以宮人」，進「寵」于君，則「无不利」。○《本義》：「魚，陰物。宮人，陰之美而受制於陽者也。」

六五 按：此爻如三苗率叛眾而格於虞廷，荊楚率叛眾而歸於高宗，皆有此象。推之，凡小人之率其黨，以受制於君子者，皆有此象也。

象曰：以宮人寵，終无尤也。

「象曰：以宮人寵」者，以五陰不剝陽，反受制于陽，「終无」害正之「尤也」。

子「范純仁」，文曰：「純仁凡薦引人材，必以天下公議，其人不知自純仁所出。……哲宗既召章惇為相，純仁堅請去，遂以觀文殿大學士加右正議大夫知潁昌府。入辭，……徙河南府，又徙陳州。……疏奏，忤惇意，詆為同罪，落職知隨州。……每戒子弟毋得小有不平，聞諸子怨章惇，純仁必怒止之。江行赴貶所，舟覆，扶純仁出，衣盡濕。顧諸子曰：『此豈章惇為之哉？』」

235 案：「楊椒山為嚴嵩所害」，事詳《明史・卷二○九・楊繼盛（椒山）傳》：「楊繼盛，字仲芳，容城人。……當是時，嚴嵩最用事。……草奏劾嵩，齋三日乃上奏……。嵩……密搆於帝。帝益大怒，下繼盛詔獄，……嵩屏不奏，遂以三十四年十月朔棄西市，年四十。臨刑賦詩曰：『浩氣還太虛，丹心照千古。生平未報恩，留作忠魂補。』天下相與涕泣傳頌之。」

上九：碩果不食，君子得輿，小人剝廬。

「上九」，一陽在上，剝未盡而能復生。如樹果俱落，惟有「碩」大
一「果不」為人所「食」，尚有復生之機。占者其為「君子」在上位，則
澤必及下，而下共承載之，「得輿」之象。若「小人」在上位，必盡剝去
君子，卒至天下壞亂，亦失其庇，是自「剝」其「廬」之象。

上九 按：此爻如漢自李固為梁冀所廢，而後內外喪氣，唯杜喬正色無所
撓，由是朝野咸倚賴焉，[236] 是為「碩果不食」之象，而其占為「君子得
輿」也。朱氏曰：「眾小人托這一君子，以為庇覆。則這裏把這一陽一發剝
去了，此是自其廬舍无安己處。」[237]

象曰：君子得輿，民所載也；小人剝廬，終不可用也。

「象曰：君子得輿」者，德足庇民，「民所」共承「載也」。「小人剝
廬」者，則天下之事已去，「終不可用也」。

二十四 ䷗震下坤上 復

復：亨。出入无疾，朋來无咎。反復其道，七日來復，利
有攸往。

剝盡為坤，今已一陽復來，故為「復」。夫陽既剝而復返，是陽之

---

236 事詳《後漢書・卷六十三・李固、杜喬列傳第五十三》。
237 案：「朱氏」，即是「朱熹」，此解襲引自《朱子語類・易七・剝》：「『小人剝廬』，是說
　　陰到這裏時，把他這些陽都剝了。此是自剝其廬舍，無安身己處。眾小人託這一君子
　　為庇覆，若更剝了，是自剝其廬舍，便不成剝了。（淵）」

「亨」也。又內震外坤，一陽順動於下，是己之「出入」既得「无疾」，而眾陽亦將順動上行，是「朋」類之「來」，亦得「无咎」。又自姤[238]卦一陰始生，至此七爻而一陽來復。其占為「反復其道」，至于「七日」當得「來復」。陽復則剛方長，又「利有攸往」焉。○《本義》：「復，陽復生于下也。」

> 復卦　夫陽之既剝，正人君子寥落摧折，不通甚矣。今既復反，則君子之氣既屈而復申，道可行而德可施，故亨。「出入无疾」者，一陽順而亨是已，得以運用如意也。「朋來无咎」者，眾陽順而亨，是朋得以同德上進也。以陰陽反復之道計之，自姤而遯、而否、而觀、而剝、而坤，皆小人道長之時。至此凡七卦，于日為七日，君子當得來復，此乃天運之自然也。陽之既復，則為臨、為泰、為壯、為夬，以至于乾，无非君子得志之日，而何道之不可行，何功之不可建，故无往而不利。此歷代君子、小人相為往復，皆有此象也。

象曰：「復，亨」。剛反，動而以順行，是以「出入无疾，朋來无咎」。「反復其道，七日來復」，天行也。「利有攸往」，剛長也。復，其見天、地[239]之心乎。

「象曰」，「復」何以「亨」？以陽「剛」已往而復「反」，故亨也。卦德震動坤順，有「陽」動于下，「而以順」上行之義，是以「出入无疾，朋來无咎」也。曰「反復其道，七日來復」者，以陰陽消息，「天」運之「行」然「也」。曰「利有攸往」者，以陽「剛」既生，則漸「長」也，故可往焉。夫積陰之下，天、地生物之心，幾于滅息，至此乃「復」，是「復其」可「見天、地」生物「之心」，无時或息「乎」。

---

238 案：「姤」，誤書作「始」。
239 案：「地」，誤書作「道」。

象曰：雷在地中，復；先王以至日閉關，商旅不行，后不
　　省方。

「象曰：雷在地中」，靜之終，動之始，陽方「復」之象也。「先王
以」冬「至」之「日」，「閉」道路之「關」，下而「商旅不」得出關以
「行」，上而「后」王「不」得出關以「省方」。○《本義》：「上、下安
靜，以養微陽也。《月令》：『是月[240]齋戒掩身，以待陰陽之所定。』」

初九：不遠復。无祗悔，元吉。

「初九」，一陽復生于下，復之主也。又居事初，失之「不遠」，而能
「復」于善，可「无祗」于「悔，元吉」。○《本義》：「祗，抵也。」
初九　此爻「不遠而復」，即顏子之「不貳過」，〈繫辭〉所謂「有不善未嘗
不知，知之未嘗復行」是也。

象曰：不遠之復，以脩身也。

「象曰：不遠之復」，君子所「以脩身」之道「也」。

六二：休復。吉。

「六二」，柔順中正，近于初九而賢，而能下之，「休」美之「復，
吉」之道也。
六二　金賁亨曰：「二休復下仁，以友輔仁，冉、閔之徒也。」[241]

---

240 案：「月」，誤書作「日」。
241 案：〔明〕金賁亨（字汝白，號一所，1483-1564）著《學易記》傳世，黃敬偶有徵引。

象曰：休復之吉，以下仁也。

「象曰：休復之吉」，「以下」于初九之「仁」人，以自輔「也」。

六三：頻復。厲，无咎。

「六三」，以陰居陽，不中不正，又處動極，復而不固，頻失之，「頻復」之象。頻失故危「厲」，然能頻復，則亦「无咎」。

六三　金賁亨曰：「三頻復，日、月至耳。」按：此即中材以下之人耳，曰厲者，警之也；曰无咎者，勸之也。

象曰：頻復之厲，義无咎也。

「象曰：頻復之厲」，於「義」亦「无咎也」。

六四：中行，獨復。

「六四」，處群陰之中，而獨與初應，是在群小「中行」，而「獨」能「復」而從善之象。○《本義》：「當此之時，陽氣甚微，未足以有為，故不言吉。董子曰：『仁人者，正其義，不謀其利。明其道，不計其功。』於剝之六三及此爻見之。」

六四　按：此爻如互鄉難言，而童子獨能潔己以見孔子；墨者異端，而夷之獨能從命以聽孟子，[242]正是中行而獨復之象。

---

242 案：二事分別典出《論語·述而第七》：「互鄉難與言，童子見，門人惑。子曰：『與其進也，不與其退也，唯何甚！人潔己以進，與其潔也，不保其往也。』」《孟子·滕文公上》：「墨者夷之，因徐辟而求見孟子。……他日又求見孟子。孟子曰：『吾今則可以

象曰：中行獨復，以從道也。

「象曰：中行獨復」者，「以從」于初九有「道」之人，而不係於其類「也」。

六五：敦復。无悔。

「六五」，以中順居尊，而當復善之時，善心恆存，善行堅固，為「敦」厚於「復」之象，「无悔」之道也。

六五　邱建安曰：「二、四待初而復，故曰『下仁』、曰『從道』；五不待初而復，故曰『自考』；二、四，其學力之功；五，其天資之美與？」[243]按：「敦復」，如堯之「欽、明、文、思、安安」[244]是已。

見矣。不直，則道不見；我且直之。吾聞夷子墨者。墨之治喪也，以薄為其道也。夷子思以易天下，豈以為非是而不貴也？然而夷子葬其親厚，則是以所賤事親也。』徐子以告夷子。夷子曰：『儒者之道，古之人「若保赤子」，此言何謂也？之則以為愛無差等，施由親始。』徐子以告孟子。孟子曰：『夫夷子，信以為人之親其兄之子，為若親其鄰之赤子乎？彼有取爾也。赤子匍匐將入井，非赤子之罪也。且天之生物也，使之一本，而夷子二本故也。蓋上世嘗有不葬其親者。其親死，則舉而委之於壑。他日過之，狐狸食之，蠅蚋姑嘬之。其顙有泚，睨而不視。夫泚也，非為人泚，中心達於面目。蓋歸反虆梩而掩之。掩之誠是也，則孝子仁人之掩其親，亦必有道矣。』徐子以告夷子。夷子憮然為閒曰：『命之矣。』」

243 案：此引自〔清〕李光地《周易折中・復六五・集說・丘氏富國》，可知「邱建安」即「丘富國」，因列於「王氏安石」之後，「李氏簡」與「梁氏寅」之前，推知當為「南宋」時人。經查丘富國，字行可，為宋代建安人，受業於朱子之門。宋亡後不仕，著有《周易輯解》十卷，《學易說約》五篇，《經世遺書》三卷。

244 詳參《尚書・堯典》：「曰若稽古帝堯，曰放勳，欽、明、文、思、安安，允恭克讓，光被四表，格于上下。克明俊德，以親九族。九族既睦，平章百姓。百姓昭明，協和萬邦。黎民於變時雍。」

象曰：敦復无悔，中以自考也。

　　「象曰：敦復无悔」者，柔中之德固，其自具其成也，即「中以自考也」。○《本義》：「考，成也。」

上六：迷復。凶，有災眚；用行師，終有大敗。以其國君，凶；至于十年，不克征。

　　「上六」，以陰柔居復終，有終「迷」不「復」之象，「凶」之道也。當「有」天「災」人「眚」之並至，災眚若何？如「用行師，終有大敗」，禍「以」及「其國君，凶。至于十年」之久，亦「不克征」，以雪恥焉。○《本義》：「以，猶及也。」

　碧上六碧　《蒙引》：「爻辭，不專就君說，而象獨言反君道者，以人君迷復之失為尤著，為尤大也。」按：此即如桀之「弗克庸德」，紂之「罔有悛心」[245]是已。

象曰：迷復之凶，反君道也。

　　「象曰」，居上有君之分，「迷復之凶」，遂非長惡，「反」乎作「君」之「道也」。

---

245 案：桀之「弗克庸德」，典出《尚書・商書・盤庚上》：「夏王弗克庸德，慢神虐民。皇天弗保，監于萬方，啟迪有命，眷求一德，俾作神主。惟尹躬暨湯，咸有一德，克享天心，受天明命，有九有之師，爰革夏正。」紂之「罔有悛心」，典出《尚書・周書・泰誓上》：「皇天震怒，命我文考，肅將天威，大勳未集。肆予小子發，以爾友邦冢君，觀政于商。惟受罔有悛心，乃夷居，弗事上帝神祇，遺厥先宗廟弗祀。」

二十五 ䷘ 震下乾上　无妄

䷅ 訟

无妄：元亨，利貞。其匪正，有眚，不利有攸往。

　　為卦自訟而變，九自二來，而居于初，又為震主，動而不妄者也，故為「无妄」。其占「元亨」，而「利」于「貞」正。若「其匪正」，則非无妄，必「有眚」災，而「不利有攸往」。○《本義》：「无妄，實理自然之謂。《史記》作『无望』，謂无所期望，而有得焉者。其義亦通。」

无妄　无妄，《史記》作「无望」。惟其无妄，是以无望也。若無道以致福，而妄欲邀福，如楚靈王之投龜詬天，[246] 則非所謂无妄也。有過以召災，而妄欲免災，如臧武仲之據地要君，[247] 亦非所謂无妄也。蓋真實无妄之人，則純乎正理，禍福一付之天，而无苟得倖免之心焉。

象曰：无妄，剛自外來而為主于內，動而健，剛中而應，
　　　　大亨以正，天之命也。「其匪正有眚，不利有攸
　　　　往」，无妄之往，何之矣？天命不祐，行矣哉！

---

246 事詳《春秋左氏傳・昭公十三年》：「初，靈王卜曰，余尚得天下，不吉，投龜詬天而呼曰：『是區區者而不余畀，余必自取之。』民患王之無厭也，故從亂如歸。」並見《史記・卷一二八・龜策列傳第六十》：「楚靈將背周室，卜而龜逆，終被乾溪之敗。兆應信誠於內，而時人明察見之於外，可不謂兩合者哉！君子謂夫輕卜筮，無神明者，悖；背人道，信禎祥者，鬼神不得其正。故《書》建稽疑，五謀而卜筮居其二，五占從其多，明有而不專之道也。」

247 事載《論語・憲問第十四》，子曰：「臧武仲以防求為後於魯，雖曰不要君，吾不信也。」

　　「彖曰：无妄」卦變初九，「剛自外來而為主于內」，剛德在內，存心无妄也。卦德震「動而」乾「健」，不屈于私，制行无妄也。卦體九五，「剛中而應」六二，彼此同德，人己无妄也。其占「大亨」，而必利于「以正」者，以正道「乃天之命」所當然「也」。曰「其匪正有眚」，而「不利有攸往」者，以「无妄之往」，而不以正，則有妄矣。欲往，「何之矣」？蓋不正，則逆天之命，而「天命不祐」，其能「行矣哉」？

象曰：天下雷行，物與无妄；先王以茂，對時，育萬物。

　　「象曰：天下雷行」，萬物震動發生，而理亦賦焉。若「物」物而「與」以「无妄」者，「先王」法此，「以」一誠充積之盛「茂，對」越天「時」，養「育萬物」。

初九：无妄。往，吉。

　　「初九」，以陽剛之德，為无妄之主，全乎「无妄」者也。占者如是而「往」，則誠能動物，其「吉」可知。

初九　无妄之往而皆吉者，蓋上可得君，下可得民；內可順親，外可信友；事无不立，功无不成也。如陸贄以至誠，感動德宗；大舜以至誠，感動瞽瞍是已。又武后臨朝，忠臣多為所殺，而狄梁公獨為信用，蓋亦以誠感之耳。

象曰：无妄之往，得志也。

　　「象曰：无妄之往」，无不「得」其「志也」。

六二：不耕穫，不菑畬，則利有攸往。

「六二」柔順中正，因時順理，而无私意期望之心，故有「不耕穫，不菑畬」之象。言其无所為于前，无所冀于後也。占者如是，「則利有攸往」。

六二 《程傳》：「耕農之始穫，其成終也。田一歲曰菑，三歲曰畬。不耕而穫，不菑而畬，謂不首造其事，因其事理所當然也。」按：《朱子語類》：「問《程傳》爻辭恐未明白，竊謂無不耕而穫，不菑而畬之理，只是不於耕而計穫之利。」據此，則《本義》「无所為于前」，「為」字疑作去聲讀，言非為穫而后耕，非為畬而後菑，此始之无期望也。无所冀于後，言雖耕而不冀穫，雖菑而不冀畬，此終之无期望也。觀朱子釋傳象，言非計其利而為之，可知爻辭非言无所作為也，蓋即「先事後得，先難後獲」之意耳。

象曰：不耕穫，未富也。

「象曰：不耕獲」者，「未」嘗為「富也」。○《本義》：「富如非富天下之富，言非計其利而為之也。」

六三：无妄之災。或繫之牛，行人之得，邑人之災。

「六三」，同是无妄，但處不中正，故占者无故而罹禍，為「无妄之災」象。「或繫之牛」於此，被「行人之得」以去，而「邑人」反遭捕詰「之災」。

六三 《參義》：「此與亡猿而禍林木，失火而殃池魚者正相類。」按：池仲魚，人名，因城門失火焚死。又云：「城門失火，汲池水救之，水涸，魚

受其殃。」

象曰：行人得牛，邑人災也。

「象曰：行人得牛，邑人」受其「災也」，實非其罪，故曰「无妄之災」。

九四：可貞，无咎。

「九四」，陽剛乾體，下无應與，「可貞」固以守，則「无」妄動之「咎」。

九四 此其才可有為，而无人共濟，固當順時而止，如劉備托菜種園[248]時是已。

象曰：可貞无咎，固有之也。

「象曰：可貞无咎，固有（守）之也」。○《本義》：「有，猶守也。」

九五：无妄之疾，勿藥，有喜。

---

248 故事見於《三國演義》第二十一回：「……玄德也防曹操謀害，就下處後園種菜，親自澆灌，以為韜晦之計。關、張二人曰：『兄不留心天下大事，而學小人之事，何也？』玄德曰：『此非二弟所知也。』二人乃不復言。一日，關、張不在，玄德正在後園澆菜，許褚、張遼引數十人入園中曰：『丞相有命，請使君便行。』玄德驚問曰：『有甚緊事？』許褚曰：『不知。只教我來相請。』玄德只得隨二人入府見操。操笑曰：『在家做得好大事！』諕得玄德面如土色。操執玄德手，直至後園，曰：『玄德學圃不易！』玄德方纔放心，答曰：『無事消遣耳。』」

「九五」，乾剛中正，以居尊位，而下應亦中正，无妄之至也。如是而有疾，是為「无妄之疾，勿藥」自愈（癒），而「有喜」矣。

九五　胡炳文曰：「文王羑里之囚，不殄厥慍，亦不隕厥問。周公流言之變，公孫碩膚，德音不瑕，文、周之疾，不藥而自愈矣。」

象曰：无妄之藥，不可試也。

「象曰：无妄之藥，不可試也」，若試之，則反妄而生疾矣。○《本義》：「試，謂少嘗之也。」

上九：无妄行，有眚，无攸利。

「上九」，居卦之上，處時之極，固執其信，膠固不通，以此「无妄」而「行」，必「有眚」而「无攸利」。

上九　《蒙引》：「處時之極，非无妄之極；无妄之極，則至誠矣，又何眚此？蓋窮而不知變也。如中孚上九，為信之極亦然，此尾生孝己之行。」
249

象曰：无妄之行，窮之災也。

「象曰：无妄之行」，信非所信，而不知變其「窮」，如此「之」所以致「災也」。

---

249 案：「尾生」，古代傳說中，戰國時魯國堅守信約的人。尾生與女子約會於橋下，暴雨，女子未來，河水上漲仍不去，抱柱淹死，詳見《莊子‧盜跖》。又《史記‧陳丞相世家》，王讓魏無知。無知曰：「臣所言者，能也，大王所問者，行也。今有尾生之信，孝己之行，無益成敗，大王何暇用之乎？」

二十六　☶ 乾下艮上　大畜

大畜：利貞，不家食；吉，利涉大川。

　　以艮畜乾，畜止之大。又內乾剛健，外艮篤實，輝光蘊畜之大，故為「大畜」。占者畜止，必以正法；蘊畜，必以正道，蓋「利」于「貞」正也。所畜既正，而卦體六五尚賢，可以食祿于朝，而「不」必「家食，吉」。所畜既正，而卦體六五應乾，又具拔天下之才，出濟時艱，而「利涉大川」。○《本義》：「大，陽也。」

|大畜|　卦取畜德、畜止二義。畜止必以正法。如有虞刑期無刑，干羽以格頑苗；[250] 成周辟以止辟，制禮以化頑民是已。[251] 若荊公之請復肉刑，周興之以甕炙囚，則非正法矣。畜德必以正道，如孔子、孟子之道，不偏不倚，無過不及是已。若楊子之為我，墨氏之兼愛，子莫之執中無權，皆非正道也。朱子內卦受畜以自止為義，則以下三爻為君子，外卦能畜以止之為義，又以下三爻為剛暴之人。

250　案：典出《尚書・虞書・大禹謨》，帝曰：「皋陶，惟茲臣庶，罔或干予正。汝作士，明于五刑，以弼五教。期于予治，刑期于無刑，民協于中，時乃功，懋哉。」……禹拜昌言曰：「俞！」班師振旅。帝乃誕敷文德，舞干羽于兩階，七旬有苗格。

251　案：典出《尚書・周書・君陳》，王曰：「君陳，爾惟弘周公丕訓，無依勢作威，無倚法以削，寬而有制，從容以和。殷民在辟，予曰辟，爾惟勿辟；予曰宥，爾惟勿宥，惟厥中。有弗若于汝政，弗化于汝訓，辟以止辟，乃辟。狃于奸宄，敗常亂俗，三細不宥。爾無忿疾于頑，無求備于一夫。必有忍，其乃有濟；有容，德乃大。簡厥修，亦簡其或不修。進厥良，以率其或不良。惟民生厚，因物有遷。違上所命，從厥攸好。爾克敬典在德，時乃罔不變。允升于大猷，惟予一人膺受多福，其爾之休，終有辭於永世。」

彖曰：大畜，剛健，篤實，輝光[252]日新其德。剛上而尚
　　　賢，能止健，大正也。「不家食，吉」，養賢也；
　　　「利涉大川」，應乎天也。

　　「彖曰」，卦名「大畜」，卦德內乾，德性「剛健」；外艮，踐履「篤
實」，自然「輝光」宣著，此所以「日新其德」，而為畜之大也。詞曰「利
貞」者，卦變自需而來，九自五而上，是陽「剛」君子「上」進高位也。
而卦體六五尊而尚之，是人君屈己「尚賢」也。卦德以艮畜乾，是「能
止」強「健」之人，使不為惡也。三者，非「大正」不能也。「不家食，
吉」者，以六五有象賢之象，是能以祿「養賢也」，故君子可不家食焉。
「利涉大川」者，以六五應乾，有「應乎天」之義「也」。因時而動，不
違乎天，此涉川所以利也。

象曰：天在山中，大畜；君子以多識前言往行，以畜其德。

　　「象曰：天」至大而「在山中，大畜」之象。「君子」觀象，以大其
蘊畜，而「多識前」人之「言、往」古之「行」，「以畜」積「其德」于己
焉。○《本義》：「天在山中，不必實有其事，但以象言之耳。」

初九：有厲，利已。

　　「初九」，為六四所止，故其占，往則「有」危「厲」，而「利」于
「已」也。○（《本義》）：「已，止也。」
初九　初為四所阻，是才德之人，為當事者所阻，故往則有厲，而利於

止。如韓世忠為秦檜所阻，而請罷；薛瑄為曹吉祥所阻，而移歸是已。

象曰：有厲利已，不犯災也。

「象曰」，初往則「有厲」，而「利已」者，則「不犯」其摧抑之「災也」。

九二：輿脫輹。

「九二」，六為六五所畜，以其處中，故能當止而止，象「輿」之自「脫」其「輹」，而不進焉。

九二　《蒙引》：「輹與輻不同，輻、車輪之轑也，輹、車上伏兔也，輻重於輹。脫輻者為陰所係，久住之計也。脫輹者自止不進，暫住而可復起者也。」按：九二為五所畜，知幾不進而自止，如東漢郭林宗、徐孺子之徒是已。

象曰：輿脫輹，中无尤也。

「象曰：輿脫輹」者，以其有「中」德，故能自止，而「无」妄進之「尤也」。

九三：良馬，逐；利艱，貞。日閑輿衛，利有攸往。

「九三」，以陽居健極，上以陽居畜極，極而通之時也。三上[253]皆陽

---

253 案：「三上」，原書作「又又」，當正作「三上」。

爻,故不相畜,而俱有「良馬」相「逐」而行之象。然過剛銳進,故戒占者必「利」于「艱」難「貞」固,而不輕進,「日閑輿」焉,而恐有傾跌;日閑「衛」焉,而恐人中傷。事皆萬全,則「利有攸往」。

|九三| 此爻如宋太宗朝,呂蒙正與蘇易簡同拜學士,俱為名相,時人以「鳳齊飛」喻之,即良馬相逐之象也。「利艱貞,日閑輿衛」者,不以可進,而銳于進也。「利有攸往」者,不輕於進,而愈可進也。

象曰:利有攸往,上合志也。

「象曰」,三之「利有攸往」者,以與「上」皆陽,而「合志也」。

六四:童牛之牿,元吉。

「六四」,下應于初,初時[254]尚微而畜止之,猶「童牛」未角,而加之「牿」。為九則易,故「元吉」。○《本義》:「童者,未角之稱。牿,施橫木於牛角,以防其觸,《詩》所謂『福橫』是也。」

|六四| 王應麟曰:「制官刑,則具訓蒙;士無彝酒,則誥教小子。《記》曰:『禁於未發之謂豫。』則《易》稱『童牛之牿』意。」[255]

象曰:六四元吉,有喜也。

「象曰:六四元吉」,能制於未發之先,誠「有」可「喜也」。

---

254 案:「時」,原書作「思」,當正作「時」。

255 案:引自〔南宋〕王應麟(字伯厚,號深寧、厚齋,1223-1296)《困學紀聞・卷一・易》。所引《易》原作「童牛之牿」,當作「童牛之牿」,今正之。

六五：豶豕之牙，吉。

「六五」，二陽既進，而復畜之，不若初之易矣。然以柔中，而居尊位，是以得其機會而可制，象「豶豕之牙」，雖存而剛躁自止，「吉」。

六五　徐進齋曰：「牡豕曰豭，攻其特而去之曰豶，所以去其勢，而絕其剛躁之性也。」按：不去其牙而攻其特，是不尚刑威，而脩德教，如蠻夷鴟義，大舜制於當發；南國鼠牙，文王制於既發。雖視四之制於未發，尤難為力。然五當尊位，所齊尤廣，故四曰有喜，而五曰有慶，喜止一身，慶及天下也。

象曰：六五之吉，有慶也。

「象曰：六五之吉」，制之有道，「有慶也」。

上九：何天之衢，亨。

「上九」，畜極而通，豁達无礙，「何」其如「天之衢」（路）也，可以大有為于世，「亨」。

上九　胡雲峯曰：「此不徒為仕者之占，《大學》所謂『用力之久，而一旦豁然貫通』，亦是此意。」

象曰：何天之衢，道大行也。

「象曰：何天之衢」者，其「道大行」于天下「也」。

二十七 ䷚ 震下艮上 頤

頤：貞，吉。觀頤，自求口實。

　　為卦二陽含四陰，外實內虛，上止下動，為「頤」之象，養之義也。占者得「貞」正則「吉」，貞吉云何？必「觀」其「頤」，以玫其養性；又觀其「自求口實」，以玫其養身。皆得正，則吉也。○《本義》：「頤，口旁也。口食物以自養，故為養義。」

頤卦　人之所養有二：一是養德，一是養身，皆必以正。養德如學聖賢之道，則為正學；黃、老、申、韓，則非正是也。養身如張思叔之飲食，必慎節則為正，若何曾一席費萬錢，猶云無下箸處，則非正是。[256]

象曰：「頤貞吉」，養正則吉也。「觀頤」，觀其所養也；
　　　「自求口實」，觀其自養也。天、地養萬物，聖人養
　　　賢，以及萬民。頤之時義，大矣哉！

　　「象曰：頤貞吉」者，養正則吉也。「觀頤，觀其所」以「養」德「也」。「自求口實」者，「觀其自養」其身「也」。試極言養道而贊之，「天、地養萬物，聖人養賢，以及萬民，頤之時義大矣哉」！

---

256 案：〔北宋〕張繹（字思叔，？-1108），小程子程頤弟子，其〈座右銘十四則·三〉為「飲食必慎節」，《二程外書·卷十二》有其師生行誼記載，可供參考：「思叔詬詈僕夫，伊川曰：『何不動心忍性？』思叔慚謝。」「暇日靜坐，和靖、孟敦夫（名厚，潁川人）、張思叔侍。伊川指面前水盆，語曰：『清靜中一物不可著，才著物便搖動。』」「張思叔三十歲方見伊川，後伊川一年卒。初以文聞於鄉曲，自見伊川後，作文字甚少。伊川每云：『張繹樸茂。』」〔晉〕何曾（字潁考，199-279），《晉書》本傳載他：「蒸餅不坼作十字不食」、「食日萬錢，猶曰無下箸者」。

象曰：山下有雷，頤；君子以慎言語，節飲食。

「象曰：山下有雷」，元氣鼓動萬物，為養之象，故名「頤；君子以」養德，而「慎言語」；養身，而「節飲食」。

初九：舍爾靈龜，觀我朵頤，凶。

「初九」，陽剛在下，足以自守，乃上應六四之陰，而動於欲，象為「舍爾靈龜，觀我」而「朵頤」也，其占「凶」矣。○《本義》：「朵，垂也。朵頤，欲食之貌。」

初九　靈龜咽息不食，而以氣自養也。初本有此操，因觀六四而動於欲。如周顒本隱北山，後為鹽海令，孔稚圭作〈北山移文〉以刺之，是亦不足貴矣。[257]

象曰：觀我朵頤，亦不足貴也。

「象曰：觀我朵頤」，飲食之人，則人賤之，「亦不足貴也」。

六二：顛頤。拂經，于邱頤；征，凶。

「六二」，陰柔欲求養于初，則「顛頤」而「拂」乎常「經」。若求養[258]于上，是「于邱頤」，又必「征」往，而得凶。○《本義》：「邱，土之高者，上之象也。」

---

257 事詳《南齊書‧卷四十一‧周顒傳》。
258 案：「養」，誤書作「義」。

六二 按：此是不可久處約也。[259]戰國時齊顏蠋隱居不仕，嘗曰：「晚食以當肉，安步以當車。」[260]蘇子瞻謂其善處窮者，六二陰柔不能安貧，而求養於人，[261]故有此象。

象曰：六二征凶，行失類也。

「象曰：六二」之求初、上，而皆「征凶」者，以「行」之「失類也」。○《本義》：「初、上皆非其類也。」

六三：拂頤。貞，凶；十年勿用，无攸利。

「六三」，陰柔不中，以處動極，縱欲敗度，「拂」乎「頤」矣。夫男女飲食，非不正也；然既拂乎頤，則雖「貞」正亦「凶」。至于「十年」之久，必有敗亡之禍，「勿用」而「无攸利」。
六三 按：此是不可以長處樂也。唐張易之以鐵籠炙鵝、鴨，其弟昌宗亦

---

259 案：「不可以久處約」，語出《論語・里仁第四》，子曰：「不仁者不可以久處約，不可以長處樂。仁者安仁，知者利仁。」

260 「顏蠋」當作「顏斶」。事詳《戰國策・齊策四・宣王見顏斶》，宣王曰：「嗟乎！君子焉可侮哉，寡人自取病耳！及今聞君子之言，乃今聞細人之行，願請受為弟子。且顏先生與寡人游，食必太牢，出必乘車，妻子衣服麗都。」顏斶辭去曰：「夫玉生於山，制則破焉，非弗寶貴矣，然夫璞不完。士生乎鄙野，推選則祿焉，非不得尊遂也，然而形神不全。斶願得歸，晚食以當肉，安步以當車，無罪以當貴，清靜貞正以自虞。制言者王也，盡忠直言者斶也。言要道已備矣，願得賜歸，安行而反臣之邑屋。」

261 詳參〔北宋〕蘇軾（字子瞻，號東坡，1037-1101）《東坡易傳・頤六二》：「六二、六三之求養於上九也，皆歷五而後至焉，夫有求於人者，必致怨於其所忌以求說，此人之情也。故六二、六三之過五也，皆擊五而後過，非有怨於五也，以悅其所求養者也。由頤者，利之所在也；丘頤者，位之所在也。見利而蔑其位，君子以為不義也，故曰：『顛頤，拂經于丘頤，征凶。』六二可以下從初九而求養也，然且不從而過擊五以求養於上九，无故而陵其主，故征凶。」

依法以炙驢、羊，後伏誅。明嚴世蕃唾婢口，謂之「香唾盆」；點美女，謂之「肉雙陸」，亦伏誅。皆縱欲敗度，故有敗亡之禍也。

象曰：十年勿用，道大悖也。

「象曰：十年勿用」者，以縱聲色口腹之欲，而養「道大悖也」。

六四：顛頤。吉。虎視眈眈，其欲逐逐，无咎。

「六四」，柔居上而得正，所應又正，而賴其養以施下。夫居上求養于下，不免「顛」倒于「頤」。然能求賢養人，故「吉」。又當信任不貳，且始終不替。如「虎」之下「視」，目「眈眈」而專一不他，「其」求食之「欲」，復「逐逐」而相繼不已，則致養不窮，而「无咎」。

六四　按：四陰柔不能養人，而居上有養人之責，得正有謙下之德，應初又剛正之賢，故賴其養以施下。如子皮委子產以政，而賴其養民也惠[262]是已。

---

262 事詳《春秋左氏傳‧襄公三十一年》，子皮欲使尹何為邑，子產曰：「少，未知可否。」子皮曰：「願吾愛之，不吾叛也，使夫往而學焉，夫亦愈知治矣。」子產曰：「不可，人之愛人，求利之也，今吾愛人則以政，猶未能操刀而使割也，其傷實多，子之愛人，傷之而已，其誰敢求愛於子，子於鄭國，棟也，棟折榱崩，僑將厭焉，敢不盡言，子有美錦，不使人學製焉，大官大邑，身之所庇也，而使學者製焉，其為美錦，不亦多乎？僑聞學而後入政，未聞以政學者也，若果行此，必有所害，譬如田獵，射御貫，則能獲禽，若未嘗登車射御，則敗績厭覆是懼，何暇思獲？」子皮曰：「善哉！虎不敏，吾聞君子務知大者遠者，小人務知小者近者，我小人也，衣服附在吾身，我知而慎之，大官大邑，所以庇身也，我遠而慢之，微子之言，吾不知也，他日，我曰子為鄭國，我為吾家，以庇焉其可也，今而後知不足，自今請雖吾家聽子而行。」子產曰：「人心之不同，如其面焉，吾豈敢謂子面如吾面乎？抑心所謂危，亦以告也。」子皮以為忠，故委政焉，子產是以能為鄭國。

象曰：顛頤之吉，上施光也。

「象曰：顛頤之吉」者，「上」賴初九之養，而「施」澤所及，昭然「光」顯「也」。

六五：拂經，居貞，吉，不可涉大川。

「六五」，居君位，君以養民為任[263]也，而陰柔不正，不能養人，反賴上九之養，其象為「拂經」；然用賢養民，君道之正。占者能「居」守此「貞」正則「吉，不可」自用而不任人，以致責不能勝，如「涉大川」焉。

六五 張中溪曰：「此聖人養賢以及萬民之事，故貞吉。」按：如舜舉禹為司空，湯舉尹為阿衡，故所養及於天下也。

象曰：居貞之吉，順以從上也。

「象曰：居貞之吉」者，「順以從上」九之賢，布養於天下「也」。

上九：由頤。厲，吉，利涉大川。

「上九」，為六五所賴以養人，天下皆由之以得所養，「由頤」之象，位高任重，故危「厲」而「吉」。且陽剛之才在乎上位，故「利涉大川」，以濟天下之險焉。

上九 按：此以臣代君養民，如后稷教稼，周公明農，天下皆由之以得所養是已。

---

263 案：「任」，誤書作「輕」。

象曰：由頤厲吉，大有慶也。

「象曰：由頤厲吉」者，澤及天下，「大有」福「慶也」。

二十八　䷛ 巽下兌上　大過

大過：棟橈，利有攸往，亨。

　　此卦四陽居中過盛，故為「大過」。而上、下兩陰不勝其重，故有「棟橈」之象。又四陽雖過，而二、五得中，外悅內巽，[264]有可行之道，故「利有攸往」而得亨。[265]○《本義》：「大，陽也。」

⎡大過⎦　大過是遇非常之時，處非常之事，凡事之大過乎人也，此非有天下之大才不能濟。而初、上二陰无濟過之才，不足當重任，故曰「棟橈」。然二、五得中，內巽外說，有善濟之具，可以通時變，故曰「利有攸往，亨」。如所謂堯、舜之授禪，湯、武之放伐，要非聖人不能也。

象曰：「大過」，大者過也。「棟橈」，本末弱也。剛過而
　　　　中，巽而說行，「利有攸往」，乃亨。大過之時，大
　　　　矣哉！

　　「象曰」，卦名「大過」者，四陽居中過盛，是「大者過也」。詞曰「棟橈」者，以初、上皆陰柔，是「本末弱也」。曰「利有攸往」者，以四陽雖「剛」，失之「過，而」二、五得其「中」。卦德內「巽而」外以「說行」，皆過而不過之道，故「利有攸往，乃亨」也。當「大過之時」，

264　案：「外悅內巽」，誤書作「內悅外巽」。
265　案：原書「得」不清晰，「亨」字未印出，故補之。

必有剛中之才，巽說之德而后濟事，不「大矣哉」！○《本義》：「本為初，末為上。」

象曰：澤滅木，大過；君子以²⁶⁶獨立不懼，遯世无悶。

「象曰」，巽木兌澤，「澤滅」沒乎「木，大過」之象。「君子」由是立大過乎人之行，因之出眾「獨立」而「不懼，遯」隱乎「世」而「无悶」。

初六：藉用白茅，无咎。

「初六」，當大過之時，以陰柔居巽下，過于畏慎，猶「藉」物而「用白茅」，慎之至也，可「无咎」。

初六　按：當大過之中，必有所過，初六柔既能慎，巽又能慎，況居巽下，慎之過也，過慎如是。凡事萬全，何咎之有？諸葛一生惟謹慎，此爻當之。

象曰：藉用白茅，柔在下也。

「象曰：藉用白茅」者，言其陰「柔」又「在」巽「下」，故事事求其周全，而无咎「也」。

九二：枯楊生稊，老夫得其女妻，无不利。

「九二」，陽過之始而比初陰，資彼之柔，濟己之剛，象之物為「枯

---

266 案：「以」，書寫遺漏，補之還原。

楊生稊」，有發生之機，象之人為「老夫得其女妻」，有生育之功。占者如是，則「无不利」。○《本義》：「稊，根也，榮于下者也。榮于下，則生於上矣。」

九二　《參義》：「九二在初六之上，老于初六，故二為老夫，而六為女妻。」按：九二過剛，借初之柔以濟。如唐太宗嘗因怒欲殺魏徵，每得長孫皇后之諫而輒止。如是則无不利矣。

象曰：老夫女妻，過以相與也。

「象曰：老夫」得其「女妻」者，正以二為陽之「過」，而得初陰「以相與也」。

九三：棟橈，凶。

「九三」，居下之上，棟之象。而以剛居剛，不勝其重，適足債事，象為「棟橈，凶」，何如哉？

九三　《困指》：「卦言棟橈，陰失之不足；此言棟橈，陽失之太過，王安石似之。」

象曰：棟橈之凶，不可以有輔也。

「象曰：棟橈之凶」者，以剛愎自用，而人「不可以有輔也」。

九四：棟隆，吉；有它，吝。

「九四」，居卦之中，棟之象也。而以陽居陰，過而不過。如「棟」

之「隆」起者然，故「吉」。然下應初六，以柔濟之，則恐大柔而廢，故
戒以「有它」，則「吝」也。

九四　如尹、傅、周、召之儔，皆棟隆吉也。蓋剛柔適宜，不假他人之
助。若有他焉，又求應于初，則過于萎靡，故吝。

象曰：棟隆之吉，不橈乎下也。

　　「象曰：棟隆之吉」，隆則高立不墜，「不」至有「橈」折「乎下
也」。

九五：枯楊生華，老婦得其士夫；无咎，无譽。

　　「九五」，陽過之極，又比過極之陰，象之物，猶「枯楊」而「生
華」，速其死也。象之人，猶「老婦得其士夫」，無復生道也。占者雖
「无」償事之「咎」，亦「无」濟事之「譽」。

九五　此爻過剛自用，既无為善之道，而所比者上六，柔極萎靡；又無善
輔之才，君驕臣諂。如唐自褚遂良沒諫者，咸以言為諱，是君過剛，而臣
過柔，莫能相濟有為也。

象曰：枯楊生華，何可久也？老婦士夫，亦可醜也。

　　「象曰：枯楊」不生稊而「生華，何可久也。老婦」得其「士夫」，
豈能生育？「亦可醜也」。

上六：過涉，滅頂；凶，无咎。

「上六」，處過極之地，才弱不足以濟，而陷其身於危亡，有「過」乎「涉」而「滅」沒其「頂」之象，其事「凶」，而理則「无咎」。

> 上六　此殺身成仁之事，如姜伯約之不能復漢，文天祥之不能存宋，皆不可以成敗、利鈍論也。

象曰：過涉之凶，不可咎也。

「象曰：過涉之凶」，事雖不成，心可无愧，「不可咎也」。

二十九　☵ 坎下坎上　習坎

習坎：有孚，維心亨，行有尚。

陽陷陰中曰坎，重之又得坎焉。陷之深，險之重，故為「習坎」。然卦體外虛中實，占者若當險難，而「有孚」誠以處之，則其心亨通。「維」有孚而「心亨」，則能出乎險，而「行」必「有尚」[267]矣。○《本義》：「習，重習也。坎，險陷也。」

> 習坎　按：當險難之中。若非有孚，則中无定主，將惶懼莫如所措，何由心亨？方寸既亂，則先打倒了，安能有為而出險？如符堅為謝玄[268]所破，聞風聲鶴唳，皆疑為晉軍，是中无定主，而方寸亂矣。惟有孚而后心亨，有孚心亨，而后行有尚，如曹操將兵臨漢中，趙雲出營視之，操兵大出，雲且戰且卻，入營使人開門，操疑有埋伏，引去，雲以勁弩追殺之，操兵大敗。明日，劉備至營，視曰：「子龍一身都是膽也。」向使雲中无定主，而方寸亂，安能出險，而有功乎？

---

267 案：「尚」字旁加「功」字，即以「功」釋「尚」字之義。

268 案：「苻堅」，誤書作「符堅」；「謝玄」，因避清康熙玄燁名諱，原書作「謝元」。

彖曰：「習坎」，重險也。水流而不盈，行險而不失其信。
　　「維心亨」，乃以剛中也；「行有尚」，有功也。天
　　險，不可升也；地險，山川邱陵也；王公設險，以
　　守其國。險之時用，大矣哉！

　　「彖曰」，卦名「習坎」者，險而又險，「重險也」。詞曰「有孚」
者，坎象為「水」，水體內實，而行有常。其「流」也，盈科後進，「而不
盈」溢四出。夫水之流，即「行險」也，其不盈溢四出，乃水之常，「而
不失其信」焉。人之處險，亦當如水之有孚也。其曰「維心亨」者，「乃
以」二、五之「剛中」，實心在內，所以心亨「也」。曰[269]「行有尚」者，
以是剛中而「往」，足以出險[270]而「有功也」。然處險有道，而用險亦有
方，試極言之：「觀」天之「險」，高「不可升也」；觀「地」之「險，山
川邱陵」是「也」。至于「王公」，則「設險以守其國，險之」道通乎天、
地、王公，「時用」不「大矣哉」！

象曰：水洊至，習坎；君子以常德行，習教事。

　　「象曰：水洊至」，往過來續，「習坎」之象。「君子」體之「以」治
己，則學不厭，而「常德行」；以治人，則教不倦，而「習教事」。

初六：習坎，入于坎窞，凶。

　　「初六」，以陰柔居重險之下，其陷益深，猶既在「習坎」，而又「入
于坎」中小「窞」之象。占者終于淪亡，「凶」之道也。

---

269 案：「曰」，誤書作「日」。
270 案：「險」，誤書作「陰」。

初六　吳氏曰:「坑坎中,小穴旁入曰窞。」[271] 按:陰柔无濟險之才,居重險又處難免之勢,終于淪沒而无出險之望。如江黃蓼六處,楚重險之地,又不能有為,所以終于滅亡也。

象曰:習坎入坎,失道凶也。

「象曰:習坎入坎」者,「失」出險之「道」,是以「凶也」。

九二:坎,有險,求小得。

「九二」,處重險之中,未能自出,在「坎」而「有險」之象。然剛而得中,雖未能出險,亦可「求小得」。

九二　按:此爻如鄭處晉、楚之間,是坎有險也;而子產猶能因時制宜,振衰救弊,不至困阨之甚,是賴剛中之才,而可求小得也。

象曰:求小得,未出中也。

「象曰」,二只可「求小得」者,以「未」能「出」坎險之「中也」。

六三:來之坎坎,險且枕;入于坎窞,勿用。

---

271 案:「吳氏」之說,引自〔明〕胡廣《周易傳義大全》,據該書〈凡例‧引用先儒姓氏〉載為「臨川吳氏澂,幼清,廬陵」,「澂」同「澄」,即宋、元之際學者、理學家吳澄(字幼清,號草廬,諡文正,江西撫州崇仁人,1249-1333),為學主張折衷朱、陸,而近於朱派,認為學至要在於心,學必以德性為本,並推崇朱熹的「格物」、「誠意」之說。有《吳文正集》、《易纂言》十卷等傳世。

「六三」，以陰柔不中正，而履重不險之間，「來之坎」，而往亦「坎」。是前有箇「險且」後又「枕」箇險矣，將見其陷益深，「入于坎窞」焉。占者凡事「勿用」，可也。○《本義》：「枕，倚著未安之意。」

六三　按：陰柔无濟險之才，不中正，又无淑善之行，以處重險，安得自出？如陳處晉、楚之間，欲與楚則晉伐，欲與晉則楚伐，是往來前後，皆有險，其陷益深，終无出險矣。

象曰：來之坎坎，終无功也。

「象曰：來之坎坎」，則益入于險，「終无」有出險之「功也」。

六四：樽酒簋，貳用缶，納約自牖，終无咎。

「六四」，近君之位，在險之時，剛柔相濟，惟用薄物，益以誠心。因其明，以開其蔽，有如但用一「樽」之「酒」、一「簋」之餚，而其「貳」也，亦不必拘於酒餚，但「用缶」器以將意，而「納約自牖」，以通于君之象，則始雖險阻，而「終无咎」。○《本義》：「貳，益之也。納約，進結也。非所由之正而室之，所以受明也。」

六四　樽酒簋，喻用薄禮也。貳用缶，喻益以誠心也。納約自牖，喻因君之明，以開其蔽也。《程傳》：「自古能諫其君者，未有不因其所明者也。如漢祖愛戚姬，將易太子，是其所蔽也。四老者，高祖素知其賢而重之，此其不蔽之明心也。故因其所明，而及其事，則悟之如反手。又如趙太后愛其少子長安君，不肯使質於齊，此其蔽於私愛也。愛其子，而欲使之長久富貴者，其心之所明也，故左師觸龍，因其明，而導之以長久之計，故其聽也如響。」

象曰：樽酒簋貳，剛柔際也。

　　「象曰：樽酒簋，貳用缶，納約自牖」者，由九五雖剛，六二用柔道以入之，是「剛柔際也」。

九五：坎不盈，祗既平，无咎。

　　「九五」，雖在坎中，然陽剛中正居尊位，而時亦將出險，猶「坎」水雖「不」至「盈」而出，然亦將「祗」于「既平」而盈之象，「无咎」。

　　九五　陽剛中正，有濟險之才；居尊位，有濟險之勢，時將出險。又有濟險之機。如沛公渡陳倉以後，光武渡滹沱河以來，有才、有勢，又有機，故雖未出險，亦將出險矣。

象曰：坎不盈，中未大也。

　　「象曰：坎不盈」者，固在坎中，故雖有「中」德，而未能出險，是「未大也」。

上六：係用徽纆，寘於叢棘，三歲不得，凶。

　　「上六」，以陰柔居陰極，猶拘「係」之，「用」以「徽纆」，從而「寘」之於「叢棘」中。「三歲」之久，「不得」解脫，「凶」何如哉？

　　上六　陸氏曰：「三股曰徽，兩股曰纆，皆索名。」[272] 按：以陰柔之才，居

272　案：〔東漢〕許慎（字叔重，約30-124）《說文解字》：「三股曰徽，兩股曰纆，皆索名。」〔唐〕陸德明（名元朗，以字行，556-627）《經典釋文》，引〔東漢〕劉表（字景升，142-208）云：「三股曰徽，兩股曰纆，皆索名。」

陰極之時，亦將必亡而已矣，如晉之惠、愍，宋之徽、欽是已。

象曰：上六失道，凶三歲也。

　　「象曰：上六失」濟險之「道」，故「凶」至于「三歲也」。

三十　☲☲ 離下離上　離

離：利貞，亨；畜牝牛，吉。

　　一陰麗於二陽之間，故為「離」。其占須知以附麗為事者，必「利」于「貞」正，則可以「亨」通。又必養習，以成其順德，如「畜牝牛」然，則「吉」。○《本義》：「牝牛，柔順之物也。」

離卦　按：離心利於正而后亨者，蓋卦體六二中正，六五中可該正，是君臣一德也，如湯與伊尹、文王與太公，君臣所麗得正，故行無窒礙而亨。若秦二世之用趙高、漢哀帝之寵董賢，君臣所麗不正，安能得亨乎？故事必柔順而后吉者，是君臣順；五皆柔順，是君臣順德也，如湯與伊尹、文與太公，君臣所麗能順，故可保其終而吉。若漢高與韓信、項羽與范增，君臣相忌，所麗雖正而不順，安能保其終而吉乎？

象曰：離，麗也。日、月麗乎天，百穀草木麗乎土，重明
　　　　以麗乎正，乃化成天下。柔麗乎中正，故亨，是以
　　　　「畜牝牛，吉」也。

　　「象曰：離」附「麗也。日、月麗乎天，百穀草木麗乎土」，至若君臣各有正位，而均以「重明」之德，「以麗乎正」位，「乃」能「化成天

下」，故為離。卦體「柔麗乎中正，故亨」。且得柔順之道，是以「畜牝牛，吉也」。

象曰：明兩作，離；大人以繼明[273]，照於四方。

「象曰：明兩作」，今日明，來日又明，「離」之象也。「大人以繼明」也，又新則明德遠，「照於四方」。○《本義》：「作，起也。」

初九：履錯然，敬之，无咎。

「初九」，以剛居下，而處明體，志欲上進，故有「履錯然」之象。若能「敬之」，則慎重安詳，自不至遠錯，故「无咎」。

初九　初在下履象，以剛則不安於下，明則才足以進，是以志欲上進，正猶疾趨，无善步，所履顛錯之象，戒之以敬，非令其無進，欲其慎重耳。此張思叔座右銘所謂「步履必安詳，居處必正靜」[274]是也。

象曰：履錯之敬，以辟咎也。

「象曰：履錯」而躁進，何能无咎？處「之」以「敬」，則不至于錯，正所「以辟咎也」。

---

273 案：「繼明」下，衍「也」字，當刪去。

274 案：〔北宋〕張繹〈座右銘〉十四則：「凡語必忠信，凡行必篤敬，飲食必慎節，字畫必楷正，容貌必端莊，衣冠必整肅，步履必安詳，居處必正靜，作事必謀始，出言必顧行，常德必固持，然諾必重應，見善如己出，見惡如己病。凡此十四者，我皆未深省，書此當座隅，朝夕視為警。」《宋名臣言行錄》、《古今事文類聚‧別集‧卷八‧文章部‧銘》俱有載錄可參。

六二：黃離。元吉。

　　「六二」，柔麗乎中而得其正，為「黃離」之象，「元吉」之道也。○《本義》：「黃，中也。」

六二　舜之「用中」，湯之「建中」，皆得中道也。

象曰：黃離元吉，得中道也。

　　「象曰：黃離元吉」，以柔麗乎中，而「得中道也」。

九三：日昃之離，不鼓缶而歌，則大耋之嗟，凶。

　　「九三」，處重離之間，前明將盡，有「日昃之離」[275]之象。占者若不安常自樂，是猶「不鼓缶而歌，則大耋之嗟」耳，故「凶」。

九三　日昃晝而將夜，言其衰也。不鼓歌而嗟耋，《本義》謂「不安常以自樂」。按：此「樂」字是「樂以忘憂，不知老之將至」耳。若宋太祖謂石守信等曰：「人生如白駒過隙，卿等何不市好田宅、買歌兒舞女、飲酒相歡，終其天年？」是縱樂，非安樂也。

象曰：日昃之離，何可久也？

　　「象曰：日昃之離」，盛極將衰，「何可久也」？

九四：突如，其來如；焚如，死如，棄如。

---

275 案：「離」旁書一「明」字，即以「明」釋「離」。

「九四」，當後明將繼之時，而以剛迫之，急遽更張，有「突如，其來如」之象。以至致敗，猶以火自「焚如」，至于「死如」，而「棄如」之象。

九四　當後明方繼之時，是當任事之初也；以剛迫之，是更張過驟，不以其漸也，必致取敗。如明崇禎承天啟之餘燼，而一時更張過於苛察，人情不堪，卒致滅亡是已。

象曰：突如其來如，无所容也。

「象曰：突如其來如」，則焚死棄，而「无所容也」。

六五：出涕，沱若；戚，嗟若。吉。

「六五」，以陰居尊，柔麗乎中，然不得正，而迫於二陽。占者當常懷憂懼，既「出涕，沱若」，復「戚嗟若」，則危自可安而「吉」。

六五　按：六五後明將盡，迫於二陽權臣之間，又不得正而獨立无應。若不憂懼，終无以安。如齊景迫於陳氏，而猶與大夫謀樂，多內嬖而不立太子。

象曰：六五之吉，離王公也。

「象曰：六五之吉」，蓋言能憂懼，則危者使平，有以離乎王公之位也。

上九：王用出征，有嘉，折首；獲匪，其醜，无咎。

　　「上九」，剛在離上，剛明及遠，「王用」此剛明以「出征」，則「有」可「嘉」之功。但「折」取其「首」惡之人，而威自震，且所「獲匪，其」從亂之「醜」，而刑不濫，「无咎」。

上九　　《精華》：「王用出征者，征之為言正也。王者正邦國之本，以明去昏而已矣。」[276]

象曰：王用出征，以正邦也。

　　「象曰：王用出征」，非窮兵黷武也，「以正邦也」。

276 案：《精華》，〔清〕薛嘉穎（字悟邨，生平未詳）《易經精華》簡稱，有道光七年（1827）仲春「光霽堂」鑴「姑蘇步月樓藏板」，並有其妹婿何治運撰於道光元年（1821）序文可參。

參　《易經初學義類》下卷

淡江　黃敬　訂

屯仁　賴貴三　校釋

《周易》卷之二‧《周易》下經

三十一 ䷞ 艮下兌上　咸

咸：亨，利貞；取女，吉。

　　兌、艮相合，有彼此交感之義，故名為「咸」。感則必應，而其情通。占者當有「亨」通之理，然必「利」于「貞」正，乃為得亨，以是貞正而「取女」，亦自無不吉。○《本義》：「咸，交感也。」

咸卦　蘇氏濬曰：「咸之感也，虛而已矣。今夫天之輕清也而能照，水之靜深也而能納，虛故也。鐘鼎之器，實以豆區；倉箱之藏，實以布粟，則滿而不能受，不虛故也，而況于心乎？君子之虛，只是全此心本體，不以意想，不以事膠，此心渾然。如赤子之心一般。試觀堯之『無名』，虛也；舜之『無為』，虛也；孔子之『無意、必、固、我』，虛也。故自九官四岳，至於深山野人，何所不受？自門墻之請事，至於孺子之咏歌，何所不受？茲其感通之至妙乎！故六爻之中，一言『思』、二言『志』，思何可廢，而至於朋從，則非虛，志何可無？而外、而末，而在隨人，則非虛。極而言之，天、地以虛而感人，聖人以虛而感人心，三才之道，盡于是矣。」[1]

1　案：〔明〕蘇濬（浚，字君禹，號紫溪，福建泉州晉江人，生卒年不詳），明萬曆丁丑
　　（五年，1577）進士，官至廣西布政司參政。以經學著稱，尤精研《周易》，著述甚
　　豐，在《易》學方面的著述有《易經生生篇》、《易經兒說》、《韋編微言》（已佚）等。
　　此出於行世之《易經兒說》，此書因在家塾，為子侄講授，故稱「兒說」。據道光版《晉
　　江縣志》卷之三十八〈人物志‧名臣之二〉載：「蘇濬，字君禹，號紫溪。萬曆癸酉解
　　元，丁丑會魁，授南刑部主事。憂歸，起補工部。癸未分校禮闈，得士多名人，李廷機

象曰：咸，感也。柔上而剛下，二氣感應以相與，止而
　　　說，男下女，是以「亨利貞，取女吉」也。天、地
　　　感而萬物化生，聖人感人心而天下和平。觀其所
　　　感，而天地、萬物之情可見矣。

　　「彖曰」，卦名「咸」者，乃交相「感」之義也。卦體兌「柔」在
「上，而」艮「剛」在「下」，是剛柔「二氣感應以相與」，造化之正也。
卦德艮「止」則感之專，「而」兌「說」則應之至，人己所感之正也。卦
象艮少「男、下」兌少「女」，男先於女，得男、女之正，婚姻之時，是
男、女所感之正也。三者皆感應之貞正，而吉亨之本也。「是以」占者凡
事固「亨利貞」，而為「取女」一事，亦「吉也」。試即感通之理，而極言
之也。「天、地」以氣「感」萬物，「而萬物化生。聖人」以心「感人心，
而天下和平。觀其所感，而天地、萬物之情可見矣」。[2]

象曰：山上有澤，咸；君子以虛受人。

其最著者。尋改禮部，擢浙江督學，僉事、評品精詳，眾服公明。遷陝西分守參議，捐
俸葺庠，與士談經講藝。嘗單騎行村落，問民疾苦。父老有進斗酒園蔬，酹而嚼之，若
親父兄。移廣西備兵副使，尋移其省參政。政尚簡易，興文化俗。岑溪峒猺反，躬督將
士討平之。未幾，以疾休。移貴州按察使，不赴。當道強之，對曰：『用世如虛舟，存
而不繫，過而不留，不以天下為己有；出世如游魚，游乎江湖，忘乎江湖，不以己為天
下有。』竟不出。生平超曠洞達，如置身霄漢上。君官無所取受，居家環堵蕭然，未嘗
葺治。疾革，但命以故衣斂。著有《易經兒說》、《四書兒說》、《韋編微言》諸書。卒，
郡人士請特祠，與蔡文莊（清）、陳紫峰（琛）二先生祠並。」

2　案：《周易折中·咸·集說》，丘氏富國曰：「咸，二少相交者，夫婦之始也，所以論交
感之情，故以男下女為象。男下於女，婚姻之道成矣。恆二長相承者，夫婦之終也，所
以論處家之道，故以男尊女卑為象。女下於男，居室之倫正矣。損雖二少，而男不下
女，則咸感之義微，益雖二長，而女居男上，則恆久之義悖。此下經所以不首損、益，
而首咸、恆與？」

「象曰」，艮「山上有」兌「澤」，以澤之潤，而感乎山；以山之虛，而受澤潤，「咸」之象也。「君子」體之，「以虛」心「受人」之感。

初六：咸其拇。

「初六」，感於最下，感之尚淺，欲進未能，猶人拇之動，未足以進，心感而跡未應也，故其象為「咸」以「其拇」焉。○《本義》：「拇，足之大指也。咸以人身取象，此卦雖主乎感，六爻皆宜靜，而不宜動也。」

初六　《蒙引》：「諸爻皆是感，不是為物所感。初六如孤寒之士，疏遠之臣，凡交情之淺者皆是。」

象曰：咸其拇，志在外也。

「象曰：咸其拇」者，感為心之用，而志為感之主，其感雖淺，而「志」已「在外也」。

六二：咸其腓，凶；居，吉。

「六二」，當腓之處，陰柔不能固守，為「咸」以「其腓」之象，凶。然有中正之德，苟能「居」其所，而不妄動，則「吉」。

六二　按：二本有中正之德，而以陰柔不能固守。如楊雄[3]本文學之徒，而媚於王莽；荀彧亦清修之士，而附於曹操，卒致敗名喪節。惟不能居，而妄動感人，故不吉也。

3　案：「楊雄」，即〔西漢〕揚雄（字子雲，53B.C.E.-13C.E.），蜀郡成都人，著名哲學家、文學家、語言學家。

象曰：雖凶居吉，順不害也。

「象曰」，二「雖」有感腓之「凶」，反而為「居」則「吉」者，以有中正之德，能「順」理則「不害也」。

九三：咸其股，執其隨；往，吝。

「九三」，當股之處，因下二爻之動，而己隨之，以象言之，為「咸」以「其股」，而隨足妄動；以義言之，為堅「執其隨」人，而專一不變。如是而「往」，則「吝」矣。○《本義》：「股隨足而動，不能自專者也。執者，主當執持之意。」

九三 按：三在下之上，而隨於下，象股隨足而動，不能自專。如穆叔之狗於豎牛，季桓子之狗於陽虎。又公子地之寵蘧富，獵亦為變，執其隨人之象。[4] 推之，凡碌碌无能，因人成事者皆是。

象曰：咸其股，亦不處也。志在隨人所執，下也。

「象曰：咸其股」者，二爻陰躁，不處不足怪。九三陽剛，居止之極，宜靜而反動，「亦」隨之而「不處也」。其「志」只「在」於隨「人所執」，亦卑「下也」。

九四：貞，吉；悔，亡。憧憧往來，朋從爾思。

「九四」，居股之上、脢之下，又當三陽之中心之象，感之主也。以

4　案：穆叔（叔孫豹）、豎牛（叔孫豹庶長子）、季桓子（季孫斯）、陽虎、公子地（宋元公之子、景公之弟）、蘧富（獵），諸人事蹟俱可檢索閱覽，此不具錄。

陽居陰，而失其正固，故因上股，戒以為能「貞」則「吉」，而「悔」可「亡」。若思慮「憧憧往來」在心，不能正固，而累於私感，則惟「朋」類「從爾」之「思」而已，不能及遠矣。

囲九四囲 按：四能貞則无私心之感，其應必周，故吉，悔亡，如「王者之皞皞」是也。若「憧憧往來」，則有私之心感，其應必狹，故惟「朋從爾思」，如伯者之驩虞是也。[5]

象曰：貞吉悔亡，未感害也；憧憧往來，未光大也。

「象曰：貞吉悔亡」者，言不正而感則有害，貞則「未」有私「感」之「害也」。若「憧憧往來」，則累於私感，而「未」得此心「光」明正「大」之「體」「也」。

九五：咸其脢，无悔。

「九五」，當脢之處，與心相背，不能感物，而無私係，為「咸」以「其脢」之象。然吉、凶、悔、吝生乎動，此雖不能感物，亦可「无悔」也。○《本義》：「脢，背肉在心上，而相背。」

囲九五囲 士、君子居天、地間，天、地、民、物皆吾分內事，固無絕人逃世之理。咸其脢，則耽寂守空，不能感物。雖无私感之悔，而志抑末也，如老子之以「知希為貴」[6]是也。

5　案：「伯者」，即「霸者」，典出《孟子‧盡心上》，孟子曰：「霸者之民，驩虞如也；王者之民，皞皞如也。殺之而不怨，利之而不庸，民日遷善而不知為之者。夫君子所過者化，所存者神，上下與天地同流，豈曰小補之哉？」

6　案：「知希為貴」，典出《老子‧第七十章》：「吾言甚易知易行，天下莫能知，莫能行。言有宗，事有君。夫惟無知，是以不我知。知我者希，則我者貴，是以聖人被褐懷玉。」

象曰：咸其脢，志末也。

　　「象曰：咸其脢」者，不能感物，「志」抑「末也」。

上六：咸其輔頰舌。

　　「上六」，以說居陰之終，過於媚說，處咸之極，欲感人之極，蓋感人以言，而無其實。又兌為口舌，故象為「咸其輔頰舌」，凶咎可知。○《本義》：「輔頰舌，皆所以言者，而在身之上。」

上六　按：舌動則輔應，而頰隨之。蓋感人以言，而無其實。如淳于髡、公孫衍、張儀、蘇秦之類。推之。如李林甫口蜜腹劍，李義甫笑裏藏刀，蔡元度笑面夜叉，則又其甚者。雖不言凶咎，而凶咎亦可知矣。

象曰：咸其輔頰舌，滕口說也。

　　「象曰：咸其輔頰舌」者，不能誠以動物，徒欲「滕」揚「口說」，以感人「也」。○《本義》：「滕、騰通用。」

三十二　䷟巽下震上　恆

恆：亨，无咎，利貞，利有攸往。

　　此卦體、德、象、爻，四者皆見感應之常，常則可久，故為「恆」。其占為能久於其道，則「亨」而「无咎」。然又必「利」於守「貞」，乃為所常久之道，而「利有攸往」也。○《本義》：「恆，常久也。」

恆卦　《程傳》：「天、地，萬物之本，所以首乾、坤；夫婦，人倫之始，

所以首咸、恆。」邱氏曰：「咸二少相交，夫婦之始；恆二長相承，夫婦之
終。」[7]《蒙引》：「恆亨无咎，已是指貞者言，但未說出貞字。」又曰：
「利貞，戒占者之詞也。世固有執拗終身者，如楊、墨之徒，所守非不
堅，正則未也，故終不可行。彖詞，須以守字對行言利往，以行言利有攸
往，只是上面亨无咎。」

象曰：恆，久也。剛上而柔下，雷風相與，巽而動，剛柔
　　　皆應，恆。「恆，亨，无咎，利貞」，久於其道也。
　　　天地之道，恆久而不已也；「利有攸往」，終則有始
　　　也。日月得天而能久照，四時變化而能久成，聖人
　　　久於其道，而天下化成。觀其所恆，而天地、萬物
　　　之情可見矣。

　　「彖曰」，卦名「恆」者，取常「久」之義「也」。卦震體「剛」在
「上，而」巽「柔」在「下」，此名分之常，而可久也。卦象震「雷」而
巽「風」，二物「相與」，此氣運之常，而可久也。卦德「巽」順「而」震
「動」，此天下之常行，而可久也。卦爻陰陽相應，是「剛柔皆應」，此天
下之常情，而可久也，故名「恆。恆」固能「亨」且「无咎」矣，然必
「利」於「貞」，乃為「久於其道也」。不貞，則久非其道矣。「天、地之
道」，所以「恆久而不已也」。天、地且然，況人而可不利貞乎。○《本

7　案：「邱氏」，為「邱（丘）富國」，詳參《周易折中‧恆‧集說》，丘氏富國曰：「咸，
　　二少相交者，夫婦之始也，所以論交感之情，故以男下女為象。男下於女，婚姻之道成
　　矣。恆二長相承者，夫婦之終也，所以論處家之道，故以男尊女卑為象。女下於男，居
　　室之倫正矣。損雖二少，而男不下女，則咸感之義微，益雖二長，而女居男上，則恆久
　　之義悖。此下經所以不首損益，而首咸恆與？」又《欽定四庫全書‧御定孝經衍義》卷
　　十一〈衍要道之義‧夫婦〉，宋儒丘富國曰：「咸二少相交者，夫婦之始也，以男下女為
　　象，男先下于女，婚姻之道成矣。恆二長相承者，夫婦之終也，以男女尊卑為象，女下
　　于男，居室之倫正矣。」

義》:「天、地之道,所以長久,亦以正而已矣。」

　　「利有攸往」者,蓋動靜相生,循環相生,靜而久於其道,是則所為「終」也。具體既立,「則」其用由行而「有始也」。試即恆久之理,而極言之。「日、月得」麗乎「天」,始終循環,「而能久照」乎萬物。「四時」往來「變化,而能久成」乎萬物。「聖人」純亦不已,悠久無疆,是「久於其道,而天下化」其心,以「成」其俗。「觀其所恆」而推之,「而」凡「天地、萬物之情」,皆「可見矣」。

象曰:雷風,恆;君子以立不易方。

　　「象曰」,震「雷」巽「風」,交相為用,不易之理,「恆」之象也。「君子」體之,「以立」於斯道之中,而「不易方」焉。○《本義》:「方者,道之所在。」

初六:浚恆。貞,凶,无攸利。

　　「初六」,與四為正應,本是常理。然初在下居初,勢單交淺,不可深求於常矣。四震體陽,又隔於二、三應初之意,異於常矣。乃初柔暗,不能度勢,又以陰居巽下,為巽之主,其性務入故深,以常理求之,為「浚恆」之象。雖「貞」正亦「凶」,而「无攸利」矣。

　初六　《蒙引》:「浚,深之也。如浚井之浚,初六知常,而不知變也。」《存疑》:「浚恆而謂之貞,四本正應,非有邪也,特以反常,而不可求耳。如賈生之於漢文、劉貴之於唐文,彼雖交淺言深,何嘗不正乎?」

象曰:浚恆之凶,始求深也。

　　「象曰：浚恆之凶」，初與四相應之「始」，而「求」之過「深」，所以凶「也」。

九二：悔，亡。

　　「九二」，以陽居陰，本嘗有悔，幸其居中，故「悔」得「亡」。

九二　《存疑》：「中以心言，正以事言。」按：二以陽居陰，本失正而能因中求正。如蘧伯玉行年五十，而知四十九年之非；行年六十，而六十化是已。[8]蓋惟其能久中，故因中求正，而悔可亡也。

象曰：九二悔亡，能久中也。

　　「象曰：九二悔亡」者，以在悔下卦之中，為「能久中也」。蓋因中求正，而悔可亡耳。

九三：不恆其德，或承之羞；貞，吝。

　　「九三」，位雖得正，然過剛不中，志從於上，不能久於其所，為「不恆其德」之象。人而如是，士林恥之，天下非之，又為「或承之羞」之象。占者雖「貞」，而不免於「吝」。○《本義》：「或者，不知其何人之詞。承，奉也，言人皆將奉而進之，不知其所自來也。」

九三　此爻如盧藏用隱終南山，武則天時徵為左拾遺，是「不恆其德」

8　案：典出《莊子‧則陽》：「蘧伯玉行年六十而六十化，未嘗不始於是之，而卒詘之以非也。未知今之所謂是之，非五十九非也。」《淮南子‧原道訓》：「故蘧伯玉年五十，而有四十九年非。」

矣。司馬承禎譏之，是「或承之羞」矣。[9]

象曰：不恆其德，无所容也。

「象曰：不恆其德」，得罪名教，見譏清議，「无所容」身於天、地之間「也」。

九四：田无禽。

「九四」，以陽居陰，久非其位，象猶「田」獵於「无禽」之地，无禽可獲，而凡事亦不得其所求也。

<u>九四</u> 體震主動，田獵，震動之事也。應爻在巽，巽為雞禽之象。來氏矣鮮[10]曰：「九三嘗恆，初不恆者，九四不當恆而恆者。」《蒙引》：「凡所處非其地，所乘非其時，所交非其人，皆久而無功。雖以田无禽取象，而一切人事，皆在其中矣。」

象曰：久非其位，安得禽也？

9　案：唐代盧藏用（字子潛，幽州范陽人，？-714），舉進士而不受重用，乃隱居終南山以求高名，終做大官的故事，後用「終南捷徑」比喻可以達到求官、求名、求利的便捷途徑。典出〔唐〕劉肅《大唐新語·卷十·隱逸》：「盧藏用始隱於終南山中，中宗朝累居要職。有道士司馬承禎（字子微，法號道隱，洛州溫人，647-735）者，睿宗迎至京，將還，藏用指終南山，謂之曰：『此中大有佳處，何必在遠！』承禎徐答曰：『以僕所觀，乃仕宦捷徑耳。』藏用有慚色。藏用博學工文章，善草隸，投壺彈琴；莫不盡妙。未仕時，嘗辟穀練氣，頗有高尚之致。及登朝，附權要，縱情奢逸，卒陷憲綱，悲夫！」並可參《新唐書·卷一二三·盧藏用列傳》。

10　案：「鮮」，誤書作「觧」（解）；「來氏矣鮮」，為明朝著名《易》學家來知德（字矣鮮，別號瞿塘，四川夔州梁山縣人，1526-1604），有《周易集註》（《易經來註圖解》）。

「象曰：田无禽」者，「久非其位，安得禽也」？雖久無益，久非其道，亦猶是也。

六五：恆其德，貞；婦人吉，夫子凶。

「六五」，以柔中而應剛中，是為「恆其」順從之「德」，常久不易而「貞」。然以順從為恆者，婦人之道。其占在「婦人」則「吉」，在「夫子」則「凶」。

六五　按：孟子曰：「以順為正者，妾婦之道也。」《集註》：謂：「蓋言公孫衍、張儀阿諛苟容，竊取權勢，乃妾婦順從之道，非丈夫之所宜也。」正與此爻之義相合。

象曰：婦人貞吉，從一而終也。夫子制義，從婦凶也。

「象曰：婦人貞吉」者，無專制之義，惟在「從一」夫，「而終」身也。若「夫子」則當「制義」，而苟「從婦」人順從之道，則「凶也」。

上六：振恆，凶。

「上六」，居恆之極則不常，處震之終則過當。又陰柔不能固守，居上非其所安，是以「振」為「恆」之象，故其占，則「凶」也。○《本義》：「振者，動之速也。」

上六　朱漢上曰：「初以深入為恆，未信而勞，未信而諫之類。上以震動為恆，如秦皇、漢武之類是也。」

象曰：振恆在上，大无功也。

「象曰：振恆」，以「在」卦之「上」。處震之終，常常好動，非惟無以成事，而適以敗事，「大无功也」。

三十三 ䷠艮下乾上　遯

遯：亨。小，利貞。

為卦二陰深長，陽自退避，故為「遯」。其占為君子能遯，則身雖退而道「亨」；若「小」人則「利」於守「貞」正，不可以浸長之，故而遂侵迫於陽也。○《本義》：「遯，退避也。小，謂陰柔小人也。」

遯卦　「遯亨」是諷君子，以避小人也。若楊伯起不避樊豐、[11]岳武穆不避秦檜，則不亨矣。「小利貞」是儆小人，以不可害君子也。若樊豐之害楊伯起、秦檜之害岳武穆，則不貞矣。

象曰：「遯亨」，遯而亨也。剛當位而應，與時行也。
　　　「小，利貞」，浸而長也。遯之時義，大矣哉！

「象曰：遯亨」者，能「遯而」後可得「亨也」。雖九五陽「剛當位，而」下有六二之「應」。若猶可以有為，但二陰浸長於下，正當遯之時也，故必「與時」而「行」遯「也」。「小利貞」者，二陰「浸而長

---

11 案：典出《東觀漢紀‧傳十二‧楊震》：「楊震，字伯起，少好學，受歐陽尚書於太常桓郁，明經博覽，無不窮究。諸儒為之語曰：『關西孔子楊伯起。』」「楊震為太尉，性忠誠，每陳諫諍，中常侍樊豐等譖之，收印綬，歸本郡。震到洛陽都亭，顧謂子及門生曰：『吾蒙恩居上司，姦臣狡猾而不能誅，嬖人傾亂而不能禁，帑藏空虛，賞賜不節，而不能塞，何面以見日、月？』遂仰鴆而死。」

也」，恐陵迫君子，故因其勢，而喻以理也。陰方浸長，勢固當遯；然非能因時度義，必不能遯，蓋「遯之時義」，亦「大矣哉」！

象曰：天下有山，遯；君子以遠小人，不惡而嚴。

「象曰：天下有山」，天體無窮，山高有限，「遯」之象也。「君子」體之，「以遠小人，不」為「惡」聲厲色，「而」但「嚴」於自守，則小人自不能近矣。

初六：遯尾，厲；勿用，有攸往。

「初六」，居於卦下，「遯」而在後「尾」之象，危「厲」之道也。占者「勿用，有攸往」；但晦處靜俟，庶可免災耳。

初六　遯貴先，不貴後。初六為遯之尾，是象君子皆去，彼獨濡遲也。小人之禍，將及其身，故厲。如范蠡泛舟五湖，而大夫種不去，後果罹于患害是已。

象曰：遯尾之厲，不往何災也？

「象曰：遯尾之厲」者，不知早遯，而尚往耳。若「不往，何災」之有「也」？

六二：執之，用黃牛之革，莫之勝說。[12]

---

12 案：此書衍一「也」字，原典所无，理當刪去。

「六二」，在二之中，中也。爻位，俱陰，順也。以中順自守，人莫能解，必遯之志也。象猶「執之，用黃牛之革」，雖欲解脫之，而「莫之勝說」也。

六二　陸振奇曰：「舜與共、驩同朝，旦與管、蔡共國，[13]孔子之見陽貨，孟子之見王驩，[14]小人日在前，而我自遯。得此義者，其六二乎！六二不言遯，所處不可遯也，但論其志耳。志固，則小人不能勝我，而亦不見我之所以遯，是謂『不惡而嚴』。」

象曰：執用黃牛，固志也。

「象曰：執用黃牛」者，言「固」執其必遯之「志也」。

九三：係遯。有疾，厲；畜臣妾，吉。

「九三」，時當既遯，當速而決，乃下比二陰，係戀不去，為「係遯」之象。如是則名節有虧，而「有疾」，且不免中傷而「厲」矣。夫此係戀之情，只可用之「畜臣妾」，則可結其心，得其力而「吉」。

九三　暱于比昵，當遯而有所係。如韓信、彭越，皆有所係，而不能遯，

13　案：〔南宋〕楊萬里《誠齋易傳·噬嗑九四》引史證《易》同此，文曰：「舜與共、驩雜處堯朝，周公與管、蔡並居周位，去共、驩、管、蔡之強梗也。」

14　案：二事分別載於《論語·陽貨第十七》，陽貨欲見孔子，孔子不見，歸孔子豚。孔子時其亡也，而往拜之。遇諸塗。謂孔子曰：「來！予與爾言。」曰：「懷其寶而迷其邦，可謂仁乎？」曰：「不可。」「好從事而亟失時，可謂知乎？」曰：「不可。」「日月逝矣，歲不我與。」孔子曰：「諾，吾將仕矣。」以及《孟子·滕文公下》，公孫丑問曰：「不見諸侯何義？」孟子曰：「古者不為臣不見。陽貨欲見孔子而惡無禮，大夫有賜於士，不得受於其家，則往拜其門。陽貨矙孔子之亡也，而饋孔子蒸豚；孔子亦矙其亡也，而往拜之。當是時，陽貨先，豈得不見？曾子曰：『脅肩諂笑，病于夏畦。』子路曰：『未同而言，觀其色赧赧然，非由之所知也。』由是觀之，則君子之所養可知已矣。」

後為呂后誣以欲反，而及于難，是有疾而厲也。《蒙引》：「畜臣妾吉，言他
無所用，唯用之於畜臣妾，則尚有此一吉，益見係遯之無所利矣。而凡一
切事之大者，但有所係，而不能決，便能致厲矣。」

象曰：係遯之厲，有疾憊也。畜臣妾吉，不可大事也。

「象曰：係遯之厲」，名節俱墜，志氣不振，是為「有疾」，則用
「憊」，故厲「也」。惟「畜臣妾」則「吉」者，言「不可」用於「大事
也」。

九四：好遯。君子，吉；小人，否。

「九四」，下應初六，其愛「好」者也。而乾體剛健，不牽於私愛，
能絕之以「遯」之象。惟自克之，「君子」能之，故「吉」。若「小人」，
則不能而「否」也。

九四　君子重名節，能絕所好以遯，如龔勝、邴漢之上疏乞歸是已。若陰
柔小人，溺于所安，如劉歆、甄豐等之不能去是已。[15]

---

15 案：二事俱詳《漢書‧卷七十二‧王貢兩龔鮑傳》與《卷九十九中‧王莽傳》，復據
〔明〕婁東張溥（字乾度、天如，號西銘，江蘇太倉人，1602-1641）《劉子駿集‧題
詞》曰：「王莽篡漢，甄豐、劉歆、王舜為其腹心，豐、舜不足道，歆宗室宿儒，胡為
僕僕符命同賣餅兒也！甄尋之變，劉棻兄弟三人皆死，歆始怨懼，後與王涉、董忠謀誅
莽，徬徨太白，漏言婦人，遂自殺也。班史謂歆初心輔莽，圖富貴，謀至加號安漢、宰
衡而止，事不出於居攝，即真以後，內畏不安，懷變有日，此固寬為之辭，然論歆罪幽
州，羽山流殛猶小矣。子政三子，皆好學：長子伋，以《易》教授，官至郡守；中子
賜，九卿丞，早卒；而少子歆最知名。令歆繼父業，校祕書，領《五經》，死於哀帝之
世，官以都尉終，其名豈不出兩兄上？而冒榮國師，投跡亂逆，悲乎其壽也。《左傳》
未立，移書責讓。子雲為友，求索《方言》。至《洪範傳》，著《天人七略》，綜百家三
統，歷譜，考步日月五星，此非古鉅儒耶？讀其書益傷其人，則有掩卷爾。」

象曰：君子好遯，小人否也。

「象曰：君子」則能斷絕所「好」以「遯」，若「小人」係戀，則「否也」。

九五：嘉遯。貞，吉。

「九五」，與六二中正相應，未見可去，他卻見幾而作，去得恰好，遯之嘉美者也，故曰「嘉遯」。占者知時而遯則「貞」，不殆、不辱而「吉」。

九五 全身全節，如微子之去商，子房之去漢是已。又疏廣謂疏受曰：「吾聞知足不辱，知止不殆，即日俱乞骸骨歸，亦是嘉遯也。」[16]

象曰：嘉遯貞吉，以正志也。

「象曰：嘉遯。貞，吉」者，由九五陽健中正，能「以正」其「志」，而不苟容，得正而吉「也」。

---

16 案：《漢書‧卷七十一‧雋疏于薛平彭傳》載疏廣（字仲翁，東海蘭陵人，西漢宣帝時任太子太傅）事，文曰：「廣、受（疏廣兄之子，任太子少傅）歸鄉里，日令其家賣金共具，請族人、故舊、賓客，與相娛樂。或勸廣以其金為子孫頗立產業者，廣曰：『吾豈老悖不念子孫哉！顧自有舊田廬，令子孫勤力其中，足以共衣食，與凡人齊。今復增益之以為贏餘，但教子孫怠墮耳。賢而多財，則損其志；愚而多財，則益其過。且夫富者眾之怨也，吾既無以教化子孫，不欲益其過而生怨。又此金者，聖主所以惠養老臣也，故樂與鄉黨、宗族共饗其賜，以盡吾餘日，不亦可乎！』於是族人悅服。」又《資治通鑑‧漢紀》載其事，文曰：「夏，四月，丙子，立皇子欽為淮陽王。皇太子年十二，通《論語》、《孝經》。太傅疏廣謂少傅受曰：『吾聞「知足不辱，知止不殆」。今仕宦至二千石，官成名立，如此不去，懼有後悔。』即日，父、子俱移病，上疏乞骸骨。上皆許之，加賜黃金二十斤，皇太子贈以五十斤。公卿故人設祖道供張東都門外，送者車數百兩。道路觀者皆曰：『賢哉二大夫！』或歎息為之下泣。」

上九：肥遯，无不利。

　　「上九」，以陽剛居卦外，下无係應，遯之遠，而處之裕，為「肥遯」之象，其占「无不利」。○《本義》：「肥者，寬裕自得之意。」○《程傳》：「肥者，寬大充裕之意。」

　上九　陽剛是有德之士，卦外不當事，任無係應，當路又无相知之人，遯處林泉，不干世事。如夷、齊之采薇，隱于首陽；四皓之采芝，入于商山是已。

象曰：肥遯无不利，无所疑也。

　　「象曰」，從容「肥遯」，故「无不利」，而「无所疑也」。

三十四　☳☰乾下震上　大壯

大壯：利貞。

　　此卦四陽盛長，故為「大壯」。陽壯，則占者吉亨，不待言矣。然必「利」于理之「貞」正，而後壯可保也。○《本義》：「大，謂陽也。」

　大壯　二月之卦也。正月泰，陽雖長而未盛；三月夬，陽已盛而將衰，皆不可以言壯。四陽則壯矣，陽壯之日，君子可以進而決陰，然必戒以利貞者，壯不正則暴也，惟正所以成其大。孟子論「其為氣也，至大至剛，塞天、地，配道、義」，其旨皆備一卦之中。王申子曰：「卦雖以剛壯為義，然爻皆貴於用柔。蓋以剛而動剛，不可過也。故初之壯趾則凶，三之羸角則厲。」

彖曰：大壯，大者壯也，剛以動，故壯。「大壯利貞」，大
　　者正也。正大，而天、地之情可見矣。

　　「彖曰」，卦名「大壯」者，卦體陽長過中，「大者」之「壯也」。卦
德乾「剛」，而「以」震「動」，是集義以生浩然之氣，「故」大者能
「壯」。○《蒙引》：「『以』字當『而』字看，剛體而動用。」
　　「大壯」而曰「利貞」者，言「大者」處壯之時，勢雖足以有為，而
所存、所發必合於至「正也」。即此「正大」之理觀之，「而天、地之情可
見矣」。

象曰：雷在天上，大壯；君子以非禮弗履。

　　「象曰：雷在天上」，聲勢赫奕，「大壯」象也。「君子」體之，「以」
克己之學為大壯，而「非禮弗履」。

初九：壯于趾，征，凶，有孚。

　　「初九」，陽剛居下，當壯之時，不度事勢，而壯於進，象為「壯于
趾」焉。占者居下，而壯于「征」進，其「凶」不「有孚」可必乎。○
《本義》：「趾在下，而進動之物也。」
初九　陽剛居下，志既不安於卑，而當壯時，勢又能遂其進，是不度事
幾，不審時宜，而徒上于進，必遭摧折之虞，自取疑忌之禍，如秦之韓
非、漢之京房[17]是已。

────────────

17 案：事詳《漢書‧卷七十五‧京房傳》，而〈儒林傳〉略曰：「京房受《易》梁人焦延
　　壽。延壽云嘗從孟喜問《易》。會喜死，房以為延壽《易》即孟氏學，翟牧、白生不
　　肯，皆曰非也。至成帝時，劉向校書，考《易》說，以為諸《易》家說皆祖田何、楊

象曰：壯于趾，其孚窮也。

「象曰：壯于趾」者，「其孚」至于困「窮也」。

九二：貞，吉。

「九二」，以陽居陰為失正，于事未免有恃壯之失。[18]然所處得中，則心無邪妄，猶可因以不失其正。占者如能因中以求「貞」正，則得遂其進而「吉」。

九二 此爻得中，則心無過當而失正，則事或有恃壯之失，如漢蓋寬饒、韓歆、楊惲之類是已。[19]曰「貞，吉」者，戒以貞正，而勿恃壯，則吉也。

叔、丁將軍，大誼略同，唯京氏為異，黨焦延壽獨得隱士之說，託之孟氏，不相與同。房以明災異得幸，為石顯所譖誅，自有傳。房授東海殷嘉、河東姚平、河南乘弘，皆為郎、博士。繇是《易》有京氏之學。」

18 案：「失」，誤書作「矣」，當正之。

19 案：〔唐〕杜佑（字君卿，京兆萬年人，735-812）《通典‧刑法八‧寬恕‧漢》曰：「元帝柔仁好儒，見宣帝多用文法吏，以刑名繩下，大臣楊惲、蓋寬饒等坐刺譏語而誅。嘗侍燕從容言：『陛下持刑太深，宜用儒生。』宣帝作色曰：『漢家自有制度，本以霸王道雜之。奈何純任德教，用周政乎！且俗儒不達時宜，好是古非今，使人眩於名實，不知所守，何足委任。』乃歎曰：『亂我家者，太子也！』及即位，下詔曰：『法令者，欲其難犯而易避也。今律令煩多，自典文者不能分明，而欲羅元元之不逮，豈刑中之意哉！其議律令可蠲除輕減。』」〔北宋〕蘇軾（字子瞻，號東坡，眉州眉山人，1037-1101）《蘇軾集‧卷九十四‧二疏圖贊》：「惟天為健，而不干時。沉潛剛克，以變和之。於赫漢高，以智力王。凜然君臣，師友道喪。孝宣中興，以法馭人。殺蓋、韓、楊，蓋三良臣。先生憐之，振袂脫屣。使知區區，不足驕士。此意莫陳，千載於今。我觀畫圖，涕下沾襟。」〔北宋〕邵博（字公濟，號西山，洛陽人，?-1158）《邵氏聞見後錄‧卷十六》曰：「三良臣，謂蓋寬饒、韓延壽、楊惲也。意以孝宣殺此三人，故二疏去之耳。按《漢史》，孝宣地節三年，疏廣為皇太子太傅，兄子受為少傅，至元康四年，俱謝病去。後二年，當神爵二年九月，司隸校尉蓋寬饒下有司自殺。又三年，當五鳳元年十二月，左馮翊韓延壽棄市。又一年，當五鳳二年十二月，平通侯楊惲要斬，皆在二疏去之後。以二疏因殺三人而去者，亦誤也。」

象曰：九二貞吉，以中也。

　　「象曰：九二」不正，[20]而曰「貞吉」者，「以」所處得「中」，可因中求正「也」。

九三：小人用壯，君子用罔；貞，厲。羝羊觸藩，羸其角。

　　「九三」，過剛不中，當壯之時。在「小人」，則專恃勇力，不顧義理而「用壯」；在「君子」，則蔑視世事，无所忌憚而「用罔」。上者其事雖出於「貞」正，而皆不免於危「厲」。象「羝羊」之恃剛壯「觸藩」，而「羸其角」然。○《本義》：「罔，无也。視有如无，君子之過於勇也。藩，籬也。羸，困也。」

九三　按：用壯、用罔，固無得正之理，而曰貞者，乃是如鬻權懼君以兵，先軫不顧唾君，其事皆出於忠固貞。然鬻權以懼君自縊，先軫以唾君死狄，是皆厲也。蓋雖正亦厲，況不正乎？[21]

20　案：「正」，誤書作「二」。

21　案：「鬻權（拳）懼君以兵」與「鬻權（拳）以懼君自縊」，事詳《春秋左氏傳·莊公十九年》：「春，楚子禦之，大敗於津，還，鬻拳弗納，遂伐黃，敗黃師于踖陵，還及湫，有疾，夏，六月，庚申，卒，鬻拳葬諸夕室，亦自殺也，而葬於絰皇，初，鬻拳強諫楚子，楚子弗從，臨之以兵，懼而從之，鬻拳曰：『吾懼君以兵，罪莫大焉。』遂自刖也，楚人以為大閽，謂之『大伯』，使其後掌之。君子曰：『鬻拳可謂愛君矣，諫以自納於刑，刑猶不忘納君於善。』」「先軫不顧唾君」與「先軫以唾君死狄」，事詳《春秋左氏傳·僖公三十三年》：「夏，四月，辛巳，敗秦師于殽，獲百里孟明視、西乞術、白乙丙，以歸。遂墨以葬文公，晉於是始墨。文嬴請三帥，曰：『彼實構吾二君，寡君若得而食之，不厭，君何辱討焉？使歸就戮于秦，以逞寡君之志，若何？』公許之，先軫朝，問秦囚，公曰：『夫人請之，吾舍之矣。』先軫怒曰：『武夫力而拘諸原，婦人暫而免諸國，墮軍實而長寇讎，亡無日矣。』不顧而唾。公使陽處父追之，及諸河，則在舟中矣。釋左驂，以公命，贈孟明，孟明稽首曰：『君之惠，不以纍臣釁鼓，使歸就戮于秦，寡君之以為戮，死且不朽，若從君惠而免之，三年將拜君賜。』秦伯素服郊次，鄉

象曰：小人用壯，君子罔也。

　　「象曰：小人用壯」，必以壯敗。「君子」用「罔」，必以罔困「也」。

九四：貞，吉；悔，亡。藩決不羸，壯于大輿之輹。

　　「九四」，以陽居陰為失正，而不極其剛，猶有可反正。占者若能不恃壯以躁進，則「貞」而得「吉」，「悔」可「亡」矣。其象何如？取象於羊，則「藩」籬「決」開，而「不」致「羸」角之傷。取象於車，則「壯于大輿之輹」，而可無摧折對傷矣。○《本義》：「決，開也。三前有四，猶有藩焉。四前二陰，則藩決矣。」

九四　恃剛躁進，其進必折，能以貞處之，則吉而悔可亡。藩決不羸者，无所阻于前也。壯于大輿之輹者，是可進而前也。蓋不極剛以進，正所以可進，若禰衡之極，則亦安得進乎？[22]

象曰：藩決不羸，尚往也。

　　師而哭曰：『孤違蹇叔，以辱二三子，孤之罪也，不替孟明，孤之過也，大夫何罪？且吾不以一眚掩大德。』」

22　案：事詳《後漢書‧卷八十下‧文苑列傳第七十下‧禰衡》，又有關禰衡（字正平，平原般縣人，173-198）之死更詳細的敘述，見〔北宋〕李昉（字明遠，深州饒陽人，925-996）等編《太平御覽‧卷八三三‧資產部十三‧鍛》引〈衡別傳〉曰：「十月朝黃祖，在艬衡（艬艫）舟上，賓客皆會，作黍臛。既至，先在衡前，衡得便飽食，初不顧左右。既畢，復搏弄以戲。時江夏有張伯雲亦在座，調之曰：『禮教云何而食此？』正平不答，弄黍如故。祖曰：『處士不當答之也？』衡謂祖曰：『君子寧聞車前馬屁？』祖呵之，衡熟視祖罵曰：『死鍛錫公！』祖大怒，令五伯將出，欲杖之，而罵不止，遂令絞殺。黃射來救，無所復及，悽愴流涕曰：『此有異才。曹操及劉荊州不殺，大人奈何殺之？』祖曰：『人罵汝父作鍛錫公，奈何不殺？』」

「象曰：藩決不羸」者，惟不極其剛，而一以貞處之，可以「尚往」，而无阻「也」。

六五：喪羊于易，无悔。

「六五」，此卦二陰在外，四陽在內，外柔內剛，有似於羊，故諸爻皆取羊象。獨此爻以柔居中，不能抵觸，為「喪羊于易」之象。雖失其壯，然亦「无」所「悔」矣。○《本義》：「易，容易之易。（言）忽然不覺其亡也。」

六五　按：合兩卦體而觀，有似于兌互卦，亦為兌變卦，亦是兌而失其中剛，兌為羊，故象喪羊。蓋大壯之所以為大壯，由剛以動，六五資稟柔懦，處位不當，僅可免悔，如漢元帝之優柔靡斷是。

象曰：喪羊于易，位不當也。

「象曰：喪羊于易」者，六五以柔居中，失其內剛，當壯時而處乎「位不當也」。

上六：羝羊觸藩，不能退，不能遂；无攸利，艱則吉。

「上六」，壯終動極，則好喜事進，故為「羝羊觸藩」，而「不能退」。然其質本柔，則才弱，而力又「不能遂」其進，而「无攸利」也。獨幸其不剛，誠能「艱」難其事，而不敢求進不已，「則」尚可以得「吉」也。

上六　按：此爻如趙穿、胥甲之追秦軍而呼軍門，[23]荀偃、士匄之圍偪陽

---

23 案：事詳《春秋左氏傳‧文公十二年》：「十二月，戊午，秦軍掩晉上軍，趙穿追之不

而請班師。[24]蓋其好勇輕事，而才弱力微，不能濟事，即「不能退，不能遂」之象也。艱則吉者，戒以詳慎，則吉也。

象曰：不能退，不能遂，不詳也。艱則吉，咎不長也。

「象曰：不能退，不能遂」者，以壯終動極，「不詳」慎以處之故「也」。艱則吉」者，改其不詳，而艱貞以處，則得遂其進，不能退、遂之「咎，不長」久「也」。

三十五　☷☲坤下離上　晉

☷☴坤下巽上　觀

晉：康侯用錫馬蕃庶，晝日三接。

以坤遇離，有日出地上之象，順麗乎大明之德。又其變自觀而來，為

及，反，怒曰：『裹糧坐甲，固敵是求，敵至不擊，將何俟焉？』軍吏曰『將有待也。』穿曰：『我不知謀，將獨出。』乃以其屬出，宣子曰：『秦獲穿也，獲一卿矣，秦以勝歸，我何以報？』乃皆出戰，交綏，秦行人夜戒晉師曰：『兩君之士，皆未愁也，明日請相見也。』臾駢曰：『使者目動而言肆，懼我也，將遁矣，薄諸河，必敗之。』胥甲、趙穿，當軍門呼曰：『死傷未收而棄之，不惠也；不待期而薄人於險，無勇也。』乃止。秦師夜遁，復侵晉，入瑕。」

24 案：「荀偃」，誤書作「范偃」。事詳《春秋左氏傳·襄公十年》：「晉荀偃、士匄，請伐偪陽而封宋向戌焉。荀罃曰：『城小而固，勝之不武，弗勝為笑。』固請。丙寅，圍之，弗克。……諸侯之師，久於偪，荀偃、士匄，請於荀罃曰：『水潦將降，懼不能歸，請班師。』知伯怒，投之以机，出於其間曰：『女成二事而後告余，余恐亂命，以不女違，女既勤君，而興諸侯，牽帥老夫，以至於此。既無武守，而又欲易余罪，曰是實班師，不然克矣！余贏老也，可重任乎？七日不克，必爾乎取之。』五月，庚寅，荀偃、士匄，帥卒攻偪陽，親受矢石，甲午，滅之。」

六四之柔進而上行，以至於五，故為「晉」。占者有其德，為「康」國之「侯」，功在王室，「用」是受君寵，不惟「錫馬」，而且「蕃庶」，禮何隆也？「晝」接，而且「日三接」，情何殷也？○《本義》：「晉，進也。康侯，安國之侯也。」

晉卦　陳氏際泰曰：「文王繫晉卦時，未有唐叔虞也。然其辭曰：『晉，康侯用錫馬蕃庶，晝日三接。』厥後文侯捍王于艱難，王錫之馬四匹，策命為伯。至僖公二十八年，晉文公朝王，出入三觀，王錫之車輅[25]弓矢。于是姬姓獨晉伯者數世，周室賴之，所謂『康侯』者乎！一時之語，遂為後世之讖，无一不合，豈有冥識也哉？」

象曰：晉，進也。明出地上，順而麗乎大明，柔進而上
　　　行，是以「康侯用錫馬蕃庶，晝日三接」也。

　　「象曰」，卦名「晉」者，進之義也。詞曰「康侯」云云者，何以得此哉？卦象「明出地上」，當明盛之時也。卦德「順而麗乎大明」，備致主之德也。卦變六四「柔進而上行」，以至五位，又有虛己下賢之君也。「是以康侯用」此，而當「錫馬蕃庶，晝日三接也」。

象曰：明出地上，晉；君子以自昭明德。

　　「象曰：明出地上，晉」之象也。「君子」知日之升，以漸而進。人之明明德，亦以漸而進，而「以自昭」其「明德」。○《本義》：「昭，明之也。」

---

25 案：「輅」，誤書作「輅」。

初六：晉如，摧如；貞，吉。罔孚，裕，无咎。

　　「初六」，以陰居下，應不中正，有欲「晉如」而見「摧如」之象。占者如是，而能自守「貞」正，則盡其在我，自足見信於上，得遂其進而「吉」。設或守正，不為上所信而「罔孚」，亦惟處以寬「裕」，則可「无咎」。

| 初六 | 按：此爻如皇父規獻策，而為梁冀下第，是欲晉如，而見摧如也。乃規遂以疾求免，是罔孚而裕，无咎也。[26] |

象曰：晉如摧如，獨行正也；裕无咎，未受命也。

　　「象曰」，初六雖欲「晉如」，而見「摧如」。然其志「獨」在於「行正」，而不汲[27]汲於求進「也」。裕无咎」，以初居下位，「未受」官守之「命」，自應綽綽有餘裕「也」。

六二：晉如，愁如；貞，吉。受茲介福，于其王母。

　　「六二」，中正上无應援，故欲「晉如」而「愁如」之象。占者如是，而能「貞」正自守，則中正之德，久而必彰，終得晉而「吉」，而

26　案：事詳《後漢書·卷六十五·皇甫規傳》：「皇甫規字威明，安定朝那人也。……沖、質之閒，梁太后臨朝，規舉賢良方正。對策曰：『……大將軍梁冀、河南尹不疑，處周、邵之任，為社稷之鎮，加與王室世為姻族，今日立號雖尊可也，實宜增修謙節，輔以儒術，省去游娛不急之務，割減廬第無益之飾。夫君者舟也，人者水也。胹臣乘舟者也，將軍兄弟操鑠者也。若能平志畢力，以度元元，所謂福也。……』梁冀忿其刺己，以規為下第，拜郎中。託疾免歸，州郡承冀旨，幾陷死者再三。遂以《詩》、《易》教授，門徒三百餘人，積十四年。後梁冀被誅，旬月之閒，禮命五至，皆不就。」

27　案：「汲」，誤書作「没」。

「受茲介福，于其王母」矣。○《本義》：「王母，指六五。」

六二　按：中正則有才德，无應援，則无汲引，得君行道之志，不得伸又變坎為加憂，故有欲晉如愁如之象。能貞則吉，而受福于王母，如伊尹耕莘而遇湯，太公釣渭而遇文是已。王母指柔順之君。

象曰：受茲介福，以中正也。

「象曰：受茲介福」，「以」六二「中正」之道，久而必彰「也」。

六三：眾允，悔亡。

「六三」，不中正，宜有悔矣。以其與下二陰，皆欲上進，是以為「眾」所「允」，終得遂其彙征之願，何「悔」之不「亡」乎？

六三　按：體坤為眾，又為土，土屬信，故為眾允之眾。吳氏曰慎曰：「初，罔孚，未信也；三，眾允，見信也。信于下，斯信于上。故弗信于友，弗獲于上矣。」[28]

象曰：眾允之，志上行也。

「象曰」，三之為「眾」所「允之」者，以三之「志」在於「上行」，

---

28 案：明末遺民吳曰慎（字徽仲，號敬庵，安徽歙縣人，生卒年未詳），所著《周易本義爻徵》傳世，為史事《易》學代表作；但檢視黃敬徵引其說，並未見於此書中，而實為清初李光地《御纂周易折中・晉六三・集說》所錄。據其姪昌於《周易本義爻徵》書前序云：「吾伯徽仲先生，寢食《周易》五十餘年，所有《易義集粹》已梓行海內，當世大儒君子，咸欽重之，惟所著《周易本義翼》，畢生精力萃焉，因卷帙繁多，未及刊行，《周易折衷》內已採列數十條，至於《爻徵》一書，乃與程兄二爻、長兄諮臣，曩年講《易》石林所輯。」

而初、二之意，適與之同[29]「也」。

九四：晉如，鼫鼠；貞，厲。

「九四」，不中不正，以竊高位，貪而畏人，有「晉如，鼫鼠」之象。占者雖位出於上，所與得之以「貞」正，而不免於危「厲」。○馮氏曰：「鼫鼠形大如鼠，在田中食粟者，蓋田鼠也。」[30]

九四　互艮為鼠，故取鼫鼠象，蓋德不稱位。若盜得而陰居之，一心戀戀，常恐為人所奪，如臧文仲之竊位是已。[31]又〈魏風〉以碩鼠棘貪殘，臧紇以似鼠譏齊莊，[32]亦似此。

象曰：鼫鼠貞厲，位不當也。

「象曰：鼫鼠貞厲」者，以不中不正，居「位不當也」。

---

29 案：「同」，誤書作「周」。

30 案：「馮氏」，即〔南宋〕馮椅（字儀之、奇之，號厚齋，南康都昌人，1140-1227）；此段引文，詳見其《厚齋易學‧卷三‧易輯注第三‧經下篇‧晉六三》：「『鼫』，《詩》作『碩』，疑此轉注從鼠。郭景純云：『形大如鼠，好在田中食粟豆，蓋田鼠也。』」

31 案：臧文仲（姬姓，臧氏，名辰，曲阜人，？-617B.C.E.），春秋時魯國大夫。世襲司寇，執禮維護公室。博聞強識，不拘常理。服事魯莊公、閔公、僖公、文公四位國君，廢除關卡，利於經商。魯文公十年，去世，諡號為「文」，世稱「臧文仲」。其事詳《春秋左氏傳》。

32 案：《詩經‧魏風‧碩鼠》：「碩鼠碩鼠，無食我黍！三歲貫女，莫我肯顧。逝將去女，適彼樂土。樂土樂土，爰得我所。碩鼠碩鼠，無食我麥！三歲貫女，莫我肯德。逝將去女，適彼樂國。樂國樂國，爰得我直。碩鼠碩鼠，無食我苗！三歲貫女，莫我肯勞。逝將去女，適彼樂郊。樂郊樂郊，誰之永號？」而「臧紇以似鼠譏齊莊」，事載《春秋左氏傳‧襄公二十三年》：「齊侯將為臧紇田，臧孫聞之，見齊侯，與之言伐晉，對曰：『多則多矣，抑君似鼠，夫鼠晝伏夜動，不穴於寢廟，畏人故也。今君聞晉之亂，而後作焉，寧將事之，非鼠如何？』乃弗與田，仲尼曰：『知之難也，有臧武仲之知。』而不容於魯國，抑有由也，作不順而施不恕也，《夏書》曰：『念茲在茲，順事恕施也。』」

六五：悔，³³亡；失，得，勿恤。往，吉，无不利。

　　「六五」，以陰居陽，所處不正，宜有悔矣。以大明在上，而下皆順從，故「悔」可「亡」。又一去其謀利、謀功之心，而或「失」、或「得」，「勿」憂「恤」焉，則君道得，而天下治，「往，吉，无不利」。

六五　按：此爻不正，亦如湯有漸德，武未盡善是。然以大明在上，而下皆順從。如湯之九圍是式，武之八百會同，是「失得勿恤」，王者之无成心也；往吉，无不利，王者之有成效也。³⁴

象曰：失得勿恤，往有慶也。

　　「象曰：失得勿恤」，儼然一純王之心也。本此以「往」，心无不公，化无不溥，自「有慶也」。

上九：晉其角，維用伐邑。厲，吉，无咎；貞，吝。

　　「上九」，以剛在上，剛極則過猛，在晉之終，進則過躁，為「晉其角」之象。占者「維用」剛之極，以「伐」其私「邑」，則雖太剛則折，為危「厲」之道，尚可圖濟，「吉」且「无咎」。然治小邑，焉用極剛？理所不當，即所治得「貞」正，祇可「吝」耳。○《本義》：「角，剛而在上。」

---

33 案：「悔」之後衍「可」字，當是注文誤入正文之故。

34 案：以上商湯、周武史事，詳參《尚書・商書・周書》。「武未盡善」，典出《論語・八佾第三》，子謂韶：「盡美矣，又盡善也。」謂武：「盡美矣，未盡善也。」而「湯之九圍是式」，典出《詩經・商頌・長發》：「帝命不違，至于湯齊。湯降不遲，聖敬日躋。昭假遲遲，上帝是祗，帝命式于九圍。」〔唐〕孔穎達疏：「謂九州為九圍者，蓋以九分天下，各為九處，規圍然，故謂之九圍也。」

上九 顧氏炎武曰：「〈夬·象〉言『告自邑』，如康命畢公『彰善癉惡，樹之風聲』也。〈晉·上九〉『惟用伐邑』，如王國大夫『大車毳衣，畏子不敢』也，皆治內之事。」[35]

象曰：維用伐邑，道未光也。

「象曰：維用伐邑」者，極剛自逞，于「道未」得為「光」大「也」。

三十六　䷣離下坤上　明夷

明夷：利艱，貞。

為卦下離上坤，日入地中，明而見傷之象，故為「明夷」。又其上六為暗之主，六五近之，是身近暗君，不正則失身，持正則賈禍，故必「利」於「艱」難，以行其「貞」正，而自晦其明也。

明夷 《大全》：「大君雖不明，而臣道祇有一正，故位有遠近，傷有淺深，而委曲周旋之道，不過於利貞而已，艱正所以成其貞也。」胡雲峯曰：「明夷五爻言箕子，釋象兼言文王，蓋羑里演《易》，處之甚從容，文王之德；佯狂受辱，處之極艱難，箕子之志。然文因之演義《易》，箕因之演禹《疇》，聖賢患難，關係斯文也。」又曰：「以卦言，則傷離之明在坤；以爻言，則傷下五爻之明在上。蓋惟上六不明而晦，所以下五爻之明，皆為所夷矣。」

---

35 案：徵引自〔明清之際〕顧炎武（字寧人，號亭林，直隸崑山人，1613-1682）《日知錄·卷一·自邑告命》條。「康命畢公」事，詳參《尚書·周書·畢命》，此篇記西周康王命畢公高保安東方之境，故稱〈畢命〉。「大車毳衣，畏子不敢」，語出《詩經·王風·大車》：「大車檻檻，毳衣如菼。豈不爾思？畏子不敢。大車啍啍，毳衣如璊。豈不爾思？畏子不奔。穀則異室，死則同穴。謂予不信，有如皦日。」

象曰：「明入地中，明夷」。內文明，而外柔順，以蒙大
　　難，文王以之。「利艱貞」，晦其明也。內難而能正
　　其志，箕子以之。

　　「象曰」，卦名明夷者，卦象「明入地中」，猶陽明君子處柔暗之下，
其明不得自見，故為「明夷」。○《本義》：「以卦象釋卦名。」
　　卦德「內」離「文明，而外」坤「柔順，以蒙大難」之時。昔者，
「文王」嘗用此道「以」處「之」，亦內明外順之意也。○《本義》：「以
卦德釋卦義。蒙大難，謂遭紂之亂，而見囚也。」
　　詞曰「利艱貞」者，言明夷之時，當韜「晦其明也」。卦體六五切近
上六昏暗，事關至戚，義不可去，是處「內難，而」周旋曲折，「能正其
志」，而不失其明。昔者，「箕子」嘗用此道「以」處「之」，亦能正其志
之意也。○《本義》：「內難，謂紂近親，謂在其國內，如六五之近於上六
也。」

象曰：明入地中，明夷；君子以莅眾，用晦而明。

　　「象曰：明入地中，明夷」之象。「君子以」此「莅眾」，不事察察而
「用晦」；外雖晦，「而」內必「明」。

初九：明夷于飛，垂其翼。君子于行，三日不食。有攸
　　往，主人有言。

　　「初九」，當「明夷」之時，去暗尚遠，而道已難行，其明夷也，象
鳥之「于飛」，而「垂其翼」。然「君子」當見幾而「于行」，適遭其窮，
至于「三日不食」。且其行也，必「有攸往」，而所適之「主人」，亦未免

「有言」。所如不合時義，當然不得不避也。○《本義》：「飛而垂翼，見傷之象也。」

初九 體離為雉，故象飛鳥。在下，故象垂翼；又離居三，離為日，故曰「三日」。胡雲峯曰：「象為飛，占為行、為往。象為垂翼，占為不食有言。」《大全》「初為伯夷海濱之事，以待天下之清」是也。

象曰：君子于行，義不食也。

「象曰：君子于行」，非僅時勢不幸，撥之於「義」，自當速去，雖「不食」可「也」。

六二：明夷，夷于左股，用拯，馬壯，吉。

「六二」，亦以明體居暗主之下為「明夷」。然視三、四、五為猶遠，見傷未切，有僅「夷于左股」之象。若速「用拯」之，如謂「馬」之「壯」者，則禍可免，而「吉」矣。

六二 如文王當紂之時，明夷也，囚于羑里，「夷于左股」也。散宜生之徒，以寶玉、文馬贖之，「用拯馬壯吉」也。胡雲峯曰：「豐九三與上應，故折其右股，傷之切而不可用也。明夷六二去上遠，故夷于左股，傷未切而猶可用也。二當股處，乾為良馬，故有此象。」

象曰：六二之吉，順以則也。

「象曰：六二之吉」者，蓋乘其傷之未切，而救之「順」也。而救之又速，則又「以則也」。

九三：明夷于南狩，得其大首，不可疾，貞。

「九三」，以剛居剛，又在明體之上，而屈於至暗之下，正與上六闇主相應，故有向明除害，得其首惡，為「明夷于南狩，得其大首」之象。然以下伐上，出于不得已，固「不^{36}可」急「疾」堅「貞」焉。○《本義》：「成湯起於夏臺，文王興於羑里，正合此爻之義，而小事亦有然者。」

九三 邱建安曰：「南者進而在前之方，狩者畋而去害之事。」按：離屬南方，又為甲冑、戈兵，故為「南狩」。上六居卦之上，故象「大首」，九三向明，除害僅得其首惡，行弔伐之仁也，不可疾貞，守君臣之義也。《程傳》：「斯義也，其湯、武之事是也。」

象曰：南狩之志，乃大得也。

「象曰：南狩之志」，在於除暴救民，所以一舉成功，而志「乃大得也」。

六四：入于左腹，獲明夷之心，于出門庭。

「六四」，居於闇地，身處昏朝，道无由明，有「入于左腹」之象。然以柔正居暗尚淺，故猶可以得意於遠去，有「獲明夷之心，于出門庭」之象。○《本義》：「左腹者，僻處^{37}之處。」

六四 按：離為大腹，坤亦為腹，四入坤體，在離之左，故為「入于左腹」。門庭，亦就坤取象，又變互皆震，震起也，故能「出于門庭」。又互

---

36 案：「不」下，衍一「不」字，當刪去。
37 案：「僻處」，《本義》原作「幽隱」為正。

坎，坎心之象，四位亦在心，故為「獲明夷之心」。胡雲峯曰：「獲明夷之
心者，微子之自靖；出門庭者，微子之行遯也。」

象曰：入于左腹，獲心意也。

「象曰」，四雖「入于左腹」，然柔正，居暗尚淺，終能「獲」遠害之
「心意也」而去。

六五：箕子之明夷，利貞。

「六五」，居至暗之地，近至暗之君，而能正其志，象猶「箕子」為
紂親近，佯狂受辱也。夫以箕子「之明夷」，貞之至也，占者亦「利」於
守此「貞」焉。

六五　朱子曰：「微子去卻易，比干諫死，又卻素性；箕子在半上落下，最
是難處，被他監係在那裏，不免佯狂，所以《易》中時說『箕子之明夷』，
可見其難處。爻言貞而不言艱者，言箕子則艱可見。」[38]

象曰：箕子之貞，明不可息也。

「象曰」，所謂「箕子之貞」者，佯狂為奴，雖晦其明，而「明」自
「不可息也」。

---

38 案：《朱子語類‧易類》原文曰：「明夷，未是說闇之主，只是說明而被傷者，乃君子
　　也。上六方是說闇。君子出門庭，言君子去闇尚遠，可以得其本心而遠去。文王、箕子
　　大概皆是晦其明。然文王『外柔順』，是本分自然做底。箕子晦其明，又云艱，是他那
　　佯狂底意思，便是艱難底氣象。爻說貞而不言艱者，蓋言箕子，則艱可見，不必更言
　　之。（淵）」

上六：不明，晦；初登于天，後入于地。

　　「上六」，陰居坤極，闇之甚者，故為暗主，是「不明」其德，以至于「晦」。始則居高位，以傷人之明，如「初登于天」。終必至於自傷，而墜厥命，如「後入于地」焉。

上六　此爻為紂之暗也。六爻皆以商、周之事言之，故曰：「《易》之興也，其當文王與紂之事乎。」《蒙引》：「上六，本非生成便暗，明德人所同具，特不能自明其德，而甘為欲昏，以至於晦耳。」

象曰：初登于天，照四國也；後入于地，失則也。

　　「象曰：初登于天」，亦常居尊位，以「照四國也；後入于地」者，不明其德，「失」君之「則也」。

三十七　䷤離下巽上　家人

家人：利女，貞。

　　卦之九五、六二，外、內各得其正，故為「家人」。而家人之離，恆起於婦人，故「利」于「女」之「貞」正焉。女正，則男正可知矣。○《本義》：「家人者，一家之人。」

家人　按：家人，統一家之人，而獨言「利女貞」者，蓋家之禍，恆起於婦人。如夏桀之有妹喜、紂有妲己、周幽有褒姒、晉有驪姬、吳有西施、漢有呂后、晉有賈后、唐有韋后，皆女之不貞者，所以致禍也。故占者必利於女之貞正，蓋內正則外无不正矣。王氏應麟曰：「六爻有得、有失，惟謙三吉、三利，家人一爻悔亡，互爻皆吉。」

彖曰：家人，女正位乎內，男正位乎外，男、女正，天、
　　地之大義也。家人有嚴君焉，父母之謂也。父父，
　　子子，兄兄，弟弟，夫夫，婦婦，而家道正。正
　　家，而天下定矣。

　　「彖曰：家人」之利貞女者，以六二有「女」之象，柔順以「正位乎
內」；九五有「男」之象，剛健以「正位乎外，男、女」之各「正」，豈細
故哉？蓋天以陽而居尊，地以陰而居卑，定分不易，乃「天、地之大義
也」。然必先正內，而后正外，此詞之所以「利女貞」也。且九五以陽主
外，父之象；六二以陰主內，母之象，是「家人有嚴君焉，父母之謂
也」。然欲正家，必先正內，不可以見「利女貞」之義也。然一家之人，
豈獨父母？以卦畫推之，上為父，初為子；「父」盡「父」道，「子」盡
「子」道也。五為兄，三為弟；「兄」盡「兄」道，「弟」盡「弟」道也。
五、三為夫，四、二為婦；「夫」盡「夫」道，「婦」盡「婦」道也。上、
下有序，內外有別，「而家道正。正家，而天下定矣」。

象曰：風自火出，家人；君子以言有物，而行有恆。

　　「象曰：風自火出」，猶風化自家而出，故「家人；君子」知風化之
本，自家而出；而家之本，又自身而出。于是，「以言有物」而非虛，「而
行有恆」而不變，身修則家治矣。

象傳 朱子曰：「風自火出，是火中有風。如一爐火，必有風衝上去，只是
言自內、自外之意。」[39]

───────────────

39 案：《朱子語類·易類·家人》原文如下，問：「風自火出。」曰：「謂如一爐火，必有
　　氣衝上去，便是『風自火出』。然此只是言自內及外之意。」（燾）（《學履錄》云：「是
　　火中有風，如一堆火在此，氣自薰蒸上出。」）

初九：閑有家，悔亡。

「初九」，處有家之始，義當防閑。以剛陽處之，德能防閑，為能「閑」其「有家」，而「悔」可「亡」。

初九　按：如顏子推《家訓》曰：「教婦新來，教子嬰孩。」[40]即初之志未變，而閑之也。李氏光地曰：「初居下為少小之象，故娶妻者，自六禮至于廟見。教子者，自姆傳至於冠三，必嚴其防、必豫其教，皆正始之要，閑家之道也。」

象曰：閑有家，志未變也。

「象曰：閑有家」者，家人之「志未變」，而預防之「也」。

六二：无攸遂，在中饋；貞，吉。

「六二」，柔順中正，女之正位乎內者也。其於家事，一「无」所「攸」專「遂」，而所遂者，惟「在中饋」之事，此六二之「貞」也。占者如之，則男、女各正而「吉」。

六二　按：此爻如孔子曰：「婦人，伏於人也。是故無專制之義，有三從之道，无所敢自遂也。教令不出閨門，事在中饋之間而已矣。」[41]葛懋哉

---

40 「顏子推」，即「顏之推」。詳參〔北齊〕顏之推（531-591）《顏氏家訓・教子》：「孔子云『少成若天性，習慣如自然』是也。俗諺曰：『教婦初來，教兒嬰孩。』誠哉斯語！」

41 詳參《大戴禮記・本命》：「女者，如也，子者，孳也；女子者，言如男子之教而長其義理者也。故謂之婦人。婦人，伏於人也。是故無專制之義，有三從之道──在家從父，適人從夫，夫死從子，无所敢自遂也。教令不出閨門，事在饋食之間而正矣，是故女及日乎閨門之內，不百里而奔喪，事無獨為，行無獨成之道。參之而後動，可驗而後言，宵行以燭，宮事必量，六畜蕃於宮中，謂之信也，所以正婦德也。」

曰：「六二在中饋，即《詩》議酒食、采蘩藻是已。」 [42]

象曰：六二之吉，順以巽也。

　　「象曰：六二之吉」者，以柔居柔，德性本「順以巽」，從乎夫「也」。

九三：家人嗃嗃。悔，厲，吉；婦子嘻嘻，終吝。

　　「九三」，以剛居剛而不中，治家過剛，故有「家人嗃嗃」嚴厲之象。未有免「悔」，而可危「厲」；然家道齊肅，人心祗畏猶「吉」。若使於慈祥，致使「婦子嘻嘻」，則彼雖歡洽，「終」必羞「吝」。○《本義》：「嘻嘻者，嗃嗃之反。」

九三　治家太嚴，則人情不堪，未免眾口嗷嗷。然過寬，則家範不立，如楊貴妃與安祿山，笑話相謔，終必羞吝也。

象曰：家人嗃嗃，未失也。婦子嘻嘻，失家節也。

　　「象曰：家人嗃嗃，未失」治家之節，故吉「也」。若「婦子嘻嘻」，是「失」治「家」之「節」，故吝「也」。

---

42 案：〔清〕葛懋哉（生平未詳），傳世有清嘉慶元年（1796）《周易述解本義》二卷刻本。「議酒食」，出自《詩經‧小雅‧祈父之什‧斯干》：「乃生女子，載寢之地，載衣之裼，載弄之瓦。無非無儀，唯酒食是議，無父母詒罹。」「采蘩藻」，則分別出自《詩經‧召南‧采蘩》：「于以采蘩，于沼于沚。于以用之，公侯之事。于以采蘩，于澗之中。于以用之，公侯之宮。」《詩經‧召南‧采蘋》：「于以采蘋，南澗之濱。于以采藻，于彼行潦。于以盛之，維筐及筥。于以湘之，維錡及釜。于以奠之，宗室牖下。誰其尸之？有齊季女。」

六四：富家，大吉。

「六四」，以陰居陰，有致富之資，而在上位，挾致富之勢，能「富」其「家」也。其占，「大吉」乎。○《本義》：「陽主義，陰居[43]利。」

六四　此爻以柔順居上位，是主家之婦也。有柔順之德，以理家財，故得富家大吉。若牝雞司晨，惟家之索，蠶事休織，則致家之亡，亦安有吉乎？

象曰：富家大吉，順在位也。

「象曰：富家大吉」者，蓋以陰居陰為「順」，而「在」上「位」故「也」。

九五：王假有家，勿恤，吉。

「九五」，剛健中正，下應六二之柔順中正，為「王假有家」之象。如是則家无不正，「勿」用憂「恤」，而「吉」可必矣。○《本義》：「假，至也。有家，猶言有國也。」

九五　男正位乎外，下應六二，女正位乎內。王者之家，至于如是，故勿恤而吉。如舜之於英、皇，文王之於后、妃是已。

象曰：王假有家，交相愛也。

「象曰：王假有家」者，夫愛其內助，婦愛其刑家，兩「交相愛」，所以吉「也」。

---

43 案：「居」，《本義》原作「主」。

上九：有孚，威如，終吉。

　　「上九」，以剛有正家之才，居上為正家之主，在卦之終，又當家道大成之日。占者必心存誠而「有孚」，身著儀範而「威如」，則家道可以長久，而「終吉」矣。

|上九| 按：上五爻皆言家，惟此不言家者，家之本在身。故〈象傳〉曰：「反身之謂也。」如史臣贊堯「以親九族」，必本之「克明峻德」；皋陶贊禹「惇敘九族」，必本之於「慎修思永」，即此意也。[44]

象曰：威如之吉，反身之謂也。

　　「象曰：威如之吉」者，非作威之謂也。「反身」，自治「之謂也」。

三十八 ䷥ 兌下離上 睽

䷝離 ䷼中孚 ䷤家人

睽：小事，吉。

　　為卦上火下澤，性相違異；中女、少女，志不同歸，故為「睽」。眾情乖離，本不可有事，然占者於睽「小事」，無待眾力之協同者，猶可為而「吉」也。○《本義》：「睽，乖異也。」

---

44 案：「以親九族」與「克明峻德」，典出《尚書・虞書・堯典》：「曰若稽古帝堯，曰放勳，欽、明、文、思、安安，允恭克讓，光被四表，格于上下。克明俊德，以親九族。九族既睦，平章百姓。百姓昭明，協和萬邦。黎民於變時雍。」「惇敘九族」與「慎修思永」，典出《尚書・虞書・皋陶謨》，皋陶曰：「都！慎厥身，修思永。惇敘九族，庶明勵翼，邇可遠，在茲。」

睽卦 　睽之義有二，以性情言，則睽不可有，故處睽祇於小事吉；以形體言，則睽不可無，故必睽而事始成。馮縉雲曰：「六爻皆先睽後合，初喪馬勿逐，至四遇元夫，而初、四合矣。二委曲以求遇，至五往何咎？而二、五合矣。三輿曳牛掣，至上遇雨，而三、上合矣。」[45]

象曰：睽，火動而上，澤動而下，二女同居，其志不同行。
　　　說而麗乎明，柔進而上行，得中而應乎剛，是以
　　　「小事吉」。天、地睽而其事同也，男、女睽而其
　　　志通也，萬物睽而其事類也。睽之時用，大矣哉！

　　「象曰」，卦名「睽」者，取象於物。離「火動而」炎「上」，兌「澤動而」潤「下」，性之睽也。取象於人，離為中女，兌為少女。「二女」雖「同居，其志」欲各適，而「不同行」。情之睽也，故為睽。睽則无一可為，而曰「小事吉」。卦德內「說而」外「麗乎明」，為有德矣。卦變自離來者，柔進居三；自中孚來者，柔進居五；自家人來者，兼之。是「柔進而上行」，為有勢矣。卦體六五「得中」之君，「而」下「應乎」九二「剛」中之賢，為有輔矣。卦具三善，「是以」雖不可大事，而「小事」之无賴眾力者，猶可為而「吉」也。然人但知睽之為睽，而不知睽之有合，試觀「天、地睽，而」知始作成；相合，而成化育之功，「其事同也。男、女睽，而」此倡彼隨，相與以成交愛之情，「其志通也。萬物

---

45 案：「馮縉雲」，即〔北宋〕馮時行（字當可，號縉雲，祖籍浙江諸暨，1100-1163），宋徽宗宣和六年（1124）恩科狀元，歷官奉節尉、江原縣丞、左朝奉議郎等，後因力主抗金被貶，於重慶結廬授課，坐廢十七年後，方重新起用，官至成都府路提刑，逝世於四川雅安。著有《縉雲文集》四十三卷，《易倫》二卷。此徵引自〔清〕李光地《御纂周易折中・睽・總論》，馮氏當可曰：「內卦皆睽而有所待，外卦皆反而有所應。初喪馬勿逐，至四遇元夫，而初、四合矣。二委曲以求遇，至五往何咎？而二、五合矣。三輿曳牛掣，至上遇雨，而三、上合矣。天下之理，固未有終睽也。」

睽，而」同聲相應，同氣相求，舉一物而物物皆然，「其事」盡「類也」。「睽之時用」，豈「不大矣哉」！

象傳 《存疑》：「卦有三者之善，而不免於睽離者。如三國鼎分，海內人心渙散，以曹、劉、孫之雄畧，而不能一天下，以成帝業，乃遭時之不幸，非才、力之不足也。此以睽之時言。」

象曰：上火下澤，睽；君子以同而異。

「象曰：上火下澤」，性相違異，「睽」之象也。二卦合體，其性不同。「君子」體之，和而不流，群而不黨，「以同而異」。

象傳 楊誠齋曰：「禹、稷、顏回，同道而異趣；夷、惠，同性而異行，未足為同之異也。一孔子也，而齊、魯異遲速；一孟子也，而今、昔之餽異辭受，此同而異也。」

初九：悔亡，喪馬，勿逐，自復。見惡人，无咎。

「初九」，與四皆陽无應，孤立无與，宜有悔也。而居睽時，同德相應，其各欲求濟，「悔亡」矣。其象為「喪馬勿逐」，而「自復」。然亦必「見惡人」，庶可以「无咎」，蓋處睽之時然也。

初九 胡雲峯曰：「喪馬，悔之象。勿逐、自復，悔亡之象。」按：當睽之時，或以勢睽，或以情睽。初之喪馬，勿逐自復，勢雖睽而情未嘗睽。君子之於君子，異途而同歸也。見惡人以避咎，情雖睽，而勢不睽也。情，君子之於小人，外同而內異也。此即〈象傳〉[46]「以同而異」之謂也。《本義》：「見惡人，如孔子之於陽貨是已。」[47]

---

46 案：〈象傳〉，誤書作〈象傳〉，正之。

47 案：陽貨，陽虎也。季氏家臣，而專魯國之政。事見《論語・陽貨第十七》，陽貨欲見

象曰：見惡人，以避[48]咎也。

「象曰：見惡人」者，睽之時正小人得志之日，不宜過拒，正「以避」其中傷之「咎也」。

九二：遇主于巷，无咎。

「九二」，與六五陰陽正應，居睽之時，乖戾不合，必委曲相求，而後得會遇。如「遇主于巷」，乃為「无咎」。

|九二| 遇主于巷，委曲求合，如寧戚叩角而歌，以動齊桓；百里飯反而肥，以感秦穆，[49]本非正道，然當睽之時期，於行道救世，非此終不得遇，故于義為无咎。

象曰：遇主于巷，未失道也。

「象曰：遇主于巷」，本其正應，雖委曲婉轉，亦不為過，「未失道也」。

孔子，孔子不見，歸孔子豚。孔子時其亡也，而往拜之，遇諸塗。謂孔子曰：「來！予與爾言。」曰：「懷其寶而迷其邦，可謂仁乎？」曰：「不可。」「好從事而亟失時，可謂知乎？」曰：「不可。」「日月逝矣，歲不我與。」孔子曰：「諾。吾將仕矣。」

48 案：「避」，原典作「辟」，為古今字，意義相同。

49 案：事詳〔清〕吳楚材（名乘權，字子輿，號楚材，浙江山陰人，1655-1719）、吳調侯（大職，楚材侄）選編《古文觀止·卷六·漢文·鄒陽獄中上梁王書》：「不容於世，義不苟取比周於朝，以移主上之心。故百里奚乞食於道路，繆公委之以政；甯戚飯牛車下，桓公任之以國。此二人者，豈素宦於朝，借譽於左右，然後二主用之哉？感於心，合於行，堅如膠漆，昆弟不能離，豈惑於眾口哉？故偏聽生姦，獨任成亂。」

六三：見輿曳，其牛掣，其人天且劓；无初，有終。

「六三」，與上九正應，不幸居二、四兩陽之間，象猶「見」其乘「輿」以行，而後為二[50]所「曳，其」駕「牛」以進，而前為四所「掣」。而當睽之時，上九猜狠方深，其「乘」輿之「人」，又為上所傷。而「天」以去其髮，「且劓」以截其鼻。[51]然邪不勝正，終必得合，是「无初」而「有終」。

六三　互坎為輿多眚，故見輿曳；互離為牛，故其牛掣；變乾為首、體，兌為毀折，故象「天且劓」。蓋三處二陽之間，而為所曳掣，如司馬光之困於蔡京、王安石是。然邪不勝正，終必復合，如司馬光之復為相是已。

象曰：見輿曳，位不當也；无初有終，遇剛也。

「象曰：見輿曳，其牛掣」者，以居二陽之間，處「位不當也。无初有終」者，邪不勝正，而有「遇」上九之「剛也」。

九四：睽孤，遇元夫，交孚；厲，无咎。

「九四」，與初九皆陽无應，是「睽」離「孤」立者也。然以四陽遇初亦陽，同德相信，為「遇元夫，交孚」之象。然當睽時，易離難合，故必危「厲」以處之，則交孚益固，而可「无咎」。

九四　按：四與初既以无應曰「睽孤」，又以同德曰「遇元夫，交孚」者。如蕭何與曹參有隙，雖相睽而卻相信焉。曰「厲」者，戒以內杜疑忌，外防讒間，而危厲以處之，則可同濟天下之睽，而无咎矣。

---

50 案「二」，誤書作「三」，正之。
51 案：「鼻」，誤書作「劓」，正之。

象曰：交孚无咎，志行也。

「象曰：交孚无咎」，蓋制睽者，四之志遇初，同德而相信，而「志」可「行也」，故无咎。

六五：悔亡。厥宗，噬膚；往，何咎？

「六五」，以陰居陽，悔也，有「悔」而得「亡」。其悔者，由有柔中之德，下有「厥宗」之應，明良相得象，「噬膚」之易焉。以是而「往」，則可匡所未建，[52] 成所欲為，「何咎」之有？○《本義》：「厥宗，指九二。噬膚，言易合。」

六五 按：噬嗑六二之云「噬嗑」，治小人之易也；睽六五之言「噬膚」，得賢人之易也。五、二皆居中，故皆无咎。然合之時，恐有恃其易，而慢治之，故戒以滅鼻，警其心也。睽之時，恐不知其易而莫求之，故許以厥宗，堅其信也。此爻言君臣易合，如高宗以夢得傅說是已。[53]

象曰：厥宗噬膚，往有慶也。

「象曰：厥宗噬膚」，君臣易合之象，以是而「往」，自「有」福「慶也」。

---

52 案：「建」，疑當作「逮」。

53 案：「高宗以夢得傅說」，史事詳參《尚書·商書·說命》：「高宗夢得說，使百工營求諸野，得諸傅巖，作〈說命〉三篇。」《全唐文》卷五三二，收入〔唐〕李觀（字元賓，趙州贊皇人，766-794）〈高宗夢得說賦（以「恭默思道，帝賚良弼」為韻）〉亦可參閱。

上九：睽孤，見豕負塗，載鬼一車；先張之弧，後說之弧。匪寇，婚媾；往，遇雨，則吉。

「上九」，正應六三，為二陽所制。而九以剛極，則躁暴不明。詳極則過察多疑，睽極則拂戾難合，故象為「睽」離而「孤」立。三本不汗，而彼以為汗，如「見豕負塗」。然三本无汗，而彼以為有，如見「載鬼一車」。然積疑成忿，嘗「先張之弧」，而欲射之；「後」疑稍釋，則又「說之弧」。至是，始知其「匪寇」，而實「婚媾」也。「往」而求之，如陰陽之和，而「遇雨則」疑盡釋，而睽不終睽，何「吉」如之？

上九 此爻如宋太宗之疑曹彬，「睽孤，見豕負途，載鬼一車」也。先罷彬，而後復召彬，張弧、脫弧也。既知其忠，益厚待之，「匪寇婚媾，往遇雨吉」也。[54] 蓋互坎為豕、為溝瀆、[55] 負塗象；互坎為車、為隱伏，「載鬼」象；互坎為弓，「弧」象；為盜，「寇」象；為水，「雨」象；變兌為婦，「婚媾」象。

---

54 案：「宋太宗之疑曹彬」，事詳《宋史·卷二五八·曹彬列傳第十七》：「曹彬，字國華，真定靈壽人。太宗即位，加同平章事。議征太原，召彬問曰：『周世宗及太祖皆親征，何以不能克？』彬曰：『世宗時，史彥超敗于石嶺關，人情驚擾，故班師；太祖頓兵甘草地，會歲暑雨，軍士多疾，因是中止。』太宗曰：『今吾欲北征，卿以為何如？』彬曰：『以國家兵甲精銳，剪太原之孤壘，如摧枯拉朽爾，何為而不可。』太宗意遂決。太平興國三年，進檢校太師，從征太原，加兼侍中。八年，為弭德超所誣，罷為天平軍節度使。旬餘，上悟其譖，進封魯國公，待之愈厚。……彬性仁敬和厚，在朝廷未嘗忤旨，亦未嘗言人過失。……遇士夫於途，必引車避之。不名下吏，每白事，必冠而後見。居官奉入給宗族，無餘積。」又《續資治通鑑長編·卷二十四》：「鎮州駐泊都監、酒坊使彌德超因乘間以急變聞於上，云：『樞密使曹彬秉政歲久，能得士眾心。臣適從塞上來，戍卒皆言：月頭錢曹公所致，微曹公，我輩當餒死矣。』又巧誣以它事，上頗疑之。」

55 案：「溝瀆」，誤書作「講讀」，正之。

象曰：遇雨之吉，群疑亡也。

　　「象曰」，睽孤，而得「遇雨之吉」者，「群疑」盡「亡」，睽極而合，所以吉「也」。

三十九　☶☵艮下坎上　蹇

☶☵ 小過

蹇：利西南，不利東北，利見大人；貞，吉。

　　為卦艮下坎上，見險能止，故為「蹇」。處險[56]貴乎擇地，占者如平易之處，即為西南，而「利」往于「西南」。若險阻之處，即為東北，而「不利」往于「東北」也。又處險貴乎擇人，必「利見大人」，然後可以濟難。又處險貴乎秉正，必守「貞」正，然後得「吉」也。○《本義》：「蹇，難也。足不能進，行之難也。」

蹇卦　黃氏道周曰：「見險能止，聖人雖稱其智，而五曰『大蹇』，二曰『蹇蹇』，孜孜矻矻，[57]以濟時艱，而越江河，冒風波，以救陷溺之眾，而惟恐少後者，此何故也？蓋五，君道也，民之危，猶己之危也；二，相道也，君之憂，猶己之危也。伯夷可避北海，而武王不能已牧野之師。德公可隱鹿門，而臥龍不能辭渡瀘之險，[58]古之身任天下之重者，大抵如斯

56　案：「險」，誤書作「陰」。

57　案：「矻矻」，誤書作「吃吃」。

58　案：「德公可隱鹿門」，事詳《後漢書‧卷八十三‧逸民列傳第七十三‧龐公》：「龐公者，南郡襄陽人也。居峴山之南，未嘗入城府。夫妻相敬如賓。荊州刺史劉表數延請，不能屈，乃就候之。謂曰：『夫保全一身，孰若保全天下乎？』龐公笑曰：『鴻鵠巢於高林之上，暮而得所栖；黿鼉穴於深淵之下，夕而得所宿。夫趣舍行止，亦人之巢穴也。

也。然天下非一人之事也，濟天下非一人之能也，為君者固必羅網延攬，以收雲合景從之士，為臣者亦必開誠布公，以結將相調和之歡。此朋來之五，不敢以獨任成功；來連之四，不敢以獨力救濟也。南陽中興，雲臺合策；盧陵[59]反祚，桃李在門，有濟難之責者，可以鑒矣。」

彖曰：蹇，難也，險在前也。見險而能止，知矣哉！蹇，利西南，往得中也；不利東北，其道窮也。利見大人，往有功也；當位貞吉，以正邦也。蹇之時用，大矣哉！

「彖曰：蹇，難也」，坎險居止，「險在前也」；艮止居下，「見險而能止」不行，故名蹇。如此則是之明而處之決，不謂之「知矣哉！蹇」，而詞曰「利西南」者，卦變自小過而來，陽自四進而，「往」，居五則「得中」，有平易之義，故利「也」。曰「不利東北」者，設四不進而退，則入于艮體，艮位東北，正險阻之方，「其道窮」而不利「也」。曰「利見大人」者，九五剛健中正，大人也。「往」而依之，則蹇可濟，而「有功也」。曰貞吉者，自二以上，五爻皆「當位貞」正之義，故「吉」。正則可

且各得其栖宿而已，天下非所保也。』因釋耕於壟上，而妻子耘於前。表指而問曰：『先生苦居畎畝而不肯官祿，後世何以遺子孫乎？』龐公曰：『世人皆遺之以危，今獨遺之以安，雖所遺不同，未為無所遺也。』表歎息而去。後遂攜其妻子登鹿門山，因采藥不反。」後《襄陽記・三國人物卷》所錄同此，並引《先賢傳》云：「鄉里舊語，目諸葛孔明為臥龍，龐士元為鳳雛，司馬德操為水鏡，皆德公之題也。」又〔蜀漢〕諸葛亮（字孔明，徐州陽都人，181-234）〈後出師表〉云：「思惟北征，宜先入南，故五月渡瀘，深入不毛。」

59　案：「盧陵」，誤書作「盧陵」。又精檢視〔明〕黃道周（字幼玄，號石齋，漳州漳浦人，1585-1646）《易象正・蹇卦》，並未見此段徵引文字，不知黃敬錄自何書何處？又「南陽中興，雲臺合策」，指東漢光武帝劉秀（字文叔，南陽蔡陽人，5B.C.E.-57C.E.）中興事；「盧陵反祚，桃李在門」，指唐中宗李顯（盧陵王，656-710）前後兩次當政事。

以濟蹇，而因「以正邦也。蹇之時用」，不「大矣哉」！

象曰：山上有水，蹇；君子以反身脩德。

「象曰：山」既險，「上」復「有水」，行不能進，「蹇」之象也。「君子以」為行有不得，吾身之蹇也，必「反身」以「脩」其「德」。

初六：往，蹇；來，譽。

「初六」，最在卦下，當蹇之時，不可往也。若輕「往」，則遇險[60]而不能進，是「蹇」也。不往而「來」，則見險而止，有見幾之識，是有「譽」也。

初六　此即伯夷海濱之事，民到于今稱之是已。[61]

象曰：往蹇來譽，宜待也。

「象曰：往蹇來譽」者，謂「宜」觀變，以「待」時「也」。

六二：王臣蹇蹇，匪躬之故。

「六二」，柔順中正，是為「王臣」。正應九五，在乎險中，故二「蹇」而又「蹇」，以求濟之，「匪」以其「躬之故」也。不言吉凶者，占者但當鞠躬盡力而已。至於成敗、利鈍，則非所論也。

六二　此事君能致其身也，諸葛武侯當之。

---

60 案：「險」，誤書作「往」。
61 案：《論語・季氏第十六》：「伯夷、叔齊餓于首陽之下，民到于今稱之，其斯之謂與？」

象曰：王臣蹇蹇，終无尤也。

「象曰：王臣蹇蹇」，求濟。事雖不濟，「終无」怨「尤也」。

九三：往，蹇；來，反。

「九三」，陽剛則有濟蹇之才，而无王臣之位，故有所「往」，則必遇「蹇」。惟「來，反」以就初二之陰，與之待時，得[62]所安矣。

九三　往蹇，戒其不可進也，反戒其當退也。

象曰：往蹇來反，內喜之也。

「象曰：往蹇來反」者，「內」二陰在下，「喜」得其陽，而附「之也」。

六四：往，蹇；來，連。

「六四」，陰柔无濟蹇之才，獨「往」徒以犯難而遇「蹇」，惟「來，連」于九三，資其才、力，庶可成功也。

六四　按：此爻與九三一爻當合看，九三是有才无位，故往則遇蹇，必待四之連引，然後可以濟蹇。不然，但當來反，如韓信在楚，不用如去是已。六四是有位无才，故往亦遇蹇。若不連于九三，終不得濟，惟來連庶可共濟，如蕭何月下之追韓信是已。

---

62 案：「得」，誤書作「待」。

象曰：往蹇來連，當位實也。

「象曰：往蹇來連」者，陽剛為實，九三剛「當位」，有「實」德、實才，所當連「也」。

九五：大蹇，朋來。

「九五」，居尊而有剛健中正之德，足以廣致天下群賢，故當於「大蹇」之時，必有「朋來」而助之者。○《本義》：「大蹇，[63]非常之蹇也。」
九五 《蒙引》：「中節，只是中德，但以在蹇，而易其名耳。如劉先主當猖獗之時，信義愈著于四海，是中節也，故士從之如雲。」

象曰：大蹇朋來，以中節也。

「象曰：大蹇朋來，以」五之「中節」，故來「也」。

上六：往，蹇；來，碩。吉，利見大人。

「上六」，當蹇之極，「往」無所之，益以「蹇」耳。惟「來」就九五之大人與之濟蹇，則可成「碩」大之功，「吉」。占者有濟蹇之志，必有「利見」德、位兼隆之「大人」而就之，則蹇可濟矣。○《本義》：「大人，指九五。」
上六 當蹇之時，將出乎險，自往則恐得蹇，惟來就九五，則可有功。如主簿馮異之從漢光武，卒成濟蹇之功而已。[64]

---

63 案：「大蹇」下，《本義》原有「者」字。
64 案：事詳《後漢書·卷十七·馮異傳》：「馮異，字公孫，潁川父城人也。好讀書，能

象曰：往蹇來碩，志在內也；利見大人，以從貴也。

　　「象曰：往蹇來碩」，以「志在內」之九五「也。利見大人」者，「以從」九五之「貴也」。

四十　䷧坎下震上　解

䷭升

　　解：利西南，无所往，其來復，吉；有攸往，夙吉。

　　此卦居險能動，則出乎險之外，「解」之象也。占者於難之既解，利於平易，必去煩苛，行寬大而「利西南」。其意若無意外之警，而「无所往，其」即當「來復」其所，則能安靜「吉」。如有不測之變，而「有攸往」，亦宜「夙」往夙復，不久為煩擾「吉」。○《本義》：「解，難之散也。」

解卦　當解之既散，凡事皆宜居易而不行險，故曰「利于西南」。無事則宜安靜，故曰「无所往，其來復，吉」。有事亦不久為煩擾，故曰「有攸往，

<hr>

《左氏春秋》、《孫子兵法》。漢兵起，異以郡掾監五縣，與父城長苗萌共城守，為王莽拒漢。光武略地潁川，攻父城不下，屯兵巾車鄉。異間出行屬縣，為漢兵所執。時異從兄孝及同郡丁綝、呂晏，並從光武，因共薦異，得召見。異曰：『異一夫之用，不足為強弱。有老母在城中，願歸據五城，以效功報德。』光武曰：『善。』異歸，謂苗萌曰：『今諸將皆壯士屈起，多暴橫，獨有劉將軍所到不虜掠。觀其言語舉止，非庸人也，可以歸身。』苗萌曰：『死生同命，敬從子計。』光武南還宛，更始諸將攻父城者前後十餘輩，異堅守不下；及光武為司隸校尉，道經父城，異等即開門奉牛、酒迎。光武署異為主簿，苗萌為從事。……為人謙退不伐，行與諸將相逢，輒引車避道。進止皆有表識，軍中號為整齊。每所止舍，諸將並坐論功，異常獨屏樹下，軍中號曰『大樹將軍』。及破邯鄲，乃更部分諸將，各有配隸。軍士皆言願屬大樹將軍，光武以此多之。」

夙吉」。若始皇於天下初定之日，而尚律法，焚書坑儒，則行險而不居易，安得為利？無事而造橋，觀曰「築城防胡」，則不能安靜，安得為吉？有事而黷武害民，久為煩擾，亦安得為吉？此解之所以為戒者深矣。

> 象曰：解，險以動，動而免乎險，解。「解，利西南」，往得眾也；「其來復，吉」，乃得中也；「有攸往，夙吉」，往有功也。天、地解，而雷雨作；雷雨作，而百果[65]草木皆甲坼。解之時，大矣哉！

「象曰」，卦名「解」「者，下坎險，上震動；險以動，動而免乎險」，故為「解」。解而謂「利西南」者，卦變自升三來居四，入於乾體。坤位西南，乃平易之地。耦畫數多，又象為眾「往」，入坤體而「得眾也。其來復吉」者，解時以安靜為中，卦變三入坤體，九二因居其所，「乃得中也；有攸往，夙吉」者，卦變九二得中，能即所安，有不久為煩擾之義，故能早「往」早復，而「有」安靜之「功也」。試取解之道，而極言之。窮冬閉塞，[66]其氣鬱結；既而「天」氣下降，「地」氣上騰，二氣舒「解」，由是氣奮為雷，氣和為雨，「而雷雨作。雷雨作，而百果草木皆」枯者萌「甲」，生意含於中。甲者，開「坼」，生意達於外，「解之時」豈不「大矣哉」？

象傳 任啟運曰：「屯、解皆雷雨，屯之雨未降，故滿盈而草昧。解之雨既降，故草木皆甲坼。」[67]

---

65 案：「果」，此書作「菓」，兩字可以相通。

66 案：「閉塞」，誤書作「閇塞」。

67 案：引見〔清〕任啟運（字翼聖，世稱釣臺先生，江蘇宜興人，1670-1744）《周易洗心‧卷三‧解‧象》。

象曰：雷雨作，解；君子以赦過宥罪。

　　「象曰」，震雷、坎雨，「雷雨作」，萬物屯結之難解矣，「解」之象也。「君子」體天、地解萬物之屯，「以」之解斯民之難，而「赦過宥罪」。

象傳　陸振奇曰：「雷合于電，故折獄致刑，行秋令也。雷合于雨，所以赦過宥罪，行春令也。」

初六：无咎。

　　「初六」，天下之難既散，初六以柔在下，不致多事。上應九四，又能主事，故「无咎」。

初六　當難既解之初，固宜安靜休息，初以陰柔際乎四之陽剛，得所倚仗而自安分，故為无咎。如渤海之民，賴龔遂以治，而各安農業是已。[68]

---

68 案：事詳《漢書‧傳‧循吏列傳第五十九‧龔遂》：「龔遂字少卿，山陽南平陽人也。以明經為官，至昌邑郎中令，事王賀。賀動作多不正，遂為人忠厚，剛毅有大節，內諫爭於王，外責傅相，引經義，陳禍福，至於涕泣，蹇蹇亡已。……宣帝即位，久之，渤海左右郡歲飢，盜賊並起，二千石不能禽制。上選能治者，丞相御史舉遂可用，上以為渤海太守。時遂年七十餘，召見，形貌短小，宣帝望見，不副所聞，心內輕焉，謂遂曰：『渤海廢亂，朕甚憂之。君欲何以息其盜賊，以稱朕意？』遂對曰：『海瀕遐遠，不霑聖化，其民困於飢寒而吏不恤，故使陛下赤子盜弄陛下之兵於潢池中耳。今欲使臣勝之邪，將安之也？』上聞遂對，甚說，答曰：『選用賢良，固欲安之也。』遂曰：『臣聞治亂民猶治亂繩，不可急也；唯緩之，然後可治。臣願丞相御史且無拘臣以文法，得一切便宜從事。』上許焉，加賜黃金，贈遺乘傳。至渤海界，郡聞新太守至，發兵以迎，遂皆遣還，移書敕屬縣悉罷逐捕盜賊吏。諸持鉏鉤田器者皆為良民，吏無得問，持兵者乃為盜賊。遂單車獨行至府，郡中翕然，盜賊亦皆罷。渤海又多劫略相隨，聞遂教令，即時解散，棄其兵弩而持鉤鉏。盜賊於是悉平，民安土樂業。遂乃開倉廩假貧民，選用良吏，尉安牧養焉。」

象曰：剛柔之際，義无咎也。

　　「象曰」，初之无咎者，蓋初柔正應四剛，「剛柔之際」，於「義」當得「无咎也」。

九二：田獲三狐，得黃矢；貞，吉。

　　「九二」，卦凡四陰，除六五君位，餘三陰是三個邪媚小人。九二剛陽中正，能解去邪媚，而中直之君子並進，象為「田」獵而「獲三狐，得黃矢」也。占者能守其「貞」正，則无不「吉」矣。

　九二　三狐就三陰取象，變坤為黃，互離為矢。二能去小人，而君子進。如趙普秉政，竄盧多遜於朱崖、竄彌德超於瓊州，而曹彬召用是已。又翁應龍劾賈似道，流于并州，而葉李諸賢於歸是已。[69]

象曰：九二貞吉，得中道也。

　　「象曰：九二貞吉」者，由其居下體之中，而「得中道」，故无私心，而好惡當於理「也」。

六三：負且乘，致寇至；貞，吝。

　　「六三」，陰柔不中正，而居下之上，是无才德而竊據高位。或思奪之，或思代之，猶宜肩「負」之人而「且乘」車，當「致寇」奪之「至」

69　案：以上二史事，詳參《宋史·趙普傳》與《宋史·奸臣傳·賈似道》，而「葉李諸賢」事如下：「有太學生蕭規、葉李等上書，言似道專政。命京尹劉良貴挶撼以罪，悉黥配之。」

之象。占者雖位出於上，所予而「貞」，亦可羞「吝」。

六三 　按：互坎為車、為盜，故取此象。六三不中正，而居上位，自致寇至。如唐中宗時，岑羲、[70]蕭至忠護己之短，而仝在政府，後為袁喜祥獻其逆謀之獄是已。

象曰：負且乘，亦可醜也；自我致戎，又誰咎也？

　　「象曰：負且乘」者，雖榮亦辱，「亦可醜也；自我致」寇「戎」之至，「又」將「誰咎也」？

九四：解而拇，朋至，斯孚。

　　「九四」，與初皆不得其位而相應，是私情之交，應之不以正者也。然四陽初陰，能解而去之，為「解而拇」之象，則君子之「朋至」，而「斯孚」相信矣。○《本義》：「拇，指初。」

九四 　《存疑》：「他卦初、四相應，未為不善，此獨為不善。愚意四近君之位，大臣之義无私交，四與初應而皆不正，有私交之嫌，故因戒其散私黨，而上結於君與？」按：此則如呂大防戇直无黨，范祖禹法司馬光不立黨是已。[71]

象曰：解而拇，未當位也。

　　「象曰：解而拇」者，以初、四皆「未當位」而相應，故必解「也」。

---

70 案：「岑羲」，誤書作「岑義」，岑羲以下史事，詳參《舊唐書》與《新唐書》諸傳。

71 案：呂大防、范祖禹、司馬光史事，詳參《宋史》諸傳。

六五：君子維有解，吉，有孚于小人。

「六五」，當君位乃與卦三陰同類，則蠱心志，蔽主聰，故戒占者之「君子維有解」而已矣。使之遠去，不得逞奸，何「吉」如之？然必「有孚」驗[72]「于小人」之既退，乃見其解也。○《本義》：「孚，驗也。」

六五　按：必如舜流共放驩，乃見其有害。[73]若漢章帝之責竇憲曰：「國家棄憲，如孤雛、腐鼠耳。」和帝時，憤其專權賜死，亦是意也。

象曰：君子有解，小人退也。

「象曰：君子有解」，以「小人」之「退」為驗「也」。若未遇退，則是未嘗解也。

上六：公用射隼于高墉之上，獲之，无不利。

「上六」，一陰居卦上，是小人而處高位也。占得此爻之王「公」，必解而去之，有「用射隼于高墉之上」而「獲之」之象。權奸既去，朝廷清明，故「无不利」。

上六　按：此爻一陰居上，是小人處高位，必解而除之，始現清明。如新莽篡漢稱帝，被光武所滅，復興漢室是已。

象曰：公用射隼，以解悖也。

---

72 案：「驗」，「驗」之俗字，二字同義。

73 案：《孟子・萬章上》，萬章曰：「舜流共工于幽州，放驩兜于崇山，殺三苗于三危，殛鯀于羽山，四罪而天下咸服，誅不仁也。」

「象曰：公用射隼」者，「以解」去「悖」亂之小人「也」。

四十一 ䷨ 兌下艮上 損

損：有孚，元吉，无咎，可貞，利有攸往。曷之用？二簋
　　可用享。

　　卦之體象皆見剝民奉君，究必君民相損，故為「損」。然損所當損，
而「有孚」信，則民諒其心，輸將恐後，而「元吉」；且怨讟不生，而
「无咎」。此雖一時濟變之權，足以萬世救時之法，不「可貞」乎？抑不
獨可施之一方，亦可達之天下，而「利有攸往」。○《本義》：「損，減省
也。」

　　當損時既不得已而取，必不得已而用，則「曷之用」哉？雖祭祀宜豐
不宜嗇，而時所當損，即「二簋」之薄，「可用享」焉。

損卦　蘇氏軾曰：「自陽為陰，謂之損；自陰為陽，謂之益。兌本乾也，受
坤之施而為益，則損下也。艮本坤也，受乾之施而為艮，則益上也。」《精
華》：「損，損有餘也。益，益不足也。損卦損下益上，益卦損上益下，皆
主損陰益陽言，陽為有餘，陰為不足，盈虛之理固然，聖人調劑其平而已
矣。」[74]

象曰：損，損下益上，其道上行，損而「有孚，元吉。无
　　咎，可貞，利有攸往，曷之用？二簋可用享」，二
　　簋應有時；損剛益柔，有時；損益盈虛，與時偕
　　行。

---

[74] 案：詳參〔北宋〕蘇軾《東坡易傳》與〔清〕薛嘉穎《易經精華》。

「彖」[75]曰,卦名「損」者,卦體「損下」卦上畫之陽,以「益上」卦上畫之陰,猶剝民奉君,未有下損而上不與俱損者。「其」損之「道」不「上行」乎?故名損,「損而」詞曰「有孚元吉,无咎可貞,利有攸往」矣。又曰「曷之用?二簋可用享」者,何哉?當損之時,凡費用俱當減省,故「二簋」之享,亦「應有時」當損耳。以卦畫言之,剛極之時因損,柔極之時因益,是「損剛益柔」,亦惟其「有時」耳。以造化言之,盈之時必損,虛之時必益,是「損益盈虛」,亦皆「與時偕行」。然則,二簋之用,亦時焉而已。使非其時,豈可損乎?

象曰:山下有澤,損;君子以懲忿窒欲。

「象曰:山下有澤」,損深益高,「損」下益上之象也。「君子」思吾身之所當損者,而「以懲」其「忿,窒」其「欲」。

象傳 孫吳江曰:「顏子不遷怒,是從懲忿工夫造來。不貳過,是從窒欲工夫造來。」

初九:己事,[76]遄往;无咎,酌損之。

「初九」,當損下益上時,上應四陰,憫其陰柔輕「己」所為之「事」,而「遄往」以應之,於義「无咎」。然居下益上,其交尚淺,亦當「酌」其淺深之宜,而「損」其疾以益「之」。

初九 初在下位,本不宜援上,但當損下益上時,四惟賴初之益,故初先人後己,而交尚淺,故當斟酌其宜。因事約言,隨時效力。如南陽鄧禹杖

---

75 案:「彖」,誤書作「象」。

76 案:黃敬於爻辭書作「己事」,釋為「己所為之事」;然於〈小象傳〉則書作「已事」,而釋為「初因欲損四之疾,四亦欲得初之損已」,可知兩存其義,可互參之。

策追劉秀，秀留幕下，凡有謀議，必禹參贊，是已合志矣。[77]

象曰：已事遄往，尚合志也。

「象曰：已事遄往」者，初因欲損四之疾，四亦欲得初之損已，是「尚合志也」。

九二：利貞，征，凶。弗損，益之。

「九二」，剛中志在自守，不肯妄進，故占者「利」於「貞」正固守。若不守正而輕於「征」行，不免降志辱身而「凶」，果能守正，則不變其所守，而有益於上，是「弗損」乃所以「益之」也。

九二 剛中則能守正，而上有以啟時君尊德樂道之心，下有以抑時俗奔競

[77] 案：事詳《後漢書·卷十六·鄧禹傳第六》：「鄧禹字仲華，南陽新野人也。年十三，能誦詩，受業長安。時光武亦遊學京師，禹年雖幼，而見光武知非常人，遂相親附。數年歸家。及漢兵起，更始立，豪傑多薦舉禹，禹不肯從。及聞光武安集河北，即杖策北渡，追及於鄴。光武見之甚歡，謂曰：『我得專封拜，生遠來，寧欲仕乎？』禹曰：『不願也。』光武曰：『即如是，何欲為？』禹曰：『但願明公威德加於四海，禹得效其尺寸，垂功名於竹帛耳。』光武笑，因留宿閒語。禹進說曰：『更始雖都關西，今山東未安，赤眉、青犢之屬，動以萬數，三輔假號，往往群聚。更始既未有所挫，而不自聽斷，諸將皆庸人屈起，志在財幣，爭用威力，朝夕自快而已，非有忠良明智，深慮遠圖，欲尊主安民者也。四方分崩離析，形勢可見。明公雖建藩輔之功，猶恐無所成立。於今之計，莫如延攬英雄，務悅民心，立高祖之業，救萬民之命。以公而慮天下，不足定也。』光武大悅，因令左右號禹曰『鄧將軍』。常宿止於中，與定計議。及王郎起兵，光武自薊至信都，使禹發奔命，得數千人，令自將之，別攻拔樂陽。從至廣阿，光武舍城樓上，披輿地圖，指示禹曰：『天下郡國如是，今始乃得其一。子前言以吾慮天下不足定，何也？』禹曰：『方今海內淆亂，人思明君，猶赤子之慕慈母。古之興者，在德薄厚，不以大小。』光武悅。時任使諸將，多訪於禹，禹每有所舉者，皆當其才，光武以為知人。」《資治通鑑·卷三十九·漢紀三十一·淮陽王更始元年（癸未，23C.E.）》本之，所錄同上本傳。

之習，其益于上不少。《蒙引》：「桐江一絲，扶漢九鼎，節義之有益于人、國也如此。」[78]

象曰：九二利貞，中以為志[79]也。

「象曰：九二」之占曰「利貞」者，因二之「中以為志」，所以守正而不妄進「也」。

---

78 案：「桐江一絲，扶漢九鼎」，指〔東漢〕嚴光（原姓莊，後因避東漢明帝劉莊名諱而改，又名遵，字子陵，會稽郡餘姚人，?-?）典出〔明〕張瀚（字子文，號元洲，浙江仁和人，1510-1593）輔佐東漢光武帝劉秀史事，詳參《後漢書・卷八十三・逸民列傳第七十三・嚴光》，又《松窗夢語・卷二・南遊紀》：「昔人謂『桐江一絲，扶漢九鼎』。余嘗經富春山，泛舟桐江，登子陵釣臺，瞻先生遺像。因思先生高誼，不獨千載之下令人興起，而春山江水亦藉以傳不朽。人傑地靈，非偶然也。自桐江而上百餘里間，兩山蒼鬱，一氣澄清，秋行如在畫圖中。嚴州以南，溪流差緩，水皆縠紋，無煩搖拽中流，自在而行。將至蘭溪，山開水淳，勢逆而聚，風氣頓異，城郭修整，人民富庶。」浙江桐廬嚴子陵釣臺風景區出土一塊楷書落款「明萬曆乙巳（1605）季夏，里人趙如獻孟清甫書」之「一絲九鼎」隸書石刻，「一絲」特指嚴子陵，「九鼎」則象徵國家政權。「一絲九鼎」是說嚴子陵淡泊名利，不畏權勢，以一絲之輕保國家社稷之重，高風亮節的品行，聞名天下。〔北宋〕梅堯臣（字聖俞，世稱宛陵先生，安徽宣城人，1002-1060）贊曰：「不顧萬乘主，不屈千戶侯。手澄百金魚，身被一羊裘。借問此何耳，心遠忘九州。」范仲淹〈嚴先生祠堂記〉有「雲山蒼蒼，江水泱泱，先生之風，山高水長」之贊語。王安石（字介甫，號半山，江西撫州臨川人，1021-1086）《王臨川集・卷二十五・嚴陵祠堂》詩曰：「漢庭來見一羊裘，默默俄歸舊釣舟。跡似磻溪應有待，世無西伯可能留。崎嶇馮衍才終廢，索寞桓譚道不謀。勺水果非鱣鮪地，放身滄海亦何求？」黃庭堅（字魯直，號山谷道人、涪翁，江西洪州分寧人，1045-1105）〈題伯時畫嚴子陵釣灘〉詩云：「平生久要劉文叔，不肯為渠作三公。能令漢家重九鼎，桐江波上一絲風。」〔明〕凌雲翰（字伯遠，應天府上元縣人，?-?）《柘軒集》：「一絲九鼎關輕重，未必丹青寫得真。」〔明〕夏言（字公謹，號桂洲，江西貴溪人，1482-1548）〈崇祀先賢以昭聖化以慰民心疏〉曰：「桐江一絲，乃繫漢之九鼎。其清風高節，不獨照古映今，誠能起頑立懦，故嚴民追而祀之。」因此，黃敬徵引〔明〕蔡清（字介夫，號虛齋，福建晉江人，1453-1508）《易經蒙引》此說，可謂淵源有自。

79 案：「志」，誤書作「行」。

六三：三人行，則損一人；一人行，則得其友。

「六三」，下卦本乾，而損上爻以益坤，有「三人行，則損一人」之
象。一陽上而一陰下，則初、二相比，四、五相比，三之與上，得以相
應，有「一人行，則得其友」之象。

六三 鄧氏汝極曰：「大哉兩以致一，天下畢繫焉，而莫能違也。目兩以視
一而明，耳兩以聽一而聰，足兩以布一而行，手兩以端拱而恭有三焉，則
疑能無損乎禮。戶外二履，言聞則入，毋往參焉。離坐離立，孰非天乎？
《易》一本雙幹，邵子終日言不離乎是，程子思終夜思，手舞足蹈，有以
也夫。」[80]

象曰：一人行，三則疑也。

「象曰」，三人行則必損去「一人」，而使之「行」者，蓋兩相與則
專，「三則」雜亂而「疑也」。

六四：損其疾，使遄有喜，无咎。

「六四」，下應初九，賴陽剛之德，以「損其」陰柔之「疾」。然
「使」能「遄」速以為，則疾去而「有喜」矣。戒占如是，則「无咎」。

六四 按：此爻與初爻相應，初爻是下之益上，此爻是上受下之益，更以
學問論之，「損其疾」，是借人以相助。「遄有喜」，是在己之急為。如子路

---

80 案：「鄧氏汝極」，當為〔明〕鄧元錫（字汝極，號潛谷，江西新城人，1529-1593），潛
　　心治學三十年，學識淵博，人稱「潛谷先生」，私諡「文統先生」。萬曆二十年卒。有
　　《潛學編》十二卷，及《五經繹》、《函史》等，事詳《明儒學案‧卷二十四‧江右王門
　　學案之九》。此條徵引資料，經反覆檢索未得，不知出自何處？

人告之以有過則喜，而勇於自治是。[81]

象曰：損其疾，亦可喜也。

「象曰」，四能賴初以「損其疾，亦可喜也」。

六五：或益之十朋之龜，弗克違，元吉。

「六五」，柔順虛中居尊位，當損之時，受天下之益，其象為「或益之十朋之龜」。雖欲違之，而「弗克違」，其「元吉」可知矣。○《本義》：「兩龜[82]為朋，十朋之龜，大寶也。

六五　葛懋哉曰：「玩《本義》，虛中受益，是受賢人之善說。楚書以二臣之善，珍乎白珩；[83]齊威以四子之功，美於照乘。[84]十朋之龜，決是非、吉

---

81 案：事詳《孟子‧公孫丑上》，孟子曰：「子路，人告之以有過則喜。禹聞善言則拜。大舜有大焉，善與人同。舍己從人，樂取於人以為善。自耕、稼、陶、漁以至為帝，無非取於人者。取諸人以為善，是與人為善者也。故君子莫大乎與人為善。」

82 案：「兩龜」，誤書作「神龜」。

83 案：典出《國語‧楚語下》，王孫圍聘于晉，定公饗之，趙簡子吳玉以相，問于王孫圍曰：「楚之白珩猶在乎？」對曰：「然。」簡子曰：「其為寶也，幾何矣。」曰：「未嘗為寶。楚之所寶者，曰觀射父，能作訓比率，以行事于諸侯，使無以寡君為口實。又有左史倚相，能道訓典，以敘百物，以朝夕獻善敗于寡君，使寡君無忘先王之業；又能上下說于鬼神，順道其欲惡，使神無有怨痛于楚國。疣藪曰云連徒洲，金木竹箭之所生也。龜珠齒皮革羽毛所以備賦，以戒不虞者也。所以共幣帛，以賓享于諸侯者也。若諸侯之好幣具，而導之以訓辭，有不虞之備，而皇神相之，寡君其可以免罪于諸侯，而國民保焉。此楚國之寶也。若夫白珩，先王之望也，何寶之焉？圍聞國之寶六而已。明王聖人能制議百物，以輔相國家，則寶之；玉足以庇蔭嘉穀，使無水旱之災，則寶之；龜足以憲臧否，則寶之；珠足以御火災，則寶之；金足以御兵亂，則寶之；山林藪澤足以備財用，則寶之。若夫話囂之美，楚雖蠻夷，不能寶也。」

84 案：典出《史記‧卷四十六‧田敬仲完世家第十六‧齊威王‧二十四年》，與魏王會田於郊。魏王問曰：「王亦有寶乎？」威王曰：「無有。」梁王曰：「若寡人國小也，尚有

凶之物，賢人明能決疑，故以為象。」[85]按：此與《程傳》主受天下之善說，合以應二剛取義。

象曰：六五元吉，自上祐[86]也。

「象曰：六五元吉」，受天下之益，由其行合於天，而「自上」天「祐」之「也」。

上九：弗損，益之，无咎；貞，吉；利有攸往，得臣无家。

「上九」，居卦之上，受益之極，而欲自損以益之也。然居上而益下，有所謂惠而不費者，「弗」待「損」己之財，而自可以「益之」於人能也，如是則「无咎」。然亦必以「貞」正則「吉」，而「利有攸往」，且澤无不周，人心歸復而「得臣，无」可以「家」計矣。

上九　《存疑》：「如梁惠王移民間之粟，漢桓帝令民鑄錢以賑饑，雖云惠而不費，未見其貞。」《蒙引》：「首句虛說，貞者猶言其所以益下之道，必以正方能惠而不費，求其義類，正如漢文帝承高、惠豐積之厚，而屢下賜民租之詔是也。」

徑寸之珠，照車前後各十二乘者十枚，奈何以萬乘之國而無寶乎？」威王曰：「寡人之所以為寶與王異。吾臣有檀子者，使守南城，則楚人不敢為寇東取，泗上十二諸侯皆來朝。吾臣有田子者，使守高唐，則趙人不敢東漁於河。吾吏有黔夫者，使守徐州，則燕人祭北門，趙人祭西門，徙而從者七千餘家。吾臣有種首者，使備盜賊，則道不拾遺。將以照千里，豈特十二乘哉！」梁惠王慚，不懌而去。

85 案：原書句讀作「玩《本義》、虛中受益、是受賢人之善說楚書以二臣之善珍乎、白珩齊威以四子之功、美於照乘十朋之龜決、是非吉凶之物、賢人明能決疑、故以為象、」，當改如上。

86 案：「祐」下，原書衍「之」字，當刪去。

象曰：弗損益之，大得志也。

　　「象曰」，王者志在益民，待損而益，其益有限。惟「弗損」而「益之」，其益无方，「大得志也」。

四十二　䷩震下巽上　益

益：利有攸往，利涉大川。

　　卦體具有損下以益上之義，下益則上亦益，故名「益」。九五、六二皆得中正，其占為大中之道，何行不得？而「利有攸往」，又震巽木象，有涉大川之具，而「利涉大川」。○《本義》：「益，增益也。」

益卦　民富則君不至獨貧，上、下通益，故名益，以示勸也。損上益下、皆在制民常產之外，如山林、川澤之利，損以予民；蠲民、田租之類，或春省耕而補不足，或秋省斂而助不給皆是。故夏諺曰：「吾王不遊，吾何以休？吾王不豫，吾何以助？一遊一豫，為諸侯度。」[87] 則是「民說无疆」，「其道大光」矣。

---

[87] 詳參《孟子・梁惠王下》，昔者，齊景公問於晏子曰：「吾欲觀於轉附、朝儛，遵海而南，放于琅邪。吾何脩而可以比於先王觀也？」晏子對曰：「善哉問也！天子適諸侯曰巡狩，巡狩者巡所守也；諸侯朝於天子曰述職，述職者述所職也。無非事者。春省耕而補不足，秋省斂而助不給。夏諺曰：『吾王不遊，吾何以休？吾王不豫，吾何以助？一遊一豫，為諸侯度。』今也不然：師行而糧食，飢者弗食，勞者弗息。睊睊胥讒，民乃作慝。方命虐民，飲食若流。流連荒亡，為諸侯憂。從流下而忘反謂之流，從流上而忘反謂之連，從獸無厭謂之荒，樂酒無厭謂之亡。先王無流連之樂，荒亡之行。惟君所行也。」景公說，大戒於國，出舍於郊。於是始興發補不足。召大師曰：「為我作君臣相說之樂！」蓋徵招角招是也。其《詩》曰：「畜君何尤？」畜君者，好君也。

象曰：益，損上益下，民說无疆，自上下下，其道大光。利
　　　有攸往，中正有慶；利涉大川，木道乃行。[88]益動而
　　　巽，日進无疆，天施地生，其益无方。凡益之道，
　　　與時偕行。

　　「象曰」，卦名「益」者，卦體「損上」卦初畫之陽，「益下」卦初畫
之陰，是人君能自損以益民，而「民」莫不欣「說，无」有「疆」界矣。
「自上」卦而「下」於下卦之「下」，則恩由上究，非僅一切轉移之術，
「其道」不「大光」乎！民說道光，是民益而君亦益矣，故名益。詞曰
「利有攸往」者，卦體九五、六二皆得「中正」，故无往不利，而「有
慶」也。曰「利涉大川」者，卦象震、巽皆「木道」，為舟楫之象，故利
涉而「乃」以大「行也」。誠即「益」，而極言之，學問以日進為益。卦德
震「動而巽」入，震則奮發有為，巽則潛心巽志，故德業「日進无疆」。
造化以生物為益，乾一陽下「天」之「施」也，坤一陰下「地」之「生」
也，故萬物並育，「其益无方」。以此推之，「凡益之道」，虛而盈，消而
息，莫不「與時偕行」焉，益之道大矣。

象傳　葛懋哉曰：「震位東方屬木，震以五行之木言，巽以八卦之木言，故
益象言『木道乃行』。」

象曰：風雷，益；君子以見善則遷，有過則改。

　　「象曰：風」烈則雷迅，「雷」激則風怒，交「益」之象。「君子」求
益於己，「以見善則遷，有過則改」。

象傳[89]　朱子曰：「遷善，當如風之速；改過，當如雷之猛。」[90]

---

88 案：「行」下，原書衍「也」字，當刪去。
89 案：「象傳」，誤書作「象傳」。

初九：利用為大作，元吉，无咎。

「初九」，雖居下位，然既受上之益，[91]不可无所投效。占者其必
「利用為大作」，凡關宗社、民生者，毅然敢為。又必謀出萬全，盡善盡
美而「元吉」，然後足以投上，而「无」失職之「咎」。

初九　《存疑》：「若以受祿於君為益，則抱關擊柝，皆食於上，如何教人
利用大作？必是常祿之外，受上之賜，若魏徵之受金甕、受絹帛於太宗之
類。」[92]

象曰：元吉无咎，下不厚事也。

「象曰：元吉无咎」者，「下不」當任「厚事」，故不如是不足以塞責
「也」。

六二：或益之十朋之龜，弗克違；永貞，吉。王用享于帝，
　　　吉。

90　案：朱熹《周易正義》原文作：「風雷之勢，交相助益。遷善改過，益之大者，而其相
　　　益亦猶是也。」

91　案：「益」，誤書作「受」。

92　案：「魏徵之受金甕、受絹帛於太宗」史事，載於〔唐〕吳兢（汴州浚儀人，670-749）
　　　《貞觀政要‧卷二‧納諫第五》，共三則：（1）貞觀三年，……簡點使右僕射封德彝
　　　等，並欲中男十八已上，簡點入軍。……太宗曰：「我見君固執不已，疑君蔽此事。今
　　　論國家不信，乃人情不通。我不尋思，過亦深矣。行事往往如此錯失，若為致理？」乃
　　　停中男，賜金甕一口，賜珪絹五十匹。（2）貞觀五年，治書侍御史權萬紀、侍御史李仁
　　　發，俱以告訐譖毀，數蒙引見，任心彈射，肆其欺罔，令在上震怒，臣下無以自安。內
　　　外知其不可，而莫能論諍。給事中魏徵正色而奏之：「……。」……太宗欣然納之，賜
　　　征絹五百匹。（3）貞觀六年，有人告尚書右丞魏徵，言其阿黨親戚。……太宗曰：「君
　　　但莫違此言，我必不忘社稷之計。」乃賜絹二百匹。

「六二」，有虛中處下之德，受上之益，寵錫優渥，有不容辭，為「或益之十朋之龜，弗克違」之象。然陰柔或恐無守，占者必固守此德，而「永貞」焉，則終受上益而「吉」。由此而廣其占，若「王」者占之，以虛中處下之德，「用」以「享于帝」，必天心默祐而「吉」。

六二　虛中能虛以受人，處下能卑以自牧，以事其上，自足感動乎上，故寵錫優渥焉。十朋之龜只是貴重之物，如李昉為宋太宗臣，太宗命鸞輿迎之御榻側，帝手酌罇，選果之珍者，賜之曰：「如卿者真善人君子，兩在相位，未嘗有傷人、害物之心，此朕所以重念也。」是以享帝吉者，君之受益於天，如二之受益於帝也。

象曰：或益之，自外來也。

「象曰：或益之」者，以二之心原非為利動而錫，錫「自外來」，不期而至「也」，故稱「或」焉，以誌純臣之心也。

六三：益之，用凶事，无咎。有孚，中行；告公，用圭。

「六三」，陰柔不中正，本不當得益。然當益之時，概當得益，而居下之上，又多凶多懼之地。象為「益之」不用好事，而「用凶事」，使之警戒震動。占者如此，可以「无咎」。然必心存无妄，而「有孚」外，舍中道而「中行」，則有所執持，以慰上之責望，猶「告公」者之「用圭」，以通信也。

六三　「益之，用凶事」者，蓋此不當益之人，投之艱難、險阻之際，利害、憂患之途，則可以動心忍性，增益其所不能。如移郊、移遂，皆責望其能變也。「有孚，中行」，則有以慰其責望，故告公者之用圭，以通信焉。震為玉，故象用圭。

象曰：益用凶事，固有之也。

「象曰」，秉彝之德，人所具同。「益」之「用凶事」，正欲其困心衡慮，而「固有之也」。

六四：中行，告公從，利用為依遷國。

「六四」，臣位而不得中，是不能以益下為心，難乎上、下見信。占者若能益下為心，而合「中」道，則凡我所「行」，上諒其心，「告公」而公无不「從」，即勞民動眾，而民亦无不從，「利用為依遷國」。○《本義》：「三、四皆不得中，故皆以中行為戒。」

六四　《存疑》：「國者，宗廟、社稷所在，百官、萬民所居，一欲改遷，許多搖動，而至於遷者，要在於益下耳。如盤庚遷殷避水患，太王遷岐避狄人。古者遷國，必有所依，如周、秦、漢依山河之險，遷都關中是也。亦有依大國者，周依晉、鄭依齊、許依楚是也。」

象曰：告公從，以益志也。

「象曰：告公從」者，「以」其有「益」下之「志也」。

九五：有孚，惠心；勿問，元吉。有孚，惠我德。

「九五」，以陽剛中正居尊位，而當益下之時，是「有孚」誠「惠」下之「心」。占者「勿問」，而「元吉」可知矣。但見民亦真心戴主，而「有孚」誠「惠我」之「德」也。

九五　胡雲峯曰：「言惠不言益，益之大者也。」《蒙引》：「自上施之為

心，自上受之為德。」按：武王大賚于四海，有孚惠心也；而萬姓悅服，有孚我德也。[93]

象曰：有孚惠心，勿問之矣；惠我德，大得志也。

「象曰：有孚惠心」，其元吉「勿」待「問之矣。惠我德」則民說无疆，其道光上，乃「大得志也」。

上九：莫益之，或擊之；立心，勿恆，凶。

「上九」，以陽居益極，求益不已，放利而行，故有不惟「莫益之」，而且有「或擊之」之象。夫求益不已，正其「立心，勿恆」者。占者如是，當有「凶」也。

上九　按：如申侯之專利不厭，而袁濤塗譖之；[94]虞公之求劍無厭，而虞

93　案：「大賚于四海，而萬姓悅服」，事詳《尚書‧周書‧武成》：「武王伐殷。往伐歸獸，識其政事，作〈武成〉。……既戊午，師逾孟津。癸亥，陳于商郊，俟天休命。甲子昧爽，受率其旅若林，會于牧野。罔有敵于我師，前徒倒戈，攻于後以北，血流漂杵。一戎衣，天下大定。乃反商政，政由舊。釋箕子囚，封比干墓，式商容閭。散鹿臺之財，發鉅橋之粟，大賚于四海，而萬姓悅服。列爵惟五，分土惟三。建官惟賢，位事惟能。重民五教，惟食、喪、祭。惇信明義，崇德報功。垂拱而天下治。」

94　案：「袁濤塗」，據《春秋左氏傳‧僖公四年》當作「陳轅濤塗」，文曰：「陳轅濤塗謂鄭申侯曰：『師出於陳、鄭之間，國必甚病，若出於東方，觀兵於東夷，循海而歸，其可也。』申侯曰：『善！』濤塗以告齊侯，許之，申侯見曰：『師老矣，若出於東方而遇敵，懼不可用也；若出於陳、鄭之間，共其資糧屝屨，其可也。』齊侯說，與之虎牢，執轅濤塗。」〈僖公五年〉傳曰：「陳轅宣仲怨鄭申侯之反己於召陵，故勸之城其賜邑，曰：『美城之，大名也，子孫不忘，吾助子請。』乃為之請於諸侯而城之，美遂譖諸鄭伯曰：『美城其賜邑，將以叛也。』申侯由是得罪。」〈僖公七年〉傳曰：「夏，鄭殺申侯以說于齊。且用陳轅濤塗之譖也。初，申侯，申出也，有寵於楚文王，文王將死，與之璧，使行。曰：『唯我知女，女專利而不厭。予取予求，不女疵瑕也，後之人，將求

叔攻之，[95]「莫益之，或擊之」也。互艮為手，故象「或擊」；變坎為心，故象「立心」；體巽為不果，故象「勿恆」。

象曰：莫益之，偏辭也；或擊之，自外來也。

「象曰：莫益之」者，猶從其求益之「偏辭也」。若究言之，定有「或擊之」者，出「自」意「外」而「來也」。

四十三 ䷪乾下兌上 夬

夬：揚于王庭，孚號，有厲。告[96]自邑，不利即戎，利有攸往。

此卦五陽決出一陰，故為「夬」。然其決之也，必暴「揚」其惡「于王庭」，使小人之罪萌，且盡「孚」誠，以呼「號」其眾，使君子之類合。然尚「有」危「厲」，又當反身自治，「告」命「自」其私「邑」，而「不利」於崇尚威武以「即戎」，則陰可立決，而「利有攸往」。○《本義》：「夬，決也，陽決陰也。」

夬卦 黃氏道周曰：「《易》之書其為君子謀也深矣！於陽之衰，則憂其進；於陽之盛，則慮其忽，圖回周悉，惴惴然惟恐小人之或乘其後也。夫

多於女，女必不免，我死，女必速行，無適小國，將不女容焉。』既葬，出奔鄭，又有寵於厲公，子文聞其死也，曰：『古人有言曰，知臣莫若君，弗可改也已。』」

95 案：「虞公之求劍無厭，而虞叔攻之」，事詳《春秋左氏傳·桓公十年》：「初，虞叔有玉，虞公求旃，弗獻，既而悔之曰：『周諺有之，匹夫無罪，懷璧其罪，吾焉用此？其以賈害也。』乃獻，又求其寶劍，叔曰：『是無厭也，無厭將及我。』遂伐虞公，故虞公出奔共池。」

96 案：「告」字下，衍「命」字，誤將注文納入正文。

以五陽而去一陰，自恆情觀之，特一反手之間，而聖人顧欲揚庭，以聲其罪，孚號以固其黨，操之以危，以防其釁，治之於內，以清其源，何其念之深、圖之遠哉？蓋小人之易惑也，如美色、淫聲，其難去也；如城狐、社鼠，苟非寬之使不吾疾，防之使不吾乘，以手推席，徒犯壯趾之戒，產祿猶在罔，防暮夜之戒，國家亦何賴有此哉？夫惟古者盛時，抑孔任於未形，故萈陸不生，化庶頑於並生，故暮戎不起，策之上也。不然，寧為牽羊，無為壯趾，此溫太真、狄梁公所以處權宜之間，而卒成大事也。吁！此所謂『決而和』者也。」

象曰：夬，決也，剛決柔也。健而說，決而和。「揚于王庭」，柔乘五剛也；「孚號，有厲」，其危乃光也；「告自邑，不利即戎」，所尚乃窮也；「利有攸往」，剛長乃終也。

　　「象曰：夬」者，決去之義也。卦體以五「剛決」一「柔也」，故為夬。卦德乾「健」，能剛毅自持「而」兌「說」，能從容以待，不餒亦不激，「決」之「而」何其「和」耶？詞曰「揚于王庭」者，以「柔乘五剛」，一小人加於眾君子之上，所當揚其罪「也」。既曰「孚號」，又必「有」危「厲」者，蓋小人奸險莫測，「其」必「危」厲處之，而君子之道，「乃」為有「光也」。既「告自邑」，而又「不利即戎」者，蓋「所尚」威武，或激則生變，「乃」自取困「窮也」。曰「利有攸往」者，「剛長」則柔盡去，而為純乾，「乃」有「終也」。

象曰：澤上於天，夬；君子以施祿及下，居德則忌。

　　「象曰」，雨「澤」之氣「上」積「於天」，其勢必下沛而為雨，

「夬」之象也。「君子」體澤之潰決，以及萬物，其必「以施祿」而「及」乎「下」焉。若「居」其「德」，惠而不及下，「則」非潰決之意，故「忌」。○李隆山曰：「居者，積而不流之謂。」[97]

初九：壯于前趾，往，不勝為咎。

「初九」，當決之時，居下无勢，任壯无術，而徒志銳於決者，「壯于前趾」之象。以是而「往」，必「不」能「勝」，乃自「為」其「咎」耳。

| 初九 | 初之決，去小人，而不能勝。如沈鍊詆嚴嵩而被謫，[98]順昌詬魏璫

---

[97] 案：「李隆山」，據《御纂周易折中・引用姓氏・宋》，知其為〔南宋〕李舜臣（字子思，號隆山，隆州井研人，生卒年不詳），其事蹟詳參《宋史・列傳第一六三》，略引如下：「李舜臣，字子思，隆州井研人。生四年知讀書，八歲能屬文，少長通古今，推跡興廢，洞見根本，慨然有志於天下。……尤邃于《易》，嘗曰：『《易》起于畫，理事象數，皆因畫以見，舍畫而論，非《易》也。畫從中起，乾坤中畫為誠敬，坎離中畫為誠明。』著《本傳》三十三篇。朱熹晚歲，每為學者稱之。所著書《群經義》八卷、《書小傳》四卷、《文集》三十卷、《家塾編次論語》五卷、《鏤玉餘功錄》二卷。子心傳、道傳、性傳。以性傳官二府，贈太師、追封崇國公。」

[98] 案：「沈鍊詆嚴嵩而被謫」事，詳《明史・列傳第九十七》：「沈鍊（1497-1557），字純甫，會稽人。……用优偋，忤御史，調茌平。父憂去，補清豐，入為錦衣衛經歷。鍊為人剛直，嫉惡如仇，然頗疏狂。每飲酒輒箕踞笑傲，旁若無人。錦衣帥陸炳善遇之。炳與嚴嵩父子交至深，以故鍊亦數從世蕃飲。世蕃以酒虐客，鍊心不平，輒為反之，世蕃憚不敢較。會俺答犯京師，致書乞貢，多嫚語。下廷臣博議，司業趙貞吉請勿許。廷臣無敢是貞吉者，獨鍊是之。吏部尚書夏邦謨曰：『若何官？』鍊曰：『錦衣衛經歷沈鍊也。大臣不言，故小吏言之。』遂罷議。鍊憤國無人，致寇猖狂，……帝弗省。嵩貴幸用事，邊臣爭致賄遺。及失事懼罪，益輦金賄嵩，賄日以重。鍊時時搤腕。一日從尚寶丞張遜業飲，酒半及嵩，因慷慨罵詈，流涕交頤。遂上疏言：『昨歲俺答犯順，陛下奮揚神武，欲乘時北伐，此文武群臣所願戮力者也。然制勝必先廟算，廟算必先為天下除奸邪，然後外寇可平。今大學士嵩，貪婪之性疾入膏肓，愚鄙之心頑於鐵石。當主憂臣辱之時，不聞延訪賢豪，咨詢方略，惟與子世蕃規圖自便。忠謀則多方沮之，諛諂則曲意引之。要賄鬻官，沽恩結客。朝廷賞一人，曰：由我賞之；罰一人，曰：由我罰之。人皆伺嚴氏之愛惡，而不知朝廷之恩威，尚忍言哉！姑舉其罪之大者言之。納將帥之賄，以啟邊隅之釁，一也。受諸王饋遺，每事陰為之地，二也。攬吏部之權，雖州縣小吏亦皆貨取，致官方大壞，三也。索撫按之歲例，致有司遞相承奉，而閭閻之財日削，

而下獄，由其居下任壯，未審其籌策，以至此耳。[99]

四也。陰制諫官，俾不敢直言，五也。妒賢嫉能，一忤其意，必致之死，六也。縱子受財，斂怨天下，七也。運財還家，月無虛日，致道途驛騷，八也。久居政府，擅寵害政，九也。不能協謀天討，上貽君父憂，十也。』因並論邦謨諂諛黷貨狀。請均罷斥，以謝天下。帝大怒，捧之數十，謫佃保安。既至，未有館舍。賈人某詢知其得罪故，徙家舍之。里長老亦日致薪米，遣子弟就學。鍊語以忠義大節，皆大喜。塞外人素慕直，又諗知嵩惡，爭詈嵩以快鍊。鍊亦大喜，日相與詈嵩父子為常。且縛草為人，象李林甫、秦檜及嵩，醉則聚子弟攢射之。或蹛騎居庸關口，南向戟手詈嵩，復痛哭乃歸。語稍稍聞京師，嵩大恨，思有以報鍊。……會蔚州妖人閻浩等素以白蓮教惑眾，出入漠北，泄邊情為患。官軍捕獲之，詞所連及甚眾。……竄鍊名其中，誣浩等師事鍊，聽其指揮，具獄上。嵩父子大喜。前總督論適長兵部，竟覆如其奏。斬鍊宣府市，戍子襄極邊。……後嵩敗，世蕃坐誅。臨刑時，鍊所教保安子弟在太學者，以一帛署鍊姓名官爵於其上，持入市。觀世蕃斷頭訖，大呼曰：「沈公可瞑目矣。」因慟哭而去。」

99 案：「順昌」為〔明〕周順昌（字景文，號蓼洲，謚忠介，南直隸吳縣人，1584-1626）；「璫」原為漢代宦官帽子上的裝飾品，後用以比喻「宦官」，而「魏璫」即是〔明〕魏忠賢（字完吾，直隸肅寧人，1568-1627）。「順昌詬魏璫而下獄」事，詳參〔清〕谷應泰（字賡虞，號霖蒼，直隸豐潤人，1620-1690）《明史紀事本末・卷之七十一・魏忠賢亂政》：「吏部主事周順昌下獄。順昌，吳縣人，時緹騎出，魏大中被逮，過吳，順昌周旋累日，臨別涕泗……。緹騎促大中行，語侵順昌，順昌張目叱之曰：『若不知世間有不畏死男子耶！若曹歸語而忠賢，我即故吏部郎周順昌也。』大中下獄，……內臣李實復疏參順昌、攀龍、應昇、尊素、宗建五人，俱矯旨逮繫。緹騎挾威橫行，所至索金數千……，吳中沸然。士民素德順昌，聞其逮，不勝寃憤。吳令陳文瑞，順昌所拔士也。夜半叩戶求見，撫牀為慟。順昌曰：『吾固知詔使必至，此特意中事耳。毋效楚囚對泣！』顏色不變，語良久，令請順昌入治裝，舉家號慟。順昌笑曰：『無事亂人懷也！』顧案上有素榜，徐曰：『此龍樹菴僧屬我書者，我向許之，今日不了，亦一負心事。』乃題『小雲樓』三字，後識年月，投筆而起，改囚服，出門。士民擁送者不下數千人。順昌出赴使署開讀，巡撫毛一鷺至署，諸生五六百人，王節、楊廷樞、劉羽儀、文震亨等遮中丞，懇其疏救，一鷺流汗不能出一語。緹騎見議久不決，手擲銀鐺於地，屬聲曰：『東廠逮人，鼠輩何敢置喙！』於是市人顏佩韋等前問曰：『旨出朝廷，乃東廠耶？』緹騎曰：『旨不出東廠，將誰出？』眾怒，闐然而登，叢毆緹騎，立斃一人，諸司不復相顧。順昌徬徨立，久之無所屬，步詣府署。適緹騎之逮黃尊素於浙者，舟泊胥門，要挾需索，聞變，焚其舟，沈駕帖於河。緹騎皆泅水遁，不復往浙。時有謂順昌者曰：『公不幸遭清流之禍，忠良無得全者，矧今日變因公起，恐徒自苦。』順昌歎曰：『以我一人貽禍桑梓，死且目不瞑。我豈不知自裁，然順昌小臣也，豈得引高公不辱之義乎？今我赴都必死，死則訴高皇帝，速殛元凶，以清君側之惡。』手書別親友，以三月二十六日行，人無知者，就詔獄。」

象曰：不勝而往，咎也。

「象曰」，初之往不勝，乃挾「不勝」之道「而往」，所以「咎也」。

九二：惕號，暮¹⁰⁰夜有戎，勿恤。

「九二」，當決之時，剛而能柔，又得中道，故能憂「惕號」呼以自戒。雖或變起不虞，亦可无患象。「暮夜有戎」，可以「勿恤」。

九二　按：此以防小人言，小人未易輕制而惕於中，則中有深謀，惕就乾惕取象。知小人難以獨制，而號於外，則外有類集。號是就兌口取象，若是故雖有變，而亦无患。如周勃入北軍，令軍中曰「為劉者左袒，為呂者右袒」，卒能平呂氏之亂是。¹⁰¹

象曰：有戎勿恤，得中道也。

「象曰：有戎勿恤」者，由二「得中道」，故不任壯，而能惕、能號，所以勿恤「也」。

---

100 案：「暮」，原作「莫」，古今字；「莫夜」，同「暮夜」。

101 案：「為劉者左袒，為呂者右袒」史事，詳參《史記‧卷九‧呂太后本紀第九》，略引如下：「呂祿、呂產欲發亂關中，內憚絳侯、朱虛等，外畏齊、楚兵，又恐灌嬰畔之，欲待灌嬰兵與齊合而發，猶豫未決。……太尉絳侯勃不得入軍中主兵。……太尉欲入北軍，不得入。襄平侯通尚符節。乃令持節矯內太尉北軍。太尉復令酈寄與典客劉揭先說呂祿曰：『帝使太尉守北軍，欲足下之國，急歸將印辭去，不然，禍且起。』呂祿以為酈兄不欺己，遂解印屬典客，而以兵授太尉。太尉將之入軍門，行令軍中曰：『為呂氏右袒，為劉氏左袒。』軍中皆左袒為劉氏。太尉行至，將軍呂祿亦已解上將印去，太尉遂將北軍。」

九三：壯于頄，有凶。君子夬夬，獨行，遇雨，若濡；有慍，无咎。

「九三」，當決之時，以剛而過中，是欲決小人，而剛壯見於面目，為「壯于頄」之象，如是則「有凶」矣。要之，「君子」必怒氣勃勃，三雖獨與應，若果其果決，而「夬夬」不係私愛，則雖合于上六，如「獨行遇雨」，至於「若濡」，其跡似浼，而為君子「有」所「慍」。然終必能決去小人，而「无」所「咎」也。○《本義》：「頄，顴也。」

九三　三居乾體，乾為首，故象「壯于頄」。而獨與上應，上居兌體，兌為澤，故象「獨行，濡雨」。《存疑》：「三牲體之剛，能果決其決，而不牽私愛者也，但過於暴耳。聖人以其過於暴，故為之危，曰『壯于頄，凶』，以其不牽私愛，故為之謀曰『君子夬夬，獨行，遇雨，若濡；有慍，无咎』，正教以善處之術也。」《本義》：「溫嶠之於王敦，其事類此。」[102]是也。

---

102 案：「溫嶠之於王敦」史事，詳參《晉書·卷六十七·列傳第三十七》：「溫嶠，字太真，……嶠性聰敏，有識量，博學能屬文，少以孝悌稱於邦族。風儀秀整，美於談論，見者皆愛悅之。……明帝即位，拜侍中，機密大謀皆所參綜，詔命文翰亦悉豫焉。俄轉中書令。嶠有棟樑之任，帝親而倚之，甚為王敦所忌，因請為左司馬。敦阻兵不朝，多行陵縱，嶠諫敦曰：『昔周公之相成王，勞謙吐握，豈好勤而惡逸哉！誠由處大任者不可不爾。而公自還筆轂，入輔朝政，闕拜覲之禮，簡人臣之儀，不達聖心者莫不於邑。昔帝舜服事唐堯，伯禹竭身虞庭，文王雖盛，臣節不怨。故有庶人之大德，必有事君之小心，俾方烈奮乎百世，休風流乎萬祀。至聖遺軌，所不宜忽。願思舜、禹、文王服事之勤，惟公旦吐握之事，則天下幸甚。』敦不納。嶠知其終不悟，於是謬為設敬，綜其府事，干說密謀，以附其欲。……及敦構逆，加嶠中壘將軍、持節、都督東安北部諸軍事。敦與王導書曰：『太真別來幾日，作如此事！』表誅奸臣，以嶠為首。募生得嶠者，當自拔其舌。及王含、錢鳳奄至都下，嶠燒朱雀桁以挫其鋒，帝怒之，嶠曰：『今宿衛寡弱，徵兵未至，若賊豕突，危及社稷，陛下何惜一橋。』賊果不得渡。嶠自率眾與賊夾水戰，擊王含，敗之，……。時制王敦綱紀除名，參佐禁錮，嶠上疏曰：『王敦剛愎不仁，忍行殺戮，親任小人，疏遠君子，朝廷所不能抑，骨肉所不能間。處其朝者恆懼危亡，故人士結舌，道路以目，誠賢人君子道窮數盡，遵養時晦之辰也。且敦為大逆之日，拘錄人士，自免無路，原其私心，豈逞

象曰：君子夬夬，終无咎也。

「象曰：君子夬夬」者，始雖若濡有慍，「終」必決去，而「无咎也」。

九四：臀无膚，其行次且；牽羊，悔亡；聞言，不信。

「九四」，以陽居陰，不中不正，必與眾陽競進，而為「臀无膚」，居則不安也。然雖競進，終不能進，為「其行次且」，行則不進也，悔可知也。若能不與眾陽競進，而安出其後，如「牽羊」之術，則「悔」可「亡」。然當決之時，四志在於上進，雖「聞」牽羊之「言」，必「不信」也。○《本義》：「牽羊者，當其前[103]不進。縱之使前，而隨其後，則可以行矣。」

九四　按：《本義》「當決之時」，則此爻亦是欲決去小人者，但四不中、不正，是無才德，欲去而不能去。如袁紹之不能去董卓是，使當時能任玄德，而紹、安出其後，則卓可去，而紹可進矣。奈何聞公孫瓚之言，而不信乎？[104]牽羊就「兌為羊」取象，「聞言」亦就「兌為口」取象。

象曰：其行次且，位不當也；聞言不信，聰不明也。

「象曰：其行次且」，由以陽居陰，而不中正，「位不當也；聞言不

晏處？……必其凶悖，自可罪人斯得；如其枉入姦黨，宜施之以寬。加以玩等之誠，聞於聖聽，當受同賊之責，實負其心。陛下仁聖含弘，思求允中；臣階緣博納，干非其事，誠在愛才，不忘忠益。』帝從之。」

103 案：「前」，《本義》原有「則」字，此書寫遺漏。

104 案：以上相關史事，詳參《後漢書·袁紹列傳》、《三國志·魏書一·武帝紀》與《魏書六·董二袁劉傳》。

信」者，居柔則暗，而「聰不明也」。

九五：莧陸，夬夬；中行，无咎。

「九五」，切近上六，不免為其所侵入，故有「莧陸」感陰氣多之象，其勢難決。然五陽爻，又為決之主，故戒以若能毅然割斷，「夬」而「夬」之，又不為過暴激變，而合「中行」，則小人可去，而「无咎」。○《本義》：「莧陸，今馬齒莧，感陰氣之多者。」

<u>九五</u>　《存疑》：「夬夬，志之堅也；中行，事之善也；不壯于趾、不壯于頄，中行之理也，〈象傳〉是夫子誅心之論。宋神宗以人言而罷安石，是『中未光也』，故不久復用。」

象曰：中行无咎，中未光也。

「象曰：中行」固可「无咎」，然必有所比，以義而決之。其於「中」道，「未」為「光也」。

上六：无號，終，有凶。

「上六」，陰柔小人居窮極之時，黨類已盡，「无」所「號」呼，「終」必「有凶」。

<u>上六</u>　此爻如王莽於軍師外敗，大臣內叛，[105]憂懣不能食，唯飲酒啖鰒魚，讀軍師倦，因憑几臥，不復就枕矣。

---

105 案：「軍師外敗，大臣內叛」二句書寫重出，應是衍文，當刪其一。

象曰：无號之凶，終不可長也。

　　「象曰：无號之凶」，一陰在上，「終」必為陽所決，而「不可長」居其位「也」。

四十四 ䷫ 巽下乾上　姤

姤：女壯，勿用取女。

　　自決盡則為純乾，而一陰忽生於積陽之下，如不期而遇者，故為「姤」。以女子言，是遇已非正，又以一陰而遇五陽，則女德不貞，而「壯」之甚也。取以自配，必害于陽，故「勿用取女」。○《本義》：「姤，遇也。」

姤卦　一陰伏於五陽之下，是君子滿朝，而小人潛進於下。如唐太宗內有魏徵、王珪之相，外有尉遲恭、秦叔寶之將，又大召名儒、增廣生員，貞觀之治，稱為隆盛。而不知武后已潛在宮中，此正不期而遇也。武后以才人充陳，本非六禮所聘，又極淫亂，是遇已非正，而德又不貞，故聖人為之戒曰「勿用取女」，謹於始也。邵子曰：「復次用剝，明治生於亂；姤生夬，明亂生於治。」[106]是也。

---

106 詳參〔北宋〕邵雍（字堯夫，自號安樂先生，共城百源人，1011-1077）《皇極經世書·經世衍易圖》：「復次剝，明治生於亂乎！姤次夬，明亂生於治乎！時哉！時哉！未有剝而不復，未有夬而不姤者，防乎其防，邦家其長，子孫其昌。是以，聖人貴未然之防，是謂《易》之大綱，先天學心法也。故圖皆自中起，萬化、萬事生乎心也。知《易》者不必引用講解，是為知《易》；孟子之言未嘗及《易》，其間《易》道存焉，但人見之者鮮耳。人能用《易》，是為知《易》，如孟子，可謂善用《易》者也。」

彖曰：姤，遇也，柔遇剛也。「勿用取女」，不可與長也。
　　天、地相遇，品物咸章也；剛遇中正，天下大行
　　也。姤之時義，大矣哉！

　　「彖曰」，卦名「姤」者，不期而「遇」之義也。卦體一陰遇五陽，
是「柔遇剛也」，故名姤。詞曰「勿用取女」者，蓋夫婦之道，不可不
久，卦象為女壯，取以自配，必害於陽，「不可與長」久「也」，故勿用。
然以卦體觀之，以陰遇陽，是「天、地相遇」，資始、資生，「品物咸章」
著，而不可掩，此天、地以遇而化成「也」。且卦體九五「剛遇中正」，是
聖人在天子之位，禮樂刑政，四達不悖，「天下大行」其道，此聖人以遇
而成治「也」。然卦之所以為姤，實以一陰之生雖微，可慮者甚大，是
「姤之時義，大矣哉」！可不謹乎？

象傳　　《存疑》：「姤本是不好卦，天、地相疑，剛遇中正，是就不好中取
箇好處說，與『天、地睽，而其事同』全看。」

象曰：天下有風，姤；后以施命，誥四方。

　　「象曰：天下有風」，無物不遇，「姤」之象也。「后」體之「以施
命，誥四方」，而命與民相遇，如風與物相遇也。

初六：繫于金梮，貞，吉。有攸往，見凶。羸豕孚，蹢躅。

　　「初六」，一陰始生，若能自止不進，无[107]害于陽，則如「繫」其車
「于金梮」，則「貞」正而「吉」。若必「有攸往」，以害于陽，則「見

---

107 案：「无」，誤書作「必」，今正之。

凶」。然初陰在下方進，勢必猖狂，如「羸」弱之「豕孚，蹢躅」跳躍而進，君子宜深為之備也。○《本義》：「梏，所以止車，以金為之，其剛可知。」

初六　繫梏，警小人之當止也；往凶，警小人之勿進也。羸豕蹢躅，則又警君子當備小人，不可以微而忽之也。如曹操少機警，時人未之奇，後至於攬權；盧杞貌甚陋，時人莫之忌，後至於秉政。[108]此初六所以必戒之於始也。

象曰：繫于金梏，柔道牽也。

「象曰：繫于金梏」者，以一陰始生，為「柔道」方「牽也」，故止之。○《本義》：「牽，進也。」

九二：包有魚，无咎，不利賓。

「九二」，與初遇，位在其上，猶在吾管轄之中，為「包有魚」之

---

108 案：「曹操少機警」事，詳《三國志・魏書・武帝紀》：「太祖武皇帝，沛國譙人也，姓曹，諱操，字孟德，漢相國參之後。……太祖少機警，有權數，而任俠放蕩，不治行業，故世人未之奇也。」「盧杞貌甚陋」事，詳《舊唐書・卷一三九・盧杞傳》：「盧杞，字子良，故相懷慎之孫。杞貌陋而色如藍，人皆鬼視之。不恥惡衣糲食，人以為能嗣懷慎之清節，亦未識其心，頗有口辯，出為虢州刺史。建中初，徵為御史中丞。時尚父子儀病，百官造問，皆不屏姬侍。及聞杞至，子儀悉令屏去，獨隱几以待之。杞去，家人問其故，子儀曰：『杞形陋而心險，左右見之必笑。若此人得權，即吾族無類矣。』及居糾彈顧問之地，論奏稱旨，遷御史大夫。旬日，為門下侍郎、同中書門下平章事。既居相位，忌能妒賢，迎吠陰害，小不附者，必致之於死，將起勢立威，以久其權。楊炎以杞陋貌無識，同處臺司，心甚不悅，為杞所譖，逐於崖州。德宗幸奉天，崔寧流涕論時事，杞聞惡之，譖於德宗，言寧與朱泚盟誓，故至遲回，寧遂見殺。惡顏真卿之直言，令奉使李希烈，竟歿於賊。」

象。當此時而制，尚可「无咎」。若失此不制，則得權用事，貽害眾君子，是「不利賓」也。○《本義》：「魚，陰物。二與初遇，有[109]『包有魚』之象。」

九二 任氏啟運曰：「〈文言〉於乾元言仁、[110]坤二言義；〈象傳〉於復二言仁，指復初爻，[111]姤二言義。仁陽而義陰，仁一而義二也。」惠氏棟曰：「一陰在下為主，則五陽為賓。」按：如管仲之不制易牙、豎刁、開方，卒至率五公子之徒作亂是已。[112]

象曰：包有魚，義不及賓也。

「象曰：包有魚」，則制之在我。既有可制之機，「義」當制之於己，「不」可使「及賓也」。

九三：臀无膚，其行次且；厲，无大咎。

---

109 案：「有」，《本義》原作「為」。

110 案：「乾元言仁」，〔清〕任啓運（字翼聖，號釣臺先生，江蘇宜興人，1670-1744）《周易洗心》原作「乾二為仁」，兩者皆有理。因〈乾・文言傳〉釋「元者，善之長也。……君子體仁足以長人。」而〈乾・九二文言傳〉釋「見龍在田，利見大人」為「君子學以聚之，問以辯之，寬以居之，仁以行之」，謂之「君德」。

111 案：黃敬此處據任氏原書校改，任氏原書無「指復初爻」句。

112 案：〔北宋〕蘇洵（字明允，眉州眉山人，1009-1066）〈管仲論〉：「管仲相桓公，霸諸侯，攘夷狄，終其身齊國富強，諸侯不敢叛。管仲死，豎刁、易牙、開方用，威公薨於亂，五公子爭立，其禍蔓延，訖簡公，齊無寧歲。夫功之成，非成於成之日，蓋必有所由起；禍之作，不作於作之日，亦必有所由兆。故齊之治也，吾不曰管仲，而曰鮑叔。及其亂也，吾不曰豎刁、易牙、開方，而曰管仲。何則？豎刁、易牙、開方三子，彼固亂人國者，顧其用之者，威公也。夫有舜而後知放四凶，有仲尼而後知去少正卯。彼威公何人也？顧其使威公得用三子者，管仲也。仲之疾也，公問之相。當是時也，吾意以仲且舉天下之賢者以對。而其言乃不過曰：豎刁、易牙、開方三子，非人情，不可近而已。」

「九三」，過剛不中，而必欲進，為「臀无膚」之象，居則不安也。然下不遇於初，上無應於上，雖欲進而不能進，為「其行次且」之象，行則不進也。占者如此，可謂危「厲」矣。然既无私遇，則无陰邪之傷，可「无大咎」也。

<u>九三</u> 凡私遇於陰邪，後必有陰邪之傷；如班固之從竇憲後，坐憲黨，死于獄中是已。[113]九三欲進而不得進，可无陰邪之傷，故无咎；如竇儀曰「吾不作宰相，亦不詣朱崖，吾門可保矣」是已。[114]

象曰：其行次且，行未牽也。

「象曰：其行次且」者，緣上、下无遇，是以孤立，而「行未牽也」。○《本義》：「牽，進也。」

九四：包无魚，起凶。

「九四」，正應初六，固我之民已遇於二，而不及於己。猶「包」之「无魚」，而亡其所有也。人心既離，難將作矣，所以「起凶」也。

---

113 案：〔北宋〕邵博（字公濟，號西山，洛陽人，？-1158）《邵氏聞見後錄·卷八》：「班固嘗醉罵洛陽令种兢。至竇憲敗，兢收憲賓客，固在其數，死獄中。……華嶠論固曰：『排節義，否正直，不以殺身成仁為美者。』予謂嶠為知言。則固附竇憲以死，不足悲也。」

114 案：〔清〕畢沅（字纕蘅，號秋帆、靈巖山人，江蘇鎮洋人，1730-1797）《續資治通鑑·卷四·宋紀四》：「癸丑，翰林學士、禮部尚書竇儀卒。帝以儀在滁州時弗與親吏絹，每嘉其有執守，屢對大臣言，欲用為相。及趙普專政，帝患之，欲聞其過，召儀，語及普多不法，且譽儀早負才望。儀盛言普開國元勳，公忠亮直，帝不悅。儀歸，語諸弟曰：『我必不能作宰相，然亦不詣朱崖，吾門可保矣。』普素忌儀剛直，引薛居正、呂餘慶參知政事，陶穀、趙逢、高錫等又相黨附，共排儀，帝意中輟。至是卒，帝憫然曰：『天何奪我竇儀之速也！』贈右僕射。」

九四　九二「包有魚」，魚指小人言；此爻「包无魚」，魚指民言，故〈象傳〉曰「遠民也」。如北狄之民曰「徯我后」，[115]江漢之民曰「父母孔邇」，[116]是遇於湯、文而不及己，皆由其失道，自遠民耳。

象曰：无魚之凶，遠民也。

「象曰：无魚之凶」，雖民失己，實己失道以致，猶己之「遠民也」。

九五：以杞包瓜，含章；有隕，自天。

「九五」，以陽剛中正，主卦於上而下防，始生必潰之陰象，「以」高大之「杞包」，制善潰之「瓜」。然陰陽迭乘，時運之常，若能「含」晦「章」美，靜以制之，則可以回造化，而「有隕，自天」矣。○《本義》：「瓜，陰物之在下者，美[117]而善潰。杞，高大堅實之木也。有隕自天，本無而倏有之象也。」

---

115 案：「徯我后」，典出《尚書‧商書‧仲虺之誥》：「惟王不邇聲色，不殖貨利。德懋懋官，功懋懋賞。用人惟己，改過不吝。克寬克仁，彰信兆民。乃葛伯仇餉，初征自葛，東征，西夷怨；南征，北狄怨，曰：『奚獨後予？』攸徂之民，室家相慶，曰：『徯予后，后來其蘇。』民之戴商，厥惟舊哉！佑賢輔德，顯忠遂良，兼弱攻昧，取亂侮亡，推亡固存，邦乃其昌。德日新，萬邦惟懷；志自滿，九族乃離。王懋昭大德，建中于民，以義制事，以禮制心，垂裕後昆。予聞曰：『能自得師者王，謂人莫己若者亡。好問則裕，自用則小。』嗚呼！慎厥終，惟其始。殖有禮，覆昏暴。欽崇天道，永保天命。」又《孟子‧梁惠王下》，孟子對曰：「臣聞七十里為政於天下者，湯是也。未聞以千里畏人者也。《書》曰：『湯一征，自葛始。』天下信之。『東面而征，西夷怨；南面而征，北狄怨。曰，奚為後我？』民望之，若大旱之望雲霓也。歸市者不止，耕者不變。誅其君而弔其民，若時雨降，民大悅。《書》曰：『徯我后，后來其蘇。』」

116 案：「父母孔邇」，典出《詩經‧國風‧周南‧汝墳》：「遵彼汝墳，伐其條枚；未見君子，惄如調飢。遵彼汝墳，伐其條肄；既見君子，不我遐棄。魴魚赬尾，王室如燬；雖然如燬，父母孔邇。」

117 案：「美」字之前，《本義》原有「甘」字，此脫當補之。下「無」字，亦作「无」。

$\boxed{九五}$ 姤五月卦，瓜陰物在下，應時而生，最易潰亂，又如小人之潰亂，亦天運之適然。若不靜以制之，則激然變起，惟含章斯可挽回造化。如兜、工比周，應頑殄行，而侯明撻記，引以並生；[118] 三監不靖，殷士怗寵而教告，要囚愍於式訓，未嘗引繩而批根之也。[119] 蓋由其有中正之德，而能以人回天者也。

象曰：九五含章，中正也；有隕自天，志不舍命也。

「象曰」，九五能「含章」者，由其有「中正」之德也。「有隕自天」者，由其「志不舍」乎天「命」，而欲挽回之，所以能回天「也」。

---

118 案：詳參《尚書·虞書·益稷》，帝曰：「臣作朕股肱耳目。予欲左右有民，汝翼。予欲宣力四方，汝為。予欲觀古人之象，日、月、星辰、山、龍、華蟲作會；宗彝、藻、火、粉米、黼、黻，絺繡，以五采彰施于五色，作服，汝明。予欲聞六律五聲八音，在治忽，以出納五言，汝聽。予違，汝弼，汝無面從，退有後言。欽四鄰！庶頑讒說，若不在時，侯以明之，撻以記之，書用識哉，欲並生哉！工以納言，時而颺之，格則承之庸之，否則威之。」〔北宋〕蔡沈（字仲默，號九峰，建州建陽人，1167-1230）注曰：「此因上文而慮庶頑讒說之不忠不直也。讒說，即舜所謂『聖者時』是也。在是指忠直為言。侯，射侯也。明者，欲明其果頑愚讒說與否也。蓋射所以觀德，頑愚讒說之人，其心不正則形乎四體，布乎動靜，其容體必不能比於禮，其節奏必不能比於樂，其中必不能多，審如是則其為庶頑讒說也必矣。撻，扑也，即扑作教刑者，蓋懲之使記而不忘也。識，誌也，錄其過惡以識於冊，如周制鄉黨之官，以時書民之孝弟睦婣，有學者也。聖人不忍以頑愚讒說而遽棄之，用此三者之教，使之遷善改過，欲其並生天地之間也。工，掌樂之官也。格，改過也。承，薦也。聖人於庶頑讒說之人，既有以啟發其憤悱遷善之心，而又命掌樂之官，『以其所納之言，時而颺之，以觀其改過與否。如其改也，則進之用之；如其不改，然後刑以威之。』以見聖人之教，無所不極，其至必不得已焉，而後威之，其不忍輕于棄人也如此。」

119 案：「三監不靖，殷士怗寵」史事，詳參《尚書·周書》各篇，如《尚書·序》曰：「武王崩，三監及淮夷叛，周公相成王，將黜殷，作〈大誥〉。」「成王既黜殷命，殺武庚，命微子啟代殷後，作〈微子之命〉。」「成王既伐管叔、蔡叔，以殷餘民封康叔，作〈康誥〉、〈酒誥〉、〈梓材〉。」「成周既成，遷殷頑民，周公以王命告，作〈多士〉。」

上九：姤其角，吝，无咎。

「上九」，剛而无位，驕亢自高，求「姤」而以「其角」也，安得其遇？占者徒見乖忤而「吝」，然亦可無陰邪之傷，而「无咎」。○《本義》：「角，剛乎上者也。」

上九　居上過亢，故乖忤而不得遇，如陶淵明之不為五斗米折腰是已。[120]

象曰：姤其角，上窮吝也。

「象曰：姤其角」而吝者，言其高亢居「上，窮」于所遇，宜「吝也」。

四十五 ䷬ 坤下兌上 萃

萃：亨，王假有廟，利見大人；亨，利貞。用大牲，吉，利有攸往。

---

120 案：事詳《晉書‧卷九十四‧列傳第六十四‧隱逸傳》：「陶潛，字元亮，大司馬侃之曾孫也。……潛少懷高尚，博學善屬文，穎脫不羈，任真自得，為鄉鄰之所貴。嘗著〈五柳先生傳〉以自況曰：『先生不知何許人，不詳姓字，宅邊有五柳樹，因以為號焉。閒靜少言，不慕榮利。好讀書，不求甚解，每有會意，欣然忘食。性嗜酒，而家貧不能恆得。親舊知其如此，或置酒招之，造飲必盡，期在必醉。既醉而退，曾不吝情。環堵蕭然，不蔽風日，短褐穿結，簞瓢屢空，晏如也。常著文章自娛，頗示己志，忘懷得失，以此自終。』其自序如此，時人謂之實錄。以親老家貧，起為州祭酒，不堪吏職，少日自解歸。州召主簿，不就，躬耕自資，遂抱羸疾。復為鎮軍、建威參軍，謂親朋曰：『聊欲弦歌，以為三徑之資可乎？』執事者聞之，以為彭澤令。在縣，公田悉令種秫穀，曰：『令吾常醉於酒足矣。』妻子固請種粳。乃使一頃五十畝種秫，五十畝種粳。素簡貴，不私事上官。郡遣督郵至縣，吏白應束帶見之，潛歎曰：『吾不能為五斗米折腰，拳拳事鄉里小人邪！』」

卦體、卦象、卦德，皆有萃聚之義，故為「萃，亨」。萃則精神聚，「王」者可以「假」于「有廟」，以承祖考之精神。萃則精神聚，必「利見」有德、位之「大人」，以治之而後「亨」。萃則聚非苟合，必利于「貞」正。萃則百物聚，諸般祭品，皆在所厚，必「用大牲，吉」。萃則才、力足，興工舉事，自無不集，而「利有攸往」。○《本義》：「萃，聚也。『亨』字，衍文。」

萃卦　卦德坤順兌說，是下順以從君上，說以先民，則君與民聚。卦體九五應二，是君以剛中下士，而士以虛中上應，則君與民聚。卦象澤上于地，是生氣之流行，而在地上者，則萬物萃聚，故卦名萃。象辭散漫，說是聖人觀象，節節地看見許多道理，都從「聚」字生出。利見、利貞只是一事，「利見」者，如有事於學術，以見大人正其學，七十二賢之於孔子是也。有事於功名，以見大人展其志，二十八將之於光武是也。必利貞者，如聞見不正，雖見大人，而取正之具已非，墨者夷之之見孟子是也；學術不正，雖見大人，而致用之術已疎，王安石之見宋神宗是已。

象曰：萃，聚也。順以說，剛中而應，故聚也。「王假有廟」，致孝享也；「利見大人，亨」，聚以正也；「用大牲，吉，利有攸往」，順天命也。觀其所聚，而天、地萬物之情可見矣。

「象曰」，卦名「萃」者，相「聚」之義也。卦德坤「順」，而兌「以說」，卦體九五「剛中，而」六二「應」之，「故聚也」。詞曰「王假有廟」者，以「致」其「孝」思于獻「享也」。曰「利見大人」而「亨」者，由其「聚以正」，而亨可得「也」。曰「用大牲，吉，利有攸往」者，一「順」乎「天命也」。天命者，天理、自然、時而已矣。禮適時，豐功以時建，所以言而利也。「觀其所聚而」推之，凡陽唱陰和，聲應氣求，

「天、地¹²¹萬物之情」，皆此萃也，不「可見矣」乎？

象曰：澤上於地，萃；君子以除戎器，戒不虞。

　　「象曰：澤上於地」，津潤敷於地上，發榮滋長之象，萬物之聚也，故為「萃。君子以」為眾聚則爭，物聚則亂，故必「除戎器」，藏之武庫，以「戒不虞」之患。○《本義》：「除者，修¹²²而聚之之謂。」

初六：有孚，不終；乃亂，乃萃。若號，一握為笑，勿　　　恤；往，无咎。

　　「初六」，上應九四，本有相孚之意，而隔于二陰，當萃之時，不能自守，是「有孚」而「不終」也。「乃亂」而惑其心志，「乃萃」而從于二陰，豈非有咎？「若號」呼正應，在二陰小人，「一握」之眾「為笑」，其舍近就遠，但「勿恤」，以「往」從正應，可以「无咎」。

|初六| 初與四有相孚之義，而不待萃於四乃亂，而亂於二陰，正以其恤眾，笑而苟且，與比者聚也。使其勿恤，而往從四。如耿弇之本附光武，厥後過子輿處，從者皆欲歸子輿，而弇獨往從光武，是可无志亂妄聚之失矣。¹²³

121　案：「天、地」二字，書寫遺漏，今補之。

122　案：「修」，亦作「脩」，二字常相互通用。

123　案：「耿弇之本附光武」史事，詳參《後漢書‧卷十九‧耿弇列傳第九》：「耿弇字伯昭，扶風茂陵人也。……及王莽敗，更始立，諸將略地者，前後多擅威權，輒改易守、令。況自以莽之所置，懷不自安。時，弇年二十一，乃辭況奉奏詣更始，因齎貢獻，以求自固之宜。及至宋子，會王郎詐稱成帝子子輿，起兵邯鄲，弇從吏孫倉、衛包於道共謀曰：『劉子輿成帝正統，舍此不歸，遠行安之？』弇按劍曰：『子輿弊賊，卒為降虜耳。我至長安，與國家陳漁陽、上谷兵馬之用，還出太原、代郡，反覆數十日，歸發突騎以轔烏合之眾，如摧枯折腐耳。觀公等不識去就，族滅不久也！』倉、

象曰：乃亂乃萃，其志亂也。

「象曰：乃亂乃萃」者，初遠四，而為二陰所迷「其志」，不能自守，而為之「亂也」。

六二：引吉，无咎；孚，乃利用禴。

「六二」，應五而雜于二陰之間，必當牽「引」二陰之友，以萃於九五之君，庶無背公植黨之跡，于義「吉」，于理「无咎」。又二中正柔順，虛中以上應；九五剛健中正，誠實而下交，故卜祭者有其「孚」誠，雖薄物以祭，神自來享，故「乃利用禴」。○《本義》：「禴，夏祭，以聲為主，祭之薄[124]也。」

六二 按：二引二陰之友，以萃於五之君，故吉无咎。如蒙正書人，以進王曾，絕口不言；[125]寇準被薦，而不知師德，及門而將抑是已。[126]若李德

包不從，遂亡降王郎。弇道聞光武在盧奴，乃馳北上謁，光武留署門下吏。弇因說護軍朱祐，求歸發兵，以定邯鄲。光武笑曰：『小兒曹乃有大意哉！』因數召見加恩慰。弇因從光武北至薊。聞邯鄲兵方到，光武將欲南歸，召官屬計議。弇曰：『今兵從南來，不可南行。漁陽太守彭寵，公之邑人；上谷太守，即弇父也。發此兩郡，控弦萬騎，邯鄲不足慮也。』光武官屬腹心皆不肯，曰：『死尚南首，奈何北行入囊中？』光武指弇曰：『是我北道主人也。』會薊中亂，光武遂南馳，官屬各分散。弇走昌平就況，因說況使寇恂東約彭寵，各發突騎二千匹，步兵千人。弇與景丹、寇恂及漁陽兵合軍而南，所過擊斬王郎大將、九卿、校尉以下四百餘級，得印綬百二十五，節二，斬首三萬級，定涿郡、中山、巨鹿、清河、河間凡二十二縣，遂及光武於廣阿。是時，光武方攻王郎，傳言二郡兵為邯鄲來，眾皆恐。既而悉詣營上謁。光武見弇等，說，曰：『當與漁陽、上谷士大夫共此大功。』乃皆以為偏將軍，使還領其兵。加況大將軍、興義侯，得自置偏裨。弇等遂從拔邯鄲。」

124 案：「薄」，誤書作「簿」，今正之。

125 案：事詳《宋史·卷二六五·列傳第二十四》：「呂蒙正，字聖功，河南人。……蒙正質厚寬簡，有重望，以正道自持。遇事敢言，每論時政，有未允者，必固稱不可，上嘉其無隱。……上嘗欲遣人使朔方，諭中書選才而可責以事者，蒙正退以名上，上不

裕欲薦柳公權，卒以薦不由己，而左遷之，則有狗[127]私，皆公之失矣。王氏宗傳曰：「孚利用禴，人臣所以獲上。」[128]是也。

象曰：引吉无咎，中未變也。

「象曰：引吉无咎」，正以其有虛「中」之德，「未」至改「變」，故能牽引以萃「也」。

六三：萃如，嗟如，无攸利；往，无咎，小吝。

「六三」，陰柔不中正，上无應與，欲「萃如」于二、四而不可得，

許。他日，三問，三以其人對。上曰：『卿何執耶？』蒙正曰：『臣非執，蓋陛下未諒爾。』固稱：『其人可使，餘人不及。臣不欲用媚道妄隨人主意，以害國事。』同列悚息不敢動。上退謂左右曰：『蒙正氣量，我不如。』既而卒用蒙正所薦，果稱職。」《宋史‧卷三一〇‧列傳第六十九》：「王曾，字孝先，青州益都人。……曾進退士人，莫有知者。范仲淹嘗問曾曰：『明揚士類，宰相之任也。公之盛德，獨少此耳。』曾曰：『夫執政者，恩欲歸己，怨使誰歸？』仲淹服其言。」

126 案：事詳《宋史‧卷二八一‧寇準列傳第四十》，以及《宋史‧張去華傳》：「師德字尚賢，去華子。去華十子，最器師德。」張去華（字信臣，開封府拱州人，938-1006），張師德（字尚賢，978-1026），真宗大中祥符四年（1011）進士第一。孝謹有家法，不交權貴。

127 案：「狗」，同「徇」；「狗私」，同「徇私」。「李德裕」史事，詳參《新唐書‧列傳第一〇五》：「李德裕，字文饒，元和宰相吉甫子也。少力於學，既冠，卓犖有大節。……德裕性孤峭，明辯有風采，善為文章。雖至大位，猶不去書。其謀議援古為質，袞袞可喜。常以經綸天下自為，武宗知而能任之，言從計行，是時王室幾中興。」

128 案：〔南宋〕王宗傳（生卒年不詳），字景孟，福建寧德人，純熙八年（1181）進士，官廣東韶州教授，著有《童溪易傳》。《童溪易傳》卷二十一云：「夫孚者，萃之本也。二以正道許五，則所謂中心之誠然者，未始或變也。如此則上下相聚，不待文飾，而誠意交通矣。猶之祭也，以誠敬為主，故雖簡薄，可用以薦也。孚乃利用禴，禴祭之簡薄也，謂誠意交通，又何以文飾為哉？雖然，同此時也，象以用大牲為吉，而六二以用禴為利，何也？曰：備物者，王者所以隨其時；有孚者，人臣所以通乎上。」

故徒「嗟如」，而「无攸利」。為三之計，惟「往」從于上，可以「无咎」。
然不得萃，困然後往，復與陰極无位者相從，亦可「小」羞「吝」矣。

六三[129]　《本義》：「戒占者，當近捨不正之強援，而遠結正應之窮交
也。」[130] 按：如張松先欲獻地圖於操，而操不禮，是「萃如嗟如，无攸
利」也。後乃獻於劉備，是「往，无咎」也。然松必先獻操，而後獻備，
是困然后往，亦可少羞吝也。[131]

象曰：往无咎，上巽也。

「象曰：往无咎」者，蓋知上有相應之分，而「上」往而「巽」從之
「也」。

九四：大吉，无咎。

「九四」，上比九五，下比眾陰，得萃于上、下。然以陽居陰不正，
故戒占者必萃于上、下者，一出于正而「大吉」，方得「无咎」。

---

129 案：「六三」，誤書作「九三」，今正之。

130 案：「窮交」下，原書尚有「則无咎」三字，再下接「也」作結。

131 案：事詳《三國志・卷三十一・蜀書二・劉二牧傳》：「璋復遣別駕張松詣曹公，曹公
時已定荊州，走先主，不復存錄松，松以此怨。會曹公軍不利於赤壁，兼以疫死。松
還，疵毀曹公，勸璋自絕，因說璋曰：『劉豫州，使君之肺腑，可與交通。』璋皆然
之，遣法正連好先主，尋又令正及孟達送兵數千助先主守禦，正遂還。後松復說璋
曰：『今州中諸將龐羲、李異等皆恃功驕豪，欲有外意，不得豫州，則敵攻其外，民攻
其內，必敗之道也。』璋又從之，遣法正請先主。」史事細節鋪陳，則詳參《三國演
義・第六十回・張永年反難楊脩，龐士元議取西蜀》，略引一段供參：「張松回益州，
先見友人法正。正字孝直，右扶風郡人也，賢士法真之子。松見正，備說：『曹操輕賢
傲士，只可同憂，不可同樂。吾已將益州許劉皇叔矣。專欲與兄共議。』法正曰：『吾
料劉璋無能，已有心見劉皇叔久矣。此心相同，又何疑焉？』」

九四　《程傳》：「上、下之聚，固有不由正道而得者，非理枉道而得君者，自古多矣。非理枉道而得民者，蓋亦有焉，如齊之陳恆，魯之季氏是也。」[132]

象曰：大吉无咎，位不當也。

「象曰：大吉」而后「无咎」者，以陽居陰，所處之「位不當」，而事上使下未必正，故戒「也」。

九五：萃有位，无咎，匪孚；元，永貞，悔亡。[133]

「九五」，陽剛中正，「萃」之時「有」大君之「位」，是有其德而人信之，固可「无咎」。設若占者居此位，而人猶未信「匪孚」，則當修其「元」善之德，使无間而「永」无雜而「貞」，則匪孚之「悔亡」矣。

九五　按：居尊位而人未信，不責人而責己。如苗弗率，而舜惟敷德以動之；崇不降，而文惟修德以服之是已。

象曰：萃有位，志未光也。

「象曰：萃有位」，而猶有匪孚，其「志」尚「未光」大「也」。

132　案：《程傳》原文：「四當萃之時。上比九五之君，得君臣之聚也。下比下體群陰，得下民之聚也。得上下之聚，可謂善矣。然四以陽居陰，非正也，雖得上下之聚，必得大吉，然後為无咎也。大為周遍之義，无所不周，然後為大，无所不正，則為大吉。大吉則无咎也。夫上下之聚，固有不由正道而得者。非理枉道而得君者，自古多矣。非理枉道而得民者，蓋亦有焉，如齊之陳恆，魯之季氏是也。然得為大吉乎？得為无咎乎？故九四必能大吉，然後為无咎也。」

133　案：「亡」，誤書作「凶」，今正之。

上六：齎咨，涕洟，无咎。

「上六」，萃極終散，而陰柔无位，孤立而人莫之與，可懼甚矣。占者誠能「齎咨」而嗟，「涕洟」而泣，則危者可以[134]「无咎」。○（《周易鄭注》）自目曰涕，自鼻曰洟。[135]

上六 處萃之極，人心將散，而陰柔无德，居上无位，故必憂懼而後无位。若北齊後主好奢華，製無愁之曲，民間謂之「无愁天子」，則不能憂懼，安得无咎乎？[136]

象曰：齎咨涕洟，未安上也。

「象曰」，上當「齎咨涕洟」者，以處萃之上，求萃不得，岌岌乎「未安」于「上」故「也」。

---

134 案：「可以」，原書作「可乎而」，今正之。

135 〔東漢〕許慎（字叔重，汝南召陵人，約30-約124）《說文解字》：「洟，鼻液也。从水，夷聲。」〔清〕段玉裁（字若膺，號茂堂，1735-1815）《說文解字注》：「《易·萃·上六》『齎咨涕洟』，鄭注：『自目曰涕，自鼻曰洟。』〈檀弓〉『垂涕洟』，《正義》：『目垂涕，鼻垂洟。』《詩·陳風》『涕泗滂沱』，《毛傳》：『自目曰涕，自鼻曰泗。』泗即洟之假借字也。古書弟、夷二字多相亂，於是謂自鼻出者曰洟，而自目出者別製淚字，皆許不取也。《素問》謂『目之水為淚』，謂『腦滲為涕』，王褒〈童約〉：『目淚下落，鼻涕長一尺。』〈曹娥碑〉：『泣淚掩涕，驚動國都』。漢、魏所用已如此。」

136 案：「北齊後主」，事詳《北齊書·帝紀第八·後主》：「後主諱緯，字仁綱，武成皇帝之長子也。……帝少美容儀，武成特所愛寵，拜王世子。……論曰：後主以中庸之姿，懷易染之性，永言先訓，教匪義方。始自繈褓，至于傳位，隔以正人，閉其善道。養德所履，異乎春誦夏弦；過庭所聞，莫非不軌不物。輔之以中宮嬋媛，屬之以麗色淫聲，縱轡緩之娛，恣朋淫之好。語曰『從惡若崩』，蓋言其易。武平在御，彌見淪胥，罕接朝士，不親政事，一日萬機，委諸凶族。內侍帷幄，外吐絲綸，威屬風霜，志迴天日，虐人害物，搏噬無厭，賣獄鬻官，溪壑難滿。重以名將貽禍，忠臣顯戮，始見浸弱之萌，俄觀土崩之勢，周武因機，遂混區夏，悲夫！蓋桀、紂罪人，其七也忽焉，自然之理矣。」

四十六 ䷭ 巽下坤上 升

䷧ 坎下震上 解

升：元亨。用見大人，勿恤；南征，吉。

　　卦自解來，柔本居於三，今進而上居於四，故為「升」。卦德、卦體皆利於升，其占當得「元亨」。元亨，何亨？「用見大人」升也，則可接其道德之光，而「勿恤」其不受見，乃元亨也。向「南征」進升也，則可得其乘時之志而「吉」，于是可得，亦元亨也。○《本義》：「升，進而上也。南征，前進也。」

升卦　黃氏道周曰：「升之時，至盛之時也。古聖人設為爵祿，以網羅天下之士，而與之共成其治功。升于司徒，升于司馬，士之升也；升于六卿，升于三公，臣之升也；王升而帝，帝升而皇，君道之升也。故初之合志焉而升，二之孚三之剛焉而升，五之正焉而升，茲非上、下相與之盛隆哉？然權勢之門，則又共趨，勢利所歸，則心易亂，聖人之憂之也。故于升之終，戒其冥升，其旨微矣。吁！孔抑干祿之師，孟嗤趙孟之貴，而於為己務實之學，欲其日升不已焉。良以外內之分，其輕重固有在也，是故爵祿之升，可忘也，不可戀也；學問之升，可進也，不可退也。君子瞬存息養，銖積寸累，其未升也，如登山之循其麓也；其將升也，如登山者之陟其巔也；其既升也，如日之恆，如月之升，而莫之變也。故曰『君子順德，積小以高大』，吁！茲其所以升與。」

象曰：柔以時升，巽而順，剛中而應，是以大亨；「用見大人，勿恤」，有慶也；「南征，吉」，志行也。

「象曰」，卦名升者，卦變自解來，柔上居四，是以居陰也。「柔以時升」也，故名升。詞曰「元亨」者，卦德內「巽」，則極深研幾；「而」外「順」，則因時順理，是德之利於進也。卦體九二「剛中」，則才德之茂；「而」六五「應」之，則汲引有人，是勢之利於進也，「是以」得進以「大亨」。曰「用見大人，勿恤」者，以得遂其所圖，為「有」福「慶也」。曰「南征，吉」者，以得遂其仕進生平之「志行也」。

象曰：地中生木，升；君子以順德，積小以高大。

「象曰：地中生木」，自下而高「升」之象也。「君子」體之，「以順德」而「積」累其微「小，以」至于「高」明廣「大」焉。○《本義》：「王肅本，『順』作『慎』，蓋古字通用也。」

初六：允升，大吉。

「初六」，以柔順居下，為巽之主。當升之時，巽于二陽。其占為「允」能「升」，而「大吉」。

初六　有巽順之德，則有可升之具，巽於二陽，而得其援引，則有可升之機。如阮行沖，賴狄仁傑之薦舉是已。

象曰：允升大吉，上合志也。

「象曰：允升大吉」者，以初能巽于二陽，「上」與之「合志」，是以汲引而升「也」。

九二：孚，乃利用禴，无咎。

　　「九二」，剛中誠實而上交，致六五柔順虛中而下應，至誠感神之象
也。占者若有「孚」信，如九二之上交，雖「乃利用禴」以祭神，亦享之
如六五之下應也，可「无咎」。

|九二|　《蒙引》：「此卦六爻俱要見升意，此爻以誠實上交亦升也。」按：
如汲黯以誠實動漢武，陸贄以誠實感德宗是已。

象曰：九二之孚，有喜也。

　　「象曰：九二之孚」，至誠而得神之享，實受其福，「有喜也」。

九三：升虛邑。

　　「九三」，陽剛有可進之德，當升時有可進之機，而進臨坤陰，如入
無人之境，其升如此之易，為「升虛邑」之象。○《本義》：「陽實陰虛，
而坤有國邑之象。」

|九三|　三非短於才而見阻，非尼於時而不通，故其升如「升虛邑」之易。
如太公以奢釣而升，傅說以胥靡而升，閎夭以置兔而升是已。

象曰：升虛邑，无所疑也。

　　「象曰」，三若「升虛邑」然者，得以遂其進，「无所」阻礙[137]而「疑
也」。

---

137 案：「礙」，誤書作「得」，今正之。

六四：王用亨于岐山，吉，无咎。

　　「六四」，柔順之時，而當升時，以順以升。「王」者「用」以登「亨于岐山」之象，「吉，无咎」。

[六四]　徐氏與喬曰：「爻惟二、四不言升，五君位也，二應五，四承五，其位不可升也；升則疑於五，而有逼上之嫌，故二曰孚、四曰順。」[138] 按：四以順而升，如郭汾陽以順德，事唐肅宗；李穆公以順德，事宋太宗是已。[139]

象曰：王用亨于岐山，順事也。

　　「象曰：王」者有「用亨于岐山」者，以「順」有「事也」。

六五：貞，吉，升階。

　　「六五」，以陽居陰不正，當升時而居尊位，故戒以能守「貞」正，則君德新，而治道進。其「吉」也，如「升階」之易矣。○《本義》：「階，升之易者。」

---

138 案：「徐氏與喬」，其《易》說多錄於〔清〕黃淦《周易精義》，與前引「葛懋哉」等氏並同。據哈佛大學「哈佛‧燕京圖書館」（Harvard-Yenching Library, Harvard University）典藏〔清〕康熙十七年（1678）易安齋梓行不分卷《（經史）初學辨體》增刪定本，扉頁刻「崑山徐揚貢先生輯評」，鈐印有「小竹齋」，並有「康熙十七年八月望前三日　徐與喬書」自序一篇，篇題下有「崑山徐與喬退山氏述」署名，可知徐與喬為崑山人，「揚貢」與「退山」應為其名、號；另有世楷堂藏版《昭代叢書》本，《五經讀法》一卷傳世。以上黃敬引文，與《欽定四庫全書‧日講易經解義‧卷十一‧按》雷同，其文曰：「升卦二四兩爻不言升，何也？蓋五為君位，二應五而四承五，皆得時行道，親近乎君者，其位不可復升也。升則疑於五，有偪上之嫌矣。故在四言順，與在二言孚，聖人明臣道之極，安分守節，為萬世訓也。其義深矣。」

139 案：「郭汾陽」，即〔唐〕郭子儀（令公，華州鄭縣人，698-781）；「李穆公」，即〔北宋〕李昉，其事並見二人本傳。

六五　《存疑》：「此爻《蒙引》、《通典》俱說人君升居尊位，蓋五君位是已。升居君位者，何待貞正而後能升，其云『貞，吉，升階』者，是言治道之升耳。《書》曰『治道允升于大猷』，此之謂也。」

象曰：貞吉升階，大得志也。

「象曰：貞吉升階」者，人君之「大得志也」。

上六：冥升，利于不息之貞。

「上六」，陰居升極，昏迷不已，是為「冥升」。占者遇此，无所利矣，其所「利」者，在乎將此不已之心，移「于不息之貞」正焉。

上六　按：此見聖人之輕絕人也，蓋吉人為善，惟日不足；凶人為不善，亦惟日不足。聖人教人，將此為不善之心，易而為善，則有利矣，所以開遷善之門也。

象曰：冥升在上，消不富也。

「象曰：冥升在上」，沉酣勢利，而不知止，惟有「消」損而已，「不」復有「富」益「也」。

四十七　䷮坎下兌上　困

困：亨，貞；大人，吉，无咎；有言，不信。

坎剛為兌柔所掩，九二為二陰所掩，四、五為上六所掩，所以為

「困」。卦德坎險、兌說，處險而說，是身雖困而道「亨」也。二、五剛
中，有大人之德。五者，處困能亨，則得其「貞」正，非「大人」，其孰
能之？「吉，无咎」，言即亨无咎，即貞也。當困之時，務須晦默。若欲
因「有言」以自白，人將「不信」也。○《本義》：「困者，窮而不能自振
之義。」

困卦　《蒙引》：「有言不信，是泛戒人之處困者，非復戒大人也。身困而
道亨者，道在我，貧賤不能移，威武不能屈也。不得志獨行其道，窮不失
義也。亨有在困之時者，如孔子在陳，絃歌不絕，則困之時便有亨，所謂
『困：亨，貞，大人吉』者也。有在用之後者，如比干之死，自獻於先
王，而萬世不以為非，正命則困而後亨也，所謂『致命遂志』也。」

象曰：困，剛揜[140]也。險以說，困而不失其所亨，其惟君
　　　子乎！「貞，大人，吉」，以剛中也；「有言，不
　　　信」，尚口乃窮也。

　　「象曰」，卦名「困」者，以卦體「剛」為柔「揜也」，故名困。詞曰
「亨」者，卦德坎「險」而兌「以說」，處險能說，是處「困而不失其
所」以「亨」也。「其惟君子」能之「乎」！而君子即大人也。詞言
「貞，大人，吉」者，以卦象六五剛中，有大人之象，而貞之道也。又曰
「有言，不信」者，以困之時苟專「尚口，乃」自「窮也」。

象曰：澤无水，困；君子以致命遂志。

　　「象曰」，水下漏則澤上枯，是「澤无水，困」之象也。「君子以」此

---

140 案：「揜」，原典作此字，此書寫作「掩」，二字義同無別。

得處困之道，而委「致」其「命」，以「遂」吾所欲成之「志」焉。○《本義》：「致命，猶言授命，言持以予人，而不之有也，言如是則雖困[141]而亨矣。」

初六：臀困于株木，入于幽谷，三歲不覿。

「初六」，居困底臀之象也。而陰柔才不能自拔，傷而不安，有「臀困于株木」之象。居暗之甚，幽谷之象也。而陰柔才不能自察，沉陷不返，有「入于幽谷，三歲不覿」之象。○《本義》：「臀，物之底也。」[初六] 株木，木根也，就初居坎下取象；幽谷不覿，就坎為隱伏取象。如梁惠之糜爛其民，而戰大敗，將復是傷而不安，即「臀困于株木」也。又驅其所愛子弟以狗，是沉溺不返，即「三歲不覿，入于幽谷」也。[142]

象曰：入于幽谷，幽不明也。

「象曰：入于幽谷」者，以陰柔居坎下，「幽」暗之甚，而「不明也」。

九二：困于酒食，朱紱方來，利用亨[143]祀；征，凶，无咎。

「九二」，有剛中之德，而上應之，寵錫方隆，賢勞獨任，有「困于酒食，朱紱方來」之象。且剛中有誠實之孚，上應有來格之義，占者「利

---

141 案：「困」，誤書作「凶」，今正之。

142 案：詳參《史記‧卷四十四‧魏世家》與《孟子‧梁惠王》篇。

143 案：「亨」，通行各本皆作「享」，《周易本義》曰：「亨，讀作享。……。而其占利以享祀。」此書經文作「亨」，注文則「亨」、「享」，兩存並釋，與《本義》同。

用」以亨祀，神必享之。若時當處困，而欲征行以求濟則凶，然于命致遂志之義為无咎。○《本義》：「亨，當作享。困于酒食，厭飫苦惱之義。酒食，人之所欲。然醉飽過宜，則反為所困矣。朱紱方來，上應之也。」

九二 何氏楷曰：「凡《易》言酒者，皆坎也；言食者，皆兌也，故言未濟與坎皆酒。需中爻兌，兼言酒食，因指『困于[144]酒食』二句串講，蓋二有剛中之德，處困時而上應之，是高爵厚祿，方苦於所得，而君復責成之殷也。」按：如孔明受劉先主之恩，由是感格，遂許以馳驅，而復受托孤之責，是困于厚待也。

象曰：困于酒食，中有慶也。

「象曰：困于酒食」，以有剛「中」之德，所以「有」寵任之「慶也」。

六三：困于石，據于蒺藜；入于其宮，不見其妻，凶。

「六三」，陰柔不中正，无能處困，欲進而四，剛在前，猶「困于石」之堅重，而不得進。欲退，而二剛在後，猶「據于蒺藜」之多刺，而不可據。上六亦陰而不應，如「入于其宮，不見其妻」也，「凶」何如哉？○《本義》：「石，指四。蒺藜，指二。宮，謂三。而妻，則六也。」

六三 按：如項羽之敗于烏江也，進則沛公在前，是「困于石」也。退則無面見江東父老，是「據于蒺藜」也。八千子弟，今無一人，與虞妃為垓下之別，孤立寡助，是「入于其宮，不見其妻」也，伏劍而死，凶何如哉？

---

144 案：「于」，誤書作「无」，今正之。

象曰：據于蒺藜，乘剛也。入于其宮，不見其妻，不祥也。

「象曰：據于蒺藜」者，以「乘」九二之「剛也」。曰「入于其宮，不見其妻」者，孤立寡助，危凶將至，「不祥」之「也」。

九四：來徐徐，困于金車；吝，有終。

「九四」，以剛居柔，不足以濟物。正應初六，方困于下，又為九二所隔，有「來徐徐，困于金車」之象。占者如此，亦可羞「吝」；然邪不勝正，後必得合，是「有終」也。○《本義》：「金車，為九二象，未詳，疑『坎有輪』象。」

九四　按：四如先主，二如曹操，初如趙雲；趙雲之困于曹操，先主不能救之，是「來徐徐，困于金車」也。然邪不勝正，趙雲終得遇先主，是雖「吝」而「有終」也。

象曰：來徐徐，志在下也。雖不當位，有與也。

「象曰」，四雖初六而致其「來徐徐」，然其「志」則「在下」初六「也」。故「雖不當位」，將得相遇，而「有與也」。

九五：劓刖，困于赤紱；乃徐有說，利用祭祀。

「九五」，當困時，上為陰掩，則蔽于近習，而傷于上，是「劓」其鼻也。其下乘剛，則迫于強臣，而傷于下，是「刖」其足也，則臣下无所用，而反為所制，猶赤被臣下之服，而反「困于赤紱」之象。然剛中而說體，終能制近習、馭強臣，「乃」能「徐」久而「有說」，且剛中有誠實之

象。占者「利用祭祀」，神必來格也。

上六｜ 《存疑》：「如崇高莫大乎富貴，本所以榮身也，一受制于權臣，而不能自振，則富貴適足為身累。如漢獻之遷於曹操，魏高貴鄉公之受制於司馬也。」《蒙引》：「劓刖困于赤紱，困也，乃徐有說，則不終于困矣。」

象曰：劓刖，志未得也；乃徐有說，以中直也；利用祭祀，受福也。

「象曰：劓刖」者，上、下受傷，「志」困而「未得也；乃徐有說」者，「以」有「中直」之德，得善處之道「也。利用祭祀」者，以剛中事神，必「受」神之錫「福也」。

上六：困于葛藟，于臲卼；曰動，悔；有悔，征，吉。

「上六」，以陰處困極，欲動則拘縶而不得解，是「困于葛藟」也。欲靜則震動，而不「于」得安，是處[145]「臲卼」也。「曰動」輒有「悔」，無所不困也。然物窮則變，占者若能咎前之非而「有悔」，以是而「征」往，則「吉」矣。○（《程傳》）葛藟，束縛之物。臲卼，危狀之貌。[146]

上六｜ 按：鄭厲公之困于蔡仲，魯昭公之困于季氏，皆欲動不得，欲靜不得，是「困于葛藟，于臲卼，曰動悔」也。由其不能咎前之非，而發憤有為，所以厲欲殺蔡仲，而致出奔；昭欲去季氏，而致遜齊，是不能有悔，故往而不吉也。[147]

---

145 案：「處」字，原書遺漏，今補之。

146 案：此注蓋本諸《程傳》：「葛藟，纏束之物。臲卼，危動之狀。」

147 案：事詳《春秋左氏傳》、《史記》、《論語‧季氏》篇等相關記載，另據〔北宋〕劉恕（字道原，筠州高安人，1032-1078）《資治通鑑外紀‧卷第四‧周紀二‧桓王二十三

象曰：困于葛藟，未當也；動悔有悔，吉行也。

「象曰：困于葛藟」，以陰柔處困極，「未當也」。因其「動」輒有「悔」，而心「有悔」，以改前為，則行「吉行」，斯困而亨「也」。

四十八 ䷯ 巽下坎上 井

井：改邑，不改井，无喪，无得；往來，井井。汔[148]至，亦未繘井，羸其瓶，凶。

巽木入于坎水之中，而上出其水，故為「井」。井體有常而不變，故可「改邑」，而「不」可「改井」。改邑，則有得，有喪；不改井，則「无喪，无得」，而「往」者、「來」者，皆「井」其「井」。井之用也，苟汲水「汔至，亦未」盡其「繘」于「井」，而「羸其瓶」，則水不及物，人不得用，「凶」何如哉？○《本義》：「穴地出水，謂之井。[149]汔，幾也。繘，綆也。羸，敗也。」

井卦 李隆山曰：「自古國邑之建，必先觀其泉之所在，是以公劉創京於豳之初，相其陰陽，觀其流泉，先卜其井泉之便，而后居之也。」[150]邱建安

年》載：「春，鄭屬公患祭仲專，欲殺之，不克。夏，屬公出奔蔡，祭仲迎昭公。六月，乙亥，入鄭。……秋，鄭屬公因櫟人殺檀伯，而居櫟。冬，諸侯伐鄭，納屬公，不克而還。宋頗予屬公兵，自守於櫟，鄭亦不敢伐。」

148 案：「汔」，以下都誤書作「迄」，今皆正之。

149 案：《周易本義》原文作：「井者，穴地出水之處。」

150 案：〔南宋〕李隆山（名舜臣，字子思），已見前〈夬‧大象傳〉。「公劉」史事，詳參《詩經‧大雅‧生民之什‧公劉》：「篤公劉，匪居匪康。乃場乃疆，乃積乃倉；乃裹餱糧，於橐於囊。思輯用光，弓矢斯張；干戈戚揚，爰方啟行。篤公劉，於胥斯原。既庶既繁，既順乃宣，而無永嘆。陟則在巘，復降在原。何以舟之？維玉及瑤，鞞琫容刀。篤公劉，逝彼百泉。瞻彼溥原，乃陟南岡。乃覯於京，京師之野。於時處處，

曰：「改邑三句，就井上說；汔至三句，就汲井上說。」[151]《蒙引》：「上一截，言事之貴仍舊也；下一截，言不能敬以守之，則不能保其舊也。」易祓云：「《易》取諸物以名卦，鼎與井而已。井以木巽水，鼎以木巽火，二卦以養人為義，故皆以實象明之。」[152]

於時廬旅，於時言言，於時語語。篤公劉，於京斯依。蹌蹌濟濟，俾筵俾幾。既登乃依，乃造其曹。執豕於牢，酌之用匏。食之飲之，君之宗之。篤公劉，既溥既長。既景乃岡，相其陰陽，觀其流泉。其軍三單，度其隰原。徹田為糧，度其夕陽。豳居允荒。篤公劉，於豳斯館。涉渭為亂，取厲取鍛，止基乃理。爰眾爰有，夾其皇澗。溯其過澗。止旅乃密，芮鞫之即。」又《孟子・梁惠王下》，王曰：「寡人有疾，寡人好貨。」對曰：「昔者公劉好貨，《詩》云：『乃積乃倉，乃裹餱糧。於橐於囊，思戢用光。弓矢斯張，干戈戚揚，爰方啟行。』故居者有積金，行者有裹糧也，然後可以爰方啟行。王如好貨，與百姓同之，於王何有？」《史記・周本紀第四》：「鞠卒，子公劉立。公劉雖在戎狄之間，復脩后稷之業，務耕種，行地宜，自漆、沮度渭，取材用，行者有資，居者有畜積，民賴其慶。百姓懷之，多徙而保歸焉。周道之興自此始，故詩人歌樂思其德。公劉卒，子慶節立，國於豳。」〔隋唐〕陸德明（名元朗，以字行，蘇州吳縣人，550？-630）《經典釋文》引《尚書大傳》云：「公，爵；劉，名也。」後世多合而稱之曰「公劉」。〔南宋〕朱熹《詩集傳・豳風》承此而言：「乃相土地之宜，而立國於豳之谷焉。」

151 案：《周易折中・井・集說》，丘氏富國曰：「改邑不改井，井之體也。无喪无得，井之德也。往來井井，井之用也。此三句言井之事。『汔至，亦未繘井』，未及於用也。羸其瓶，失其用也，此二句言汲井之事。」

152 案：〔南宋〕易祓（字彥章、彥偉，號山齋，湖南長沙寧鄉人，1156-1240），恩科狀元，為孝宗、寧宗、理宗三朝重臣，著有《周易總義》二十卷、《周官總義》三十卷等。據《文淵閣四庫全書》本《氏族大全・卷二十一》載：「易祓，字彥偉，長沙人，工小詞。……宋淳熙乙巳，祓為釋褐狀元；丁未，湯璹為省元，王容為狀元，潭州有三元坊。祓官至尚書，有《周禮總義》行世。」又《續修寧鄉志・卷三十一》曰：「易祓，字彥祥，一字彥偉，號山齋。始祖歡，宋真宗祥符時，由太和遷寧（鄉）。祓弱冠鄉舉，遊太學，工詞賦。淳熙乙巳釋褐，依殿試第一人恩例，初仕文林郎昭慶軍節度使掌書記。」《周易總義》二十卷收刊於《欽定四庫全書》，經檢視該書卷十二〈井〉卦辭下，並未見以上引文，僅見於《御纂周易折中》所引。

彖¹⁵³曰：巽乎水而上水，井，井養而不窮也。「改邑，不改
井」，乃以剛中也；「汔至，亦未繘井」，未有功
也；「羸其瓶」，是以凶也。

「彖曰」，卦象「巽」木入「乎」坎「水」之下，「而上」出其
「水」，有「井」象焉。蓋「井」水取之不盡，用之不竭，足以「養」物
「而不窮也」。詞曰「改邑，不改井」者，卦體二、五「乃以剛」居
「中」，剛有不易，中則可久，故不變其常「也。汔至，亦未繘井」者，
「未有」成其「功也。羸其瓶」，則不惟无成，而且有敗，「是以凶也」。

象曰：木上有水，井；君子以勞民勸相。

「象曰：木上有水」，津潤上行，「井」之象也。「君子」即井養之
義，不窮以養民，「而以」恆產慰「勞」其「民，勸」勉以「相」助之，
使出入相友，守望相助，患難相恤，而相養也。

初六：井泥，不食；舊井，无禽。

「初六」，陰柔不泉，居下无位，為人所廢棄，如「井」之「泥」而
人「不食」。非但人不食，以此污泥「舊」廢之「井」，并「无禽」鳥之顧
焉。○《本義》：「井以陽剛為泉，上出為剛。¹⁵⁴初六以陰居下，故為此
象。」

初六　按：此爻比人品污下，无以養物，而為人所棄是已。如太宗數蘇威
曰：「公南朝碩輔，政亂不匡，遂令生民塗炭。今既老且病，吾此間無勞相

---

153 案：「彖」，誤書作「象」，今正之。
154 案：「剛」，《本義》原作「功」。

見也。」¹⁵⁵即是井泥而人不食，舊井而為人所棄矣。○巽為雞禽象。¹⁵⁶

象曰：井泥不食，下也；舊井无禽，時舍也。

「象¹⁵⁷曰：井泥不食」者，言其居「下」，功不及物「也」。舊井无禽」者，言其為「時」所「舍也」。

九二：井谷，射鮒；甕敝，漏。

「九二」，上无正應，不得汲引之人；下比初六，僅能資助貧賤之交。以井言，如「井谷」之泉，僅下「射」于「鮒」，而不及物。以汲井言，如「甕」之「敝」壞，不能上水，而反「漏」于下也。○井谷，井旁穴出之水也。鮒是魚屬，吹沫相即曰鯽，相附曰鮒。

九二 按：剛中，水有泉者，德足以養物而无應，不得汲引之人，僅下比初六，而不徧及於世。如孔、孟雖抱有為之具，而無有能用之者，是不得行其道於天下，僅傳諸其徒而已。

---

155 案：「太宗數蘇威」史事，詳參《隋書‧卷四十一‧列傳第六》：「蘇威（542-623），字無畏，京兆武功人也。父綽，魏度支尚書。威少有至性，五歲喪父，哀毀有若成人。……宇文化及之弒逆也，以威為光祿大夫、開府儀同三司。化及敗，歸於李密。未幾密敗，歸東都，越王侗以為上柱國、邳公。王充僭號，署太師。威自以隋室舊臣，遭逢喪亂，所經之處，皆與時消息，以求容免。及大唐秦王平王充，坐於東都闔闈門內，威請謁見，稱老病不能拜起。王遣人數之曰：『公隋朝宰輔，政亂不能匡救，遂令品物塗炭，君獻國亡。見李密、王充，皆拜伏舞蹈。今既老病，無勞相見也。』尋歸長安，至朝堂請見，又不許。卒於家。時年八十二。威治身清儉，以廉慎見稱。每至公議，惡人異己，雖或小事，必固爭之。時人以為無大臣之體。所脩格令章程，並行於當世，然頗傷苛碎，論者以為非簡允之法。」並可參照《周書‧卷二十三‧列傳第十五》與《北史‧卷六十三‧列傳第五十一》本傳。

156 案：《周易‧說卦傳‧第八章》：「巽為雞。」

157 案：「象」，誤書作「象」，今正之。

象曰：井谷射鮒，无與也。

「象曰」，二僅「井谷射鮒」者，以上「无」正應之「與也」。

九三：井渫，不食；為我心惻，可用汲；王明，並受其福。

「九三」，以陽居陽，德足及物，而未離于下。如「井」泉雖「渫」，而「不」為人所「食」，實「為我心」之「惻」也。蓋三，德足及物，若井「可用汲」矣。有「王」者之「明」舉而用之，則致君澤民，上、下「並受其福」焉。○《本義》：「渫，不停污也。」

$\boxed{\text{九三}}$　按：此爻如伊尹耕于莘，[158]桀不能用；太公釣於渭，紂不能用，是「井渫，不食」也。成湯用伊尹而興商，文王用太公而興周，是「王明，並受其福」也。

象曰：井渫不食，行惻也；求王明，受福也。

「象曰：井渫不食」，雖「行」道之人，皆以為「惻也」。設有「求」賢之「王明」，則君民「受福」，其必然「也」。

六四：井甃，无咎。

「六四」，得正而陰柔不泉，但能反身修潔，不能溥濟及物。如「井」之「甃」治，不污而无泉也。雖[159]不能濟物，亦可以「无」污壞之「咎」。

---

158 案：「莘」，誤書作「莘」，今正之。
159 案：「雖」，原書作「然」，校改之。

六四　按：此爻如披裘公之輩是已，披裘公，吳人也。延陵季子出遊，見道中遺金，顧謂公曰：「取被金。」公怒曰：「君子何居己之高，而待人之卑？吾五月披裘而負薪，豈拾金者？」[160] 此即清修之士也。

象曰：井甃无咎，修井也。

「象曰：井甃无咎」，六四柔順得正，但能「修」治其「井也」。

九五：井洌，寒泉，食。

「九五」，得時、得位，陽剛中正，才德兼茂，功及於物，象為「井」之甘潔而「洌」，則其體立矣。而湧出「寒泉」，足為人之「食」者，其用又行矣。○《本義》：「洌，潔也。」

九五　按：以陽剛而得中正，是本天德而為王道，所以井窮而不窮。如唐、虞有三事，厚生並重；[161] 成周有八政，食貨為先，[162] 蓋王者德修於

160　案：事詳〔西晉〕皇甫謐（字士安，號玄晏先生，安定朝那人，215-282）《高士傳·卷上》，披裘公者，吳人也。延陵季子出遊，見道中有遺金，顧披裘公曰：「取彼金。」公投鎌瞋目，拂手而言曰：「何子處之高而視人之卑？五月披裘而負薪，豈取金者哉？」季子大驚，既謝而問姓名。公曰：「吾子皮相之士，何足語姓名也？」負薪炎暑，吳有一翁。粗絺弗御，冒彼蒙茸。季札相近，遺拾不從。姓名終秘，空仰高風。

161　案：「唐、虞有三事，厚生並重」，事詳《尚書·虞書·大禹謨》，禹曰：「於！帝念哉！德惟善政，政在養民。火、水、金、木、土、穀，惟修；正德、利用、厚生，惟和；九功惟敘，九敘惟歌。戒之用休，董之用威，勸之以九歌，俾勿壞。」帝曰：「俞！地平天成，六府三事允治，萬世永賴，時乃功。」舊題〔西漢〕孔安國（字子國，魯國曲阜人，生卒年不詳）傳：「言六府三事之功，有次敘，皆可歌樂，乃德政之致。」〔唐〕孔穎達疏：「養民者使水、火、金、木、土、穀，此六事惟當修治之；正身之德、利民之用、厚民之生，此三事惟當諧和之。」《春秋左氏傳·文公七年》：「六府、三事，謂之九功。水、火、金、木、土、穀，謂之六府。正德、利用、厚生，謂之三事。」《梁書·武帝紀上》：「文洽九功，武苞七德。」因此，自古謂「六府」（火、水、金、木、土、穀）與「三事」（正德、利用、厚生）為「九功」。

身，而澤被於天下焉。

象曰：寒泉之¹⁶³食，中正也。

「象曰」，五之「寒泉之食」者，由其有陽剛，而得「中正也」。

上六：井收，勿幕；有孚，元吉。

「上六」，雖非陽剛居上，有上出之功，坎口有不掩之義。其出有源，其施不窮，象「井」為人所「收」，而「勿幕」之象。是「有孚」也，是「元」善而「吉」之道也。占者有其德，則應之矣。○《本義》：「收，汲取也。幕，蔽覆也。有孚，謂其出有源，而不窮也。」

上六 此井道之大成，為人所汲取而勿幕也。如率俾之化，通於荒服蠻夷；咸若之休，暨於草木鳥獸，其澤溥矣！而曰「有孚，元吉」者，固性真之淵泉使然哉。

象曰：元吉在上，大成也。

---

162 案：「成周有八政，食貨為先」，事詳《尚書·周書·洪範》：「初一曰五行，次二曰敬用五事，次三曰農用八政，次四曰協用五紀，次五曰建用皇極，次六曰乂用三德，次七曰明用稽疑，次八曰念用庶徵，次九曰嚮用五福，威用六極。……三、八政：一曰食，二曰貨，三曰祀，四曰司空，五曰司徒，六曰司寇，七曰賓，八曰師。」《漢書·卷九十九中·列傳第六十九·王莽傳中》：「莽以錢幣訖不行，復下書曰：『民以食為命，以貨為資，是以八政以食為首。寶貨皆重則小用不給，皆輕則僦載煩費，輕重大小各有差品，則用便而民樂。』於是造寶貨五品，語在〈食貨志〉。」要之，八政為古代國家施政的八個方面：「一曰食，二曰貨，三曰祀，四曰司空，五曰司徒，六曰司寇，七曰賓，八曰師。」

163 案：「泉」字下，缺書「之」字，今補之。

「象曰」，上之「元吉」者，以其「在上」也。蓋井以上出為功，是井道之「大成也」。

四十九 ䷰ 離下兌上 革

革：已日，乃孚；元亨，利貞；悔，亡。

卦象具有變革之義，故為「革」。但變革之初，人未必信心；「已」革之「日」，而後「乃孚」信也。占者凡有所革，務使可通於天下後世而「元亨」，悉當于天理、人情而「利貞」，則得去故之義，无變故之害，而「悔，亡」矣。○《本義》：「革，變革也。」

革卦 改革之道，內文明而外和說，只此二者盡之矣。凡革而不當，非明也；革而或驟，非說也。蓋革之事甚難，何也？人情每樂於因循，憚於更改，革弊於久安之後，人未易信，必已革之日，而后信之。如子產革鄭之弊，未免有褚衣[164]之謗，必已日而後有「誰嗣之歌」；[165]孔子革魯之弊，未免有麛裘之謗，必已日而後有「惠我之誦」是已。[166]

---

164 案：「褚衣」，古代罪人所穿赤褐色的衣服，借指罪犯。

165 案：「誰嗣之歌」，事詳《春秋左氏傳·襄公三十年》：「子產使都鄙有章，上下有服；田有封洫，廬井有伍。大人之忠儉者，從而與之；泰侈者因而斃之。豐卷將祭，請田焉。弗許，曰：『唯君用鮮，眾給而已。』子張怒，退而徵役。子產奔晉，子皮止之，而逐豐卷。豐卷奔晉。子產請其田里，三年而復之，反其田里及其入焉。從政一年，輿人誦之曰：『取我衣冠而褚之，取我田疇而伍之。孰殺子產，吾其與之！』及三年，又誦之曰：『我有子弟，子產誨之；我有田疇，子產殖之。子產而死，誰其嗣之？』」

166 案：「麛裘」，詞出《論語·鄉黨》篇：「君子不以紺緅飾，紅紫不以為褻服。當暑，袗絺綌，必表而出之。緇衣羔裘，素衣麛裘，黃衣狐裘。」「麛裘之謗」與「惠我之誦」，事分別見《呂氏春秋·樂成》：「孔子始用於魯。魯人鷖誦之曰：『麛裘而韠，投之無戾；韠而麛裘，投之無郵。』用三年，男子行乎塗右，女子行乎塗左，財物之遺者，民莫之舉。大智之用，固難踰也。」《孔叢子·陳士義》：「先君初相魯。魯人謗誦曰：『麛裘而苧，投之無戾；苧之麛裘，投之無郵。』及三月政成化行，民又作誦曰：

象[167]曰：革，水火相息，二女同居，其志不相得，曰革。
「已日，乃孚」，革而信之，文明以說，大亨以正，
革而當，其[168]悔乃亡。天、地革，而四時成，湯、
武革命，順乎天，而應乎人。革之時，大矣哉。

「象曰」，卦名「革」者，自象物言之，火然則水乾，水決則火滅，
是「水火相息」也。自象人言之，離為中女，兌為少女，「二女同居」，少
上中下，「其志」各相戾，而「不相得」也，故「曰革」。○《本義》：
「息，滅[169]息也。又為生息之義，滅息而後生息也。」

詞曰「已日乃孚」者，必更「革」至是事成，「而」后人「信之」
也。曰「元亨，利貞，悔亡」者，卦德，離「文明」，則內灼義理，而非
妄革。兌「以說」，則外順時勢，而非強革。凡有所革，皆「大」善而可
「亨」通，咸「以正」而罔缺，則「革而當」其妄，「其」革之「悔乃
亡」矣。取革之義，而推言之。「天、地革」，寒往暑來，暑往寒來，「而
四時成。湯、武革命」，以商革夏，以周革商，「順乎天」心，「而應乎
人」情，皆革也。「革之時」，不「大矣哉」！

象曰：澤中有火，革；君子以治歷[170]明時。

「象曰：澤中有火」，水能滅火，「革」之象也。「君子以」天道、民

『袞衣章甫，實獲我所；章甫袞衣，惠我無私。』」〔清〕婺源江永（慎修，1681-1762）
《鄉黨圖考》卷二〈仕魯考〉末引《孔叢子》略同此。案：麛裘，古時常服。韠即蔽
膝，古時朝祭之服。二者不共用。後以「裘韠」比喻不為時人所習慣的政令。
167 案：「象」，誤書作「象」，今正之。
168 案：「其」字，書寫遺漏，今補之。
169 案：《本義》「滅」下，有「息」字，今補之。
170 案：「歷」，同「曆」，古今字，並通用。

事，關乎四時，乃變革之大者，故「治歷」以「明時」焉。

初九：鞏，用黃牛之革。

「初九」，雖當革時，居初无應，未可有為。惟當堅僻固守，此中順之德，如「鞏」物而「用黃牛之革」者然。○《本義》：「鞏，固也。黃，中色。牛，順物。革所以固物，亦取卦名，而義不同也。」

初九　按：離為中女，於人為中女，於物為黃牛。遯，六二之黃牛，就爻[171]位取象；革，初九之黃牛，就卦德取象。蓋居初則不當事任，无應則援引无人。如伊尹耕莘之時，雖夏當革而不革；太公釣渭之日，雖商當革而不革，蓋无勢、无應，不可以有為也。推之，凡事之未可革者皆是。

象曰：鞏用黃牛，不可以有為也。

「象曰：鞏用黃牛」，豈畏事哉？无勢、无應，「不可以有為」，而妄革「也」。

六二：已日，乃革之；征，吉，无咎。

「六二」，柔順中正，而為文明之主，有應於上，於是可以革矣。然必「已日，乃革之」，則其「征」往而革也，「吉，无咎」。

六二　按：二處可革之時，而不遽革。如伊尹相湯，必五就桀而后革夏；太公相武王，必十三年而後革商是已。推之，凡事之未可革者皆是已。日就離，為日取象。

---

171 案：「爻」，誤書作「文」，今正之。

象曰：已日¹⁷²革之，行有嘉也。

「象曰：已日」乃「革之」，則其「行」也，「有嘉」美之功「也」。

九三：征，凶；貞，厲；革言三就，有孚。

「九三」，過剛不中，居離之極，躁動于革者也，占者以是而「征」往則「凶」。雖事在當革而「貞」，亦不免矯拂而「厲」；然時固當革，惟必議「革」之「言」至于「三」次，圖謀成「就」，則人心「有孚」信，樂從之者，而可革矣。

九三 「征凶；貞，厲」，躁乎革則不可也。「革言三就，有孚」，審乎革則可也。蓋改革之事，出乎人情久安之餘，最要得人之信，故六爻多言孚。如盤庚遷殷，至於三誥而后民從是。¹⁷³○離居三，又爻位在三，故象「三就」。

象曰：革言三就，又何之矣？

「象曰」，議「革」之「言」，至于「三就」，則其事已審，「又」將「何之」，而不革「矣」哉？

九四：悔，亡；有孚，改命，吉。

「九四」，以陽居陰，故有悔。然卦已過中，水火之際，乃革之時。

---

172 案：「已日」後，原書衍「乃」字，今刪去。

173 案：《尚書‧商書‧盤庚》有上、中、下三篇，〈盤庚上‧序〉曰：「盤庚五遷，將治亳殷，民咨胥怨。作〈盤庚〉三篇。」

而剛柔不偏，又革之用，故「悔，亡」。然必人已先「有孚」信于心。[174]
然后舉而革之，則可以「改命」而「吉」。○《蒙引》：「命，謂政事也。」
⬜九四⬜ 處不當位，未免失當，以有其德而當其時，故無失當而悔亡。然在
我雖所當革，而在人或不我信，故必先有孚，而可改命，此即所謂信而後
諫，未信則以為謗己也。信而後勞，其民未信，則以為厲己也，[175]故〈象
傳〉曰「信志也」。○改命，就互巽為命令取象。

象曰：改命之吉，信志也。

　　「象曰：改命之吉」者，緣四欲革之志，上、下皆「信」其「志
也」，故得吉。

九五：大人虎變，未占，有孚。

　　「九五」，以陽剛中正為革之主，在「大人」則自新新民之極，順
天、應人之時，猶「虎」之「變」，而文章外見也。然占者必其德之盛，
自「未占」之時，人已「有孚」信之者，乃足以當此占，而有應也。
⬜九五⬜ 蘭氏廷瑞曰：「乾飛曰龍，革變曰虎。堯、舜之揖讓天下，維德之
化，故曰『龍』；湯、武之征伐，則有威存焉，故曰『虎』也。」[176]胡雲峯
曰：「必如成湯未革夏命，而室家已相慶於來蘇之先，乃應此占。不然，

---

174 案：「心」，誤書作「信」，今正之。

175 案：「信而後勞，其民未信，則以為厲己也」斷句，疑當作「信，而後勞其民；未信，
　　則以為厲己也」。此段出自《論語・子張》篇：「子夏曰：『君子信，而後勞其民；未
　　信，則以為厲己也。信，而後諫；未信，則以為謗己也。』」

176 案：〔南宋〕蘭廷瑞（字惠卿，雲南人，生卒年不詳），有詩名，存目有《漁樵易解》
　　（《易解》）十二卷，《御纂周易折中》多有引用可參。

湯、武之事，未易舉也。」按：體，兌為虎，兌正西，白虎西方宿，故象「虎變」。

象曰：大人虎變，其文炳也。

「象曰：大人虎變」者，「其文」何「炳」著「也」。

上六：君子豹變，小人革面；征，凶；居，貞，吉。

「上六」，革道已成之日，在「君子」則和柔積中，而英華發外，有如「豹」之「變」矣。如「小人」亦勉強「革面」，以聽從矣，革至此足矣。況變革之事，非得已不可以過，而上六之才，亦不可有行。占者若更有「征」往，則紛更擾煩而「凶」，惟靜守成業而「居貞」，則治可永保而「吉」。

上六　處革之終，是革道已成，君子、小人无不在所革之內矣。《存疑》：「上六必當成康之君說，只可以責守成之事，未可以責開創之功也。」何氏楷曰：「虎大而文疏曰『炳』，豹小而文密曰『蔚』。」

象曰：君子豹變，其文蔚也；小人革面，順以從君也。

「象曰：君子豹變」，潤色鴻業，「其文蔚」縟「也」。小人革面」，趨令率教，「順以從君也」。

五十 ䷱ 巽下離上　鼎

䷸ 巽

鼎：元吉，亨。

　　卦體、卦象皆似鼎，故名「鼎」。其占，「元吉，亨」。○《本義》：「鼎，烹飪之屬。[177]吉，衍文也。」

鼎卦　胡氏經[178]曰：「伏羲氏興神鼎，一象一統；黃帝作寶鼎，三象三才；禹鑄九鼎，象九州。武王命南宮适、史佚展九鼎於洛邑，故人君撫大寶位，以此象之。」[179]邱氏富國曰：「以鼎繼革，所以示變革之後，當端重以守之，其旨微矣。」陸氏振奇曰：「革者，以離火鑄兌金，故革之後，而鼎出焉。既成鼎體，則又以木火，為鼎之用。」

177　案：「屬」，《本義》原作「器」。

178　案：〔明〕胡經（字用甫，江西吉安府廬陵縣人，生卒年不詳）。據〔明〕張朝瑞（字子禎，南直隸海州人，1536-1608）《皇明貢舉考・卷五》，以及龔延明主編之《天一閣藏明代科舉錄選刊・登科錄》（寧波：寧波出版社，2016年）之〈嘉靖八年己丑科進士登科錄〉，知其為江西鄉試第四十名舉人，嘉靖八年（1529）中式己丑科會試第十一名，登第二甲第五名進士。

179　案：《史記・卷十二・孝武本紀》，有司皆曰：「聞昔大帝興神鼎一，一者一統，天地萬物所繫終也。黃帝作寶鼎三，象天地人也。禹收九牧之金，鑄九鼎，皆嘗鬺烹上帝鬼神。遭聖則興，遷于夏商。周德衰，宋之社亡，鼎乃淪伏而不見。頌云『自堂徂基，自羊徂牛；鼏鼎及鼒，不虞不驚，胡考之休』。今鼎至甘泉，光潤龍變，承休無疆。合茲中山，有黃白雲降蓋，若獸為符，路弓乘矢，集獲壇下，報祠大饗。惟受命而帝者心知其意而合德焉。鼎宜見於祖禰，藏於帝廷，以合明應。」《漢書・郊祀志上》所錄雷同，可供參照。

象曰：鼎，象也。以木巽火，烹[180]飪也。聖人亨，以享上
　　帝；而大亨，以養聖賢。巽而耳目聰明，柔進而上
　　行，得中而應乎剛，是以元亨。

　　「彖曰」，卦名「鼎」者，卦體下體為足，二、三、四陽為腹，五陰
為耳，上陽為鉉，有鼎之「象也」。卦象「以」巽「木巽」入離「火」而
烹，故「烹飪」又鼎之用「也」，故名鼎。是鼎也，「聖人」之君承大祭，
必用鼎「亨」牲，「以享上帝」，報功也。「而」見大賓，必用鼎「大亨，
以養聖賢」，崇德也。○《本義》：「享帝，貴誠，用犢而已。養賢，則饔
飧牢禮，當極其盛，故曰大亨。」

　　彖曰「元亨」者，卦德下「巽」，則心志巽順。上離為目，五為耳，
「而耳目聰明」，有其德矣。卦變自巽而來，「柔進而上行」，以居五有其
位矣。卦體六五「得中，而應乎」九二之「剛」，有其輔矣。德、位兼
備，而所應得人，「是以元」善而「亨」也。

象曰：木上有火，鼎；君子以正位凝命。

　　「象曰：木上有火」，而致烹飪之用，「鼎」之象也。鼎之器正也，然
后可以凝其所受之實。「君子以」天命我以位，必「正」其「位」，然后可
以「凝」其所受之「命」。

初六：鼎顛趾，利出否；得妾，以其子，无咎。

　　「初六」，居下趾之象，上應九四，趾向上則「鼎」覆，而「顛」其

180　案：「烹」，傳統通行本皆作「亨」字，本書則作「烹」，二者於義無別。

「趾」矣。然當卦初，鼎未有實，而舊有否惡之積，因其顛而「利」于「出否」，是因敗為功也。廣其眾，猶「得妾」，非正室，而因「以」得「其子」，是因賤致貴也。其占，「无咎」。

初六　《本義》：「此本是不好的爻，卻因禍致福，所謂不幸中之幸，只是偶然如此。」《存疑》：「一爻取兩象，一因敗為功，如管仲舉於巾車、孟明勝敵於囚虜之餘；[181] 一因賤致貴，如韓信舉於行陣、陳平拔於亡命。」[182]

181　案：「管仲舉於巾車」史事，《論語》、《國語·齊語》、《史記·管晏列傳》、《管子》與《春秋左氏傳》等，都載有他的生活傳記，可供參考。「孟明勝敵於囚虜之餘」史事，主要記於《春秋左氏傳·僖公三十三年·秦晉殽之戰》：「夏，四月，辛巳，敗秦師于殽，獲百里孟明視，西乞術，白乙丙，以歸。遂墨以葬文公，晉於是始墨。文嬴請三帥，曰：『彼實構吾二君，寡君若得而食之，不厭，君何辱討焉？使歸就戮于秦，以逞寡君之志，若何？』公許之，先軫朝，問秦囚，公曰：『夫人請之，吾舍之矣。』先軫怒曰：『武夫力而拘諸原，婦人暫而免諸國，墮軍實而長寇讎，亡無日矣。』不顧而唾。公使陽處父追之，及諸河，則在舟中矣。釋左驂，以公命，贈孟明，孟明稽首曰：『君之惠，不以纍臣釁鼓，使歸就戮于秦，寡君之以為戮，死且不朽，若從君惠而免之，三年將拜君賜。』秦伯素服郊次，鄉師而哭曰：『孤違蹇叔，以辱二三子，孤之罪也，不替孟明，孤之過也，大夫何罪，且吾不以一眚掩大德。』」又《春秋左氏傳·文公二年》：「春，秦孟明視帥師伐晉，以報殽之役。……秦伯猶用孟明，孟明增脩國政，重施於民，趙成子言於諸大夫曰：『秦師又至，將必辟之，懼而增德，不可當也，《詩》曰：「毋念爾祖，聿脩厥德。」』孟明念之矣，念德不怠，其可敵乎？』」

182　案：「韓信舉於行陣、陳平拔於亡命」，語出〔西漢〕班彪（字叔皮，右扶風安陵人，3-54）〈王命論〉，收錄於《昭明文選·卷第五十二·論二》，〔唐〕李善（鄂州江夏人，或云揚州江都人，630-689）注曰：「《漢書》曰：『蕭何薦韓信於漢王，於是漢王齋戒設壇場，拜信為大將軍。』又曰：『陳平亡楚來降。漢王與語，說之。使驂乘，監諸將。』」以下節錄〈王命論〉，文曰：「蓋在高祖，其興也有五：一曰帝堯之苗裔，二曰體貌多奇異，三曰神武有徵應，四曰寬明而仁恕，五曰知人善任使。加之以信誠好謀，達於聽受，見善如不及，用人如由己，從諫如順流，趣時如響起。當食吐哺，納子房之策；拔足揮洗，揖酈生之說；悟戍卒之言，斷懷土之情；高四皓之名，割肌膚之愛；舉韓信於行陣，收陳平於亡命。英雄陳力，群策畢舉，此高祖之大略，所以成帝業也。」

象曰：鼎顛趾，未悖也。利出否，以從貴也。

　　「象曰：鼎顛趾」，似乎悖道矣，而實「未」為「悖也」。以其「利」于「出否」，因是得四在上，陽貴之應，可「以從貴」而納新「也」。

九二：鼎有實，我仇，有疾；不我能即，吉。

　　「九二」，以剛居中，懷才抱德之士，是猶「鼎有實」也。與五相應，不幸密邇初陰，彼將以私相誘，是為「我仇」，足為我之病，是為「有疾」。二惟以剛中自守，彼雖我仇，自「不我能即」。[183]占者如是，「吉」之道也。○《本義》：「我仇，謂初，陰陽相求而非正，則相陷于惡，而我[184]仇矣。」

九二　按：此是不失身於匪人也。如魏明帝時，蕭寶寅將逆謀，遣蘇湛表弟諷湛曰：「吾今不復為臣，肝膽與君共之。」湛曰：「朝廷假我以羽翼，因得榮寵，可乘閒而有問鼎之心乎？」遂再三乞歸，是「我仇」「不能我即」也。後魏主嘉湛，加世職焉，是「吉」也。[185]

183　案：「即」字旁，另書有「就」字，二字音義相通。

184　案：「我」，《本義》原作「為」。

185　案：「蕭寶寅」，史傳作「蕭寶夤」，字智亮，〔南齊〕明帝蕭鸞（452-498）第六子，因梁武帝蕭衍（字叔達，小字練兒，南蘭陵中都里人，464-549）滅南朝齊，遂投奔北魏，成為北魏皇婿。後因起義，被爾朱天光（北秀容川人，496-532）所殺。事詳《南史‧卷四十三‧列傳第三十三‧齊高帝諸子下》、《魏書‧蕭寶夤傳》與《南齊書‧明七王傳》。蕭寶夤與蘇湛史事，詳《北史‧卷六十三‧列傳第五十一‧蘇綽傳》「綽從兄亮」下：「亮弟湛，字景俊。少有志行，與亮俱著名西土。年二十餘，舉秀才，除奉朝請，領侍御史，加員外散騎侍郎。蕭寶夤西討，以湛為行臺郎中，深見委任。及寶夤將謀叛逆，湛時臥疾於家。寶夤乃令湛從母弟天水姜儉謂湛曰：『吾不能坐受死亡，今便為身計，不復作魏臣也。與卿死生榮辱，方當共之，故以相報。』湛聞之，舉聲大哭。儉遽止之曰：『何得便爾？』湛曰：『闔門百口，即時屠滅，云何不哭！』哭數十聲，徐謂儉曰：『為我白齊王，王本以窮而歸人，賴朝廷假王羽翼，遂得榮寵至此。

象曰：鼎有實，慎所之也。我仇有疾，終无尤也。

「象曰」，二雖如「鼎有實」，當以剛中自守，而「慎所之也」。如此，則雖「我仇有疾」，終不我即，「終无尤也」。

九三：鼎耳革，其行塞，雉膏不食。方雨，虧悔，終吉。

「九三」，以陽居鼎腹，而上承離卦文明之腴，有雉膏之美。然過剛失中，越五應上，又居下之極，為變革之時，猶「鼎耳」變「革」，不可舉移。而「其行」遂「塞」，雖有「雉膏」之美，「不」得為人所「食」之象，悔可知矣。然以陽居陽，為其得正，苟能自守，則可與五相遇，象陰陽和而「方雨」，自能「虧」失其「悔」焉。占者如是，則初雖不利，而「終」得「吉」也。

<u>九三</u> 越五應上，舍虛中下賢之君，從遯世避群之士，道無由行，膏澤何由下於民乎？幸得其正，是剛正之人心，知君臣之義，非果於忘世，故初雖不遇，終得相遇，如莘野、渭濱之流是已。

象曰：鼎耳革，失其義也。

既屬國步多虞，不能竭誠報德，豈可乘人間隙，便有問鼎之心乎！今魏德雖衰，天命未改，王之恩義，未洽於人，破亡之期，必不旋踵。蘇湛終不能以積世忠貞之基，一旦為王族滅也。』寶夤復令儉謂湛曰：『此是救命之計，不得不爾。』湛復曰：『凡舉大事，當得天下奇士。今但共長安博徒小兒輩為此計，豈有辦哉？湛不忍見荊棘生王戶庭也。願賜骸骨還舊里，庶歸全地下，無愧先人。』寶夤素重之，知必不為己用，遂聽還武功。寶夤後果敗。孝莊帝即位，徵拜尚書郎。帝嘗謂之曰：『聞卿答蕭寶夤，甚有美辭，可為我說之。』湛頓首謝曰：『臣自惟言辭不如伍被遠矣，然始終不易，竊謂過之。但臣與寶夤周旋契闊，言得盡心，而不能令其守節，此臣之罪也。』孝莊大悅，加散騎侍郎。尋遷中書。孝武初，以疾還鄉里，終於家。」

　　「象曰」，三越五應上，如「鼎耳」之「革」，无所取裁，是「失其義也」。

九四：鼎折足，覆公餗，其刑[186]渥，凶。

　　「九四」，居上，任天下之重，而下應初六之陰，是用小人致敗公事。猶「鼎折」其「足」，以「覆公」家之「餗」，而「其」人當服「刑渥」者；然其占，「凶」也。○《本義》：「晁[187]曰：「刑渥，本作刑劇，謂重刑也。今從之也。」

九四　　《蒙引》：「用人之得失，實關國家之休戚，此爻即所謂大臣悮陛[188]下；而大臣所用者，悮大臣也。九四以初六為足，故云鼎食曰餗。」按：如王安石之悮宋神宗，呂惠卿之悮王安石是已。

象曰：覆公餗，信如何也？

　　「象曰」，四用人致悮，而「覆公餗」，失其初與君，欲平天下之約，是「信如何也」？

六五：鼎黃耳，金鉉，利貞。

　　「六五」，猶鼎之耳，而虛中以應九二之堅剛，有「鼎黃耳」，而貫以「金鉉」之象。此六五之貞，占者亦「利」于「貞」固而已。○《本

---

186 案：「刑」，通行本都作「形」，二字釋義不同。

187 案：《本義》原作「晁氏」，此刪去「氏」字，「晁」同「鼂」，此「晁氏」當是〔北宋〕晁說之（字以道，濟州鉅野人，1059-1129），〔清〕李光地《御纂周易折中》收錄引之。下文「刑渥」後，《本義》原有「諸」字。

188 案：「悮」，同「誤」；「陛」，誤書作「陸」，今正之。

義》:「五於象為耳,而有中德,故云黃耳。金,堅剛之物。鉉,貫耳以舉鼎者也。」

六五 虛中應二,是能任賢不貳,如湯之任伊尹、文王之任太公是已。

象曰:鼎黃耳,中以為實也。

「象曰:鼎黃耳」者,黃者中之道。五在中,是「中以為實」德「也」。

上九:鼎玉鉉,大吉,无不利。

「上九」,于鼎為鉉,而以陽居陰,剛而能柔,猶「鼎」以「玉」為「鉉」,溫潤而栗者也。占者如此,「大吉,无不利」。

上九 按:此爻如太史公疑張良為鐵石心腸,而其狀貌乃如婦人、女子,蓋其有剛毅之資,故能錐擊始皇,興漢滅楚;而當日圯上進履、附耳躡足、教沛公入蜀諸事,又多出以退遜之心,是即所謂「剛柔節」乎![189]

象曰:玉鉉在上,剛柔節也。

「象曰」,上謂之「玉鉉」者,以九「在上」,以陽居陰,不偏於「剛」,亦不偏於「柔」,是有「節也」。

---

189 案:詳參《史記·卷五十五·留侯世家》,太史公曰:「學者多言無鬼神,然言有物。至如留侯所見老父予書,亦可怪矣。高祖離困者數矣,而留侯常有功力焉,豈可謂非天乎?上曰:『夫運籌筴(策)惟帳之中,決勝千里外,吾不如子房。』余以為其人計魁梧奇偉,至見其圖,狀貌如婦人、好女。蓋孔子曰:『以貌取人,失之子羽。』留侯亦云。」

五十一 ䷲震下震上　震

震：亨。震來，虩虩；笑言，啞啞；震驚百里，不喪匕鬯。

　　一陽始生於二陰之下，震動奮發之象，重之亦然，故為「震」。占者占「亨」道焉，何也？人能于无事時，常似「震」之「來」時，「虩虩」而不敢忽，則災患一至，自能「笑言，啞啞」，安樂自如。即事大可驚懼，亦不失常，猶長子主祭時，雖值「震驚百里」之雷，而誠敬中存，「不喪」失其所執之「匕鬯」焉。○《本義》：「震，動也。其象為雷，其屬為長子。虩虩，恐懼驚顧之貌。匕所以舉鼎實，鬯以秬黍酒和鬱金，所以灌地降神者也。」

震卦　震亨以下，皆申明「震亨」之義也。「震來虩虩」者，无可懼而先戒懼也。「笑言啞啞」，先戒懼而自无懼也。「震驚百里，不喪匕鬯」者，雖大可懼，而亦不懼也。蓋震者，乾之初陽，元之德也；其力至剛，其威至大，宜可以壯往而无難矣。而當震來時，猶必虩虩者，乾以惕而无咎，震以恐而致福。天德者无他，懼而已矣。自古聖人法天明道，而堯、舜、禹以危微交儆，湯、文、武、周莫不憂勤惕厲，惟恐失墜。蓋歷聖相傳之心，所以「與天、地合德」者，盡於是矣。

象曰：「震，亨。震來，虩虩」，恐致福也；「笑言，啞啞」，後有則也；「震驚百里」，驚遠而懼邇也，出可以守宗廟、社稷，以為祭主也。

　　「象曰」，卦名「震」，而詞曰「亨」者，震本有亨道，不待言也。又曰「震來虩虩」者，常能「恐」懼，自可以「致福也」。曰「笑言，啞啞」，恐懼之「後」，凡事處之，皆「有」法「則」，正是福「也」。曰「震

驚百里」者,雷聲及于百里,「驚遠而懼邇也」。主祭者于是「不喪匕
鬯」,是誠敬之至真,「出可以守宗廟、社稷,以為祭主也」。○《本義》:
「程子以為『邇也』下,脫『不喪匕鬯』四字,今從之。出,謂繼世而主
祭也。」

象曰:洊雷,震;君子以恐懼修省。

「象曰」,雷聲因仍而至,震動不已,是為「洊雷」重「震」象也。
「君子以」人心之戒懼不息,法雷聲之震動不已,而「恐懼修省」。

初九:震來虩虩,後笑言啞啞,吉。[190]

「初九」,在下體為震主,在全卦為震初,能懼之早也。占者于平居,
常似「震來」時,而「虩虩」恐懼,自可無懼而「後笑言啞啞」之道也。
初九 按:此爻能懼之早,如成湯之慄慄危懼,武王之夙夜祗懼是已。若
王安石之謂「天變不足畏,人言不足恤,祖宗之法不足守」,[191]則未能戒
懼,而安能以无懼乎?

象曰:震來虩虩,恐致福也;笑言啞啞,後有則也。

---

190 案:「震來虩虩」下,遺缺「後」字;「笑言啞啞」下,遺缺「吉」字,今皆補之。
191 案:詳參《宋史‧卷八十六‧王安石列傳》:「安石未貴時,名震京師,性不好華腴,
自奉至儉,或衣垢不浣,面垢不洗,世多稱其賢。蜀人蘇洵獨曰:『是不近人情者,鮮
不為大奸慝。』作〈辯奸論〉以刺之,謂王衍、盧杞合為一人。安石性強忮,遇事無
可否,自信所見,執意不回。至議變法,而在廷交執不可,安石傅經義,出己意,辯
論輒數百言,眾不能詘。甚者謂『天變不足畏,祖宗不足法,人言不足恤』。罷黜中外
老成人幾盡,多用門下儇慧少年。久之,以旱引去,洎復相,歲餘罷,終神宗世不復
召,凡八年。」

「象曰：震來虩虩」，「恐」懼可「致福也；笑言啞啞，後有」法「則也」。

六二：震來，厲；億喪貝，躋于九陵；勿逐，七日得。

「六二」，乘初九之剛，故當「震」之「來」而危「厲」也。又常「億喪」失其貨「貝」，而升「躋于九陵」之上。然柔順中正，足以自守，所喪者「勿」待追「逐」，而「七日」自「得」焉。○《本義》：「億字，未詳。」敬按：「六五云『億无喪』，象曰『大无喪也』，則『億』字當作『大』字看。」

[六二] 按：二乘初九之剛，是遇剛暴之人，或當艱難之事。如郭子儀值相州軍潰，為魚朝恩所譖，是震之來而厲也，遂罷兵柄，而居之京師，「億喪貝，躋于九陵」之象也。然所遭雖不幸，而所存自不亂，後得再復，是「勿逐，七日得」也。

象曰：震來厲，乘剛也。

「象曰：震來厲」者，以「乘」初「剛」，而危厲之甚「也」。

六三：震蘇蘇，震行，无眚。

「六三」，以陰居陽，當震時而居不正，是處危難而行險，不勝驚懼，而神氣渙散，為「震蘇蘇」之象。占者[192]能因「震」懼而「行」正，則不終于危，自「无」復蘇蘇之「眚」矣。○《本義》：「蘇蘇，緩散自失之狀。」

---

192 案：「者」字，誤書在「震蘇蘇」之下，今移正之。

六三　虞氏翻曰：「蘇，復生也。《左傳》：『晉獲秦諜殺之，六日而蘇。』」
193 按：蘇蘇，人絕復生，神氣未定，是本爻之象，因不正而震懼也。「震行，无眚」，是戒占之詞，因震懼而行正也。

象曰：震蘇蘇，位不當也。

　　「象曰：震蘇蘇」者，以陰居陽，處「位不當也」。苟非震行，眚災必不免矣。

九四：震，遂泥。

　　「九四」，以陽居陰，不中不正，陷于二陰之間，不能自震有為。其「震」驚也，「遂泥」而不復起矣。○《本義》：「遂者，无反之意。泥，滯溺也。」
九四　按：此爻如魯哀公柔弱，陷於季、孟之間，而不能自振、有為，致溺於憂懼是已。

象曰：震遂泥，未光也。

　　「象曰：震遂泥」者，終於局促綏昧而已，「未」為「光」顯「也」。

---

193 案：〔唐〕李鼎祚（資州磐石人，生平不詳）《周易集解・卷十》，引〔三國吳〕虞翻
　　（字仲翔，會稽餘姚人，164-233，傳詳《三國志・吳書・虞翻傳》）曰：「死而復生，
　　稱蘇。三死坤中，動出得正，震為生，故『蘇蘇』。坎為眚，三出得正，坎象不見，故
　　『无眚』。《春秋傳》曰：『晉獲秦諜，六日而蘇也。』」

六五：震，往來，厲；億无喪，有事。

　　「六五」，不足于剛處，「震」之時又居上位，當危急存亡之秋，宜
「往來」皆「厲」，无時而不危也。幸其居中德足自守，故能「億无」所
「喪」，而能「有事」也。

六五　當危急存亡之秋，而有中德，是能撐持禍亂，不致失墜，故曰「无
喪」；且能因時救敝，以圖振起，故曰「有事」。如宣王承厲王之烈，因有
撥亂之志，遇災而懼，側身修行，欲消去之，而王化復行是已。[194]

象曰：震往來厲，危行也。其事在中，大无喪也。

　　「象曰：震往來厲」者，行皆危厲，是「危行也。其」有「事」者，
以「在」上之「中」，而有中德，不惟无喪，且得復振，而「大无喪也」。

上六：震，索索；視，矍矍；征，凶。震，不于其躬，于
　　　其鄰，无咎。婚媾，有言。

　　「上六」，以陰柔居禍患之來，不柔處然能早禦，有志氣「震，索
索」然，而喪失瞻「視，矍矍」然，而徬徨之象。占者如是，而「征」行
則「凶」，蓋惟不能圖之於早故也。若當「震，不于其躬，于其鄰」之

194　案：「宣王承厲王之烈」，語出《詩經‧大雅‧蕩之什‧雲漢‧序》：「〈雲漢〉，仍叔美
　　宣王也。宣王承厲王之烈，內有撥亂之志，遇災而懼，側身脩行，欲銷去之。天下喜
　　於王化復行，百姓見憂，故作是詩也。」又可參閱《史記‧卷第四‧周本紀》：「（厲）
　　王行暴虐侈傲，國人謗王。……三年，乃相與畔，襲厲王。厲王出奔於彘。……召
　　公、周公二相行政，號曰『共和』。共和十四年，厲王死于彘。太子靜長於召公家，二
　　相乃共立之為王，是為宣王。宣王即位，二相輔之，修政，法文、武、成、康之遺
　　風，諸侯復宗周。十二年，魯武公來朝。」

時，而戒懼預防，則可「无」索索、矍矍之「咎」。然陰柔處震極，亦不免小傷，如「婚媾」之「有言」焉。

上六　按：震不於其躬，於其鄰者。如西伯既戡黎，祖伊恐；[195]齊人將築，文公恐是已，[196]蓋不待及於其身，而後戒也。

象曰：震索索，中未得也。雖凶无咎，畏鄰戒也。

「象曰：震索索」者，平時不知懼，至此「中」心失，而「未得也。雖凶」又得「无咎」者，蓋「畏」在震于其「鄰」時，而早「戒也」。

---

195 案：「西伯既戡黎，祖伊恐」史事，詳參《尚書·商書·西伯戡黎》，〈序〉曰：「殷始咎周，周人乘黎。祖伊恐，奔告于受，作〈西伯戡黎〉。」經文云：「西伯既戡黎，祖伊恐，奔告于王。曰：『天子！天既訖我殷命。格人元龜，罔敢知吉。非先王不相我後人，惟王淫戲用自絕。故天棄我，不有康食。不虞天性，不迪率典。今我民罔弗欲喪，曰：天曷不降威？大命不摯，今王其如台？』王曰：『嗚呼！我生不有命在天？』祖伊反曰：『嗚呼！乃罪多，參在上，乃能責命于天？殷之即喪，指乃功，不無戮于爾邦！』」

196 案：「齊人將築，文公恐」史事，詳參《孟子·梁惠王下》。滕文公問曰：「齊人將築薛，吾甚恐，如之何則可？」孟子對曰：「昔者大王居邠，狄人侵之，去之岐山之下居焉。非擇而取之，不得已也。苟為善，後世子孫必有王者矣。君子創業垂統，為可繼也。若夫成功，則天也。君如彼何哉！彊為善而已矣。」滕文公問曰：「滕，小國也，竭力以事大國，則不得免焉，如之何則可？」孟子對曰：「昔者大王居邠，狄人侵之，事之以皮幣，不得免焉；事之以犬馬，不得免焉；事之以珠玉，不得免焉。乃屬其耆老而告之曰：『狄人之所欲者，吾土地也。吾聞之也：君子不以其所以養人者害人。二三子何患乎無君！我將去之。』去邠，踰梁山，邑於岐山之下居焉。邠人曰：『仁人也，不可失也。』從之者如歸市。或曰：『世守也，非身之所能為也，效死勿去。』君請擇於斯二者。」

五十二 ䷳ 艮下艮上 艮

艮：艮其背，不獲其身；行其庭，不見其人，无咎。

　　為卦一陽止於二陰之上，陽自下升，極上而止，卦象為山，取坤土而隆其上，亦止於極而不進，故為艮。占者誠能止于理而不遷，象「艮其背」焉，則內見理而不見己，而未嘗為有我累象。「不獲其身」，外見理而不見人，而未嘗為我感移象。「行其庭，不見其人」，內外兩忘，全體太極，不失人生，而靜之初，「无咎」。○《本義》：「艮，止。蓋身動物也，惟背為止。艮其背，則止於所當止也。」

艮卦　艮卦畫有背象，又一身惟背為止，故曰「艮其背」，言止於所當止也。如文王之敬止，為人君止於仁，為人臣止於敬，為人子止於孝，為人父止於慈，與國人交止於信是已。「不獲其身」，是見所當止，而不顧一身之利害也。「不見其人」，是見所當止，而不顧人之予奪是非也。《本義》：「艮體篤實，故又有光明之義，大畜於艮，亦以輝光言之。」

象曰：艮，止也。時止則止，時行則行，動靜不失其時，其道光明。艮其止，止其所也。上、下敵應，不相與也，是以「不獲其身，行其庭，不見其人，无咎」也。

　　「象曰」，卦名「艮」者，「止」而不遷之意「也」。然行止各有其時，故「時」當「止」而止，「則止」得其止矣。「時」當「行」而行，「則行」得其行矣。夫人之行止，即人之動靜；「動靜不失其時」，而皆合理，「其道」不「光明」乎？艮之所為止者如此。詞曰「艮其止」者，言「止」之於「其」當止之「所也」。蓋卦體陰陽、「上、下」相「敵」以

「應」，而「不」互「相與」為偶，有止其所之義「也」。夫「是以」內見理，而不見己，象「不獲其身」；外見止，而不見人，象「行其庭，不見其人」。內外兩忘，而「无咎也」。○《本義》：「《易》背為止，以明背即止也。背者，止之所也。」

象曰：兼山，艮；君子以思，不出其位。

「象曰：兼山」並立，各止其所，「艮」之象也。「君子以」是「思」行之必止其所，而「不出其位」，亦如山之止而不遷也。

初六：艮其趾，无咎，利永貞。

「初六」，在下趾之象也。而以陰柔居艮初，能自止不行，有「艮其趾」之象。占者時止則止，可「无」妄動之「咎」。然陰柔多躁，故又戒以「利」于「永」久守此時止之「貞」焉。

初六　陰柔才弱，不足有行，居艮之初，未可有行，能自止不進，故有艮趾之象。若殷浩、王衍之徒，[197]則以才弱當未可行之時，而欲有行，未免

---

197 案：「殷浩」，誤書作「殷誥」，今正之，傳詳《晉書‧列傳第四十七》：「殷浩（？-356），字深源，陳郡長平人也。……浩識度清遠，弱冠有美名，尤善玄言，與叔父融俱好《老》、《易》。……並稱疾不起。遂屏居墓所，幾將十年，于時擬之管、葛。王蒙、謝尚猶伺其出處，以卜江左興亡，因相與省之，知浩有確然之志。既反，相謂曰：『深源不起，當如蒼生何！』庾翼貽浩書曰：『當今江東社稷安危，內委何、褚諸君，外託庾、桓數族，恐不得百年無憂，亦朝夕而弊。足下少標令名，十餘年間，位經內外，而欲潛居利貞，斯理難全。且夫濟一時之務，須一時之勝，何必德均古人，韻齊先達邪！王夷甫，先朝風流士也，然吾薄其立名非真，而始終莫取。若以道非虞夏，自當超然獨往，而不能謀始，大合聲譽，極致名位，正當抑揚名教，以靜亂源。而乃高談《莊》、《老》，說空終日，雖云談道，實長華競。及其末年，人望猶存，思安懼亂，寄命推務。而甫自申述，徇小好名，既身囚胡虜，棄言非所。凡明德君子，遇會處際，寧可然乎？而世皆然之。益知名實之未定，弊風之未革也。』浩固辭不起。」並參《晉

有咎。

象曰：艮其趾，未失正也。

「象曰：艮其趾」者，「未失」時止之「正」道「也」。

六二：艮其腓，不拯其隨，其心不快。

「六二」，當腓之處，最易動者，幸其居中得正，而不妄動者，「艮其腓」之象，則於己得矣。然三為二所隨者，而過剛不中，以止於上，二柔「不」能往「拯其隨」，則未能成物，是以「其心不快」也。○《本義》：「三，為限，則腓所隨也。」

六二　《蒙引》：「不拯其隨，亦是二失職處。凡臣之於君，弟之於兄，僚屬之於官長，皆有此義。」按：如季氏陷於僭竊之罪，冉有不能救之，[198]是危而不持，顛而不扶焉，用彼相其心，豈得有快乎？

書·卷四十三·列傳第十三·王戎·從弟衍》：「衍（256-311）字夷甫，神情明秀，風姿詳雅。……魏正始中，何晏、王弼等祖述《老》、《莊》，……衍甚重之。惟裴頠以為非，著論以譏之，而衍處之自若。衍既有盛才美貌，明悟若神，常自比子貢。兼聲名藉甚，傾動當世。妙善玄言，唯談《老》、《莊》為事。每捉玉柄麈尾，與手同色。義理有所不安，隨即改更，世號『口中雌黃』。朝野翕然，謂之『一世龍門』矣。累居顯職，後進之士，莫不景慕放效。選舉登朝，皆以為稱首。矜高浮誕，遂成風俗焉。……衍俊秀有令望，希心玄遠，未嘗語利。王敦過江，常稱之曰：『夷甫處眾中，如珠玉在瓦石間。』顧愷之作畫贊，亦稱衍巖巖清峙，壁立千仞。其為人所尚如此。」

198 案：《論語·八佾第三》，季氏旅於泰山。子謂冉有曰：「女弗能救與？」對曰：「不能。」子曰：「嗚呼！曾謂泰山，不如林放乎？」〔南宋〕朱熹《論語集注》曰：「旅，祭名。泰山，山名，在魯地。禮，諸侯祭封內山川，季氏祭之，僭也。冉有，孔子弟子，名求，時為季氏宰。救，謂救其陷於僭竊之罪。嗚呼，歎辭。言神不享非禮，欲季氏知其無益而自止，又進林放以屬冉有也。范氏曰：『冉有從季氏，夫子豈不知其不可告也，然而聖人不輕絕人。盡己之心，安知冉有之不能救、季氏之不可諫也。既不能正，則美林放以明泰山之不可誣，是亦教誨之道也。』」

象曰：不拯其隨，未退聽也。

「象曰」，二之「不拯其隨」，固以柔弱之故，亦由三止乎上，「未」肯「退」而「聽」乎二「也」。

九三：艮其限，列其夤，厲，熏心。

「九三」，當限之處，過剛不中，拘執膠固，象「艮其限」焉。如此則不得屈伸，而上、下判隔，如「列其夤」。一船既不能通乎外，必无以安乎外，危「厲」之慮，必[199]如火之「熏」灼于「心」中矣。○《本義》：「限，身上、下之際，即腰胯也。夤，脅[200]也。危厲熏心，不安之甚也。」

九三　此是於不可止而止之也。《存疑》：「世之執一不通，行止失儀，致事勢乖離，人情睽隔，而憂心內結者，此爻是也。」按：如宰我信道不篤，以從井救人，而憂為仁之陷害是已。[201]

象曰：艮其限，危熏心也。

「象曰：艮其限」，固執不通，「危」厲之慮，常「熏」其中「心也」。

---

199 案：「必」，誤書作「不」，今正之。
200 案：「脅」，誤書作「脅」，今正之。
201 案：詳參《論語・雍也第六》，宰我問曰：「仁者，雖告之曰：『井有仁焉。』其從之也？」子曰：「何為其然也？君子可逝也，不可陷也；可欺也，不可罔也。」〔南宋〕朱熹《論語集注》引劉聘君曰：「有仁之仁當作人。」注曰：「宰我信道不篤，而憂為仁之陷害，故有此問。逝，謂使之往救。陷，謂陷之於井。欺，謂誑之以理之所有。罔，謂昧之以理之所無。蓋身在井上，乃可以救井中之人；若從之於井，則不復能救之矣。此理甚明，人所易曉，仁者雖切於救人而不私其身，然不應如此之愚也。」

六四：艮其身，无咎。

　　「六四」，以陰居陰，時止而止，故為「艮其身」之象。占者如是，可「无」妄動之「咎」。

六四　此爻如天臺道士、烟波釣徒是已。[202]推之，凡事未可做皆不做，凡日用安靜，而韜晦處皆是。

象曰：艮其身，止諸躬也。

　　「象曰：艮其身」者，言「止諸躬」而不動「也」。

六五：艮其輔，言有序，悔亡。

　　「六五」，當輔之處，以陰居陽，為象有妄言之悔，幸其得中，心思寧靜，故能「艮其輔」焉，則其「言有序」，自不至傷易、傷煩，而「悔亡」矣。

六五　「艮其輔」，即所謂「言有序」也，非不言也，時然後言也。按：如閔子之言必有中是已。[203]又夫子以司馬牛多言而躁，故告以仁者其言也訒，[204]亦此意也。

---

202 案：〔唐〕張九齡（字子壽，韶州曲江人，678-740）〈送楊道士往天臺〉：「鬼谷還成道，天臺去學仙。行應松子化，留與世人傳。此地煙波遠，何時羽駕旋。當須一把袂，城郭共依然。」

203 案：《論語・先進第十一》，魯人為長府。閔子騫曰：「仍舊貫，如之何？何必改作？」子曰：「夫人不言，言必有中。」

204 案：「訒」，誤書作「忍」。《論語・顏淵第十二》，司馬牛問仁。子曰：「仁者其言也訒。」曰：「其言也訒，斯謂之仁已乎？」子曰：「為之難，言之得無訒乎？」

象曰：艮其輔，以中正也。[205]

上九：敦艮，吉。

　　「上九」，以陽剛居止之極，是知此理，為吾所當止而止之，有「敦」厚于「艮」之義，何「吉」如之？

|上九| 張中溪曰：「上九在艮山之極，剛健篤實，可謂敦厚於艮終者也，故六爻惟此獨吉。」按：此正如大禹之能「安汝止」[206]是已。

象曰：敦艮之吉，以厚終也。

　　「象曰：敦艮之吉，「以」上能敦「厚」于「終」，无間于始，所以吉「也」。

五十三 ䷴ 艮下巽上　漸

䷺ 渙　　䷅ 旅

漸：女歸，吉，利貞。

　　為卦艮止[207]在下，則自止而不妄動。及其上進，又巽順而不急迫，故為「漸」。夫進必以漸者，莫如女歸。占者「女歸」，若能以漸則「吉」。

205　案：此書遺漏〈艮六五・小象傳〉文，也無注解詮釋文字。

206　案：「安汝止」，出自《尚書・虞書・益稷》，禹曰：「都，帝！慎乃在位。」帝曰：「俞。」禹曰：「安汝止，惟幾惟康，其弼直；惟動丕應。徯志以昭受上帝，天其申命用休。」

207　案：「艮止」，誤書作「方其」，今正之。

又卦自二至五位皆得位，占者女歸，凡事又必「利」于「貞」正也。

漸卦　《蒙引》：「咸之『取女』，特咸之一事耳。咸之『利貞』，凡有感者皆然。漸之『女歸』，特進之一事耳。漸之『利貞』，凡有進者皆然，不專為女歸宜正也。」按：以卦變觀之，九進居三，是人臣得位之正。如伊尹待三聘而進，太公待後車而進，皆得其正，故上可以正君，下可以正俗。若抵掌而干王侯，立談以取卿相，則非正矣。九進居五，是人君得位之正。如舜、禹以揖讓授禪而得帝位，湯、武以伐暴救民而得王位，亦皆以正，故內可以正百官，外可以正萬民。若以奸而盜神器，以力而取天下，則非正矣。此象詞所謂必「利貞」，而〈彖傳〉所謂「進以正，可以正邦」此耳。

彖曰：漸之進也，「女歸，吉」也。進得位，往有功也。進以正，可以正邦也。其位，剛得中也。止而巽，動不窮也。

　　「彖曰：漸」者，漸「之進也。女歸」以漸，則得男、女之正而「吉也」。○《本義》：「『之』字，疑衍，或是『漸』字。」

　　所謂「利貞」者，卦變自渙九進居三，自旅九進居五，皆陽「進」而「得」乎陽「位，往」而有為，則「有」成「功也」。蓋三、五之進，皆得其位，是「進以正」也。進既以正，則「可以正邦也」。且卦體九五，又得「其位」之中，是「剛得中也」，中則无不正矣，此漸之所以利貞也。又卦德下艮「止」，心不期于進，「而」上「巽」順，身亦不躁于進，以是而「動」，則漸以進，而「動不窮也」，此即漸進之義焉。

象曰：山上有木，漸；君子以居賢德、善俗。

「象曰：山上有木」，以漸而高，「漸」之象也。「君子」體之，漸「以居賢德」，而優游饜飫。漸以「善俗」，而薰陶涵濡，則皆日進，而不自知矣。

初六：鴻漸于干，小子厲，有言，无咎。

「初六」，始進于下，未得所安，而上復无應，猶「鴻」本水[208]鳥，乃「漸于干」，而未得所安之象。其占未得所安，即為「小子」之「厲」，而未免「有言」語之中傷。然時命不猶，非名義有慊，故「无咎」。○《本義》：「鴻之行有序，而進有漸。干，水涯也。」

初六　何氏楷曰：「六爻皆取鴻象，往來有時，先後有序，漸之義也。婚禮用雁，取不再偶，尤切女歸之義。」《存疑》：「小子初之象，有言危之實也。賈誼新進，絳、灌之徒譖之於帝，謂洛陽少年，專事紛更，是『有言』也。」

象曰：小子之厲，義无咎也。

「象曰：小子」雖有言語之傷、「之厲」，然「義无咎也」。

六二：鴻漸于磐，飲食衎衎，吉。

「六二」，柔順中正，德稱其位；六五相應為所信任，其象為「鴻漸于磐」，言居位之安也。又為「飲食衎衎」，言食祿之安也。如此則得君行道，故「吉」。○《本義》：「磐，大石也。衎衎，和樂意。」

---

208 案：「水」，誤書作「木」，今正之。

六二　《存疑》:「爻詞兼居位食祿意,〈象傳〉只解食祿邊,蓋以戒人臣之素餐也。」按:素飽,如盧懷慎,人謂「伴食宰相」是;不素飽,如王曾之志不在溫飽是。[209]

象曰:飲食衎衎,不素飽也。

「象曰:飲食衎衎」,言食祿之安也,由德稱其位,「不」徒「素飽也」。○《本義》:「素飽,如《詩》言『素餐』。」

九三:鴻漸于陸。夫征,不復;婦孕,不育;凶,利禦寇。

「九三」,過剛不中无應,陷身非地,有「鴻漸于陸」之象。占者男、女皆不利,在丈「夫征」行,則剛愎取亡,而「不」得「復」歸。在「婦」懷「孕」,則陰陽失和,而「不」成「育」,皆「凶」道也。蓋過剛之人,惟「利」于用以之「禦寇」焉,此外无所利矣。○《本義》:「鴻,水鳥,陸非所安也。」

九三　按:既以「夫征不復」為凶,又以禦寇為利者,何也?蓋征非征戰之征,凡所征行皆是。如漢嚴延年為河南太守,陰騭酷烈,其母自東海來,大驚曰:「吾不意臨老見壯子被刑也。」遂去。未幾,嚴果坐法棄市,

---

209 案:〔唐〕盧懷慎(以字行,滑州靈昌人,?-716),任宰相,掌樞密,遇事推諉,時人稱「伴食宰相」。〔明〕程登吉(字允升,江西西昌人,生卒年不詳)《幼學瓊林·卷一·文臣》有「伴食宰相,盧懷慎居位無能」之文。〔北宋〕王曾(字孝先,青州益都人,978-1038),〔南宋〕朱熹纂集《宋名臣言行錄前集·卷五》載:「王曾,沂國文正公。字孝先,青城人,由鄉貢試禮部,御前皆第一,相仁宗。公青州發解、南省廷試,皆為首冠;中山劉子儀為翰林學士,戲語之曰:『狀元試三場,一生喫著不盡。』公正色答曰:『曾平生之志,不在溫飽。』」〔南宋〕江少虞(字虞仲,浙江常山人,生卒年不詳字)《事實類苑·卷九·名臣事迹(二)·王沂公》記載雷同,並可參考。

不復東歸是已。[210]「利禦寇」者，如白起、王翦之儔，只可用之以禦寇，他无所利也。[211]

象曰：夫征不復，離群醜也；婦孕不育，失其道也；利用
　　禦寇，順相保也。

　　「象曰：夫征不復」者，以其違「離群醜」，[212]而妄行「也；婦孕不育」者，以鷙悍寡恩，[213]「失其」生育之「道也；利用禦寇」者，威懾于眾，使之協力，乃「順」以「相保也」。

六四：鴻漸于木，或得其桷，无咎。

---

210 案：〔西漢〕嚴延年（字次卿，東海下邳人，？-58B.C.E.），漢昭帝時，為侍御史；宣帝時，為涿郡太守，誅殺不法豪強甚多，人稱「屠伯」，後來因為誹謗朝廷之罪被殺。其事詳參《漢書‧酷吏列傳第六十》：「嚴延年，字次卿，東海下邳人也。其父為丞相掾，延年少學法律丞相府，歸為郡吏。以選除補御史掾，舉侍御史。是時大將軍霍光廢昌邑王，尊立宣帝。宣帝初即位，延年劾奏光『擅廢立，亡人臣禮，不道』。奏雖寢，然朝廷肅焉敬憚。……初，延年母從東海來，欲從延年臘，到雒陽，適見報囚。母大驚，便止都亭，不肯入府。延年出至都亭謁母，母閉閤不見。延年免冠頓首閤下，良久，母乃見之，因數責延年：『幸得備郡守，專治千里，不聞仁愛教化，有以全安愚民，顧乘刑罰多刑殺人，欲以立威，豈為民父母意哉！』延年服罪，重頓首謝，因自為母御，歸府舍。母畢正臘，謂延年：『天道神明，人不可獨殺。我不意當老見壯子被刑戮也！行矣！去女東歸，埽除墓地耳。』遂去。歸郡，見昆弟宗人，復為言之。後歲餘，果敗。東海莫不賢知其母。延年兄弟五人皆有吏材，至大官，東海號曰『萬石嚴嫗』。次弟彭祖，至太子太傅，在〈儒林傳〉。」

211 案：白起、王翦史事，詳參《史記‧白起王翦列傳第十三》：「白起者，郿人也。善用兵，事秦昭王。……王翦者，頻陽東鄉人也。少而好兵，事秦始皇。……太史公曰：鄙語云『尺有所短，寸有所長』。白起料敵合變，出奇無窮，聲震天下，然不能救患於應侯。王翦為秦將，夷六國，當是時，翦為宿將，始皇師之，然不能輔秦建德，固其根本，偷合取容，以至圽身。及孫王離為項羽所虜，不亦宜乎！彼各有所短也。」

212 案：「醜」字旁，另書「眾」字，即以「眾」釋「醜」義。

213 案：「恩」，誤書作「思」，今正之。

「六四」，乘三之剛，幸其柔居巽體，于不安之中，而得其安，有「鴻漸于木」，而「或得其」木中之「桷」，因以稍安之象。占者如是，可以「无咎」。○《程傳》：「鴻趾連不能握枝，故不木棲。桷，橫平之柯。」

六四　　《蒙引》：「乘剛，或遇艱險之人，或遇艱險之地，或遇艱險之事也。或者，賴有此而庶幾可望之詞也。」按：柔居巽體，是能巽順以處之，故无所害而或安。如沛公遇項王鴻門之事，昭烈遇曹操煮酒之時是已。

象曰：或得其桷，順以巽也。

「象曰：或得其桷」者，以四性質和易而「順」，而處物又「以巽」而善入，故得安「也」。

九五：鴻漸于陵，婦三歲不孕，終莫之勝，吉。

「九五」，居尊臨下，猶「鴻漸于陵」也。然君待臣弘化，猶夫待婦生育。六二正應在下，是其「婦」也，乃為三、四所隔，而不得合，故至于「三歲不孕」。然邪不勝正，久之必合，而三、四「終莫之」能「勝」，則上、下交，而治功成「吉」。○《本義》：「陵，高阜也。」

九五　　按：九五如宋太宗，六二如趙普、曹彬，三、四如盧多遜、彌德超。趙普為盧、彌所隔，而不得事太宗，是「婦三歲不孕」也。然邪不勝正，後事得白，復入秉正，是三、四「終莫之勝」也，故吉。

象曰：終莫之勝吉，得所願也。

「象曰」，二、五之合，本一其素願，「終莫之勝」而「吉」，是「得所願也」。

上九：鴻漸于陸，其羽可用為儀，吉。

「上九」，至高出乎人位之外，其實不為世用，而為世儀表，猶「鴻漸于陸」，而「其羽」毛「可用為儀」飾。占者如是，何「吉」如之？○《本義》：「程氏、胡氏[214]皆云：『陸當作逵，謂雲路也。』今高以韻讀之，良是。儀，羽旄旌纛之飾也。」

[上九] 何氏楷曰：「漸上之羽可儀，蠱上之志可則，蓋百世之師也。鷹揚之烈，不偉于二餓夫；狙[215]擊之功，不加于四老人；麟閣之勳，不宏于一客星。」[216]

象曰：其羽可用為儀吉，不可亂也。

「象曰：其羽可用為儀吉」者，漸進愈高，其志卓然，「不可」得而「亂也」。

---

214 案：「程氏、胡氏」，《本義》原作「胡氏、程氏」，「胡氏」胡瑗（字翼之，世稱安定先生，泰州海陵人，993-1059）為「程氏」程頤（字正叔，世稱伊川先生，洛陽伊川人，1033-1107）前輩師長，聞道先後有別，《本義》排序為是。

215 案：「狙」，誤書作「徂」，今正之。

216 案：「鷹揚之烈，不偉于二餓夫」，此「二餓夫」指商周之際伯夷、叔齊，其事蹟詳參《史記・伯夷列傳第一》；〔西漢〕揚雄（字子雲，蜀郡成都人，53B.C.E.-18C.E.）《法言・淵騫》云：「無仲尼，則西山之餓夫，與東國之絀臣，惡乎聞？」〔晉〕李軌（生平未詳）註：「餓夫，夷齊；絀臣，柳下惠也。」「狙擊之功，不加于四老人」，此指〔西漢〕張良（字子房，潁川城父人，250-186B.C.E.）與商山四皓，詳參《史記・留侯世家》。「麟閣之勳，不宏于一客星」，「客星」為忽隱忽現的星，此指〔東漢〕嚴光（字子陵，會稽郡餘姚人，?-?），詳參《後漢書・卷八十三・逸民列傳第七十三・嚴光》：「……引嚴光入，論道舊故，相對累日，因共偃臥，光以足加帝腹上。明日太史奏：『客星犯帝座甚急。』帝笑曰：『朕故人嚴子陵共臥耳。』」

五十四 ䷵ 兌下震上 歸妹

歸妹：征，凶，无攸利。

　　卦象以少女而從長男，所偶非敵，卦德又為說，以動私情相與，女先乎男，所歸在妹，故為「歸妹」。卦體自二至五皆不得正，三、五又以柔乘剛。其占為「征，凶」，而「无攸利」也。○《本義》：「婦人謂嫁曰歸。妹，少女也。」

歸妹 歸妹，女子自歸於人也，不待父母之命、媒妁之言，鑽穴隙相窺，踰墻相從，則父母、國人皆惡之，故曰「征凶」。然士之仕也，亦猶女之歸也，古之人未嘗不欲仕，又惡不由其道；不由其道而往，與鑽穴隙相類也。

彖曰：歸妹，天、地之大義也。天、地不交，而萬物不
　　　興。歸妹，人之終始也，說以動，所歸妹也。
　　　「征，凶」，位不當也；「无攸利」，柔乘剛也。

　　「彖曰」，卦名「歸妹」，男、女之配，陽交陰感，「天、地之大義也」。蓋「天、地不交，而萬物不興」，男、女不偶，則人滅絕，是「歸妹」雖女道之終，實生育之始，固「人之終始也」。然此卦非以男、女常理言也，卦德兌「說」而震「以動」，是私情之合，「所」以為「歸妹」也。詞曰「征凶」者，卦體自二至五皆「位不當」，則紊男、女內外之正「也」。曰「无攸利」者，卦體二、五皆「柔乘剛」，則婦制其夫「也」。

象曰：澤上有雷，歸妹；君子以永終知敝。

「象曰：澤上有雷」，雷動則澤水隨之搖漾，如男動女隨，「歸妹」之象也。「君子」觀其男、女始合不正，終必相離，「以永終知」其必「敝」，而正始以杜之。

初九：歸妹，以娣；跛能履，征，吉。

「初九」，居下而无正應，非為正室，但從嫡適人，為「歸妹，以娣」之象。然陽剛在女子為賢正之德，但為娣僅能助正室，而不能大有為，猶「跛」者之「能履」，而不能遠也。其占為「征吉」。

初九 葛懋哉曰：「〈小星〉之夫人，謹禍衾於進御之所；仲氏之淑慎，顯溫惠於先君之思，足當歸妹初九之賢矣。」[217] 按：以仕進論，大臣為君正應，是正室也；從大臣者，即娣也。有賢德而為娣，如仲梁懷為桓氏宰、陳寅為宋樂祁是已。[218]

---

217 案：「〈小星〉之夫人」，典出《詩經・國風・召南・小星》：「嘒彼小星，三五在東。肅肅宵征，夙夜在公。寔命不同。嘒彼小星，維參與昴。肅肅宵征，抱衾與裯。寔命不猶。」「仲氏之淑慎」，則典出《詩經・國風・邶風・燕燕》：「燕燕于飛，差池其羽。之子于歸，遠送于野。瞻望弗及，泣涕如雨。燕燕于飛，頡之頏之。之子于歸，遠于將之。瞻望弗及，佇立以泣。燕燕于飛，下上其音。之子于歸，遠送于南。瞻望弗及，實勞我心。仲氏任只，其心塞淵，終溫且惠，淑慎其身。先君之思，以勗寡人。」

218 案：仲梁懷，春秋魯國季孫氏家臣，其事詳參《春秋左氏傳・定公五年》與《史記・孔子世家》：「桓子嬖臣曰仲梁懷，與陽虎有隙。陽虎欲逐懷，公山不狃止之。其秋，懷益驕，陽虎執懷。桓子怒，陽虎因囚桓子，與盟而醳之。陽虎由此益輕季氏。季氏亦僭於公室，陪臣執國政，是以魯自大夫以下皆僭離於正道。故孔子不仕，退而脩詩書禮樂，弟子彌眾，至自遠方，莫不受業焉。」陳寅、樂祁（字子梁，？-502B.C.E.），春秋宋國卿大夫；陳寅與宋樂祁事，詳參《春秋左氏傳・定公六年》：「秋，八月，宋樂祁言於景公曰：『諸侯唯我事晉，今使不往，晉其憾矣。』樂祁告其宰陳寅，陳寅曰：『必使子往。』，他日，公謂樂祁曰：『唯寡人說子之言，子必往。』陳寅曰：『子立後而行，吾室亦不亡，唯君亦以我為知難而行也。』見溷而行，趙簡子逆而飲之酒於綿上，獻楊楯六十於簡子，陳寅曰：『昔吾主范氏，今子主趙氏，又有納焉，以楊楯賈禍，弗可為也已；然子死，晉國子孫，必得志於宋。』范獻子言於晉侯曰：『以君命越疆而使，未致使而私飲酒，不敬二君，不可不討也。』乃執樂祁。」

象曰：歸妹以娣，以恆也；跛能履吉，相承也。

「象曰：歸妹以娣，以」有陽剛，「恆」久之德「也。跛能履，吉」者，有是德足以「相承」，助于正室，于分為善，故吉「也」。

九二：眇能視，利幽人之貞。

「九二」，陽剛中正，女之賢也。正應陰柔不正，是女良（賢）而配不良，不能大成內助之功，猶「眇」者「能視」而不遠也。其占為士所遇不偶，「利」于抱道守「幽人之貞」正焉。

九二 《蒙引》：「利幽人之貞，或謂當固守賢德之正。如〈象傳〉曰『未變常也』，觀爻下《本義》云：『幽人亦抱道守正，而不偶者也。』九二是既嫁之賢女，幽人是不仕之賢人；幽人無賢君，猶九二無賢夫，利幽人之貞，言其守正不出也。」按：幽人，如華山希夷之類是已。[219]

象曰：利幽人之貞，未變常也。

「象曰：利幽人之貞」，言其抱道守正，「未變」其「常也」。

六三：歸妹以須，反歸以娣。

「六三」，陰柔不中正，女之不良，又為說之主，工于媚說者。不正之女，人莫之取，未得所適，姑以待之為「歸妹以須」，[220]待之不得，而

---

219 案：「華山希夷」，〔北宋〕陳摶（字圖南，號希夷、扶搖子，871-989），其事詳《宋史・卷四五七・列傳第二一六・隱逸上》。

220 案「須」字旁，書一「待」字，即以「待」釋「須」義，此「須」同「嬃」。然《周易

「反歸以」為「娣」之象。

六三　按：此女之不正，而為娣者也。以仕進論，是邪媚小人未得君寵，而趨附於權門是。如郭宏霸為魏元忠嘗穢糞，[221] 宋之問為張易之捧溺器，[222] 崔呈秀附魏忠賢刻義子於溺器，[223] 趙師罿附韓侂胄[224]納珠冠為犬吠是已。

本義》云：「或曰：『須，女之賤者。』則此「須」同「婆」，如《說文解字・女部》：「婆，女字也。」又引「賈侍中說：『楚人謂姊為婆。』」《楚辭・屈原・離騷》：「女婆之嬋媛兮，申申其詈予。」〔東漢〕王逸（字叔師，南郡宜城人，生卒年不詳）注：「女婆，屈原姊也。」

221　案：〔唐〕郭弘霸，為武則天時佞臣；魏元忠（原名真宰，宋州宋城人），武則天時任宰相。據《新唐書・酷吏傳・郭弘霸》載：「大夫魏元忠病，僚屬省候，弘霸獨后入，憂見顏間，請視便液，即染指嘗，驗疾輕重，賀曰：『甘者病不瘳，今味苦，當愈。喜甚。』元忠惡其媚，暴語于朝。」

222　案：〔唐〕宋之問（字延清，汾州人，？-712），長得一表人才，寫得一手好詩，卻因口臭不能當男寵，甚是慚恨，常含雞舌香（丁香）於口中。曾為張易之、張昌宗兄弟手捧溺器，而「天下醜其行」。〔唐〕張垍（河南洛陽人，生卒年不詳），《控鶴監秘記》曰：「之問尤諂事二張，為持溺器，人笑之。」

223　案：據《明外史・崔呈秀傳》載：「呈秀，薊州人。舉萬曆四十一年進士，授行人。……卑汙狡獪，不修士行，見東林勢方盛，將出都，力薦李三才，求入其黨。東林稔其為人，拒不納。至淮揚，贓私狼籍。還朝，高攀龍為都御史，盡發其貪污狀，詔革職候勘。呈秀大窘，夜走魏忠賢所，叩頭流涕，乞為義子。時忠賢為楊漣及廷臣交攻，憤甚，方假事端傾陷諸害己者。得呈秀，遂用為腹心，日與計畫。……尋督三殿工，忠賢以閹工故，日至外朝，呈秀必屏人密語以間。……（天啟）六年疏頌忠賢督工功，請賜敕獎諭。末言：『臣非行媚中官者，目前千譏萬罵，臣固甘之。』疏出，朝野竊笑。……母死不奔喪，奪情視事。呈秀負忠賢寵，嗜利彌甚。朝士多拜為門下士。其不附己及勢位相軋者，輒使其黨排去。時有『五虎』之目，以呈秀為魁。……於是呈秀並綰兩篆，握兵權，總憲紀。出入烜赫，勢傾朝野。……時忠賢已死，呈秀知不免，列姬妾，羅諸奇異珍寶，呼酒痛飲，盡一卮，仰擲壞之，飲已自縊。詔追戮其屍。」

224　案：本書「韓侂胄」，皆誤書作「韓侂胄」，一併改正。〔南宋〕趙師罿，北宋宗室，太祖皇帝帝孫之子。《宋史・趙師罿傳》載：「師罿字從善，伯驌子，舉進士第，除寶謨閣直學士。」《畫史會要》：「師罿善畫花。」韓侂胄（字節夫，河南安陽人，1152-1207），其事詳《宋史・列傳第二百三十三・奸臣四》本傳。然據〔南宋〕周密（字公謹，號草窗，吳興人，1232-1298）《齊東野語》記載，「趙師罿附韓侂胄納珠冠為犬吠」事，考證是當時生員鄭斗所捏造，以發洩私憤，極盡詆譭之能，實則並無此事。

象曰：歸妹以須，未當也。

「象曰：歸妹以須」，以陰柔不中正，又為說主，而「未當也」。

九四：歸妹，愆期；遲歸，有時。

「九四」，以陽居上體，而无正應，賢女不輕從人，有「歸妹」而「愆」過其所歸之「期」以待之象。夫愆期則「遲」矣，然欲得佳配而后行，其「歸」將「有時」也。

|九四| 胡雲峯曰：「三、四皆失位无應，三以无應急於從人，四雖无應不輕從人。三陰柔不中正，為女无德者；四剛健，在女為賢明有德者。」按：此與古詩「願得一心人，白頭不相離」同意，太公八十輔文王，此爻當之。

象曰：愆期之志，有待而行也。

「象曰」，四「愆期之志」，非不歸也，蓋「有待」于佳配，「而」后「行也」。

六五：帝乙歸妹，其君之袂，不如其娣之袂良。月幾望，吉。

「六五」，居尊下應九二，有「帝乙歸妹」之象。然柔順得中，尚德而不貴飾，「其」小「君之袂，不如其娣之袂良」之象。然女德之盛，无以加此，又為「月幾望」之象，可以相君子，而成內助，占之「吉」也。○袂，衣袖。君，小君。嫡例為君，而餘為媵。

|六五| 居尊應二，「帝乙歸妹」之象，此正如君之好賢也。

象曰：帝乙歸妹，不如其娣之袂良也。其位在中，以貴行
也。

「象曰：帝乙歸妹，不如其娣之袂良」者，何「也」？以「其位在」
上卦之「中」，有中德之貴也。「以貴」而「行」，故不尚飾「也」。

上六：女承筐，无實；士刲羊，无血，无攸利。

「上六」，以陰柔居歸妹之終而无應，約婚而不終也，象為在「女」
子若嫁，便有筐筐之資，乃「承筐」而「无實」，是不成嫁也。在「士」
夫若娶，當刲羊以宴新婚，乃「刲羊」而「无血」，是不成娶也。大倫已
廢，占「无攸利」矣。

上六　胡雲峯云：「曰女、曰士，未成為夫婦也。」《演義》：「爻詞先女後
男，〈象傳〉舍男言女，皆主歸妹言也。」[225] 按：此爻陰柔則非賢正之女，
而居終无應，則過期不偶，如齊人之譏田駢不仕是已。[226]

---

225 案：《演義》，為〔明〕徐師曾（字伯魯，南直隸蘇州府吳江縣人，1517-1580)《今文周
易演義》（十二卷，首一卷）之省稱，哈佛大學燕京圖書館典藏有〔明〕隆慶二年戊辰
（1568）吳江同川董漢策（字朝獻，生卒年不詳）梓之善本可供參閱。經核查哈佛大
學典藏數位掃描原刊本，此爻解說實為徐師曾引「顧氏」之說，且是解說〈歸妹上
六・小象傳〉，而非爻辭，文字稍有異，迻錄如下供對照：「顧氏曰：『爻辭先女而後
男，〈象傳〉舍男而言女，皆主歸妹而言也。』」

226 案：「齊人之譏田駢不仕」，詳參《戰國策・齊策四》：齊人見田駢，曰：『聞先生高
議，設為不宦，而願為役。』田駢曰：『子何聞之？』對曰：『臣聞之鄰人之女。』田
駢曰：『何謂也？』對曰：『臣鄰人之女，設為不嫁，行年三十而有七子，不嫁則不
嫁，然嫁過畢矣。今先生設為不宦，訾養千鍾，徒百人，不宦則然矣，而富過畢
也。』田子辭。」又《尹文子・大道》篇，引田駢語曰：「天下之士，莫不處其門庭，
臣其妻子，必遊宦諸侯之朝者，利引之也。」

象曰：上六无實，承虛筐也。

「象曰：上六无實」者，以女約婚不終，祇「承虛筐」未成嫁「也」。

五十五 ䷶離下震上 豐

豐：亨，王假之；勿憂，宜日中。

卦德以明而動，盛大之勢，故為「豐」。當豐盛之時，治化四訖，有「亨」道焉。「王」者至此「假之」，盛當有衰，固為可憂，然亦「勿憂」也。但「宜」守常，不使過盛，如「日」之常「中」焉，則豐可長保矣。○《本義》：「豐，大也。」

豐卦 按：豐大之時，最易過盛。如夏太康當豐大，而逸遊無度；商小辛當豐大，而淫酗肆虐；周幽王當豐大，而烽烟召釁。至若列國，晉當豐大，而築虒祁；楚當豐大，而成章臺，皆不能保持天運，所以可憂也。象詞謂「勿憂，宜日中」者，正戒以持盈保滿之道焉。

象曰：豐，大也。明以動，故豐。「王假之」，尚大也；
　　　「勿憂，宜日中」，宜照天下也。日中則昃，月盈
　　　則食，天、地盈虛，與時消息，而況於人乎？況於
　　　鬼神乎？

「象曰」，卦名「豐」者，治功盛「大」之謂「也」。卦德離「明」，而震「以動」，明有見大之智，動有圖大之才，而何功不成？何事不立？「故」名「豐」。詞曰「王假之」者，是王者至此豐時，志欲日廣，所「尚」者皆「大」事，故可憂「也」。而曰「勿憂，宜日中」者，言王者

不可尚大，「宜」如日之常中，以徧「照天下也」。且以盛衰之理觀之，「日」以中為盛，「中則」未有不「昃；月」以盈為盛，「盈則」未有不「食」矣。雖大而「天、地」之發舒，明著其「盈」也；收斂，歸藏其「虛」也，而皆「與時消息」焉。夫天且不能違，「而況於人乎？況於鬼神乎」？其能違而常盛哉？此所以宜守常也。

象曰：雷電皆至，豐；君子以折獄致刑。

「象曰：雷電皆至」，威照並行，勢極盛大，「豐」之象也。「君子」取電之明，「以折獄」；取雷之威，以為之「致刑」。

初九：遇其配主，雖旬，无咎；往，有尚。

「初九」，與九四應，其爻皆陽，其勢均敵，是「遇其配主」也。然初為明之始，四為明之終，其用相資，故「雖」勢「旬」，而可「无」傾忌之「咎」。以是而「往」，同德佐治，「有」可嘉「尚」也。○《本義》：「配主，謂四。旬，均也。」

初九　胡雲峯曰：「初九不言豐，初未至豐也。」按：初為明始，如藺相如為相以治內；四為動始，如廉頗為將以治外。初下於四，如相如之避廉頗，故雖勢均，而可无咎；使相如欲求勝廉頗，則兩虎相鬥，必有所傷，是過災也。[227]

227　案：詳參《史記‧廉頗藺相如列傳》：「廉頗者，趙之良將也……，以勇氣聞於諸侯。藺相如者，趙人也，……以相如功大，拜為上卿，位在廉頗之右。廉頗曰：『我為趙將，有攻城野戰之大功，而藺相如徒以口舌為勞，而位居我上，且相如素賤人，吾羞，不忍為之下。』宣言曰：『我見相如，必辱之。』相如聞，不肯與會。相如每朝時，常稱病，不欲與廉頗爭列。已而相如出，望見廉頗，相如引車避匿。於是舍人相與諫曰：『臣所以去親戚而事君者，徒慕君之高義也。今君與廉頗同列，廉君宣惡言而

象曰：雖旬无咎，過旬災也。

「象曰：雖旬无咎」，初之於四，降己以從。若求勝而「過旬」，則不協力，而反生事「災也」。

六二：豐其蔀，日中見斗。往，得疑，疾；有孚，發若，
　　　吉。

「六二」，為離之主至明，而應六五柔暗，則明為所蔽，有「豐」大「其蔀」，而「日中」之明，反有「見斗」之象。占者如此，「往」而從之，必「得」昏主之猜「疑」，而「疾」惡矣。惟積「有孚」誠之意，以感動「發若」則「吉」。○《本義》：「蔀，障蔽也。」

六二　李氏光地曰：「卦取日中為明者，常守其中則明也。爻之日中皆暗者，日中則昃，有暗之理也。」虞氏翻曰：「斗，七星。」按：明為所蔽，則昏黑而見星，是賢臣為昏君所蔽，不得自達也。如此則未信而諫，反為謗己，惟精誠感發，庶可轉移。如孟子三見齊王，而不言事，曰「我先攻其邪心」，「心既正，而後天下事可定也」是已。[228]

君畏匿之，恐懼殊甚，且庸人尚羞之，況於將相乎！臣等不肖，請辭去。』藺相如固止之，曰：『公之視廉將軍孰與秦王？』曰：『不若也。』相如曰：『夫以秦王之威，而相如廷叱之，辱其群臣，相如雖駑，獨畏廉將軍哉？顧吾念之，彊秦之所以不敢加兵於趙者，徒以吾兩人在也。今兩虎共鬥，其勢不俱生。吾所以為此者，以先國家之急而後私讎也。』廉頗聞之，肉袒負荊，因賓客至藺相如門謝罪。曰：『鄙賤之人，不知將軍寬之至此也。』卒相與驩，為刎頸之交。……太史公曰：「知死必勇，非死者難也，處死者難。方藺相如引璧睨柱，及叱秦王左右，勢不過誅，然士或怯懦而不敢發。相如一奮其氣，威信敵國，退而讓頗，名重太山，其處智勇，可謂兼之矣！」

228　案：今本《孟子》並未見「我先攻其邪心」語，經查出自《荀子·大略篇第二十七》：「孟子三見宣王，不言事。門人曰：『曷為三遇齊王，而不言事？』孟子曰：『吾先攻其邪心。』」又〔南宋〕朱熹《近思錄·卷八·治體》曰：「『君仁莫不仁，君義莫不義』。天下之治亂，繫乎人君仁、不仁耳。離是而非，則『生於其心，必害於其政』，

象曰：有孚發若，信以發志也。

「象曰：有孚發若」者，積誠「信以」感「發」君之心「志也」。

九三：豐其沛，日中見沬。折其右肱，无咎。

「九三」，處明極而應上六，亦明而受蔽者。舉世昏暗，有「豐其沛」，而「日中」反「見沬」之象。夫賢之於君，猶右肱之於人，最切于用而廢棄之，是「折其右肱」也。然亦三遇非其主，而於義為「无咎」。○《本義》：「沛，一作旆，謂旛幔也。沬，小星也。」

九三　沬，斗之輔星。胡雲峯曰：「蔽愈大則見愈小，沛之蔽甚於蔀，故沬之見甚於斗。」按：此爻正如屈原所謂「舉世皆醉我獨醒，舉世皆濁我獨清」是已。而其被放也，乃楚王之自折其右肱耳，非屈原之有咎也。[229]

象曰：豐其沛，不可大事也；折其右肱，終不可用也。

「象曰：豐其沛」，臣為君蔽，「不可」得濟「大事也。折其右肱，終」棄而「不可用也」。

豈待乎作之於外哉？昔者，孟子三見齊王，而不言事，門人疑之。孟子曰：『我先攻其邪心。』心既正，然後天下之事，可從而理也。夫政事之失，用人之非，知者能更之，直者能諫之。然非心存焉，則一事之失，救而正之，後之失者，將不勝救矣。『格其非心』，使無不正，非大人，其孰能之？」黃敬此段按語，當引述自《近思錄》。

229 案：詳參《史記・屈原賈生列傳》：「屈原至於江濱，被髮行吟澤畔，顏色憔悴，形容枯槁。漁父見而問之曰：『子非三閭大夫歟？何故而至此？』屈原曰：『舉世皆濁而我獨清，眾人皆醉而我獨醒，是以見放。』漁父曰：『夫聖人者，不凝滯於物，而能與世推移。舉世皆濁，何不隨其流而揚其波？眾人皆醉，何不哺其糟而啜其醨？何故懷瑾握瑜，而自令見放為？』屈原曰：『吾聞之，新沐者必彈冠，新浴者必振衣。人又誰能以身之察察，受物之汶汶者乎？寧赴常流而葬乎江魚腹中耳。又安能以皓皓之白，而蒙世之溫蠖乎？』乃作〈懷沙〉之賦。於是懷石，遂自投汨羅以死。」

九四：豐其蔀，日中見斗；遇其夷主，吉。

　　「九四」，剛明而應六五柔暗，明為所蔽，亦有「豐其蔀，日中見斗」之象。然上无明君，下有同德，當下「遇其」初九之「夷主」，同心匡輔，「吉」。○《本義》：「夷，等夷也，謂初九也。」

|九四|　此爻四就初，以共輔柔主，正如周公告召公，同輔成王，曰「小子同未在位，暨汝奭共濟」是也。[230]

象曰：豐其蔀，位不當也；日中見斗，幽不明也；遇其夷主，吉行也。

　　「象曰：豐其蔀，位」近六五，而「不當也。日中見斗」，明為「幽」蔽，而「不明也。遇其夷主，吉」可「行也」。

六五：來章，有慶譽，吉。

　　「六五」，柔暗不足保豐而有為，然苟虛己下交，以「來」天下

230　案：「小子同未在位，暨汝奭共濟」，語出《尚書‧周書‧君奭》：「召公為保，周公為師，相成王為左右。召公不說，周公作〈君奭〉。……公曰：『君奭！我聞在昔成湯既受命，時則有若伊尹，格于皇天。在太甲，時則有若保衡。在太戊，時則有若伊陟、臣扈，格于上帝；巫咸乂王家。在祖乙，時則有若巫賢。在武丁，時則有若甘盤。率惟茲有陳，保乂有殷，故殷禮陟配天，多歷年所。天維純佑命，則商實百姓王人。罔不秉德明恤，小臣屏侯甸，矧咸奔走。惟茲惟德稱，用乂厥辟，故一人有事于四方，若卜筮罔不是孚。』……又曰：『無能往來，茲迪彝教，文王蔑德降于國人。亦惟純佑秉德，迪知天威，乃惟時昭文王迪見冒，聞于上帝。惟時受有殷命哉。武王惟茲四人尚迪有祿。後暨武王誕將天威，咸劉厥敵。惟茲四人昭武王惟冒，丕單稱德。今在予小子旦，若游大川，予往暨汝奭其濟。小子同未在位，誕無我責收，罔勖不及。耉造德不降我則，鳴鳥不聞，矧曰其有能格？』」

「章」明之賢，則資其啟沃，以開發聰明，自「有」福「慶」名「譽」而「吉」。

六五　按：司馬溫公謂：「齊文宣荒淫狂悖，甚于桀、紂，然而知楊愔之賢，悉以政事委之，時人以為主昏於上，政清於下。」[231] 況以聖君而用賢臣，是猶王良之馭六驥，孟賁之揮千將，[232] 何適而不達？何擊而不斷哉？與此爻同意。

象曰：六五之吉，有慶也。

「象曰：六五之吉」，由其來章，故「有」福「慶也」。

---

231 案：詳參〔北宋〕司馬光（字君實，號迂叟，世稱涑水先生、司馬溫公，陝州夏縣涑水鄉人，1019-1086）《資治通鑑・卷一百六十六・梁紀二十二》：「齊顯祖之初立也，留心政術，務存簡靖，坦於任使，人得盡力。又能以法馭下，或有違犯，不容勳戚，內外莫不肅然。至於軍國機策，獨決懷抱；每臨行陣，親當矢石，所向有功。數年之後，漸以功業自矜，遂嗜酒淫泆，肆行狂暴；……妻太后以帝酒狂，舉杖擊之曰：『如此父生如此兒！』帝曰：『即當嫁此老母與胡。』太后大怒，遂不言笑。……雖以楊愔為宰相，使進廁籌，以馬鞭鞭其背，流血浹袍。嘗欲以小刀刲其腹，崔季舒托俳言曰：『老小公子惡戲。』因掣刀去之。……開府參軍裴謂之上書極諫，帝謂楊愔曰：『此愚人，何敢如是！』對曰：『彼欲陛下殺之，以成名於後世耳。』帝曰：『小人，我且不殺，爾焉得名！』……典御丞李集面諫，比帝於桀、紂。帝令縛置流中，沉沒久之，復令引出，謂曰：『吾何如桀、紂？』集曰：『向來彌不及矣！』帝又令沉之，引出，更問，如此數四，集對如初。帝大笑曰：『天下有如此癡人，方知龍逄、比干未是俊物！』遂釋之。頃之，又被引入見，似有所諫，帝令將出要斬。其或斬或赦，莫能測焉。內外懍懍，各懷怨毒。而素能默識強記，加以嚴斷，群下戰慄，不敢為非。又能委政楊愔，愔總攝機衡，百度修敕，故時人皆言主昏於上，政清於下。愔風表鑒裁，為朝野所重，……；典選二十餘年，以獎拔賢才為己任。性復強記，一見皆不忘其姓名，選人魯漫漢自言猥賤獨不見識，愔曰：『卿前在元子思坊，乘短尾牝驢，見我不下，以方麴障面，我何為不識卿！』漫漢驚服。」

232 案：王良，春秋晉國公卿趙襄子的馬車夫，是駕馭馬車之能手。孟賁，則是戰國時期衛國勇士，相傳力大無窮，與夏育、烏獲並稱。

上六：豐其屋，蔀其家；闚其戶，闃其无人；三歲不覿，
　　凶。

　　「上六」，以陰柔居豐極，處動終，自恃其明，適足自蔽，猶「豐」大
「其屋」，而因以「蔀其家」也。障蔽之深，猶「闚其戶，闃其无人」。[233]
雖以「三歲」之久，「不」得有「覿」，其「凶」甚矣。

|上六| 以陰柔之資，處豐極，則尚大之心恣；居動終，則躁動之心勝。明
極自恃，反為至暗，如紂本聰明之主，因其自恃，卒為昏德是已。又唐明
皇初甚英銳，後反老耄，亦是明極反暗也。

象曰：豐其屋，天際翔也；闚其戶，闃其无人，自藏也。

　　「象曰：豐其屋」，在上自高，若屋之高大于「天際」飛「翔也」。「闚
其戶，闃其无人」，非果无人，惜不見人，而「自」蔽「藏也」。○《本
義》：「藏，謂障蔽。」

五十六　☲☶ 艮下離上　旅

旅：小亨，旅；貞，吉。

　　為卦山止於下，火炎於上，去其所止，而不處之象，故為「旅」。以
卦體、卦德之善，占者雖无大事可言，亦為客途順事，故「小亨」，為能
得處「旅」之「貞」道也，「吉」。○《本義》：「旅，羇旅也。」

|旅卦| 按：處旅之時，最難得亨，諺云「在家日日好，出路朝朝難」是

---

233 案：「闚」字旁，書一「空」字，即以「空」釋「闚」義。

也。而彖詞謂可「小亨，旅；貞，吉」者，蓋以卦體觀之，是能柔中以附陽剛，而致其助，則不至於孤立矣。以卦德觀之，內艮止能安靜不躁，外離明又聰明曉事，則不迷於所往矣。如陳敬仲抱器奔齊，是能柔中以附陽剛也；桓公欲使為卿，固辭，是能安靜不躁也；桓公欲與夜飲，又辭，是能聰明曉事也，所以處旅而可小亨，得旅之正道而吉也。[234]

象曰：「旅，小亨」，柔得中乎外，而順乎剛；止而麗乎明，
　　　是以「小亨，旅；貞，吉」也。旅之時義，大矣哉！

　　「彖曰」，卦名「旅」，而詞曰「小亨，旅；貞，吉」者，卦體，六五「柔得中乎外」卦，「而順乎」上、下二陽之「剛」。處己待人，得旅之正道也。卦德，內艮「止，而」外離「麗乎明」。存心應物，得旅之正道也。「是以」處旅而可「小亨」，必守此「旅」道之「貞」正，而后得「吉也。旅之時義，大矣哉」！

象曰：山上有火，旅；君子以明慎用刑，而不留獄。

　　「象曰：山上有火」，山止于下，火炎于上，去其所而不居于「旅」之象也。「君子」體之，「以明慎用刑」，不敢輕忽，如山之鎮重焉。「而」

---

234 案：詳參《史記・田敬仲完世家》：「陳完者，陳厲公他之子也。完生，周太史過陳，陳厲公使卜完，卦得觀之否：『是為觀國之光，利用賓于王。此其代陳有國乎？不在此而在異國乎？非此其身也，在其子孫。若在異國，必姜姓。姜姓，四嶽之後。物莫能兩大，陳衰，此其昌乎？』……宣公〔二〕十一年，殺其太子御寇。御寇與完相愛，恐禍及己，完故奔齊。齊桓公欲使為卿，辭曰：『羈旅之臣幸得免負檐，君之惠也，不敢當高位。』桓公使為工正。齊懿仲欲妻完，卜之，占曰：『是謂鳳皇于蜚，和鳴鏘鏘。有媯之後，將育于姜。五世其昌，并于正卿。八世之後，莫之與京。』卒妻完。完之奔齊，齊桓公立十四年矣。完卒，謚為敬仲。仲生稚孟夷。敬仲之如齊，以陳字為田氏。」

隨時決斷，「不」使「留獄」，亦如火之迅速焉。

初六：旅，瑣瑣，斯其所取災。

「初六」，當旅之時，以陰柔居下，志氣汙下，鄙猥瑣屑，有「旅，瑣瑣」之象。召人輕侮，「斯」亦「其」瑣瑣之「所」以自「取災」耳。

$\boxed{初六}$　如韓信寄食於漂母，「旅瑣瑣」也；有二少年令其出胯下，是取輕侮之災也。[235]

象曰：旅瑣瑣，[236]志窮災也。

「象曰：旅瑣瑣，其志」局促猥陋而「窮」，適以取「災也」。

六二：旅，即次，懷其資；得童僕，貞。

「六二」，柔順中正，以是處旅，安往不亨象。「旅即次」而居安，「懷其資」而用裕，又「得童僕」之「貞」信無欺，而有賴此旅之最吉者也。

$\boxed{六二}$　按：此旅之最善者也。如孟子周流列國，傳食諸侯，「旅即次」也。於宋餽七十鎰，「懷其資」也；後車數十乘，從者數百人，「得童僕，貞」

235　案：事詳《史記・淮陰侯列傳》：「淮陰侯韓信者，淮陰人也。始為布衣時，貧無行，不得推擇為吏，又不能治生商賈，常從人寄食飲，人多厭之者，常數從其下鄉南昌亭長寄食，數月，亭長妻患之，乃晨炊蓐食。食時信往，不為具食。信亦知其意，怒，竟絕去。信釣於城下，諸母漂，有一母見信饑，飯信，竟漂數十日。信喜，謂漂母曰：『吾必有以重報母。』母怒曰：『大丈夫不能自食，吾哀王孫而進食，豈望報乎！』淮陰屠中少年有侮信者，曰：『若雖長大，好帶刀劍，中情怯耳。』眾辱之曰：『信能死，刺我；不能死，出我袴下。』於是信孰視之，俛出袴下，蒲伏。一市人皆笑信，以為怯。」

236　案：「旅瑣瑣」下，衍「其」字，今刪去。

也。[237]○艮為少子，又為閽[238]寺，故象童僕。

象曰：得童僕貞，終无尤也。

「象曰：得童僕貞」，則賴以服役，旅雖寡親，「終无尤」悔「也」。

九三：旅，焚其次，喪其童僕；貞，厲。

「九三」，過剛不中，居下之上，以是為「旅」。投宿於人，而人莫之容，「焚其次」也。恩不及下，而下莫之附，「喪其童僕」也。雖其心无邪而「貞」，其勢亦狼狽而「厲」矣。○《本義》：「喪其童僕，則不止于失其心矣，故『貞』字連下句為義。」

九三 三近離火，有焚次象，是失其所安也。如蔡京流於并州，欲貰民居，而民莫之貰是已。

象曰：旅焚其次，亦以傷矣。以旅與下，其義喪也。

「象曰：旅焚其次」，身失所安，「亦以傷矣」。況「以」當「旅」之時，過剛不中，「與下」寡恩，「其義」故當「喪」其童僕「也」。

---

237 案：事詳《孟子・滕文公下》，彭更問曰：「後車數十乘，從者數百人，以傳食於諸侯，不以泰乎？」孟子曰：「非其道，則一簞食不可受於人。如其道，則舜受堯之天下，不以為泰。子以為泰乎？」曰：「否！士無事而食，不可也。」於此有人焉，入則孝，出則悌，守先王之道，以待後之學者，而不得食於子。子何尊梓、匠、輪、輿而輕為仁義者哉？」曰：「梓、匠、輪、輿，其志將以求食也。君子之為道也，其志亦將以求食與？」曰：「子何以其志為哉？其有功於子，可食而食之矣。且子食志乎，食功乎？」曰：「食志。」曰：「有人於此，毀瓦畫墁，其志將以求食也，則子食之乎？」曰：「否。」曰：「然則子非食志也，食功也。」

238 案：「閽」，誤書作「闇」，今正之。「艮為少子，又為閽寺」，出自《周易・說卦傳》。

九四：旅于處，得其資斧，我心不快。

「九四」，以陽居陰，則用柔而性无拂，處上之下，則能下而人无不悅，以是處「旅」，可得地而「于處」也。且「得其資」身之「斧」，可以自防，然居陰非正位，上无同德，下應陰柔，故于「我心不快」。

九四　處旅之時，必得正位，上、下同德。如百里奚自虞之秦，上有穆公同德，下有蹇叔同德，故其心大快。今九四處非其位，則處事或失其當，上、下皆無可藉之人，其心豈得大快乎？[239]〇互體兌巽，巽木貫兌金，斧象。[240]

象曰：旅于處，未得位也；得其資斧，心未快也。

「象曰」，四雖「旅于處」，然以陽居陰，「未得」正「位也」。故雖「得其資斧，心」終有「未快也」。

239　案：事詳《史記‧卷五‧秦本紀》，（繆公，穆公）五年，晉獻公滅虞、虢，虜虞君與其大夫百里傒，以璧馬賂於虞故也。既虜百里傒，以為秦繆公夫人媵於秦。百里傒亡秦走宛，楚鄙人執之。繆公聞百里傒賢，欲重贖之，恐楚人不與，乃使人謂楚曰：「吾媵臣百里傒在焉，請以五羖羊皮贖之。」。楚人遂許與之。當是時，百里傒年已七十餘。繆公釋其囚，與語國事。謝曰：「臣亡國之臣，何足問！」繆公曰：「虞君不用子，故亡，非子罪也。」固問，語三日，繆公大說，授之國政，號曰五羖大夫。百里傒讓曰：「臣不及臣友蹇叔，蹇叔賢而世莫知。臣常游困於齊而乞食銍人，蹇叔收臣。臣因而欲事齊君無知，蹇叔止臣，臣得脫齊難，遂之周。周王子穨好牛，臣以養牛干之。及穨欲用臣，蹇叔止臣，臣去，得不誅。事虞君，蹇叔止臣。臣知虞君不用臣，臣誠私利祿爵，且留。再用其言，得脫，一不用，及虞君難：是以知其賢。」於是繆公使人厚幣迎蹇叔，以為上大夫。

240　案：〔清〕傅恆（富察氏，字春和，謚文忠，1722-1770）、汪由敦（字師苖，號瑾堂、松泉居士，安徽休寧人，1692-1758）等奉敕編纂《御纂周易述義‧巽上九》「巽在牀下，喪其資斧，貞凶」曰：「重巽兩牀。巽利為資，巽木貫於兌金，斧象也。」可供參照。

六五：射雉，一矢亡，終以譽命。

「六五」，柔順文明，又得中道，為離之主，雉之象也。故得此爻者，為「射雉」之象。夫射雉者，不免「一矢」之「亡」，然雖亡矢，而終得雉，是「終以譽命」也。在旅而求通于君者，不猶是哉？○《本義》：「雉，文明之物，離之象也。」

六五　《蒙引》：「雉，文明之象，便是『譽命』之象。得雉者，未免亡矢；得功名者，未免小費，不然，何由得相乎？況不要結當途，才、名何由上達？然所喪不多，終有譽命也。」

象曰：終以譽命，上逮也。

「象曰：終以譽命」者，言「上逮」聞其譽命「也」。

上九：鳥焚其巢，旅人先笑，後號咷；喪牛于易，凶。

「上九」，在旅之上如巢，「鳥焚其巢」則不得所安矣。「旅人先笑」而「後號咷」，亦不得所安矣。蓋以過剛處上，當離之極，忽然失柔順之道，有「喪牛于易」之象，故致「凶」也。

上九　來氏知德曰：「離為鳥、為火，中爻巽為木、為風，鳥居風木之上而遭火，火燃風烈，焚巢之象。」[241] 按：大壯之六五曰「喪羊于易」，失剛健

---

241 案：〔明〕來知德《周易集註・下經・旅上九》註曰：「離其于木也，科上槁，巢之象也。離為鳥、為火，中爻巽，為木、為風，鳥居風木之上，而遇火，火燃風烈，焚巢之象也。旅人者九三也，乃上九之正應也。三為人位，得稱旅人。先笑者，上九未變，中爻兌悅，笑之象也。故與同行正應之旅人為之相笑，及焚其巢，上九一變，則悅體變為震動，成小過災眚之凶矣，豈不號咷，故先笑後號咷也。離為牛，牛之象也。與大壯喪羊于易同，易及場田畔地也。震為大塗，有此象。上九當羈旅窮極之

之道也。此卦之上九曰「喪牛于易」，失柔順之道也。蓋過剛則行暴，處上則自高，當離之極，則恃察而失柔順之道，故有此象。如禰衡[242]以驕亢之性，所往輒不相投是。[243]

象曰：以旅在上，其義焚也；喪牛于易，終莫之聞也。

時，居卦之上則自高，當離之極則躁妄，與柔中順剛止而麗明者相反，故以之即次，則無棲身之地，有鳥焚其巢，一時變笑為號咷之象。以之懷資，則無守衛之人，有喪牛于易之象。欲止無地，欲行無資，何凶如之，故占者凶。」

242 案：「禰衡」，誤書作「彌衡」，今正之。

243 案：參閱〔明〕羅貫中（名本，以字行，又字彥直，號湖海散人，山東東平人，1320-1400）《三國演義·第二十三回·禰正平裸衣罵賊，吉太醫下毒遭刑》，敘述禰衡受孔融（字文舉，世稱「孔北海」，魯國曲阜人，153-208）推薦而投奔曹操（小名吉利，小字阿瞞，字孟德，沛國譙縣人，155-220），曹操介紹很多文臣、武將給禰衡認識，不料禰衡卻羞辱所有人。因此，張遼（字文遠，并州雁門郡馬邑縣人，約170-222）非常生氣，欲殺禰衡，曹操阻止的故事。又《三國志·荀彧傳·裴注》引《傅（玄）子》曰：「衡以交絕於劉表，智窮於黃祖，身死名滅，為天下笑者，謂之者有形也。」〔晉〕葛洪（字稚川，號抱朴子，人稱「葛仙翁」，丹陽句容人，283-343）《抱朴子·外篇·卷四十七·彈禰》曰：「雖言行輕人，寧願榮顯，是以高遊鳳林，不能幽翳蒿萊，然修己駁剌，迷而不覺，故開口見憎，舉足蹈禍。貴如此之伎倆，亦何理容於天下而得其死哉？猶梟鳴狐嘷，從皆不喜，音響不改，易處何益。許下，人物之海也。文舉為之主任，荷之足以至到，於此不安，已可知矣。猶必死之病，俞附越人，所無如何。朽木鉛鋌，班輸歐冶所不能匠也。而復走投荊楚間，終陷極害，此乃衡懵蔽之效也。蓋欲之而不能得，非能得而弗用者矣。於戲才士，可勿戒哉！」〔唐〕李白（字太白，號青蓮居士，隴西成紀人，701-762）〈望鸚鵡洲懷禰衡〉詩云：「魏帝營八極，蟻觀一禰衡。黃祖斗筲人，殺之受惡名。吳江賦鸚鵡，落筆超羣英。鏘鏘振金玉，句句欲飛鳴。鷙鶚啄孤鳳，千春傷我情。五嶽起方寸，隱然詎可平。才高竟何施，寡識冒天刑。至今芳洲上，蘭蕙不忍生。」〔清〕王先謙（字益吾，號葵園，湖南長沙人，1842-1917）《後漢書集解》曰：「禰衡徒以侮辱曹操取快一時，操……以雀鼠視禰衡，一再假手，斃於黃祖，奸雄意忌，自古所嘆。然解衵裸立，果大雅所當爾邪？適以長後進輕獧之燄，而授殺士者以口實也。……無行才士率廁茲傳文人之目，遂為世詬，流宕忘返，君子懼旃。劉摯嘗言『士當以器識為先，一命為文人，無足觀矣』，葉適亦謂『文不足關世教，雖工無益』，士之學古而負才俊者，尚鑑於斯。」

　　「象曰：以旅」之時，而「在上」位，驕亢如此。「其義」宜如鳥之「焚」其巢，而不得安「也；喪牛于易」者，言其驕亢，失柔順之道，「終莫之」自「聞」知「也」。

五十七 ䷸ 巽下巽上　巽

巽：小亨，利有攸往，利見大人。

　　一陰伏於二陽之下，其性務入，故為「巽」。巽以陰為主，才、力不足圖大，但可「小亨」。巽又以陰從陽，則陰得陽助，才、力有賴，而「利有攸往」。然往必知所從，乃得其正，故當于眾陽中，「利見」其超出一世之「大人」焉。○《本義》：「巽，入也。」

巽卦　按：內外皆巽，取陰伏陽下，其性務入之意也。卦體初、四柔順乎剛，是柔懦無能之人，上藉剛明強毅之士。如孫乾、簡雍之輩，賴臥龍、鳳雛、五虎將之助，故可小亨而利往。九五剛健中正，是發強剛毅之資，尤協大中正之德，而居君位，其志得行，尤為眾陽中之大人。如劉使君仁義著於天下，而居君位，尤為臥龍、鳳雛、五虎將中之大人也，孫乾、簡雍從之，得其正矣，是「利見」也。[244]

---

244 案：孫乾（字公佑，北海人，？-約215）、簡雍（字憲和，涿郡人，約200-約300），漢末時期同為劉備的幕僚老臣。臥龍（諸葛亮），鳳雛（龐統）；五虎將（關羽、張飛、馬超、黃忠、趙雲），詳參《三國志・蜀書・關張馬黃趙傳》也。劉使君（劉備），曹操曾經舉薦劉備擔任豫州牧，而使君是對州刺史或州牧的尊稱，所以劉備就被稱為「劉豫州」或「劉使君」。參閱《三國演義・第三十五回・玄德南漳逢隱淪，單福新野遇英主》，水鏡問曰：「明公何來？」玄德曰：「偶爾經由此地，因小童相指，得拜尊顏，不勝欣幸。」水鏡笑曰：「公不必隱諱，公今必逃難至此。」玄德遂以襄陽一事告之。水鏡曰：「吾觀公氣色，已知之矣。」因問玄德曰：「吾久聞明公大名，何故至今猶落魄不偶耶？」玄德曰：「命途多蹇，所以至此。」水鏡曰：「不然；蓋因將軍左右不得其人耳。」玄德曰：「備雖不才，文有孫乾、糜竺、簡雍之輩，武有關、張、趙雲之流，

象曰：重巽以申命，[245]剛巽乎中正，而志行；柔皆順乎
　　剛，是以「小亨，利有攸往，利見大人」。

　　「彖曰」，巽順而入，必究乎下，命令之象也。「重巽」，故為「以
申」教「命也」。○《本義》：「釋卦義也。」
　　蓋卦體二、五以陽「剛」，居「巽」順「乎中正，而志」得「行」。
初、四「柔」也，而「皆順乎剛，是以小亨」，故「利有攸往，利見」九
五陽剛中正，「大」有德之「人」也。

象曰：隨風，巽；君子以申命行事。

　　「象曰」，風「隨風」而繼至，无物不入，「巽」象也。「君子以」為
風行不繼，不能深入乎物，令出不詳，不能深入乎民，故必先「申」重，
反覆其「命」令，然後施之「行事」焉。○《本義》：「隨，相繼之義。」

竭忠輔相，頗賴其力。」水鏡曰：「關、張、趙雲，皆萬人敵，惜無善用之人。若孫
乾、糜竺輩，乃白面書生耳，非經綸濟世之才也。」水鏡曰：「今天下之奇才，盡在於
此，公當往求之。」玄德急問曰：「奇才安在？果係何人？」水鏡曰：「伏龍、鳳雛，
兩人得一，可安天下。」玄德曰：「伏龍、鳳雛，何人也？」水鏡撫掌大笑曰：「好！
好！」……玄德因思水鏡之言，寢不成寐。約至更深，忽聽一人叩門而入，水鏡曰：
「元直何來？」玄德起床密聽之，聞其人答曰：「久聞劉景升善善惡惡，特往謁之。及
至相見，徒有虛名，蓋善善而不能用，惡惡而不能去者也。故遺書別之，而來至
此。」水鏡曰：「公懷王佐之才，宜擇人而事，奈何輕身往見景升乎？且英雄豪傑，只
在眼前，公自不識耳。」其人曰：「先生之言是也。」玄德聞之大喜，暗忖此人必是伏
龍、鳳雛，即欲出見，又恐造次。候至天曉，玄德求見水鏡，問曰：「昨夜來者是
誰？」水鏡曰：「此吾友也。」玄德求與相見。水鏡曰：「此人欲往投明主，已到他處
去了。」玄德請問其姓名。水鏡笑曰：「好！好！」玄德再問：「伏龍、鳳雛，果係何
人？」水鏡亦只笑曰：「好！好！」玄德拜請水鏡出山相助，同扶漢室。水鏡曰：「山
野閒散之人，不堪世用。自有勝吾十倍者來助公，公宜訪之。」
245 案：「命」下，衍「也」字，當刪去。

初六：進退，利武人之貞。

　　「初六」，以陰居下為巽主，過于卑順，為「進退」不果之象。占者
「利」以「武人之貞」，處之果斷剛決，則有以濟其柔弱，而得所宜矣。
|初六|　《蒙引》：「進退，初六之象也；利武人之貞，為占者設，以矯其弊
也。」按：初之進退，如蘇味道處事依違無決斷，模稜持兩端，人謂之
「蘇模稜」是已。[246]○體巽為進退，變乾為武人。[247]

象曰：進退，志疑也；利武人之貞，志治也。

　　「象曰」，初之「進退」，是其「志疑」懼，而不果「也」。利武人之
貞」，則疑懼變為果敢，而「志治也」。

九二：巽在床下，用史巫，紛若；吉，无咎。

　　「九二」，以陽居陰而居下，有不安之意。然當巽之時，不厭卑屈，
而二又居中，不過于卑屈，故其占為能過於巽，而丁寧煩悉其詞，以自道
達，如「巽在牀下，用史巫，紛若」之象，則情通于上，而「吉」且
「无」失己之「咎」。

---

246 案：〔唐〕蘇味道（趙州樂城人，648-705），詳參《舊唐書・卷九十四・列傳第四十
　　四・蘇味道、李嶠、崔融、盧藏用、徐彥伯》：「蘇味道，趙州欒城人也。少與鄉人李
　　嶠俱以文辭知名，時人謂之『蘇李』。弱冠，本州舉進士。……吏部侍郎裴行儉先知其
　　貴，甚加禮遇，……孝敬皇帝妃父裴居道再登左金吾將軍，訪當時才子為謝表，托於
　　味道，援筆而成，辭理精密，盛傳於代。……味道善敷奏，多識臺閣故事，然而前後
　　居相位數載，竟不能有所發明，但脂韋其間，苟度取容而已。嘗謂人曰：『處事不欲決
　　斷明白，若有錯誤，必貽咎譴，但模稜以持兩端可矣。』時人由是號為『蘇模稜』。」
　　「模棱」，同「模稜」，今多作「模稜兩可」。
247 案：〔唐〕李鼎祚《周易集解》引〔三國吳〕虞翻曰：「巽為進退，乾為武人。」

九二　邱氏曰：「古者尊者上坐于牀，卑者拜跪于牀下。」[248] 何氏楷曰：「互兌為巫、為口舌，有史巫象。」按：二能巽以自達，如李密〈陳情表〉曰「臣不勝犬馬怖懼之情，謹拜表以聞」，武帝覽表，賜婢二人，奉事祖母，則「吉，无咎」矣。[249]

248　案：「邱氏」為〔南宋〕邱建安（丘富國），其《易》說《御纂周易折中》多所引用，並已見前復、恆、明夷、井、鼎各卦。又〔宋元之際〕俞琰（字玉吾，號全陽子、林屋山人、石澗道人，吳郡人，約1253-約1320）《周易集說‧巽九二》同其說而益詳：「牀以安身，巽在牀下，過巽而不自安之謂。古之人，尊者坐于牀，卑者俯伏拜跪于牀下，當巽之時，以九居二，其位不當，故其象如此。史指三，巫指四，古者祭禱則用史巫。史以人之意達于鬼神，巫以鬼神之意達于人。三近二，故為史。四近五，故為巫。二與四，三與五，同功而異位，故三可達二意于五，四可達五意于二也。六子自相遇之卦，與乾坤同，例无正應。今九二、九五兩剛本不相應，非用三四不能達也，二於是盡其卑巽，俯伏拜跪于牀下，三四交相往來於二五之間，猶祭禱而用史巫之紛紛，遂有感應之吉，而无過巽之咎也。夫九二卑巽如此，毋乃為諂乎。然當巽之時，不厭其卑巽，況用之於事神，蓋其陽剛中實至敬，盡禮出于忠心之真誠，非諂也。《孔子家語》云：『祝以孝告，嘏以慈告。』王肅注云：『祝通孝子語於先祖，嘏傳先祖語於孝子。』《家語》之所謂『祝嘏』，即《易》之所謂『史巫』也。」

249　案：〔西晉〕李密（字令伯，犍為武陽人，224-287），事詳《晉書‧卷八十八‧列傳第五十八‧孝友傳》：「李密，字令伯，犍為武陽人也，一名虔。父早亡，母何氏醮。密時年數歲，感戀彌至，烝烝之性，遂以成疾。祖母劉氏，躬自撫養，密奉事以孝謹聞。劉氏有疾，則涕泣側息，未嘗解衣，飲膳湯藥必先嘗後進。有暇則講學忘疲，而師事譙周，周門人方之游夏。少仕蜀，為郎。數使吳，有才辯，吳人稱之。蜀平，泰始初，詔徵為太子洗馬。密以祖母年高，無人奉養，遂不應命。乃上疏曰：『……。』帝覽之曰：『士之有名，不虛然哉！』乃停召。後劉終，服闋，復以洗馬徵至洛。司空張華問之曰：『安樂公何如？』密曰：『可次齊桓。』華問其故，對曰：『齊桓得管仲而霸，用豎習而蟲流。安樂公得諸葛亮而抗魏，任黃皓而喪國，是知成敗一也。』次問：『孔明言教何碎？』密曰：『昔舜、禹、皋陶相與語，故得簡雅；《大誥》與凡人言，宜碎。孔明與言者無己敵，言教是以碎耳。』華善之。」〈陳情表〉是李密寫給晉武帝（司馬炎，字安世，河內郡溫縣人，236-290）的奏章，收入《昭明文選‧卷三十七‧陳情事表》，敘述李密祖母撫育的大恩，以及應報養祖母的大義；李密除了感謝朝廷知遇之恩外，又傾訴不能從命的苦衷，真情流露，委婉暢達，本文被認定為中國文學史上抒情文的代表作之一，〔南宋〕趙與時（字行之、德行，宋朝宗室，1172-1228）《賓退錄》曾引〔南宋〕青城山隱士安子順（字孝天、世通，江蘇鎮江人，1158-1227）之說：「讀

象曰：紛若之吉，得中也。

「象曰」，史巫「紛若之吉」者，言其居下之中，而「得中」道「也」。

九三：頻巽，吝。

「九三」，過剛不中，既非能巽之資，居下之上。又挾上人之勢，非能巽者。勉強為巽，矯飾一時，為「頻巽」而頻失之象，故可以羞「吝」。

九三　按：司馬溫公平生未嘗一語輕人、慢人，此止能巽者，故无可羞吝。[250]九三本非能巽，而勉強為巽，所以得失互見，而致羞吝。

諸葛孔明〈出師表〉而不墮淚者，其人必不忠；讀李令伯〈陳情表〉而不墮淚者，其人必不孝；讀韓退之〈祭十二郎文〉而不墮淚者，其人必不友（慈）。」〈出師表〉、〈陳情表〉與〈祭十二郎文〉三文，遂並稱抒情佳篇，而傳誦至今。

250 案：〔北宋〕蘇軾〈司馬溫公行狀〉曰：「公自兒童，凜然如成人。七歲聞講《左氏春秋》，大愛之，退為家人講，即了其大義。自是手不釋書，至不知饑渴寒暑。年十五，書無所不通。文辭醇深，有西漢風。……公忠信孝友，恭儉正直，出於天性。自少及老，語未嘗妄，其好學如饑渴之嗜飲食，於財利紛華，如惡惡臭，誠心自然，天下信之。退居於洛，往來陝郊，陝、洛間皆化其德，師其學，法其儉，有不善，曰：「君實得無知之乎！」博學無所不通，音樂、律曆、天文、書數，皆極其妙。晚節尤好禮，為冠婚喪祭法，適古今之宜。不喜釋、老，曰：『其微言不能出吾書，其誕吾不信。』」又《東坡志林·第三卷·異事下·修身曆》云：「子由言：『有一人死而復生，問冥官如何修身，可以免罪？』答曰：『子宜置一卷曆，晝日之所為，莫夜必記之，但不記者，是不可言不可作也。無事靜坐，便覺一日似兩日，若能處置此生常似今日，得至七十，便是百四十歲。人世間何藥可能有此效！既無反惡，又省藥錢。此方人人收得，但苦無好湯使，多嚥不下。』晁無咎言：『司馬溫公有言：「吾無過人者，但平生所為，未嘗有不可對人言者耳。」予亦記前輩有詩曰：「怕人知事莫萌心。」』皆至言，可終身守之。」

象曰：頻巽之吝，志窮也。

「象曰：頻巽之吝，志」素亢滿而「窮」，不能謙下，所以頻巽而致吝「也」。

六四：悔亡，田獲三品。

「六四」，陰柔无應，[251]承乘皆剛，宜有悔也。然以陰居陰，處上之下，是用柔能下，「悔」故可「亡」。且反得陽剛之助，所求必得，如「田」者所「獲」，有以備「三品」之用也。○《本義》：「三品者，一為乾豆，一為賓客，一為充庖也。」

六四[252] 陰柔則才弱，无應則无援，承乘皆剛，是前後皆剛暴之人。如鄭弱孤立，而處晉、楚之間，未免有侵陵之患，是有悔也。由其用柔能下，善於為命，故不惟晉、楚不侵陵，而得悔亡，且反得晉、楚之助，而所求必得也。○互離數三，三之象；又為網罟、為戈兵，田之象也。

象曰：田獲三品，有功也。

「象曰：田獲三品」，言用柔能下，以致眾陽之助，而「有功也」。

九五：貞，吉；悔，亡，无不利。无初，有終；先庚三日，後庚三日，吉。

「九五」，居巽體未免偷安苟且，本有悔也。由其剛健中正，故能更

---

251 案：「无應」，誤書作「九應」，今正之。
252 案：「六四」，誤書作「九四」，今正之。

變，而得「貞，吉」，是以「悔」可「亡」，而凡事亦「无不利」也。夫始之有悔，「无初」也；後得无悔，則「有終」矣。然其貞何如？殆必丁寧于其變之先，而義取「先庚三日」之丁，揆度于其變之後。而義取「後庚三日」之癸，故能得「吉」也。○《本義》：「庚，更也，事之變也。先庚三日，丁也；後庚三日，癸也。」

九五　張中溪曰：「蠱事之壞，以造事言之，故取諸甲，巽事之權；以更事言之，故取諸庚。甲、庚皆曰先後三日，聖人蓋謹其始終之意。」按：如太甲不順，是有悔而无初也，乃後能處仁遷義，克終厥德，是能貞，吉而有終也。[253]互離居三，又為日，故象三日。

象曰：九五之吉，位正中也。

「象曰：九五之吉」，以「位」居「正中」，而有其德，故得吉「也」。

上九：巽在床下，喪其資斧；貞，凶。

---

253 案：太甲（子姓，名至，生卒年不詳），商湯嫡長孫，太丁之子，外丙、仲壬之姪，商朝第四任君王，為政無道，曾被伊尹放逐至桐。事詳《尚書・商書・太甲上中下》：「太甲既立，不明，伊尹放諸桐。三年，復歸於亳。思庸，伊尹作〈太甲〉三篇。」茲引〈太甲上〉，舉一反三焉，文曰：「惟嗣王不惠于阿衡。伊尹作書曰：『先王顧諟天之明命，以承上下神祇。社稷宗廟，罔不祗肅。天監厥德，用集大命，撫綏萬方。惟尹躬克左右厥辟，宅師。肆嗣王丕承基緒，惟尹躬先見於西邑夏。自周有終，相亦惟終。其後嗣王，罔克有終，相亦罔終。嗣王戒哉！祗爾厥辟。辟不辟，忝厥祖。王惟庸，罔念聞。』伊尹乃言曰：『先王昧爽丕顯，坐以待旦，旁求俊彥，啟迪後人。無越厥命以自覆，慎乃儉德，惟懷永圖。若虞機張，往省括於度則釋。欽厥止，率乃祖攸行。惟朕以懌，萬世有辭。』王未克變，伊尹曰：『茲乃不義，習與性成。予弗狎於弗順，營于桐宮。密邇先王其訓，無俾世迷。』王徂桐宮，居憂，克終允德。」

　　「上九」，居巽之極，失其陽剛之德，是過於卑巽，而失所以自斷，有「巽在牀下，喪其資斧」之象。則雖巽所當巽而「貞」，亦致自輕而取辱，「凶」之道也。

上九　按：有子曰「恭近於禮，遠恥辱也」，上九恭不近禮，所以取辱而凶。[254]如武后有疾，方禁屠宰，閻朝隱以身代犧牲，雖曰所以敬君，亦為人所恥辱而凶也。[255]

象曰：巽在床下，[256]上窮也；喪其資斧，正乎凶也。

　　「象曰：巽在牀下」，處卦之「上」，巽至于「窮」極「也」。喪其資斧」，自輕而致取侮，「正乎凶也」。○《本義》：「正乎凶，言必凶。」

---

254 案：〔東周〕有子（名若，字子有、子若，世稱「有子」，約508B.C.E.-？），孔子七十二賢弟子之一，事詳《史記‧仲尼弟子列傳》。「恭近於禮，遠恥辱也」，出於《論語‧學而第一》，有子曰：「信近於義，言可復也；恭近於禮，遠恥辱也；因不失其親，亦可宗也。」

255 案：《欽定古今圖書集成‧理學彙編‧文學典‧第五十一卷‧文學名家列傳三十九‧唐三‧閻朝隱》：「按《唐書‧文藝傳》：『閻朝隱，字友倩，越州樂城人。少與兄鏡幾、弟仙舟皆著名，連中進士孝悌廉讓科，補陽武尉。中宗為太子，朝隱以舍人幸，性滑稽，屬辭奇詭，為武后所賞，累遷給事中，仗內供奉。后有疾，令往禱少室山，乃沐浴伏身俎盤為犧牲，請代后疾。還奏，會后亦愈，大見褒賜。其資佞諂如此。景龍初，自崖州遇赦還，累遷著作郎。先天中，為祕書少監，坐事貶通州別駕，卒。』」此外，〔北宋〕孔平仲（字義甫、毅父，江西新喻人，生卒年不詳）《續世說‧卷十二‧讒險》：「武后禁屠殺。右拾遺張德生男三日，私殺羊，會同僚。補闕杜肅懷一饌，上表告之。明日，太后對仗，謂德曰：『聞卿生男，甚喜。』德拜謝，太后曰：『何從得肉？』德叩頭服罪。太后又曰：『朕禁屠宰，吉凶不預。然卿自今召客，亦須擇人。』出肅表示之，肅大慚，舉朝欲唾其面。」

256 案：「牀下」，誤書作「牀上」，今正之。

五十八 ䷹ 兌上兌下　兌

兌：亨，利貞。

　　一陰進二陽之上，喜見乎外，故為「兌」。兌以說物，本有亨道，而卦體剛中，其說以誠，又可得「亨」。然說雖有亨道，而妄說亦當戒。卦體柔外，或有不正，故其說「利」于「貞」正也。○《本義》：「兌，說也。」

兌卦　按：兌之義取乎悅，悅之以道則為正，悅之不以道則非正。如劉備與孔明為魚水之得，陸贄與張鎰為忘年之交，此相悅以正也；[257]若張嵲諂事薛師，掌擊黃幰；趙履溫趨赴安樂公主，背挽金車，則是妄悅而不正也。[258]〈象傳〉忘勞、忘死，是極言悅道之利於正也。如王者以逸道使民，雖勞而不怨；以生道殺民，雖死不怨殺者，此是為悅之正，夏禹、商

---

257 案：「陸贄與張鎰為忘年之交」，事詳《舊唐書・卷一百四十三・列傳第八十九》：「陸贄，字敬輿，蘇州嘉興人。父侃，溧陽令，以贄貴，贈禮部尚書。贄少孤，特立不群，頗勤儒學。年十八登進士第，以博學宏詞登科，授華州鄭縣尉。罷秩，東歸省母，路由壽州，刺史張鎰有時名，贄往謁之。鎰初不甚知，留三日，再見與語，遂大稱賞，請結忘年之契。及辭，遺贄錢百萬，曰：『願備太夫人一日之膳。』贄不納，唯受新茶一串而已，曰：『敢不承君厚意。』又以書判拔萃，選授渭南縣主簿，遷監察御史。德宗在東宮時，素知贄名，乃召為翰林學士，轉祠部員外郎。贄性忠盡（藎），既居近密，感人主重知，思有以效報，故政或有缺，巨細必陳，由是顧待益厚。」《新唐書・卷一百六十五・列傳第八十二》記載略簡可互參。

258 案：事詳〔唐〕張鷟（字文成，號浮休子，深州陸澤人，658-730）《朝野僉載・第五卷》：「天后時，張嵲諂事薛師，掌擎黃襆，隨薛師後。於馬傍伏地，承薛師馬鐙。侍御史郭霸嘗來俊臣冀穢，宋之問捧張易之溺器，並偷媚取容。實名教之大弊也。」「趙履溫為司農卿，諂事安樂公主，氣勢回山海，呼吸變霜雪。客謂張文成曰：『趙司農何如人？』曰：『猲獢小人。心佞而險，行僻而驕；折支勢族，舐痔權門。諂於事上，傲於接下；猛若飢虎，貪若餓狼。性愛食人，終為人所食。』為公主奪百姓田園，造定昆池，言定天子昆明池也，用庫錢百萬億。斜賽紫衫，為公主背挽金犢車。險詖皆此類。誅逆韋之際，上御承天門，履溫詐喜，舞蹈稱萬歲。上令斬之，刀劍亂下，與男同戮。人割一臠，肉骨俱盡。」〔北宋〕李昉《太平廣記・諂佞二》引錄類同，惟「實名教之大弊也」改作「實名教之罪人也」。

湯、周文、武,皆如是也。若霸者違道干譽,雖致民歡虞,終是悅之不正,未可云悅,大民勸也,如齊桓、晉文是已。

象曰:兌,說也。剛中而柔外,說以「利貞」,是以順乎
　　　天,而應乎人。說以先民,民忘其勞;說以犯難,
　　　民忘其死。說之大,民勸矣哉!

　　「象曰」,卦名「兌」者,說之義也。詞曰「亨,利貞」者,蓋卦體二、五以「剛」居「中」,所存者誠,故亨。「而」三、上之「柔」居乎「外」,恐有妄說,故必「利貞」。極而言之,「說以『利貞』,是以順乎天」理之本然,「而應乎人」心之同然。惟以「說」之正者,「以先民」趨事,而「民」悅以「忘其勞」;以「說」之正者,「以」率民「犯難」,而「民」說以「忘其死」。夫豈民情哉?蓋「說之大」而无私也,「民」以說而自「勸矣哉」,不可見貞之利哉?

象曰:麗澤,兌;君子以朋友講習。

　　「象曰」,以澤「麗澤」,彼此相滋,有相悅之義,故為「兌」。「君子」體之,「以朋友講習」。亦如兩澤相麗,互相滋益也。

初九:和兌,吉。

　　「初九」,居說體能說人者也。以剛處下,又无係應,故其說不諂不瀆,和之以道,而不失節,是「和兌」也,其占為「吉」。

初九 陽剛則不失於柔媚,處下則不失於正求,无應則不失於私係,以和

而悅，內不失己，外不失人，故吉，柳下惠是已。[259]

象曰：和兌之吉，行未疑也。

「象曰：和兌之吉，行」无不得，「未」有「疑」碍「也」。

---

259 案：柳下惠（姬姓，展氏，名獲，字禽、季，魯國人，720-621B.C.E.），魯孝公展的後代，古代大盜盜跖之兄，「柳下」是其食邑，「惠」則是其諡號，故後人稱「柳下惠」。因又字「季」，也稱「柳下季」。曾任魯國大夫，後來隱遁，成為「逸民」。其事蹟如下：《論語・微子》：「逸民，伯夷、叔齊、虞仲、夷逸、朱張、柳下惠、少連。」《國語・魯語上》：「文仲聞柳下季之言，曰：『信吾過也，季子之言不可不法也。』」《孟子・公孫丑上》，孟子曰：「伯夷，非其君不事，非其友不友。不立於惡人之朝，不與惡人言。立於惡人之朝，與惡人言，如以朝衣朝冠坐於塗炭。推惡惡之心，思與鄉人立，其冠不正，望望然去之，若將浼焉。是故諸侯雖有善其辭命而至者，不受也。不受也者，是亦不屑就已。柳下惠，不羞汙君，不卑小官。進不隱賢，必以其道。遺佚而不怨，阨窮而不憫。故曰：『爾為爾，我為我，雖袒裼裸裎於我側，爾焉能浼我哉？』故由由然與之偕而不自失焉，援而止之而止。援而止之而止者，是亦不屑去已。」孟子曰：「伯夷隘，柳下惠不恭。隘與不恭，君子不由也。」〈萬章下〉：「柳下惠，不羞汙君，不辭小官。進不隱賢，必以其道。遺佚而不怨，阨窮而不憫。與鄉人處，由由然不忍去也。『爾為爾，我為我，雖袒裼裸裎於我側，爾焉能浼我哉？』故聞柳下惠之風者，鄙夫寬，薄夫敦。……孟子曰：『伯夷，聖之清者也；伊尹，聖之任者也；柳下惠，聖之和者也；孔子，聖之時者也。孔子之謂集大成。集大成也者，金聲而玉振之也。金聲也者，始條理也；玉振之也者，終條理也。始條理者，智之事也；終條理者，聖之事也。智，譬則巧也；聖，譬則力也。由射於百步之外也，其至，爾力也；其中，非爾力也。』」〈盡心上〉，孟子曰：「柳下惠不以三公易其介。」〈盡心下〉，孟子曰：「聖人，百世之師也，伯夷、柳下惠是也。故聞伯夷之風者，頑夫廉，懦夫有立志；聞柳下惠之風者，薄夫敦，鄙夫寬。奮乎百世之上。百世之下，聞者莫不興起也。非聖人而能若是乎，而況於親炙之者乎？」《孔子家語・好生》有柳下惠「坐懷不亂」的故事，文曰：「魯人有獨處室者，鄰之釐婦亦獨處一室。夜，暴風雨至，釐婦室壞，趨而託焉，魯人閉戶而不納。釐婦自牖與之言：『子何不仁，而不納我乎？』魯人曰：「吾聞男子不六十不閒居。今子幼，吾亦幼，是以不敢納爾也。」婦人曰：『子何不如柳下惠然？嫗不逮門之女，國人不稱其亂。』魯人曰：『柳下惠則可，吾固不可。吾將以吾之不可，學柳下惠之可。』孔子聞之，曰：『善哉！欲學柳下惠者，未有似於此者，期於至善，而不襲其為，可謂智乎。』」又〈弟子行〉：「孝恭慈仁，允德圖義，約貨去怨，輕財不匱，蓋柳下惠之行也。」

九二：孚兌，吉；悔，亡。

「九二」，以陽居陰失正，未免有悔。然有剛中之德，以誠心而說，是「孚兌」也。誠能動物，占者人无不說而「吉」，雖有可「悔」之事，亦「亡」其為悔矣。

九二　誠能動物。如司馬光終身行一「誠」字，後將歸，百姓遮路，曰「願公留相天子」，是「孚兌」而得吉，「悔亡」也。[260]

象曰：孚兌之吉，信志也。

「象曰：孚兌之吉」者，由其以剛居中，一以誠「信」為「志也」。

六三：來兌，[261]凶。

「六三」，陰柔不中正，為兌之主。上无所應，而反來就二陽以求說，為「來兌」之象。占者在己既失其道，在人未必我應，「凶」。

---

260 案：事詳《宋史・卷三三六・列傳第九十五》：「司馬光，字君實，陝州夏縣人也。父池，天章閣待制。光生七歲，凜然如成人，聞講《左氏春秋》，愛之，退為家人講，即了其大指。自是手不釋書，至不知饑渴寒暑。群兒戲于庭，一兒登甕，足跌沒水中，眾皆棄去，光持石擊甕破之，水迸，兒得活。其後京、洛間畫以為圖。仁宗寶元初，中進士甲科。年甫冠，性不喜華靡，聞喜宴獨不戴花，同列語之曰：『君賜不可違。』乃簪一枝。……凡居洛陽十五年，天下以為真宰相，田夫野老皆號為『司馬相公』，婦人、孺子亦知其為君實也。……帝崩，赴闕臨，衛士望見，皆以手加額曰：『此司馬相公也。』所至，民遮道聚觀，馬至不得行，曰：『公無歸洛，留相天子，活百姓。』……光孝友忠信，恭儉正直，居處有法，動作有禮。在洛時，每往夏縣展墓，必過其兄旦，旦年將八十，奉之如嚴父，保之如嬰兒。自少至老，語未嘗妄，自言：『吾無過人者，但平生所為，未嘗有不可對人言者耳。』誠心自然，天下敬信，陝、洛間皆化其德，有不善，曰：『君實得無知之乎？』」

261 案：「來兌」，誤書作「求兌」，今正之。

六三　陰柔不中正，妄悅者也，為兌之主。又善悅人者也，上无係應，而就二陽以求悅，弗計其分之所宜，此曾子所謂「脅肩諂笑」、子路所謂「未同而言」也。[262]

象曰：來兌之凶，位不當也。

「象曰：來兌之凶」，由其陰柔不中正，而處「位不當也」。

九四：商兌，未寧；介疾，有喜。

「九四」，上承九五之中正，而下比六三之柔邪，欲從三則慮失五，欲從五又慮失三，籌「商」所「兌」，而「未寧」之象。然質本陽剛，故能「介」然守正，而「疾」惡柔邪，如此則「有喜」矣。

九四　《參義》：「凡大臣之絕私黨，而忠於君；學者之遠損友，而親仁賢，皆可喜也。」

象曰：九四之喜，有慶也。

九五：孚于剝，有厲。

「九五」，陽剛中正，然當說時而居尊位，密邇上六。上六陰柔為說之主，處說之極，能妄說以剝陽者也。故其占但戒以「孚」信「于剝」陽

262　案：「脅肩諂笑」與「未同而言」，皆出於《孟子‧滕文公下》：「脅肩諂笑，病于夏畦。」「子路曰：『未同而言，觀其色赧赧然，非由之所知也。』」「脅肩諂笑」意指聳起雙肩，做出諂媚的笑容，形容巴結奉承別人的醜態。「未同而言」意指明明合不來還要交談，看他臉色。

之上六，則「有」危「厲」也。

|九五| 「孚于剝，有厲」，是戒人君以信，於小人則有危也。《程傳》：「雖舜之聖，且畏巧言、令色，安得不戒？」《存疑》：「〈象傳〉以『孚于剝』，是恃位正當。如唐明皇知李林甫之奸而又用之，一則恃自己聰明，一則恃海內平安，不知恃聰明便是昏了、恃平安便危了。」

象曰：孚于剝，位正當也。

「象曰」，五之「孚于剝」，由其恃「位」之「正當」。正，則才足以灼小人；當，則位足以制小人。以為不能害己，所以深信而不自知「也」。

上六：引兌。

「上六」，成說之主，以陰居說之極，耑務說人。下引二陽相與為說，是之謂「引兌」焉，而不能必其從也。故九五當戒，而此爻不言吉、凶焉。

|上六| 按：《本義》「下引二陽相與為悅」，[263] 乃是欲引君、臣相與為樂也。如李義甫謂人臣不當犯顏諫諍，使君悅、臣安是也，此小人之道，[264] 故

---

263 案：朱熹《周易本義》原文：「上六成說之主，以陰居說之極，引下二陽相與為說，而不能必其從也。故九五當戒，而此爻不言其吉凶。」

264 案：「李義甫」，即「李義府」，事詳《舊唐書‧卷八十六‧列傳第三十二》：「李義府，瀛州饒陽人也。……義府貌狀溫恭，與人語必嬉怡微笑，而褊忌陰賊。既處權要，欲人附己，微忤意者，輒加傾陷。故時人言義府笑中有刀，又以其柔而害物，亦謂之『李貓』。……而義府貪冒無厭，與母、妻及諸子、女婿賣官鬻獄，其門如市。多引腹心，廣樹朋黨，傾動朝野。……義府本無藻鑒才，怙武后之勢，專以賣官為事，銓序失次，人多怨讟。……義府入則詔言自媚，出則肆其奸宄，百僚畏之，無敢言其過者。帝頗知其罪失，從容誡義府云：『聞卿兒子、女婿皆不謹慎，多作罪過，我亦為卿掩覆，未即公言，卿可誡勖，勿令如此。』義府勃然變色，腮頸俱起，徐曰：『誰向陛

「九五當戒」焉。

象曰：上六引兌，未光也。

「象曰：上六引兌」，小人之道甚矣，其「未光」明「也」。

下道此？』上曰：『但我言如是，何須問我所從得耶！』義府睆然，殊不引答，緩步而去。上亦優容之。」〔唐〕李絳（字深之，趙郡贊皇人，764-830）《李相國論事集・卷五・論任賢事》：「上御浴堂北廊，召學士李絳對。上從容言曰：『朕觀前王，任多賢才，所以理。即今日都無賢才可任，何故也？』絳對曰：『自古及今帝王，未有不任賢則理，用邪則亂，明著史傳，不敢備陳。夫聖王欲理當代之人，祇選當時之賢，極其才分，便可致理，豈借賢於異代，以理今日之人？近代北齊任楊遵彥則理，用高阿那肱則亂；隋代任高熲則理，用楊素則亂；國家任房玄齡、杜如晦、魏徵、王珪、姚崇、宋璟則理，用李義甫、許敬宗、李林甫、楊國忠則亂。事狀橫於目前，理亂存於史策。夫致賢之路，歷代不同。大凡王者不以至尊輕待臣下，不以己能蓋於凡器，折節下士，卑躬禮賢，天下仰知聖意，賢能之人方出。是巖穴無晦迹之儔，朝廷有佐時之器矣。』上曰：『何以知其必賢而任之乎？』對曰：『聖問至當，誠為難知。堯舜亦以知人為難，況近代澆薄，真偽不分，固不易知也。然以事小驗之，必十得七八矣。任官清廉，無貪穢之跡，當事堅正，無阿容之私，章疏諫諍，無希望依違之苟，左右獻納，無邪佞愉悅之辭，言必及遠大，行不顧財利，如此則可謂近於賢矣。若言必諂諛，動關名利，但攻人之短，不揚人之美，求己之售，不量己之分，觀望主意，以希合為心，逢迎君意，以恩幸為志，為主招怨，為身圖利，斯可謂之小人也。驗之以行事，參之以輿議，然後用之。委用之後，名實相副，則當任之。既任之，則當久之。使代天下之績，久而化成，然後聖君垂拱而天下治矣。賢者行理端直，身寡黨援，拔擢賢彥，則小人怨謗，杜塞邪徑，則姦人構陷，制度畫一，則貴戚毀傷，忠正進用，則諛佞攻擊，夫用賢豈容易哉！自非聖主明君，懸鑒情偽，不使毀謗得行，疑似生隟，盡其才器，極其智用，然後政化可得而興。故齊桓公任管夷吾，尊之曰『仲父』，而齊國大理，是任之不疑也。管仲對桓公曰：『既任君子，而以小人參之，此最害霸也。』古人以求賢不至，則賢者不出，故喻以蝸蚓之餌，以求吞舟之鱗，設釜鐘之祿，以致濟代之器，不可得也。陛下但以數事，驗之以言，校之以實，採之於眾，任之以權，則賢不肖得矣。伏惟聖智詳察。』上曰：『卿言得之，盡於此矣。』」〈卷六・上言德宗朝事〉：「吉甫嘗言：『人臣不當強諫，使君悅臣安，不亦美乎？』李絳曰：『人臣當犯顏苦口，指陳得失。若陷君於惡，豈得為忠？』帝曰：『絳言是也。』絳或久不諫，帝輒語之曰：『豈朕不能容受耶？將無事可諫也？』」

五十九　☰☵坎下巽上　渙

☴☶ 漸

渙：亨，王假有廟；利涉大川，利貞。

　　為卦風行水上，離披解散，有人心、時勢渙散之義，故為「渙」。然以卦變觀之，有合渙之道，故「亨」。又以理言之，渙時祖考之精神既散，「王」者「假」于當「有廟」以聚之。又以卦象言之，巽木、坎水，舟楫之義，故「利」于「涉大川」焉。而貞者又制事之本，故凡事必「利」于「貞」正也。○《本義》：「渙，散也。」

|渙卦| 按：世之亂也，其人心之渙乎！則所以維持其渙，而使之復合者，非有其地、有其才、有其人，不足以濟也。以漢獻帝之時論之，黃巾四起，權奸竊柄，人心渙散也。袁紹位居三公，何進誼忝帝戚，有可為之地，而鹵莽無謀，又不能訪友共濟，是无才、无人，不能使渙而復合。劉備以英雄之資，又有關、張輔之，有才、有人，當是時，未得其地，故卒僅鼎足三分，而不能使合而為一。今卦變剛來有其地，柔往有其才，上同有其人，故「亨」。

彖曰：「渙，亨」，剛來而不窮，[265]柔得位[266]乎外而上同。「王假有廟」，王乃在中也。「利涉大川」，乘木有功也。

　　「彖曰：渙」似難得亨，詞曰「亨」者，蓋卦變自漸九「剛來」，居

---

265 案：「窮」下，衍「也」字，今刪去。

266 案：「位」下，脫「乎外」二字，今補之。

二而得中，是得其所安，「而不」至困「窮」也。六「柔」往居三，「得」九之「位乎外」，濟之以剛，「而上同」于四，有同德之助，所以亨也。又曰「王假有廟」者，「王乃在」于宗廟之「中」，以聚祖考精神，所以合渙也。又曰「利涉大川」者，巽木在坎水之上，是人「乘木」之象，所以利涉而「有功也」。

象曰：風行水上，渙；先王以享于帝，立廟。

「象曰：風行水上，渙」之象也。「先王以」天人分殊，幽明途異，是其渙也于焉。郊祀以「享于帝，立廟」以奉神明，則天人、幽明感通，而渙合矣。

初六：用拯馬，壯，吉。

「初六」，陰柔不能濟渙，然當渙未深，又能順于九二剛中之才，賴以濟渙，是「用拯」[267]而駕「馬」之「壯」者，「吉」之道也。

初六　按：高祖沒，諸呂擅權，是渙之始也。惠帝幼弱，是陰柔不能濟渙也，賴周勃以安之，是順九二而得吉也。胡雲峯曰：「渙初不言渙者，救之尚早，可不至於渙也。」

象曰：初六之吉，順也。

「象曰：初六之吉」，以能「順」從乎剛中之才「也」。

---

267 案：「拯」旁，另書「救」字，即以「救」釋「拯」義。

九二：渙，奔其机；²⁶⁸悔，亡。

「九二」，以陽居陰，失其故居，宜有悔矣。然當「渙」時，來居二而得中，可藉以安，猶「奔」走者之得「其机」而身安，由是可圖將來之事，而「悔」可「亡」焉。

九二 按：此爻如劉備棄新野、走樊城，而得依於劉表是已。²⁶⁹

---

268 案：「机」，此書作「機」，當依通行本作「机」，今改之。

269 案：事詳《三國志‧蜀書‧卷三十二‧先主傳第二》：「曹公南征表，會表卒，子琮代立，遣使請降。先主屯樊，不知曹公卒至，至宛乃聞之，遂將其眾去。過襄陽，諸葛亮說先主攻琮，荊州可有。先主曰：『吾不忍也。』」「曹公以江陵有軍實，恐先主據之，乃釋輜重，輕軍到襄陽。聞先主已過，曹公將精騎五千急追之，一日一夜行三百餘里，及於當陽之長坂。先主棄妻子，與諸葛亮、張飛、趙雲等數十騎走，曹公大獲其人眾輜重。先主斜趨漢津，適與羽船會，得濟沔，遇表長子江夏太守琦眾萬餘人，與俱到夏口。」又《三國演義‧第四十三回‧諸葛亮舌戰群儒，魯子敬力排眾議》，孔明自思張昭乃孫權手下第一個謀士，若不先難倒他，如何說得孫權；遂答曰：「吾觀取漢上之地，易如反掌。我主劉豫州躬行仁義，不忍奪同宗之基業，故力辭之。劉琮孺子，聽信佞言，暗自投降，致使曹操得以猖獗。今我主屯兵江夏，別有良圖，非等閒可知也。」昭曰：「若此，是先生言行相違也。先生自比管、樂。管仲相桓公，霸諸侯，一匡天下；樂毅扶持微弱之燕，下齊七十餘城；此二人者，真濟世之才也。先生在草廬之中，但笑傲風月，抱膝危坐；今既從事劉豫州，當為生靈興利除害，剿滅亂賊。且劉豫州未得先生之時，尚且縱橫寰宇，割據城池；今得先生，人皆仰望；雖三尺童蒙，亦謂彪虎生翼，將見漢室復興，曹氏即滅矣；朝廷舊臣，山林隱士，無不拭目而待：以為拂高天之雲翳，仰日月之光輝，拯斯民於水火之中，措天下於衽席之上，在此時也。何先生自歸豫州，曹兵一出，棄甲拋戈，望風而竄；上不能報劉表以安庶民，下不能輔孤子而據疆土；乃棄新野，走樊城，敗當陽，奔夏口，無容身之地？是豫州既得先生之後，反不如其初也。管仲、樂毅，果如是乎？愚直之言，幸勿見怪！」這一篇言語，說得張昭並無一言回答。座上忽一人抗聲問曰：「今曹公兵屯百萬，將列千員，龍驤虎視，平吞江夏，公以為何如？」孔明視之，乃虞翻也。孔明曰：「曹操收袁紹蟻聚之兵，劫劉表烏合之眾，雖數百萬不足懼也。」虞翻冷笑曰：「軍敗於當陽，計窮於夏口，區區求救於人，而猶言不懼，此真大言欺人也！」孔明曰：「劉豫州以數千仁義之師，安能敵百萬殘暴之眾，退守夏口，所以待時也。今江東兵精糧足，且有長江之險，猶欲使其主屈膝降賊，不顧天下恥笑；由此論之，劉豫州真不懼操賊者矣！」虞翻不能對。

象曰：渙奔其机，得願也。

「象曰：渙奔其机，乃「得」所「願也」。

六三：渙其躬，无悔。

「六三」，陰柔不中正，未免有自私之悔。然居得陽位，志在濟時，能散其私，為「渙其躬」之象。如是，則可「无悔」。○《本義》：「大率此上四爻，皆因渙以濟渙者也。」

六三 此事君能致其身者也，蓋當渙時，欲圖匡濟，故能國爾忘家，公爾忘私也。

象曰：渙其躬，志在外也。

「象曰：渙其躬，志在外」，為天下、國家，則不復顧其私「也」。

六四：渙其群，元吉；渙有丘，匪夷所思。

「六四」，居陰得正，上承九五，濟渙之任者也。下无應與，為能「渙」散「其群」黨之象。占者如是，則「元」善而「吉」。夫散小群，正以成大群，使所「渙」散者，聚而「有」若「丘」之象，則「匪夷」[270]之「所」能「思」慮及之矣。

六四 朋黨已散，合而為一，是散小群，以成大群也。《存疑》：「凡內外之

---

270 案：「匪夷」二字旁，另書「常人」二字，即以「常人」釋「夷」義。

群，皆起於人心渙散之時。朋黨有二，如唐牛、李，²⁷¹宋洛、蜀，²⁷²此一黨也。如春秋、戰國諸侯，各有朋黨，以相侵伐；漢、唐群雄割據，而為黨者，此一黨也。『渙有丘』，是即上文而贊之。」

象曰：渙其群元吉，光大也。

「象曰：渙其群元吉」，功德「光」輝盛「大也」。

---

271 案：「牛李黨爭」（808-846），是唐末時，兩派士大夫結黨互相爭鬥排擠的事件。起因於唐朝末年宦官爭權，朝廷中的士大夫反對宦官者大都遭到排擠攻擊，依附宦官的又分為兩派──以牛僧孺（字思黯，隴西人，779-848）為首的「牛黨」與以李德裕（字文饒，趙州贊皇人，787-849）為首的「李黨」，兩黨官員互相傾軋，爭吵紛擾不休，從唐憲宗（李純，原名淳，778-820）時期開始，到唐宣宗（李忱，810-859）時期才結束，將近四十年，唐文宗（李昂，原名涵，809-840）曾有「去河北賊易，去朝廷朋黨難」之嘆。〔清〕趙翼《陔餘叢考‧卷二十》：「《唐書》傳贊云：『僧孺、宗閔既當國，排擊所憎，權震天下，人指曰牛、李。』則當時所云牛、李，乃謂牛僧孺及李宗閔，而非德裕也。〈李德裕傳〉：『始李吉甫為相，牛僧孺、李宗閔對策，痛詆當路，吉甫訴於上，考官皆得罪。德裕則吉甫子也，宗閔、僧孺之怨德裕始此。』〈李宗閔傳〉：『錢徽知貢舉，宗閔托所親於徽。德裕白上，以為今年取士不公，宗閔坐貶，由是嫌忌益深。』是猶第李與李相怨耳。及裴度薦德裕可相，而宗閔先已當國，慮德裕繼入，遂引僧孺同秉政。由是僧孺德宗閔而與德裕為難，是僧孺之仇德裕，本由於附宗閔，此即所謂牛、李者也。〈楊汝士傳〉：『汝士為虞卿弟，牛、李待之甚厚。』益可見牛、李之李乃宗閔，而非德裕矣。若以李為德裕，則僧孺、德裕方相仇，乃又俱善待汝士乎？《通鑑》：『德裕出為浙西觀察使，八年不遷，以為李逢吉排己而引牛僧孺為相，由是牛、李之怨愈深。』此李又指逢吉，然亦謂德裕之怨逢吉、僧孺也。」

272 案：「洛、蜀」，指「洛黨」與「蜀黨」。「洛黨」是北宋哲宗（趙煦，1077-1100）元祐年間，反對王安石（字介甫，號半山，撫州臨川人，1021-1086）新法的朝臣黨派，〔南宋〕王應麟（字伯厚，號深寧，慶元府鄞縣人，1223-1296）《小學紺珠‧名臣下‧元祐三黨》曰：「洛黨：程頤為領袖，朱光庭、賈易等為羽翼；蜀黨；蘇軾為領袖，呂陶等為羽翼；朔黨：劉摯為領袖。」〔明〕陳邦瞻（字德遠，江西高安人，1567-1623）《宋史紀事本末‧洛蜀黨議》：「時呂公著獨當國，羣賢咸在朝，不能不以類相從，遂有洛黨、蜀黨、朔黨之語。」

九五：渙其汗，大號；²⁷³渙王居，无咎。

「九五」，陽剛中正，以居尊位。當渙之時，能「渙其汗，大號」令，又能「渙」散「王」之「居」積，則可以濟渙，而「无咎」矣。○《本義》：「九五巽體，有號令之象。汗，謂如汗之出而不反也。渙王居，如陸贄所謂『散小儲，而成大儲』之意。」

九五 《存疑》：「漢高祖入關與民約法三章，²⁷⁴唐高祖伐隋與民約法十二條，²⁷⁵是能渙其大號者。武王伐商，發鉅橋之粟，散鹿臺之財，以周窮民及善人，²⁷⁶是散其王居也。」

---

273 案：「渙汗，其大號」，《易經》原文作「渙其汗，大號」，今正之。

274 案：「約法三章」，指「殺人者死，傷人及盜抵罪」（殺人者處死，傷害他人身體及盜取財物給予和罪行相應的刑罰），典出《史記‧高祖本紀》：「漢元年十月，沛公兵遂先諸侯至霸上。……樊噲、張良諫，乃封秦重寶財物府庫，還軍霸上。召諸縣父老豪桀（傑）曰：『父老苦秦苛法久矣，誹謗者族，偶語者棄市。吾與諸侯約，先入關者王之，吾當王關中。與父老約，法三章耳：殺人者死，傷人及盜抵罪。餘悉除去秦法。諸吏人皆案堵如故。凡吾所以來，為父老除害，非有所侵暴，無恐！且吾所以還軍霸上，待諸侯至而定約束耳。』乃使人與秦吏行縣鄉邑，告諭之。秦人大喜，爭持牛羊酒食獻饗軍士。沛公又讓不受，曰：『倉粟多，非乏，不欲費人。』人又益喜，唯恐沛公不為秦王。」

275 案：《新唐書‧志第四十六‧刑法》：「唐之刑書有四，曰：律、令、格、式。令者，尊卑貴賤之等數，國家之制度也；格者，百官有司之所常行之事也；式者，其所常守之法也。凡邦國之政，必從事於此三者。其有所違及人之為惡而入於罪戾者，一斷以律。律之為書，因隋之舊，為十有二篇：一曰名例，二曰衛禁，三曰職制，四曰戶婚，五曰廄庫，六曰擅興，七曰賊盜，八曰鬥訟，九曰詐偽，十曰雜律，十一曰捕亡，十二曰斷獄。唐興，高祖入京師，約法十二條，惟殺人、劫盜、背軍、叛逆者死。及受禪，命納言劉文靜等損益律令。武德二年，頒新格五十三條，唯吏受賕、犯盜、詐冒府庫物，赦不原。凡斷屠日及正月、五月、九月不行刑。四年，高祖躬錄囚徒，以人因亂冒法者眾，盜非劫傷其主及徵人逃亡、官吏枉法，皆原之。已而又詔僕射裴寂等十五人更撰律令，凡律五百，麗以五十三條。流罪三，皆加千里；居作三歲至二歲半者悉為一歲。餘無改焉。」

276 案：詳參《尚書‧周書‧武成》，武王伐殷。往伐歸獸，識其政事，作〈武成〉。……王若曰：「嗚呼，群后！惟先王建邦啟土，公劉克篤前烈，至于大王肇基王跡，王季其

象曰：王居无咎，正位也。

「象曰」，不徒渙號，且渙「王居」，而得「无咎」者，由以陽剛中正，而居「正位」也。

上九：渙其血去，逖出，无咎。

「上九」，陽剛而居渙極，以能濟之才，乘將濟之會，為能「渙」散「其」傷害而「血去」，散其憂懼而「逖出」，易危而安，「无咎」。○《本義》：「逖，當作惕。」

上九　當人心渙散之時，未免有傷害、憂懼，如周屬為周人所逐是已。若至渙極，則時將濟，又以陽剛處之，其才足以濟，故能渙其傷害、憂懼，如宣王承屬王之烈，而能撥亂是已。

象曰：渙其血，遠害也。

「象曰：渙其血」者，言陽居渙極，能出於渙，而「遠」其「害也」。

勤王家。我文考文王克成厥勳，誕膺天命，以撫方夏。大邦畏其力，小邦懷其德。惟九年，大統未集，予小子其承厥志。……惟爾有神，尚克相予以濟兆民，無作神羞！」既戊午，師逾孟津。癸亥，陳于商郊，俟天休命。甲子昧爽，受率其旅若林，會于牧野。罔有敵于我師，前徒倒戈，攻于後以北，血流漂杵。一戎衣，天下大定。乃反商政，政由舊。釋箕子囚，封比干墓，式商容閭。散鹿臺之財，發鉅橋之粟，大賚于四海，而萬姓悅服。列爵惟五，分土惟三。建官惟賢，位事惟能。重民五教，惟食、喪、祭。惇信明義，崇德報功。垂拱而天下治。

六十 ䷻ 兌下坎上 節

節：亨。苦節，不可貞。

　　為卦澤上有水，其容有限，故為「節」。節而得中，則「亨」。若至於太甚，而「苦」其「節」焉，則矯情拂理，「不可」守以為「貞」，而不之變也。○《本義》：「節，有限而止也。」

節卦　節貴得中，若陽多於陰，是剛過乎柔也，則立己太峻，用物太簡，節之過也。陰多乎陽，是柔過乎剛也，則縱乎禮法之外，溢乎制度之中，節之不及者也。卦體三陰三陽，剛柔中分，而剛又得中，豈非節之得中乎？以度數之節論之，如夏后氏五十而貢，殷人七十而助，周人百畝而徹，稽一年所入之數，以為一年所出之數，此度數之節得中也。以德行之節論之，如伊尹、太公之流，隱居以求其志，而可止則止，行義以達其道，而可行則行，此德行之節得中也。

象曰：「節，亨」，剛柔分，而剛得中。「苦節，不可貞」，
　　　其道窮也。說以行險，[277]當位以節，中正以通。天、
　　　地節，而四時成，節以制度，不傷財，不害民。

　　「彖曰」，卦名「節」，而詞曰「亨」者，蓋卦體三陰三陽，「剛柔」中「分，而」卦爻二、五，「剛得」其「中」，乃節之適中也，故亨。又曰「苦節不可貞」者，節至大過，「其道」必至于困「窮也」。然節與亨，又可于德體見之。卦德兌「說」，雖喜進，而「以行」坎「險」，則不得進，「節」之象也。卦體九五，陽剛居乎中正，是謂「當位，以」主節于上，

---

277 案：「險」字下，衍「節」字，今刪去。

而所節者，又得「中正」，可「以通」行天下，此節之亨也。極而言之，「天、地」之化，陰極陽生，陽極陰生，「節」而不過，「而四時」于是「成」焉。聖人在上，立「節」之道，而「以」造為「制度」，量入為出，則無泛用而「不傷財」，無過取而「不害民」，節道之大如此。

象曰：澤上有水，節；君子以制數度，議德行。

「象曰：澤上有水」，其容有限，「節」之象也。「君子」體之，「以」節民用，而「制」其「數」之多寡，「度」之隆殺，以定萬民之限，以節民行。「議」其「德」之存于心，「行」之見于事，以嚴一身之限焉。

初九：不出戶庭，无咎。

「初九」，居節之初，未可以行，而陽剛得正，能節止不進，為「不出戶庭」之象。其占，「无咎」。

初九　胡雲峯曰：「初前遇九二，九陽奇，有戶象；二前遇六三，三陰偶，有門象。」按：初知時之不可而不為，如封人、晨門之徒是已。[278]

象曰：不出戶庭，知通塞也。

「象曰：不出戶庭」，由其剛而得正，能「知」時之「通塞也」。

---

278 案：「封人」，即「儀封人」，詳參《論語‧八佾第三》：「儀封人請見。曰：『君子之至於斯也，吾未嘗不得見也。』從者見之。出曰：『二三子，何患於喪乎？天下之無道也久矣，天將以夫子為木鐸。』」「晨門」，詳參《論語‧憲問第十四》：「子路宿於石門。晨門曰：『奚自？』子路曰：『自孔氏。』曰：『是知其不可而為之者與？』」

九二：不出門庭，凶。

「九二」，在初之上，其時可行而失剛不正，上无應與，知節而不知通，有「不出門庭」之象。占者如是，潔身亂倫，「凶」何如哉？○《本義》：「上戶庭，戶外之庭也。此門庭，門外之庭也。」

九二　按：此遇時可為而不為。如舜欲用其友北人無擇，而無擇自投清泠之淵；堯欲以許由為九州長，而許由洗耳於潁水[279]之濱，皆知節而不知通也。[280]

279　案：「清泠之淵」，當作「清泠之淵」，詳下注。「潁水」，誤書作「穎水」，今正之。

280　案：《莊子·內篇·逍遙遊》：「堯讓天下於許由，曰：『日月出矣，而爝火不息，其於光也，不亦難乎！時雨降矣，而猶浸灌，其於澤也，不亦勞乎！夫子立而天下治，而我猶尸之，吾自視缺然，請致天下。』許由曰：『子治天下，天下既已治也。而我猶代子，吾將為名乎？名者，實之賓也，吾將為賓乎？鷦鷯巢於深林，不過一枝；偃鼠飲河，不過滿腹。歸休乎君！予無所用天下為。庖人雖不治庖，尸祝不越樽俎而代之矣。』」《莊子·雜篇·讓王》：「堯以天下讓許由，許由不受。……夫天下至重也，而不以害其生，又況他物乎！唯無以天下為者，可以託天下也。……舜以天下讓其友北人無擇，北人無擇曰：『異哉！后之為人也，居於畎畝之中，而游堯之門。不若是而已，又欲以其辱行漫我。吾羞見之。』因自投清泠之淵。」《呂氏春秋·離俗覽》：「舜又讓其友北人無擇。北人無擇曰：『異哉！后之為人也，居於畎畝之中，而游入於堯之門。不若是而已，又欲以其辱行漫我，我羞之。』而自投於蒼領之淵。」《淮南子·齊俗訓》：「北人無擇非舜而自投清泠之淵，不可以為世儀。」〔東漢〕王充（字仲任，會稽上虞人，27-約97）《論衡·逢遇》：「以大才之臣，遇大才之主，乃有遇不遇，虞舜、許由、太公、伯夷是也。虞舜、許由，俱聖人也，並生唐世，俱面於堯，虞舜紹帝統，許由入山林。太公、伯夷，俱賢也，並出周國，皆見武王；太公受封，伯夷餓死。夫賢聖道同，志合趨齊，虞舜、太公行耦，許由、伯夷操違者，生非其世，出非其時也。道雖同，同中有異；志雖合，合中有離。何則？道有精麤，志有清濁也。許由、皇者之輔也，生於帝者之時；伯夷、帝者之佐也，出於王者之世。並由道德，俱發仁義，主行道德，不清不留；主為仁義，不高不止，此其所以不遇也。堯濁，舜濁；武王誅殘，太公討暴，同濁皆麤，舉措鈞齊，此其所以為遇者也。故舜王天下，皋陶佐政，北人無擇深隱不見；禹王天下，伯益輔治，伯成子高委位而耕。非皋陶才愈無擇，伯益能出子高也，然而皋陶、伯益進用，無擇、子高退隱，進用行耦，退隱操違也。退隱勢異，身雖屈，不願進；人主不須其言，廢之，意亦不恨，是

象曰：不出門庭凶，失時極也。

　　「象曰：不出門庭凶」，由時可行，而固泥不出，是「失時極也」，
故凶。

六三：不節若，則嗟若，无咎。

　　「六三」，當節時，而以陰柔不中正當之，非能節者，為「不節若」
焉。如是，「則」必「嗟若」矣，而「无」所歸「咎」也。

六三　《蒙引》：「當節不節，費於前則乏於後矣。以德行言之，亦不能守
節，而卒無以自立者，士君子立身一敗，萬事瓦解，能免嗟若之咎乎？」
按：如李陵之降單于，後見蘇武守節，嘆曰：「嗟乎！義士，陵與衛律之
罪，上通于天矣。」[281] 又趙孟頫、留孟炎之降元，而為元世祖恥笑，[282] 亦

雨不相慕也。」《高士傳‧卷上‧許由》：「許由字武仲，陽城槐里人也。為人據義履
方，邪席不坐，邪饌不食，後隱於沛澤之中。堯讓天下於許由曰：『日月出矣，而爝火
不息，其於光也，不亦難乎！時雨降矣，而猶浸灌，其於澤也，不亦勞乎！夫子立而
天下治，而我猶尸之。吾自視缺然，請致天下。』許由曰：『子治天下，天下既已治
也，而我猶代子，吾將為名乎？名者實之賓也，吾將為賓乎？鷦鷯巢於深林，不過一
枝；偃鼠飲河，不過滿腹。歸休乎君，予無所用天下為！庖人雖不治庖，尸祝不越樽
俎而代之矣。』不受而逃去。齧缺遇許由曰：『子將奚之？』曰：『將逃堯。』曰：『奚
謂邪？』曰：『夫堯知賢人之利天下也，而不知其賊天下也，夫唯外乎賢者知之矣。』
由於是遁耕於中岳潁水之陽，箕山之下，終身無經天下色。堯又召為九州長，由不欲
聞之，洗耳於潁水濱。時其友巢父牽犢欲飲之，見由洗耳，問其故，對曰：『堯欲召我
為九州長，惡聞其聲，是故洗耳。』巢父曰：『子若處高岸深谷，人道不通，誰能見
子？子故浮游，欲聞求其名譽，污吾犢口。』牽犢上流飲之。許由沒，葬箕山之巔，
亦名許由山，在陽城之南十餘里。堯因就其墓，號曰箕山公神，以配食五岳，世世奉
祀，至今不絕也。」

281　案：事詳《漢書‧列傳第二十四‧李廣蘇建傳》：「陵字少卿，少為侍中建章監。善騎
　　射，愛人，謙讓下士，甚得名譽。武帝以為有廣之風，使將八百騎，深入匈奴二千餘
　　里，過居延視地形，不見虜，還。」「武字子卿，少以父任，兄弟並為郎，稍遷至移中

是不節之咎也。

廄監。時漢連伐胡，數通使相窺觀，匈奴留漢使郭吉、路充國等，前後十餘輩。匈奴
使來，漢亦留之以相當。天漢元年，且鞮侯單于初立，恐漢襲之，乃曰：『漢天子我丈
人行也。』盡歸漢使路充國等。武帝嘉其義，乃遣武以中郎將使持節送匈奴使留在漢
者，因厚賂單于，答其善意。武與副中郎將張勝及假吏常惠等募士斥候百餘人俱。既
至匈奴，置幣遺單于。單于益驕，非漢所望也。」「初，武與李陵俱為侍中，武使匈奴
明年，陵降，不敢求武。久之，單于使陵至海上，為武置酒設樂，因謂武曰：『單于聞
陵與子卿素厚，故使陵來說足下，虛心欲相待。終不得歸漢，空自苦亡人之地，信義
安所見乎？……子卿婦年少，聞已更嫁矣。獨有女弟二人，兩女一男，今復十餘年，
存亡不可知。人生如朝露，何久自苦如此！陵始降時，忽忽如狂，自痛負漢，加以老
母繫保宮，子卿不欲降，何以過陵？且陛下春秋高，法令亡常，大臣亡罪夷滅者數十
家，安危不可知，子卿尚復誰為乎？願聽陵計，勿復有云。』武曰：『武父子亡功德，
皆為陛下所成就，位列將，爵通侯，兄弟親近，常願肝腦塗地。今得殺身自效，雖蒙
斧鉞湯鑊，誠甘樂之。臣事君，猶子事父也，子為父死亡所恨。願勿復再言。』陵與
武飲數日，復曰：『子卿壹聽陵言。』武曰：『自分已死久矣！王必欲降武，請畢今日
之驩，效死於前！』陵見其至誠，喟然歎曰：『嗟乎，義士！陵與衛律之罪上通於
天。』因泣下霑衿，與武決去。」

282 案：〔元〕趙孟頫（字子昂，號松雪道人，兩浙西路烏程人，1254-1322），留夢炎（字
漢輔，號忠齋，浙江衢州人，？-1295）。事詳《元史·列傳第五十九·趙孟頫》：「趙孟
頫，字子昂，宋太祖子秦王德芳之後也。……孟頫幼聰敏，讀書過目輒成誦，為文操
筆立就。……宋亡，家居，益自力於學。至元二十三年，行臺侍御史程鉅夫奉詔搜訪
遺逸於江南，得孟頫，以之入見。孟頫才氣英邁，神采煥發，如神仙中人，世祖顧之
喜，使坐右丞葉李上。或言孟頫宋宗室子，不宜使近左右，帝不聽。時方立尚書省，
命孟頫草詔頒天下，帝覽之，喜曰：『得朕心之所欲言者矣。』……帝嘗問葉李、留夢
炎優劣，孟頫對曰：『夢炎，臣之父執，其人重厚，篤於自信，好謀而能斷，有大臣
器；葉李所讀之書，臣皆讀之，其所知所能，臣皆知之能之。』帝曰：『汝以夢炎賢於
李耶？夢炎在宋為狀元，位至丞相，當賈似道誤國罔上，夢炎依阿取容；李布衣，乃
伏闕上書，是賢於夢炎也。汝以夢炎父友，不敢斥言其非，可賦詩譏之。』孟頫所賦
詩，有『（狀元曾受宋家恩，國困臣強不盡言。）往事已非那可說，且將忠直報皇元』
之語，帝嘆賞焉。」又〈列傳第六十·葉李〉：「帝嘗問兵部郎中趙孟頫，李與留夢炎
孰優，孟頫對：『夢炎優。』帝笑曰：『不然，夢炎以掄魁位宰相，而附賈似道，病民
誤國，伴食中書，無所可否；李舊由諸生，力詆似道，其過夢炎甚遠。然其性剛直，
人不能容，而朕獨愛之也。』」

象曰：不節之嗟，又誰咎也？

「象曰：不節之嗟」，自貽伊戚，[283]「又誰咎也」？

六四：安節，亨。

「六四」，上承九五，五主節于上，四以柔順得正，承之自然有節，「安」于「節」也，故「亨」。

六四　安節是承聖天子之禮制而行之也，若春秋諸侯庭燎、旅百、大夫三歸反坫，[284]則非安節矣。

---

283 案：「自貽伊戚」比喻自尋煩惱，自招憂患。典出《詩經·小雅·小明》：「心之憂矣，自詒伊戚。」詒同貽，遺留；伊，此；戚，憂愁、悲哀。

284 案：《禮記·雜記下》：「孔子曰：『管仲鏤簋而朱紘，旅樹而反坫，山節而藻梲。賢大夫也，而難為上也。』」又《禮記·郊特牲》：「旅幣無方，所以別土地之宜而節遠邇之期也。龜為前列，先知也，以鐘次之，以和居參之也。虎豹之皮，示服猛也。束帛加璧，往德也。庭燎之百，由齊桓公始也。大夫之奏〈肆夏〉也，由趙文子始也。朝覲，大夫之私覿，非禮也。大夫執圭而使，所以申信也；不敢私覿，所以致敬也；而庭實私覿，何為乎諸侯之庭？為人臣者，無外交，不敢貳君也。大夫而饗君，非禮也。大夫強而君殺之，義也；由三桓始也。天子無客禮，莫敢為主焉。君適其臣，升自阼階，不敢有其室也。覲禮，天子不下堂而見諸侯。下堂而見諸侯，天子之失禮也，由夷王以下。諸侯之宮縣，而祭以白牡，擊玉磬，朱干設錫，冕而舞大〈武〉，乘大路，諸侯之僭禮也。臺門而旅樹，反坫，繡黼，丹朱中衣，大夫之僭禮也。故天子微，諸侯僭；大夫強，諸侯脅。於此相貴以等，相覿以貨，相賂以利，而天下之禮亂矣。諸侯不敢祖天子，大夫不敢祖諸侯。而公廟之設於私家，非禮也，由三桓始也。」《論語·八佾第三》：「子曰：『管仲之器小哉！』或曰：『管仲儉乎？』曰：『管氏有三歸，官事不攝，焉得儉？』『然則管仲知禮乎？』曰：『邦君樹塞門，管氏亦樹塞門。邦君為兩君之好，有反坫，管氏亦有反坫。管氏而知禮，孰不知禮？』」《論衡·感類》：「夫管仲為反坫，有三歸，孔子譏之，以為不賢。反坫、三歸，諸侯之禮；天子禮葬，王者之制，皆以人臣，俱不得為。大人與天地合德，孔子、大人也，譏管仲之僭禮。」

象曰：安節之亨，承上道也。

「象曰：安節之亨」，以四柔順得正，「承上」五之「道」，而行之「也」。

九五：甘節，吉；往，有尚。

「九五」，當位之節，中正以通，節天下而使天下甘之，「甘節」之象。如是則法盡美而「吉」，且「往有」可嘉「尚」之功焉。

九五　「甘節」與「禮之用，和為貴」相似，是聖天子合人情、宜土俗，而制為禮法，可以共由，如五味之甘，可以適口也。「往有尚」，是推之天下、萬世而皆準也，唐、虞之五典、五惇，[285] 成周之三物、六行[286]是已。

象曰：甘節之吉，居位中也。

---

285 案：《尚書・虞書・舜典》：「慎徽五典，五典克從。」〔西漢〕孔安國傳云：「五典，五常之教：父義、母慈、兄友、弟恭、子孝。」「惇」同「敦」，「五惇」即敦厚五常之教。又《尚書・虞書・皋陶謨》，皋陶曰：「寬而栗，柔而立，愿而恭，亂而敬，擾而毅，直而溫，簡而廉，剛而塞，彊而義，彰厥有常。吉哉！日宣三德，夙夜浚明有家。日嚴祗敬六德，亮采有邦，翕受敷施。九德咸事，俊乂在官。百僚師師，百工惟時。撫于五辰，庶績其凝。無教逸欲。有邦兢兢業業，一日二日萬幾。無曠庶官，天工人其代之。天敘有典，勑我五典、五惇哉！天秩有禮，自我五禮有庸哉！同寅協恭和衷哉！天命有德，五服、五章哉！天討有罪，五刑、五用哉！政事懋哉懋哉！天聰明，自我民聰明，天明畏自我民明威。達于上下，敬哉有土。」

286 案：「三物」，指「六德、六行、六藝」；「六行」，指「孝、友、睦、姻、任、恤」。典出《周禮・地官・司徒》：「以鄉三物，教萬民，而賓興之。一曰，六德：知、仁、聖、義、忠、和；二曰，六行：孝、友、睦、姻、任、恤；三曰，六藝：禮、樂、射、御、書、數。」

「象曰：甘節之吉」，言所「居」之「位」得「中」，中則无不正，故吉「也」。

上六：苦節。貞，凶；悔，亡。

「上六」，居節之極，節之太過，故為「苦節」。如是則雖節，所節而「貞」，亦拂乎天理、人情而「凶」。然過節猶勝于不節，故雖有「悔」，而終得「亡」之也。

上六 以德行言，苦節是過於執滯，而流於矯也，如餓者不食，黔敖是已。[287] 以度數言，是過於儉嗇，而流於固也，如晏子豚肩不掩豆、一裘三十年是已。[288]

---

287 案：「黔敖」，春秋時期齊國的貴族，其事成為後來「不食嗟來之食」典故來由；「嗟來之食」原指憐憫饑餓的人，呼其來食，後多指侮辱性的施捨。嗟，不禮貌，不尊重的招呼聲，相當於「喂」。詳參《禮記·檀弓下》：「齊大饑，黔敖為食於路，以待餓者而食之。有餓者蒙袂輯屨，貿貿然來。黔敖左奉食，右執飲，曰：『嗟！來食。』揚其目而視之，曰：『予唯不食嗟來之食，以至於斯也。』從而謝焉；終不食而死。曾子聞之曰：『微與？其嗟也可去，其謝也可食。』」

288 案：「晏子」，即春秋時期齊國的「晏嬰（578-500B.C.E.）」，字仲，諡平，故稱「晏平仲」，齊國萊地夷維人。「晏子豚肩不掩豆、一裘三十年」，事詳《禮記·雜記下》：「孔子曰：『……晏平仲祀其先人。豚肩不掩豆。賢大夫也，而難為下也。君子上不僭上，下不偪下。』」《禮記·檀弓下》：「曾子曰：『晏子可謂知禮也已，恭敬之有焉。』有若曰：『晏子一狐裘三十年，遣車一乘，及墓而反；國君七個，遣車七乘；大夫五個，遣車五乘，晏子焉知禮？』曾子曰：『國無道，君子恥盈禮焉。國奢，則示之以儉；國儉，則示之以禮。』」《孔子家語·曲禮子貢問第三十九》：「子貢問曰：『管仲失于奢，晏子失於儉。與其俱失也，二者孰賢？』孔子曰：『管仲鏤簋而朱紘，旅樹而反坫，山節藻梲，賢大夫也，而難為上。晏平仲祀其先祖，而豚肩不揜豆，一狐裘三十年，賢大夫也，而難為下。君子上不僭下，下不偪上。』」又《世說新語·言語》篇曰：「孔廷尉以裘與從弟沈，沈辭不受。廷尉曰：『晏平仲之儉，祠其先人，豚肩不掩豆，猶狐裘數十年，卿復何辭此？』於是受而服之。」《幼學瓊林·卷二·衣服》：「狐裘三十年，儉稱晏子；錦帳四十里，富羨石崇。」

象曰：苦節貞凶，其道窮也。

「象曰：苦節貞凶」，節之太過，而不可行，「其道窮」而不可通「也」。

六十一 ䷼ 兌下巽上 中孚

中孚：豚魚，吉；利涉大川，利貞。

上巽下兌，卦體具有存誠之義，卦德具有推誠之義，故為「中孚」。誠能動物，雖頑冥如「豚魚」，亦可感通「吉」。誠可涉險難，而「利涉大川」，然又必「利」于「貞」正焉。

中孚 按：凡《易》所言皆是實象，非虛擬也。「信及豚魚」，本有是理。如伏犧時，龍馬負圖；舜時，鳳凰來儀，百獸率舞；禹時，黃龍負舟，洛龜出書；文王時，麟趾呈祥，騶虞獻瑞；武王時，白魚躍舟、赤烏流屋。[289]後世如劉昆為弘農守，虎負子渡河；[290]魯恭為中牟令，馴雉依桑；[291]馬

---

289 案：《太平廣記·伎巧二·水飾圖經》：「煬帝別敕學士杜寶修《水飾圖經》十五卷，新成。以三月上巳日，會群臣於曲水，以觀水飾。有神龜負八卦出河。進於伏犧；黃龍負圖出河；玄龜銜符出洛。太鱸魚銜錄圖出翠嬀之水。並授黃帝；黃帝齋於玄扈，鳳鳥降於洛上；丹甲靈龜銜書出洛授蒼頡；堯與舜坐舟於河，鳳凰負圖；赤龍載圖出河，並授堯；龍馬銜甲文出河授舜；堯與舜遊河，值五老人；堯見四子於汾水之陽；舜漁於雷澤；陶於河濱；黃龍負黃符璽圖出河授舜；舜與百工相和而歌，魚躍於水；白面長人而魚身，捧河圖授禹，舞而入河；禹治水，應龍以尾畫地，導決水之所出；鑿龍門疏河，禹過江，黃龍負舟；玄夷蒼水使者授禹山海經，遇兩神女於泉上；帝天乙觀洛，黃魚雙躍，化為黑玉赤文。姜嫄於河濱履巨人之跡。棄后稷於寒冰之上。鳥以翼薦而覆之。王坐靈沼，於初魚躍；太子發度河，赤文白魚躍入王舟；武王渡孟津，操黃鉞以麾陽侯之波；成王舉舜禮，榮光幕河；穆天子奏鈞天樂於玄池，獵於澡津，獲玄貉白狐；觴西王母於瑤池之上，過九江，黿龜為梁；塗脩國獻昭王青鳳丹鵠，飲於浴溪。」

稜守武陵，飛蝗赴海；[292] 韓愈為潮州刺史，鱷魚遠避，[293] 蓋誠能格頑，而況有知者乎？何氏楷曰：「信涉大川，如宋人謂『平生伏忠信，今日任風波』是也。」葛懋哉曰：「感物不以正，則為違道干譽；涉險不以正，則為

---

290 案：《後漢書·儒林列傳上》：「劉昆（？-57），字桓公，陳留東昏人，梁孝王之胤也。少習容禮。平帝時，受施氏易於沛人戴賓。能彈雅琴，知清角之操。……先是崤、黽驛道多虎災，行旅不通。昆為政三年，仁化大行，虎皆負子渡河。帝聞而異之。……詔問昆曰：『前在江陵，反風滅火，後守弘農，虎北度河，行何德政而致是事？』昆對曰：『偶然耳。』左右皆笑其質訥。帝歎曰：『此乃長者之言也。』顧命書諸策。」〔明〕王穉登（字百穀、伯穀，號半偈長者、青羊君、廣長庵主，南直隸長洲人，1535-1614）《虎苑·卷上·德政第一》：「劉昆為弘農太守，虎皆負子渡河。詔問行何德政致是，對曰：『偶然耳』。帝曰：『此長者之言也。』」

291 案：《東觀漢記·傳八·魯恭》：「魯恭（32-112），字仲康，扶風人。……魯恭為中牟令，時郡國螟傷稼，犬牙緣界，不入中牟。河南尹袁安聞之，疑其不實，使仁恕掾肥親往察之。恭隨行阡陌，俱坐桑下，有雉過止其傍，傍有童兒。親曰：『何不捕之？』兒言：『雉方將雛。』親嘿然有頃，與恭訣曰：『所以來者，欲察君之治跡耳。今蟲不犯境，此一異也。化及鳥獸，此二異也。豎子有仁心，三異也。府掾久留，擔擾賢者。』具以狀白安。」

292 案：「馬稜」，疑為〔東漢〕馬棱，《後漢書·馬援列傳第十四》：「棱字伯威，援之族孫也。少孤，依從兄毅共居業，恩猶同產，毅卒無子，棱心喪三年。……章和元年，遷廣陵太守。時穀貴民飢，奏罷鹽官，以利百姓，賑貧羸，薄賦稅，興復陂湖，溉田二萬餘頃，吏民刻石頌之。……後數年，江湖多劇賊，以棱為丹陽太守。棱發兵掩擊，皆禽滅之。轉會稽太守，治亦有聲。轉河內太守。」〔唐〕白居易（字樂天，號香山居士、醉吟先生，祖籍山西太原，生於河南新鄭，772-846）《白孔六帖·卷七十七》：「飛蝗赴海（馬稜守武陵）。」〔元〕富大用編《古今事文類聚·外集·卷十》：「馬稜守武陵，飛蝗赴海。」

293 案：〔唐〕韓愈（字退之，世稱「韓昌黎」，河南河陽人，768-824）〈祭鱷魚文〉：「鱷魚有知，其聽刺史言：『潮之州，大海在其南，鯨、鵬之大，蝦、蟹之細，無不歸容，以生以食，鱷魚朝發而夕至也。今與鱷魚約：盡三日，其率醜類南徙于海，以避天子之命吏；三日不能，至五日；五日不能，至七日；七日不能，是終不肯徙也。是不有刺史、聽從其言也；不然，則是鱷魚冥頑不靈，刺史雖有言，不聞不知也。夫傲天子之命吏，不聽其言，不徙以避之，與冥頑不靈而為民物害者，皆可殺。刺史則選材技吏民，操強弓毒矢，以與鱷魚從事，必盡殺乃止。其無悔！』」

行險僥倖，故曰『利貞』。」²⁹⁴

象曰：「中孚」，柔在內而剛得中，說而巽，孚，乃化邦
　　也。「豚魚，吉」，信及豚魚也；「利涉大川」，乘木
　　舟虛也；「中孚」以「利貞」，乃應乎天也。

　　「彖曰」，卦名「中孚」者，以一卦言之，三、四「柔在內」為中
虛，「而」以二體言之。二、五「剛得中」為中實，此卦體之中孚也。卦
德下兌「說，而」上「巽」順，上、下交「孚」，近說遠來，「乃化」及萬
「邦也」。詞曰「豚魚吉」者，「信」感「及豚魚也」。曰「利涉大川」
者，木在澤上，有「乘木」之象。外實內虛，又為「舟虛」之象，所以利
涉「也」。中孚」以「利貞」者，蓋誠者天之道也。孚而正，「乃應乎天
也」；不正，則流于人欲矣。

象曰：澤上有風，中孚；君子以議獄緩死。

　　「象曰：澤上有風」，風感物受，猶至誠所感，物无不受，「中孚」之
象。「君子」體此，「以議」其「獄」囚，而「緩」其「死」。一段歃血之
心，亦中孚之意也。

初九：虞吉，有它，²⁹⁵不燕。

---

294 案：〔明〕錢澄之（初名秉鐙，字幼光，後改名澄之，字飲光，號田間、西頑道人，安
　　徽桐城人，1612-1693）《田間易學・卷六・中孚》引〔明〕蔡虛齋（蔡清）曰：「感物不
　　以正，則為違道以干譽；涉險不以正，則為行險以僥倖。」與葛懋哉說同，可以互參。
295 案：「它」，此書作「他」，今依通行本改作「它」。

「初九」，當中孚之初，上應六四，能「虞」度其可信而信之，則「吉」。復「有它」焉，則失其所以度之之正，而「不」得「燕」安矣。

初九　按：此爻方比之初，貴乎虞度，可信而后信之，則有始有終而吉也。若有他焉，則始終有異，如陳餘、張耳則不得安矣。[296]

象曰：初九虞吉，志未變也。

「象曰：初九虞吉」者，以初之「志未變也」。

九二：鳴鶴在陰，其子和之；我有好爵，吾與爾靡之。

「九二」，中孚之實，而九五亦以中孚應之，取象於物，猶「鳴鶴在陰」，而「其子和之」。取象于鶴，猶「我有」美「好」之天「爵，吾與爾」共「靡」戀「之」之象。

九二　按：此爻如成湯之於元聖，咸有一德；[297]武王之于十人，同心同德

---

296 案：事詳《史記‧張耳陳餘列傳》。張耳者，大梁人也。……陳餘者，亦大梁人也，好儒術，數游趙苦陘。……餘年少，父事張耳，兩人相與為刎頸交。……漢王亦還定三秦，方圍章邯廢丘。張耳謁漢王，漢王厚遇之。……陳餘已敗張耳，皆復收趙地，迎趙王於代，復為趙王。趙王德陳餘，立以為代王。陳餘為趙王弱，國初定，不之國，……漢二年，東擊楚，使使告趙，欲與俱。陳餘曰：「漢殺張耳乃從。」於是漢王求人類張耳者斬之，持其頭遺陳餘。陳餘乃遣兵助漢。漢之敗於彭城西，陳餘亦復覺張耳不死，即背漢。漢三年，韓信已定魏地，遣張耳與韓信擊破趙井陘，斬陳餘泜水上，追殺趙王歇襄國。漢立張耳為趙王。漢五年，張耳薨，謚為景王。……太史公曰：「張耳、陳餘，世傳所稱賢者；其賓客廝役，莫非天下俊傑，所居國無不取卿相者。然張耳、陳餘始居約時，相然信以死，豈顧問哉。及據國爭權，卒相滅亡，何鄉者相慕用之誠，後相倍之戾也！豈非以勢利交哉？名譽雖高，賓客雖盛，所由殆與大伯、延陵季子異矣。」

297 案：「成湯之於元聖，咸有一德」，事詳《尚書‧商書‧咸有一德》。伊尹既復政厥辟，將告歸，乃陳戒于德。曰：「嗚呼！天難諶，命靡常。常厥德，保厥位。厥德匪常，九

是已。[298]

象曰：其子和之，中心願也。

「象曰：其子和之」，以二、五實德相承，本「中心」之所「願也」。

六三：得敵，或鼓，或罷；或泣，或歌。

「六三」，陰柔不中正，以居悅極，而與上九信之窮者相應，為「得敵」，故不能自主。而「或鼓」而起，「或罷」而止，「或泣」而悲，「或歌」而樂，如此雖不言凶，而凶可知矣。

六三　按：三陰柔不中正，又與上九信之窮者相應，不獲其助，而至于顛倒如此，如楚昭王之於白公是已。[299]

有以亡。夏王弗克庸德，慢神虐民。皇天弗保，監于萬方，啟迪有命，眷求一德，俾作神主。惟尹躬暨湯，咸有一德，克享天心，受天明命，以有九有之師，爰革夏正。非天私我有商，惟天祐于一德；非商求于下民，惟民歸于一德。德惟一，動罔不吉；德二三，動罔不凶。惟吉凶不僭在人，惟天降災祥在德。今嗣王新服厥命，惟新厥德。終始惟一，時乃日新。任官惟賢材，左右惟其人。臣為上為德，為下為民。其難其慎，惟和惟一。德無常師，主善為師。善無常主，協于克一。俾萬姓咸曰：『大哉王言。』又曰：『一哉王心』。克綏先王之祿，永底烝民之生。嗚呼！七世之廟，可以觀德。萬夫之長，可以觀政。后非民罔使；民非后罔事。無自廣以狹人，匹夫匹婦，不獲自盡，民主罔與成厥功。」

298 案：「武王之于十人，同心同德」，事詳《尚書・周書・泰誓上》：「天其以予乂民，朕夢協朕卜，襲于休祥，戎商必克。受有億兆夷人，離心離德。予有亂臣十人，同心同德。雖有周親，不如仁人。天視自我民視，天聽自我民聽。百姓有過，在予一人，今朕必往。我武維揚，侵于之疆，取彼凶殘。我伐用張，于湯有光。勖哉夫子！罔或無畏，寧執非敵。百姓懍懍，若崩厥角。嗚呼！乃一德一心，立定厥功，惟克永世。」

299 案：事詳《國語・卷第十八・楚語下・昭王問於觀射父》：「昭王，楚平王之子昭王熊軫。觀射父，楚大夫。」又〈葉公子高論白公勝必亂楚國〉：「子西（昭王之庶兄、令尹公子申）使人召王孫勝（白公勝，熊勝，？-479B.C.E.）。沈諸梁（葉公子高）聞

象曰：或鼓或罷，位不當也。

「象曰：或鼓或罷」者，以陰柔不中正，處「位不當也」。

六四：月幾望，馬匹亡，无咎。

「六四」，居陰得正位近于君，為「月幾望」之象。又與初為匹，乃能絕之而上，以信于五，為「馬匹亡」之象。占者如是，則「无咎」也。

之，見子西曰：『聞子召王孫勝，信乎？』曰：『然。』子高曰：『將焉用之？』曰：『吾聞之，勝直而剛，欲寘之境。』子高曰：『不可。其為人也，展而不信，愛而不仁，詐而不智，毅而不勇，直而不衷，周而不淑。復言而不謀身，展也；愛而不謀長，不仁也；以謀蓋人，詐也；彊忍犯義，毅也；直而不顧，不衷也；周言棄德，不淑也。是六德者，皆有其華而不實者也，將焉用之？』……子西曰：『德其忘怨乎！余善之，夫乃其寧。』子高曰：『不然。吾聞之，唯仁者可好也，可惡也，可高也，可下也。好之不偪，惡之不怨，高之不驕，下之不懼。不仁者則不然。人好之則偪，惡之則怨，高之則驕，下之則懼。驕有欲焉，懼有惡焉，欲惡怨偪，所以生詐謀也。子將若何？若召而下之，將戚而懼；為之上者，將怒而怨。詐謀之心，無所靖矣。有一不義，猶敗國家，今壹五六，而必欲用之，不亦難乎？吾聞國家將敗，必用姦人，而嗜其疾味，其子之謂乎？』……若召而近之，死無日矣。人有言曰：『狼子野心，怨賊之人也。』其又何善乎？若子不我信，盍求若敖氏與子干、子晳之族而近之？安用勝也，其能幾何？」……子西笑曰：『子之尚勝也。』不從，遂使為白公。子高以疾閒居於蔡。及白公之亂，子西、子期死。葉公聞之，曰：『吾怨其棄吾言，而德其治楚國，楚國之能平均以復先王之業者，夫子也。以小怨寘大德，吾不義也，將入殺之。』帥方城之外以入，殺白公而定王室，葬二子之族。」又《春秋左氏傳・哀公十六年》：「白公欲以子閭為王，子閭不可，遂劫以兵。子閭曰：『王孫若安靖楚國，匡正王室，而後庇焉，啟之願也，敢不聽從。若將專利以傾王室，不顧楚國，有死不能。』遂殺之，而以王如高府，石乞尹門，圍公陽穴宮，負王以如昭夫人之宮。」《韓非子・說疑》：「若夫齊田恆、宋子罕、魯季孫意如、晉僑如、衛子南勁、鄭太宰欣、楚白公、周單荼、燕子之，此九人者之為其臣也，皆朋黨比周以事其君，隱正道而行私曲，上逼君，下亂治，援外以撓內、親下以謀上，不難為也。如此臣者，唯聖王智主能禁之，若夫昏亂之君，能見之乎？」並可參考《史記・卷四十・楚世家第十》。

六四　此爻是不市私恩，而能存公道也。如王曾為相，擢用人材，絕口不與人言，曰「用賢，人主之事」是已。[300]

象曰：馬匹亡，絕類上也。

「象曰：馬匹亡」者，為能「絕」其朋「類」，而「上」從于五「也」。

九五：有孚，攣如，无咎。

「九五」，剛健中正，中孚之實而居尊位，為孚之主。下應九二，與之同德，為「有孚」信，而兩相「攣如」之象。占者如是，則「无咎」。

九五　此爻與二相應，是上、下一心，君、臣同德，唐、虞之交贊、交儆，亦如是已。[301]

象曰：有孚攣如，位正當也。

「象曰：有孚攣如」者，以「位」之「正當也」。

上九：翰音，登于天；貞，凶。

「上九」，居信之極，而不知變，猶雞曰「翰音」。原非登天之物，而欲「登于天」之象，則雖得其「貞」正，亦「凶」。○《本義》：「雞曰翰

---

300 案：有關「王曾為相，擢用人材」史事，已見前〈萃六二〉與〈漸六二〉，並可參考《宋史・卷三一〇・列傳第六十九・王曾》本傳。

301 案：詳參《尚書・虞書・大禹謨》，並參考《上經・否九五》注釋。

音，乃巽之象。」

上九　此爻是窮而不知變也，如宋襄之仁，[302]荀息之信，[303]申生之孝[304]是

302　案：「宋襄之仁」，事詳《春秋左氏傳・僖公二十二年》：「楚人伐宋以救鄭，宋公將戰，大司馬固諫曰：『天之棄商久矣，君將興之，弗可赦也已。』弗聽。冬，十一月，己巳，朔，宋公及楚人戰于泓，宋人既成列。楚人未既濟，司馬曰：『彼眾我寡，及其未既濟也，請擊之。』公曰：『不可，既濟而未成列。』又以告，公曰：『未可。』既陳而後擊之，宋師敗績，公傷股，門官殲焉，國人皆咎公，公曰：『君子不重傷，不禽二毛，古之為軍也，不以阻隘也，寡人雖亡國之餘，不鼓不成列。』子魚曰：『君未知戰，勍敵之人，隘而不列，天贊我也，阻而鼓之，不亦可乎，猶有懼焉，且今之勍者，皆吾敵也，雖及胡耇，獲則取之，何有於二毛，明恥教戰，求殺敵也，傷未及死，如何勿重。若愛重傷，則如勿傷。愛其二毛，則如服焉，三軍以利用也，金鼓以聲氣也，利而用之，阻隘可也聲盛致志，鼓儳可也。』」

303　案：「荀息之信」，事詳《國語・晉語二》：「獻公卒，里克將殺奚齊，先告荀息曰：『三公子之徒將殺孺子，子將如何？』荀息曰：『死吾君而殺其孤，吾有死而已，吾蔑從之矣！』里克曰：『子死，孺子立，不亦可乎？子死，孺子廢，焉用死？』荀息曰：『昔君問臣事君于我，我對以忠貞。』君曰：『何謂也？』我對曰：『可以利公室，力有所能，無不為，忠也。葬死者，養生者，死人復生不悔，生人不愧，貞也。吾言既往矣，豈能欲行吾言，而又愛吾身乎？雖死，焉避之？』里克告丕鄭曰：『三公子之徒將殺孺子，子將何如？』丕鄭曰：『荀息謂何？』對曰：『荀息曰死之。』丕鄭曰：『子勉之。夫二國士之所圖，無不遂也。我為子行之。子帥七輿大夫以待我。我使狄以動之，援秦以搖之。立其薄者可以得重賂，厚者可使無入。國，誰之國也！』里克曰：『不可。克聞之，夫義者，利之足也；貪者，怨之本也。廢義則利不立，厚貪則怨生，夫孺子豈獲罪于民？將以驪姬之惑蠱商而誣國人，讒群公子而奪之利使君迷亂，信而亡之，殺無罪以為諸侯笑，使百姓莫不有藏惡于其心中，恐其如壅大川，潰而不可救御也。是故將殺奚齊而立公子之在外者，以定民弭憂，于諸侯且為援，庶幾曰諸侯義而撫之，百姓欣而奉之，國可以固。今殺君而賴其富，貪且反義。貪則民怨，反義則富不為賴。賴富而民怨，亂國而身殆，懼為諸侯載，不可常也。』丕鄭許諾。于是殺奚齊、卓子及驪姬，而請君于秦。既殺奚齊，荀息將死之。人曰：『不如立其弟而輔之。』荀息立卓子。里克又殺卓子，荀息死之。君子曰：『不食其言矣。』」並可參《史記・晉世家》。

304　案：「申生之孝」，事詳《國語・晉語二・獻公將黜太子申生而立奚齊》：「驪姬生奚齊，其娣生卓子。公將黜太子申生而立奚齊。里克、丕鄭、荀息相見，里克曰：『夫史蘇之言將及矣！其若之何？』荀息曰：『吾聞事君者，竭力以役事，不聞違命。君立臣從，何貳之有？』丕鄭曰：『吾聞事君者，從其義，不阿其惑。惑則誤民，民誤失德，是棄民也。民之有君，以治義也。義以生利，利以豐民，若之何其民之與處而棄

已。

象曰：翰音登于天，何可長也？

「象曰：翰音登于天」，信非所信，「何可長也」？

六十二 ䷽ 艮下震上　小過

小過：亨，利貞。可小事，不可大事。飛鳥遺之音，不宜
　　　上，宜下，大吉。

　　為卦四陰在外，二陽在內，陰多于陽。「小」者「過」也，既過乎
陽，故「亨」，然又必「利」于守其「貞」固焉，何也？卦體有「可小
事」，而安常守分；「不可大事」，而剙[305]建非常之象。雖可小事，亦須收
斂退抑，不居于亢而居卑，若「飛鳥遺之音，不宜上，宜下」，則事適其
宜而「大吉」焉。○《本義》：「小，謂陰也。」

小過　《蒙引》：「飛鳥多有聲，聲皆下聞，大抵風皆自上而下，聲音難逆
風而上。」《存疑》：「小過不當以人類看，當以事類看，陰多于陽，則收斂
退縮之意多，開張奮發之意少。總之，可小而不可大，宜下而不宜上。如
獨立不遯世无悶，大事也，不可也；如行過乎恭云云，小事也，可也。如

之也？必立太子。』里克曰：『我不佞，雖不識義，亦不阿惑，吾其靜也。』三大夫乃
別。烝于武公，公稱疾不與，使奚齊蒞事。猛足乃言于太子曰：『伯氏不出，奚齊在
廟，子盍圖乎！』太子曰：『吾聞之羊舌大夫曰：「事君以敬，事父以孝。」受命不遷
為敬，敬順所安為孝。棄命不敬，作令不孝，又何圖焉？且夫間父之愛而嘉其貺，有
不忠焉，廢人以自成，有不貞焉。孝、敬、忠、貞，君父之所安也。棄安而圖，遠于
孝矣，吾其止也。』」

305 案：「剙」，同「剏」，古「創」字。

行過乎傲、喪過乎易、用過乎奢，上逆也，不宜也；如行過乎恭云云，下順也，宜也。」

象曰：「小過」，小者過而亨也。過以利貞，與時行也。柔得中，是以小事吉也；[306]剛失位而不中，是以「不可大事」也。有飛鳥之象焉，「飛鳥遺之音，不宜上，宜下，大吉」，上逆而下順也。

　　「彖曰：小過，小者過而亨也」。（過以利貞。與時行也。柔得中。是以小事吉也。）「不可大事」者，三、四皆以「剛失位而不中，是以不可大事也」。卦體內實外虛，如鳥之飛，「有飛鳥之象焉」。所謂「飛鳥遺之音，不宜上，宜下，大吉」者，以人事之理言，若「上」亢自處，則于理為「逆」；而」能卑「下」自牧，則于理為「順」，所以可下，而不可上「也」。

象曰：山上有雷，小過；君子以行過乎恭，喪過乎哀，用過乎儉。

　　「象曰：山上有雷」，聲在高處，其聲漸微，「小過」之象。「君子」體之，以「行」寧「過乎恭」，毋過乎傲，而但不至足恭；「喪」寧「過乎哀」，毋過乎易，而但不至威性；[307]「用」寧「過乎儉」，毋過乎奢，而但不至鄙陋。

象傳　　黿氏說之曰：「有舉趾之莫敖，而正考父循墻；有短喪之宰我，而高柴泣血；有三歸反坫之管仲，而晏子敝裘，雖非中行，亦足以矯時勵

306　案：此處書寫遺漏〈象傳〉「過以利貞，與時行也。柔得中，是以小事吉也」四句文字。
307　案：「威性」，似不洽意，疑當作「感性」為是。

俗。」³⁰⁸

初六：飛鳥，以凶。

「初六」，陰柔上應九四，又居過時，上而不下，如「飛鳥」只管過去之象，「以」是而行，「凶」必然矣。

<u>初六</u>　陰柔則躁，上應則志在上行，又居過時，只管過去。如龐統之敗於落鳳坡，于禁之敗於魚罾口，皆躁進以取災也。³⁰⁹

象曰：飛鳥以凶，不可如何也。

「象曰：飛鳥以凶」者，自取其災，雖欲解救，亦「不可如何也」。

---

308 案：「晁」同「晁」，「晁氏說之」即〔北宋〕晁說之（字以道，濟州鉅野人，1059-1129），傳參《宋史·晁補之傳》。此〈小過·大象傳〉引說解，收錄於〔清〕李光地《御纂周易折中》，文字稍有不同：「晁說之曰：『時有舉趾，高之莫教，故正考父矯之以循牆；時有短喪之宰子，故高柴矯之以泣血；時有三歸反坫之管仲，故晏子矯之以敝裘。雖非中行，亦足以矯時屬俗。』」〔清〕牛鈕《日講易經解義》並未言明「晁氏說之」，內容雷同，僅加「按」並闡其義曰：「時當小過，世道日滿，所貴補偏救弊，矯不正以歸於正。此恭哀儉三者，有舉趾高之莫教，正考父矯之以傴僂；有短喪之宰予，高柴矯之以泣血；有三歸反坫之管仲，晏子矯之以敝裘。所以勵人心，而維風俗，有所為而為之，其亦因時制宜，善體小過之義乎。」

309 案：詳參《三國志·蜀書·龐統傳》與《三國志·魏書·于禁傳》。《三國志·吳書·虞翻傳》曰：「魏將于禁為羽所獲，繫在城中，權至釋之，請與相見。他日，權乘馬出，引禁併行，翻呵禁曰：『爾降虜，何敢與吾君齊馬首乎！』欲抗鞭擊禁，權呵止之。後權于樓船會羣臣飲，禁聞樂流涕，翻又曰：『汝欲以偽求免邪？』權悵然不平。」「後權與魏和，欲遣禁還歸北，翻復諫曰：『禁敗數萬眾，身為降虜，又不能死。北習軍政，得禁必不如所規。還之雖無所損，猶為放盜，不如斬以令三軍，示為人臣有二心者。』權不聽。羣臣送禁，翻謂禁曰：『卿勿謂吳無人，吾謀適不用耳。』禁雖為翻所惡，然猶盛歎翻，魏文帝常為翻設虛坐。」

六二：過其祖，遇其妣；不及其君，遇其臣，无咎。

　　「六二」，柔順中正，進則過三、四而遇六五，象「過其祖」，而反「遇其妣」也。如此則不及六五，而自得其分，象「不及其君」而「遇其臣」也。過而不過，守正得中，「无咎」之道也。

六二 　三、四是陽祖之象，五陰妣之象，進而求遇，適得其分。如齊桓公天威，不違顏咫尺是已。[310]

象曰：不及其君，臣不可過也。

　　「象曰」，二所以「不及其君」者，以「臣不可過」其君「也」。

九三：弗過，防之；從，或戕之，凶。

　　「九三」，以剛居正，眾陰所以害者也。而自恃其功，「弗」肯「過」為「防之」，則禍患「從」此而加。「或戕」害「之」，而不自知，「凶」何如哉？

九三 　《蒙引》：「唐五王惟失此義，[311]中武三思之害，故為人君、為人臣者，不可不知《春秋》，尤不可不知《易》。」

310　案：詳參《管子·小匡》篇，桓公懼，出見客曰：「天威不違顏咫尺，小白承天子之命，而毋下拜，恐顛躓於下，以為天子羞。」遂下拜登受，賞服大路。

311　案：「唐五王」，特指唐代神龍政變中的五位功臣：張柬之（字孟將，襄州襄陽人，625-706）、敬暉（字仲曄，絳州平陽人，生卒年不詳）、崔玄暐（博陵人，生卒年不詳）、桓彥範（字士則，潤州丹陽人，653-706）、袁恕己（滄州東光人，？-706），五人是這次政變的主要策劃者與實施者，因而在唐中宗李顯復登基後不久，被封為郡王；但是，封王後沒過多長時間，就先後被貶為各州的刺史、司馬。張柬之、崔玄暐在被貶途中病死，敬暉、桓彥範、袁恕己則在被貶途中被殺。睿宗李旦即位後五人被平反，追復官爵並獲得配享中宗廟庭的資格。

象曰：從或戕之，凶如何也？

九四：无咎。弗過，遇之；往厲，必戒；勿用，永貞。

「九四」，以剛居柔，「无咎」之道。蓋處柔則「弗過」于剛，而適「遇」[312]乎小過「之」宜也。若必去柔，而徒以剛「往」，則有「厲」而「必戒」。然陽性堅剛，又恐一切用柔而不知變，故又戒以「勿用，永貞」，言當隨時變通也。

九四　「无咎。弗過，遇之」，是善其以剛處柔也。「往厲，必戒」，是戒其去柔而過剛也。「勿用，永貞」，是戒其去剛而過柔也。蓋過剛則取敗，過柔則取辱，此夫子所以於由之兼人，故退之；求之退，故進之也。[313]又董安于性緩，常佩絃以自急；西門豹性急，常佩韋以自緩，[314]亦此意也。

象曰：弗過遇之，位不當也；往厲必戒，終不可長也。

312　案：「遇」字旁，書「合」字，即以「合」釋「遇」字之義。

313　案：《論語·先進第十一》，子路問：「聞斯行諸？」子曰：「有父兄在，如之何其聞斯行之？」冉有問：「聞斯行諸？」子曰：「聞斯行之。」公西華曰：「由也問聞斯行諸，子曰『有父兄在』；求也問聞斯行諸，子曰『聞斯行之』。赤也惑，敢問。」子曰：「求也退，故進之；由也兼人，故退之。」

314　案：〔春秋晉〕董安于（字閼于，平陽翼城人，？-496B.C.E.），晉卿趙鞅心腹家臣，古代晉陽城的始創者，為出色的建築家，超群的戰略家與政治家。〔戰國魏〕西門豹（安邑人，生卒年不詳），政治家與水利專家，曾立下赫赫戰功。魏文侯（魏斯，？-396B.C.E.）在位期間，擔任鄴令，而河內稱治。西門豹一生最著名的功績，就是鄴令任內，破除「河伯娶婦」的陋習，又帶領民眾開鑿十二條運河，引河水灌溉民田，是為「西門豹渠」。二人事蹟參見《韓非子·觀行》：「古之人目短於自見，故以鏡觀面；智短於自知，故以道正己。故鏡無見疵之罪，道無明過之怨。目失鏡則無以正鬚眉，身失道則無以知迷惑。西門豹之性急，故佩韋以自緩；董安于之心緩，故佩弦以自急。故以有餘補不足，以長續短之謂明主。」

　　「象曰：弗過遇之」者，「位不當」而居柔，故不過剛，而合其宜「也。往厲必戒」者，過剛必敗，「終不可長」久也。

六五：密雲不雨，自我西郊；公弋，取彼在穴。

　　「六五」，以陰居尊，又當陰過之時，不能有為，有「密雲不雨，自我西郊」之象。又得六二為助，兩爻俱陰，理无相應，為「公弋取彼在穴」之象。○《本義》：「在穴，陰物也。兩陰相得，（其）不能濟大事可知。」

六五　《蒙引》：「『密雲』句，自六五而言，其不能成大事也。『公弋』句，自六五之得六二而言，其不能共濟大事也。」按：如周赧王既已衰弱，而所得諸臣，又皆莫振，安能以有為哉？

象曰：密雲不雨，已上也。

　　「象曰：密雲不雨」，言陰「已上」，不得陽助，而有為「也」。○《本義》：「已上，太高也。」

上六：弗遇，過之；飛鳥，離之，凶，是謂災眚。

　　「上六」，以陰柔居動體之上，處陰過之極，凡事「弗」與理「遇」，動輒「過之」，有如「飛鳥」之迅速而遠「離之凶」，天人皆違，「是謂災眚」並至矣。○《程傳》：「離，過之遠也。」

上六　此爻如紂之自絕于天，結怨于民；桀之弗敬上天，降災下民，惟其弗合天理、人情，是以有天災、人眚也。

象曰：弗遇過之，已亢也。

「象曰：弗遇過之」，由其居上過極，而「已亢也」。

六十三 ䷾ 離下坎上 既濟

既濟：亨小，利貞。初，吉；終，亂。

　　為卦水火相交，各得其用，六爻之位，各得其正，故為「既濟，亨小」。既濟好時節多過了，僅得小亨而已；不好事又將來，故須「利」於「貞」。所以然者，以治極將亂，其「初」人心警戒，所由得而「吉。終」則怠心易生，必至于「亂」，故必利于貞也。○《本義》：「既濟，事之既成也。」

既濟 李隆山曰：「陰陽當位，六十四卦，无如既濟最正。向使不正，安能相濟？夫既濟功放，物極則反，理之必然，故曰『初吉，終亂』。」按：「初吉，終亂」，以世運論之。如周自文、武、成、康而後，至穆王騎駿馬巡天下，而漸即於衰；漢自高、惠、文、景而後，至武帝脩封禪、好神仙，而亦即於侈；唐自高祖、太宗而後，至中宗而縱嬖韋后，卒至被弒，皆治極生亂，雖曰「天運」，實「人事」也，故戒以「利貞」焉。

象曰：「既濟，亨小」者，亨也。「利貞」，剛柔正，而位
　　　當也。「初吉」，柔得中也；終止則亂，其道窮也。

　　「象曰：既濟」，而詞曰「小亨」者，蓋既濟時，大亨已過，「小」事之無關治、亂「者」猶得「亨也」。○《本義》：「『濟』下，疑脫『小』字。」

曰「利貞」者，蓋卦體「剛柔」，皆得「正而位當也」。曰「初吉」者，二居既濟之初而已，「柔得中」，所以能成既濟之功而吉「也」。曰「終亂」者，以荒怠于「終」，而有「止」心，「則」致「亂」至，「其道」當困「窮也」。

象曰：水在火上，既濟；君子以思患，而豫防之。

「象曰：水在火上」，交相為用，「既濟」之象。「君子」以既濟雖非有患之時，而患常伏于既濟，于是「思」其後「患而豫防之」。

初九：曳其輪，濡其尾，无咎。

「初九」，既濟之初，其心凜然，象車行常若「曳其輪」而不前，象狐濟常若「濡其尾」而不濟。謹戒如是，「无咎」之道。

初九 按：〈仲虺誥〉王曰：「慎厥終，惟其始。」[315]周公命仲曰：「慎厥初，惟厥終。」[316]皆於既濟之初，而能戒謹也。

---

315 案：《尚書‧商書‧仲虺之誥》：「湯歸自夏，至于大坰，仲虺作誥。……仲虺乃作誥，曰：『嗚呼！惟天生民有欲，無主乃亂，惟天生聰明時乂，有夏昏德，民墜塗炭，天乃錫王勇智，表正萬邦，纘禹舊服。茲率厥典，奉若天命。……嗚呼！慎厥終，惟其始。殖有禮，覆昏暴。欽崇天道，永保天命。』」

316 案：《尚書‧周書‧蔡仲之命》：「蔡叔既沒，王命蔡仲踐諸侯位，作〈蔡仲之命〉。……王若曰：『小子胡！惟爾率德改行，克慎厥猷；肆予命爾侯于東土，往即乃封，敬哉！爾尚蓋前人之愆，惟忠惟孝；爾乃邁跡自身，克勤無怠，以垂憲乃後；率乃祖文王之彝訓，無若爾考之違王命。皇天無親，惟德是輔，民心無常，惟惠之懷；為善不同，同歸于治，為惡不同，同歸于亂。爾其戒哉！慎厥初，惟厥終，終以不困，不惟厥終，終以困窮；懋乃攸績，睦乃四鄰，以蕃王室，以和兄弟。康濟小民，率自中，無作聰明亂舊章；詳乃視聽，罔以側言改厥度，則予一人汝嘉。』」

象曰：曳其輪，義无咎也。

「象曰：曳其輪」，當濟之初，而能戒謹于「義」，當「无咎也」。

六二：婦喪其茀，勿逐，七日得。

「六二」，以文明中正之德，上應九五陽剛中正之君，宜得行其志。而九五居既濟之時，不能下賢以行道，故二有「婦喪其茀」，而不可行之象。然中正之道，終不可廢，久當自用，如婦雖喪茀，「勿逐」而至「七日」自「得」也。○《本義》：「茀，婦車[317]之蔽，言失其所以行也。」

六二　按：二似趙普，五似太宗，太宗不用趙普，而趙普罷政，是「婦喪其茀」也。後復召用，是「勿逐，七日得」也。

象曰：七日得，以中道也。

「象曰：七日得」者，「以中」正之「道」在我，不久當見用「也」。

九三：高宗伐鬼方，三年克之，小人勿用。

「九三」，既濟之時，以剛居剛，「高宗伐鬼方」之象。夫高宗令主，伐一鬼方，猶必「三年」而后「克之」，征伐可不慎哉？如不得已而興兵，亦當「小人勿用」以為將焉。

九三　《存疑》：「此爻取實象，如『箕子之明夷』一般。」按：高宗三十二年，伐鬼方，次于荊；三十四年，克鬼方。鬼方者，北方國名也。離為甲冑、為戈兵，故有征伐之象。離居三，又爻位在三，故有「三年」之象。

---

317 案：「婦車」，誤書作「婦人」，今正之。

象曰：三年克之，憊也。

　　「象曰：三年克之」者，勞師費財，困「憊」甚「也」。苟為得已，可輕用哉。

六四：繻有衣袽，終日戒。

　　「六四」，既濟之時，以柔居柔，既預備而戒慎者也。如乘舟者，恐其舟之破漏，而「繻」濕先「有」備「衣袽」，以為塞漏之用，而其心猶「終日戒」懼，常恐水之驟入，而不安也。○《本義》：「繻，當作濡。衣袽，所以塞舟之罅漏。」

六四　按：此即制治未亂，保邦未危也。唐明皇恃天下太平而不之戒，卒召安祿山禍亂，是不知此爻之義。

象曰：終日戒，有所疑也。

　　「象曰：終日戒，有所疑」懼，而不自安「也」。

九五：東鄰殺牛，不如西鄰之禴祭，實受其福。

　　「九五」，居尊而時已過，不如六二之在下，而始得時也。象為「東鄰殺牛」以祭，「不如西鄰之禴祭，實受其福」者。○《本義》：「東陽西陰，當文王與紂之事，故其象占如此。」

九五　東鄰指紂，西鄰指文王。禴，夏祭也，祭貴得時，不在物豐。明德馨，而黍稷可薦；明信昭，而沼毛可羞。「實受其福」，有「神无常享，享于克誠」意。

象曰：東鄰殺牛，不如西鄰之時也；實受其福，吉大來也。

上六：濡其首，厲。

「上六」，既濟之極，險體之上，而以陰柔處之，為狐涉水，「濡其首」之象，危「厲」之道也。

上六　按：《易》爻以上為首，初為尾，故在初為濡尾、在上為濡首，初陽剛能戒，故无咎；上陰柔不能戒，故有厲，此爻如陳後主、蜀後主是已。

象曰：濡其首，厲，何可久也？

「象曰：濡其首，厲」，終必喪亡，「何可久也」？

六十四 ䷿ 坎下離上　未濟

未濟：亨。小狐汔濟，濡其尾，无攸利。

卦象水火不相為用，又六爻皆失其位，故為「未濟」。占者須知未濟有待，而濟終「亨」。然或始舉終廢，象「小狐汔濟」，而「濡其尾」，則亦不得濟矣，「无攸利」焉。○《本義》：「未濟，事未成之時也。汔，幾也。」

未濟　李氏過曰：「上經首乾、坤，以二老對立，陰陽之正也，故以水火之正終焉。下經首咸、恆，以二少合體，陰陽之交也，故以水火之交終焉。」[318]《程傳》：「狐大者多疑畏，故履冰而聽，懼其陷也；小者，則未

---

318 案：〔南宋〕李過（字季辨，號西溪，生卒年不詳），此說不見錄於《御纂周易折中》，而見收於《欽定古今圖書集成・理學彙編・學行典第十四卷・理數部・總論・觀物外

能畏懼。」《語類》:「謂狐尾大,濡其尾,則不得濟矣。」

象曰:「未濟亨」,柔得中也;「小狐汔濟」,未出中也;「濡
　　其尾,无攸利」,不續終也,雖不當位,剛柔應也。

「象曰:未濟」而得「亨」,亦以六五「柔」而「得中也。小狐汔
濟」者,始雖有為,而「未出」險難之「中也。濡其尾,无攸利」者,言
首濟,而尾不濟,「不」能繼「續」於「終也」。然六爻「雖不當位」,而
「剛柔」相「應」,始雖不濟,終必濟「也」。

象曰:火在水上,未濟;君子以慎,辨物居方。

「象曰:火在水上」,水火不交,不相為用,「未濟」之象。「君子
以」水火異物,各居其方,于是審「慎辨物」,使各「居」其「方」,而安
其所焉。

> 象傳　任氏啟運曰:「帝釐下土,設居方,堯、舜之事業也,仲尼〈大象
> 傳〉終此,其有平天成地之思乎?老安、少懷,萬物各得其所,仲尼之
> 志、堯、舜之事業也,皆以天、地為量也。」

初六:濡其尾,吝。

「初六」,以陰居下,當未濟之初,未能自進,象狐「濡其尾」,終于
不濟,可羞「吝」矣。

篇上》,西溪李氏曰:「上篇首乾坤,終坎離,下篇首〈咸、恆〉,終〈既、未濟〉,亦
坎離也。天地之道,不過於陰陽,五行之用,莫先於水火。上篇首天地,陰陽之正
也,故以水火之正終焉;下篇首夫婦,陰陽之交也,故以水火之交終焉。」

初六　以陰則无能濟之才，居下則无能濟之勢，當未濟之初，則又值難濟之時，而欲冒險輕躁，如隨少師之敗績，秦三師之被擒是已。[319]

象曰：濡其尾，亦不知極也。

「象曰」，初六之「濡其尾」者，「亦」以輕躁冒為「不知極也」。○《本義》：「『極』字，[320]或恐是『敬』字。」

九二：曳其輪，貞，吉。

「九二」，上應六五，而居柔得中，為能自止而不進，有「曳其輪」之象，得為下之「貞」正也「吉」。

九二　按：九二本非正，而能因中求正。如范雎本輕險之徒，[321]原非正大

---

319 案：「隨少師之敗績」，事詳《春秋左氏傳・桓公八年》：「八年，春，滅翼。隨少師有寵。楚鬭伯比曰：『可矣。讎有釁，不可失也。』夏，楚子合諸侯于沈鹿。黃、隨不會，使薳章讓黃。楚子伐隨，軍於漢淮之間。季梁請下之：『弗許而後戰，所以怒我而怠寇也。』少師謂隨侯曰：『必速戰，不然，將失楚師。』隨侯禦之，望楚師，季梁曰：『楚人上左，君必左，無與王遇，且攻其右。右無良焉，必敗。偏敗，眾乃攜矣。』少師曰：『不當王，非敵也。』弗從。戰于速杞，隨師敗績。隨侯逸，鬭丹獲其戎車，與其戎右少師。秋，隨及楚平。楚子將不許。鬭伯比曰：『天去其疾矣，隨未可克也。』乃盟而還。」秦三師（百里孟明視、西乞術、白乙丙）被擒，事詳《春秋左氏傳・僖公三十三年》著名的〈秦晉殽（殽）之戰〉。

320 案：《周易本義》原文曰：「『極』字未詳，考上、下韻亦不叶，或恐是『敬』字，今且闕之。」

321 案：事詳《史記・范雎蔡澤列傳》：「范雎（？-255B.C.E.）者，魏人也，字叔。游說諸侯，欲事魏王，家貧無以自資，乃先事魏中大夫須賈。……太史公曰：『韓子稱「長袖善舞，多錢善賈」，信哉是言也！范雎、蔡澤世所謂一切辯士，然游說諸侯至白首無所遇者，非計策之拙，所為說力少也。及二人羈旅入秦，繼踵取卿相，垂功於天下者，固彊弱之勢異也。然士亦有偶合，賢者多如此二子，不得盡意，豈可勝道哉！然二子不困縝惡能激乎？』」

之士，乃知知止而退，《綱目》於其免而書官，亦以其行正也。

象曰：九二貞吉，中以行正也。

「象曰：九二貞吉」者，由其得「中」，是「以」能「行正也」。○《本義》：「九居二本非正，以中故得正也。」

六三：未濟，征凶，利涉大川。

「六三」，陰柔不中正，居「未濟」之時，以「征」則「凶」。然以柔乘剛，將出乎坎，有「利涉大川」之象。○《本義》：「蓋行者，可以水行，[322] 而不可以陸走也。」

六三　《存疑》：「既曰『征凶』，又曰『利涉』；『征凶』為濟事之占，『利涉』為濟水之占。」按：如光武之偷涉滹沱，[323] 玄德之馬躍檀溪，蓋不敢由於陸，而由於水是已。

象曰：未濟征凶，位不當也。

「象曰：未濟征凶」，以陰柔不中正，而「位不當也」。

九四：貞，吉；悔，亡；震用伐鬼方，三年有賞于大國。

「九四」，以陽居陰，不正而有悔也，能勉而「貞」則「吉」，而「悔，亡」矣。然以不貞之資，欲勉而貞，非極陽剛用力之久不能也，故

---

322 案：「行」，《本義》原作「浮」。
323 案：「滹沱」，誤書作「嘑沱」，今正之。

為「震用伐鬼方」，至于「三年」，然後克之，而「有賞于大國」之象。

六五 六五 按：五存心行事，或有不正，然賦性聰明，虛心求助。如宋之太祖、太宗是已。

九四 陳際泰曰：「高宗伐鬼方，既濟乘富強之餘，故憂其敗；未濟憤凌夷之積，故慶其賞。」

象曰：貞吉悔亡，志行也。

「象曰：貞吉悔亡」者，其「志」得「行也」。

六五：貞，吉，无悔；君子之光，有孚，吉。

「六五」，以陰居陽，亦非正也。然文明之主，居中應剛，虛中以求下之助，故得「貞」而「吉」，且「无悔」。又文明者，光輝之基也；而虛中者，有孚之本，為「君子之光，有孚」信而不妄，吉而又「吉」也。

六五 按：五存心行事，或有不正，然賦性聰明，虛心求助。如宋之太祖、太宗是已。

象曰：君子之光，其暉吉也。

○《本義》：「暉者，光之散也。」

上九：有孚于飲酒，无咎；濡其首，有孚，失是。

「上九」，以剛明居未濟之極時，將可以有為，而自信其必有濟之理，于以自養其濟時之具，而俟命之自至，為「有孚于飲酒」之象，而「无」欲速妄為之「咎」。若幸時之將濟，而縱而不返，如狐之涉水而「濡其首」，則過于自信而「有孚」，无以承天命，而「失」其「是」矣。

上九 「有孚飲酒，无咎」者，不求近功也。「濡首，有孚失是」者，以求速效也。如宋真宗之借天書，以粉飾太平；神宗之用青苗法，以圖求至治是已。

象曰：飲酒濡首，亦不知節也。

「象曰：飲酒」以俟命，則為无咎。若如狐之「濡」其「首」，縱而不返，「亦不知節也」。

附錄

附錄一
關渡先生黃敬生平暨相關事蹟年表

案：據陳慶煌教授〈黃敬生年試探・《觀潮齋詩集》略評〉考證，論定
黃敬出生於嘉慶十一年（1806）丙寅，辭世於光緒十四年（1888）
戊子，享壽八十有三歲，詳參本編後附《觀潮齋詩集》。不過，有
關黃敬生年問題，筆者幾經思慮，陳教授的考證仍存在問題，尚待
斟酌，方可確信，以下年表仍暫以陳慶煌教授所推定1806年為據，
提出幾點疑惑意見，提供對照參考，以俟後定。

其一，黃敬，字景寅，「寅」雖常解釋為十二地支的「虎」肖，但
「寅」在經典中常作「敬」義，故其名「敬」、字「景寅」，誠如《顏氏家
訓・風操》篇所謂：「名以正體，字以表德。」因此「寅」與「虎」、
「敬」二義，可以互訓。

其二，史載黃敬曾師事陳維英，理應較為年幼，而陳教授以其字「景
寅」當為虎肖，故考訂其生年為1806年（嘉慶十一年丙寅）；而陳維英生
年為1811年，竟然比黃敬年輕5至6歲，聞道雖有先後，仍不合傳統師生長
幼倫常。

其三，以陳教授考證黃敬生年為1806年，據史載安溪舉人盧春選於道
光二十八年（1848）始東渡淡水，設教授徒，黃敬從學事之，治習《周
易》，則黃敬晚至42至43歲才師從盧春選，又遲至49歲後才膺舉為歲貢，
似不符常情。

其四，黃敬與八芝蘭（士林）曹敬（1818-1859）時人譽之為「淡北
二敬」，其學其道相當，則其年亦應相若。

其五，陳維英21歲（1831）結婚，長子雁升生於1832年，次子鳶升生於1837年，三子鷟升生於1850年，而其長女硯波當生於長子與次子之間，若以1834年為其生年，約18歲嫁給黃敬胞弟廳庠生黃敫，則大約在1852年之後，陳維英已過40歲；因黃敬少孤，若其生年定為1806，則其弟當生在1808至1810間，顯然比其岳父陳維英還年長，不合常理。如以黃敫20歲娶妻，上溯其生年約為1832年，以黃敬長其弟10歲計，則黃敬生年約為1822年之前。

其六，依據《觀潮齋詩集》所錄最早記有干支詩篇者為「道光六年丙戌（1826）：讀書太平橋。九九重陽節，作〈九日登高偶作〉七絕一首」，若以1818年為黃敬生年，則作此詩時年僅8至9歲間，除非夙慧天成，方能年幼賦詩。若以1806為生年推算，1826年作此詩時，黃敬已21歲，則較合理合情。

綜合以上六點疑惑，若以陳維英生年1811年、曹敬生年1818年，以及盧春選先生設教淡水於1848年，則陳慶煌教授考證黃敬生年1806年，應該增加12年左右，若仍以黃敬字景寅，而推算其生肖為虎，則黃敬生年可推定為清嘉慶二十三年（1818）戊寅虎歲，與曹敬同庚，而其卒於清德宗光緒十四年（1888）戊子，享壽約71歲，或許較為合理合情。

公元1806年（嘉慶十一年丙寅）　　　1歲

○ 誕生於淡水芝蘭堡干豆（關渡）莊。

公元1811年（嘉慶十六年辛未）　　　6歲

○ 臺北大龍峒仕紳、淡北文宗陳維英（1811-1869）誕生。

○ 少孤，母潘氏守節。

公元1818年（嘉慶二十三年戊寅）　　　13歲

○ 曹敬（1818-1859）誕生於淡水八芝蘭（士林）舊街。

公元1823年（道光三年癸未）　　　18歲

○ 竹塹鄭用錫（1788-1858）中進士，號為「開臺進士」。

公元1825年（道光五年乙酉）　　　20歲

○ 弱冠，字景寅，號必先。
○ 附：性純孝，敦內行，勤苦讀書。母病，奉湯藥惟謹，身不貼席者
　　十餘夕，家人曰：「子病矣。」曰：「吾惟求母之不病，遑知己病
　　乎？」

公元1826年（道光六年丙戌）　　　21歲

○ 五月，淡水閩、粵分類械鬥。
○ 讀書太平橋。九九重陽節，作〈九日登高偶作〉七絕一首。
○ 附：陳維英〈賀黃景寅新婚〉：「早飲香名字，誰不說直卿學問，庭
　　堅詩思。況復新添戒旦友，文藻應加純粹。且最弄畫眉筆致，脂粉
　　生香梅帳底。假刁難欲就返迴避，雞唱了不妨寐。　　鴛鴦得水深
　　深戲，覺此生唯有此夜為真樂事。明日含羞嬾相見，昨夜情形猶
　　記。細語祝郎，牽郎臂。第一願泮壁，秋闈芙蓉新題試，這三次，
　　皆得意。」（〔清〕陳維英著：《偷閒錄》，臺北：臺灣大學抄本，
　　2006年，第一冊。）

公元1829年（道光九年己丑）　　　24歲

○ 遊和美（滬尾），作〈遊和美將歸遇雨〉七絕與〈江頭訪舟〉七絕
　　各一首。

○ 在芝東，步許先生元韻，作〈東鄰吹笛〉七絕一首；又作〈尋友不遇留題一絕〉七絕一首。

公元1831年（道光十一年辛卯）　　26歲

○ 作〈步高梅園書齋元韻〉七律三首、〈步陳晴川書齋元韻〉七律一首。

○ 陳維英時年二十一歲，娶正室周嬌娥。後育長子陳雁升（1832-1857，得年二十六），次子陳鳶升（1837-1861，得年二十五），三子陳鸞升（1850-1874，得年二十五）；長女陳硯波（適黃敬胞弟黃斅），次女陳琴泉（嫁庠生王濟源），三女陳織雲，四女陳詠雪。

公元1832年（道光十二年壬辰）　　27歲

○ 復作〈步高梅園書齋元韻〉七律三首、〈步陳晴川書齋元韻〉七律二首。

○ 閏九月，在芝東，作〈諸先生咏庭菊，步其元韻〉七律一首。

公元1836年（道光十六年丙申）　　31歲

○ 曹謹（原名瑾，1787-1849）五十歲，廉敏幹濟，有折衝才，調宰鳳山，招金門奇士林樹梅（1808-1851））佐幕事。十二月六日。由泉州放船渡臺。

公元1837年（道光十七年丁酉）　　32歲

○ 正月十二日，曹謹與林樹梅謁福建臺灣道周凱。正月二十五日，補鳳山知縣。正月二十六日，抵鳳山亟練鄉勇。

公元1841年（道光二十一年辛丑）　　36歲

○ 七月初一，曹謹卸任鳳山知縣。去之日，祖餞者至數千人，為臺灣史上的第一次。七月二十六日，任淡水廳同知，編查淡水廳戶口，淡水一廳實共丁口四十二萬一千三百零。

公元1843年（道光二十三年癸卯）　　38歲

○ 同知曹謹偕同陳遜言（維英父，1769-1847）完成創立「文甲書院」（道光二十七年改名「學海書院」），位在艋舺街南（今臺北市萬華區環河南路二段93號），臺北文教自此建立新的里程碑。

○ 附：陳維英長女陳硯波嫁給廳庠生黃敫，「黃敫字覺民，淡水干豆庄人，即著名的『關渡先生』黃敬之弟」。（廖漢臣：〈巢名太古尋遠跡──記迂谷陳維英〉，《臺北文物》2卷2期，1953年8月15日，頁98。）

公元1845年（道光二十五年乙巳）　　40歲

○ 秋，作〈曹仁憲榮壽〉七言六十句長詩一首（收入《觀潮齋詩集》首篇）與〈曹仁憲謹榮壽〉七言排律一首（《觀潮齋詩集》失收，應補入，詳詩集首篇後「補遺」）。

○ 九月，文甲書院慶祝時兼院長曹公（謹）六十榮壽，編〈百壽詩錄〉一書。

○ 八芝蘭（士林）曹敬（1818-1859）設教於大龍峒港仔墘，時人稱「港仔墘先生」。

公元1847年（道光二十七年丁未）　　42歲

○ 滬尾街文昌祠重修，時遇滬尾營兵鬧事，文昌祠董事林步雲等與當地仕紳，以及貢生林宗衡、廩生黃敬一同署名上書，稟請淡水分府

派艋舺營兵協助處理。（詳參〈滬尾街文昌祠董事林步雲等，為營兵滋鬧建祠，請淡水廳移〉，收入臺灣銀行經濟研究室編：《淡新檔案選錄行政編初集》，臺北：臺灣銀行經濟研究室，1971年，頁23-24。）

公元1848年（道光二十八年戊申）　　43歲

○ 安溪舉人盧春選（生平不詳），來北設教，敬師事之，授《周易》，學業大進，承傳《易》學。

公元1853年（咸豐三年癸丑）　　48歲

○ 大龍峒仕紳陳維英議建並捐資創設淡北「樹人書院」。
○ 附：大龍峒仕紳陳維英〈輓黃必先祖母（年八十五）〉：「近九旬而母幹後彫，女中松柏。開四葉則孫枝爭秀，門內菁莪。」（收入陳鐵厚編輯之《太古巢聯集》）

公元1854年（咸豐四年甲寅）　　49歲

○ 春正月，淡水閩、粵又分類械鬥。
○ 膺舉為歲貢生。大龍峒仕紳陳維英書贈〈黃必先捷泮〉二幅：「文字曲江場中稱帥，家聲冕仲殿上掄元。」「名冠郡中風霜文字，人求巖下霖雨襟期。」又〈黃必先由廳案前捷泮〉一幅：「發關渡山之秀氣，吐霧峯前，早知隱豹。冠淡水廳之人文，觀潮齋上，初起潛龍。」（俱收入陳鐵厚編輯之《太古巢聯集》）

公元1859年（咸豐九年己未）　　54歲

○ 授福清縣教諭，託言母老，辭謝不就任。假干豆（關渡）莊中天后宮為社塾，課徒不計財帛，但來從學者，諄誨不倦，先後肄業者數

百人，皆以敦行為本，游其門者多達材秀士，故當時學者皆稱之「關渡先生」，與士林曹敬時人譽之為「淡北二敬」。

○ 束修所入，悉以購書，或勸其置田，曰：「吾以此遺子孫，勝於良疇十甲也。」

○ 大龍峒陳維英考中舉人，一生致力於振興文教，後在竹塹明志書院、淡北學海書院、噶瑪蘭仰山書院授課，其弟子遍布淡北且多中舉人，是以時人皆敬稱「陳老師」。

○ 陳維英大約於此年（或去年）納側房許氏，時當陳氏中舉前後，行年半百，似未生育子嗣。

○ 附：楊克彰（字信夫，1836-1896），淡水佳臘莊（今臺北萬華）人。讀書精大義，從學，受《周易》，覃思鉤玄，得其微蘊。

公元1860年（咸豐十年庚申）　　55歲

○ 淡水開港，成為影響臺北社會發展的關鍵。

公元1864年（同治三年甲子）　　57歲

○ 大龍峒舉人陳維英時任學海書院院長，勸捐重修。

公元1865年（同治四年乙丑）　　58歲

○ 學海書院院長陳維英勸捐，重修落成，親題楹聯一對：「學知不足教知困，自反自強，古人云功可相長也。海祭於後河祭先，或原或委，君子曰本其當務之。」（此楹聯至今仍高懸在正廳，乃學海書院珍貴之歷史文物）。

公元1869年（同治八年己巳）　　64歲

○ 臺北大龍峒仕紳陳維英逝世，享壽約六十歲。

公元1875年（光緒元年乙亥）　　70歲

○ 門生楊克彰以覃恩貢成均，數赴鄉闈，不售。侯官楊浚見其文，歎曰：「子文如太羹玄酒，味極醇醇，其不足以薦臺祀也宜哉。故終不遇。」遂絕意仕進，講學於鄉凡三十餘年。

公元1888年（光緒十四年戊子）　　83歲

○ 為人謹飭，一言一動，載之日記，至老不倦。

○ 辭世，臺北鄉人陳鐵厚（毓癡，自號壁角生，1904-1997）推崇為北部文學界「五大宿儒」之一，與竹塹鄭用錫（1788-1858）、大龍峒陳維英（1811-1869）、港仔墘曹敬（1818-1859）、宜蘭李望洋（1829-1901）齊名。

○ 遺著有《易經理解》、《易經義類存編》（《易經初學義類》，存）二卷，《易義總論》（《易義總類》，佚）一卷、《古今占法》（佚）一卷與《觀潮齋詩》（存）一卷。

○ 門生楊克彰上任臺南府儒學訓導三年，從事南臺灣境內教育行政。

公元1890年（光緒十六年庚寅）

○ 門生楊克彰署庚寅恩貢，官職旋即裁撤，著有《周易管窺》六本四卷、《讀易要語》、《易中辨義》二冊諸書，但遭二次洪水，次子楊仲佐（號嘯霞，1876-1968）僅保存《周易管窺》一部，餘皆飄失無存。

○ 仲夏之月，臺北楊克瑋識《周易管窺·序》於臺南府學之學署，文曰：「《易》以明吉凶消長之理，進退存亡之道。聖人著之以為經，非僅為一時卜筮用，實為天下萬世而占者也。學者能就逐爻之義引伸互證，觸類而旁通。舉凡眼前時事，何者與《易》合，何者與

《易》違，自可明徵所受之不爽。予挾管窺之見，謬希吞象，亦以此書本於自然而出。其言簡而賅，近而遠，理无不備。有可即其動作之妙，而知變化之神，但不即其切於日用行習者以求之，未有不視為高渺而難窺也。約而解之，可免艱深之慮，竊願有心斯道者，共為參考，是為序。」

○ 附：楊克璋《易中辨義・序》：「凡讀《易》宜於陽爻陰爻、陽位陰位、有應无應，以及上乘下乘，觀其有用无用；而其所最要者，仍在本爻居於何處，本爻是論何事，乃即本爻之意。分其爻位而互參之，若乾之卦在純陽論，九三、上九雖過於剛，而總不強於大過之九二、九四。蓋大過本屬陽過，九二稱老夫，尚必資初六之柔以相濟。九四所以棟隆而吉者，即與初應也，有它當指不應而言。九三以陽居陽，棟橈而凶，至九五之居陽，雖視三為得中，不即遂為棟橈，然不免過於強而僨事，以致其弱矣。生華逞其餘焰，不留餘器，其義應為老婦，不得以士大夫目之。困之九五劓刖，非受人劓刖也。《易》為君子言，卦以陰揜陽，故名為困。然即九二揜於二陰，已不甚困，即相揜以論爻，所最困者六三耳。六三單陰无匹，故為入於其宮，不見其妻。九四在卦中為困，在本爻之位，應是濟困。其所困者，特以與初六相應，而治之不遽下手耳。九四有四為與，豈有受人劓刖乎？或與九四為強臣，故九五受其迫制而有傷，誰知此卦以陰揜陽，即有以陽制陰，豈反以陽制陽，而至於相傷？井之九二與九五，陽爻有水，得中則水清，特不相應，故九二水不得上。射鮒是泉急而射於鮒，鮒若不能安，非下注於初六也。九三應是有水而濁，飛不停汙也，蓋九三不中，是人之有才而偏者，如謂水清不食，曾亦思往來之人，亦得共井其井，何以不食而反為惻乎？而且與上六有應，誰是清而不食者，彼初六之井泥不食，要亦與四无應，无人為去其泥耳。九三曰：『可用汲，王明並受其

福。」未必不以上六之應言也。井以養人為義，六四有養人之責，无養人之才，而又與初六无應，必廣集賢才以為養。甃者，廣開井穴外四旁，實瓦片砂石以通其四邊之水，非僅以砌石為脩井也。頤之初九不用求四，豈有為四所笑，而設其言以相譏者？此卦上下兩陽俱能養人，但初九屬震體，動而多嗜，故不留以養人。祇知自養，謂六四求初之才，以為共養則可，至於笑之必无是事。偶舉數節論之，其餘可以類推。今予所解，與諸說不同者，有百餘條，亦為管窺之所見，務其有當於前聖，非敢有薄前人之說也。前人空所依傍，而尋其緒，其一得皆經數百倍之精神。予從其後以窺其旨，已幸有先路之開矣。其所解即幸而中，亦何敢自多云？」

公元1904年（光緒三十年甲辰）

○ 臺北鄉人毓癡陳鐓厚誕生。

公元1908至1918年（光緒三十四年戊申至民國七年戊午）

○ 連橫（字雅堂，1878-1936）撰《臺灣通史》期間，至北訪求。黃敬裔孫金印造門請見，攜示所著《易經義類存編》。遂讀其書，為作列傳。

公元1927年（民國十六年丁卯）

○連橫創辦「雅堂書局」，謀刊《易經義類存編》，未成。

公元1930年（民國十九年庚午）

○ 5月，鄉人陳鐓厚任職於「臺灣總督府圖書館」，有鑑於黃敬先賢詩作多不傳，與友人李恆剛搜羅抄錄，費多年時間，共得一百四十首，以世事慁攘故，欲刊行又止，謹繕集芸香齋藏書《觀潮齋詩

集》一部，暫置「總督府圖書館」，俾償同好諸君，聊當探驪先
手。（今抄本典藏於新市北中和區「臺灣圖書館」。）

○ 古曆蒲節，謝汝銓（字雪漁，號奎府樓主，1871-1953）作序於稻
江奎府樓，謂黃敬詩風或輕清流利、或典贍風華。

公元1939年（民國二十八年己卯）

○ 臺北毓癡陳鐵厚編《觀潮齋詩集》始正式鉛印出版刊行，詩作內容
多寫自然景物之美。

公元1948年（民國三十七年戊子）

○ 「臺灣省博覽會」曾借展黃敬遺著，楊雲萍（1906-2000）撰〈博
覽會文獻館舉要〉文，記其盛。（收入楊雲萍：《臺灣的文化與文
獻》，臺北：臺灣風物雜誌社，1990年1月，頁100-102。）

公元1951年（民國四十年辛卯）

○ 鄉人陳鐵厚輯佚刊行黃敬《易經初學義類》二卷。

公元1956年（民國四十五年丙申）

○ 臺灣道院、世界紅卍字會臺灣省分會范教璿（約1930-）道長於舊
書肆購得初版《易經初學義類》二卷。

公元1963年（民國五十二年癸卯）

○ 夏，范教璿道長聞之於吳槐先生云：「此編之撰者黃敬先生，係大
龍峒陳迂谷維英先生之高弟，為清咸豐間淡水廳貢生，與士林之曹
敬並稱之『臺北二敬』。」

公元1965年（民國五十四年乙巳）

○ 8月24日，范教璿道長有感於《易經初學義類》迄未付梓，乃集資付印，以饗同好，並誌始末以彰撰者。印前因年久多蠹蝕之處，承俞華臺道長補缺，一併誌之。

公元1971年（民國六十年辛亥）

○ 臺北毓癡陳鏐厚再將《觀潮齋詩集》抄本稍作整理，並更動作品順序，蒙王國璠（字璞安，一字粹甫，1917-2009）、李孝本兩先生美意，登載發表於《臺北文獻》直字第十七、十八期，俾償同好參閱，相共扶持風雅，振興韻學；遂鉛印刊行，唯其中部分文字與抄本有異，並出現一些錯誤。

公元1973年（民國六十二年癸丑）

○ 臺北「萬有善書出版社」發行人周超（又名周金標，？-？）再印《易經初學義類》二卷傳世。

○ 毓癡陳鏐厚自服務於改制的「臺灣省立臺北圖書館」（「央圖臺灣分館」與「臺灣圖書館」前身）典藏股股長退休。

公元1974年（民國六十三年甲寅）

○ 王國璠《臺灣先賢著作提要》（新竹：臺灣省立新竹社會教育館，1974年，頁5-6），於《周易義類存編》條稱：「計分上中下三冊，毛邊紙行楷手抄。上卷百五十七頁、中卷百四十二頁、下卷七十一頁。白棉紙封面，右下鐫『萬物靜觀皆自得』陽文長方小印，左上隸書『周易義類存編』六字，卷首有自序一篇。」並言「惜書不傳」。「或謂黃氏諸作，曾由其子孫售於上海某書商，商患傷死，遂不悉下落云。」

公元1997年（民國八十六年丁丑）

○ 5月10日，毓癡陳鐵厚逝世，享壽九十三歲。

公元2004年（民國九十三年甲申）

○ 施懿琳等編撰：《全臺詩》（臺南：臺灣文學館），第四冊收入《觀潮齋詩集》。（同時設置「全臺詩・智慧型全臺詩知識庫」全文檢索系統：http://xdcm.nmtl.gov.tw/twp/index.asp。）

公元2019年（民國一百零八年己亥）

○ 6月29日，淡江大學中國文學學系冠甫陳慶煌榮譽教授撰〈黃敬生年試探・《觀潮齋詩集》略評〉與〈「醉西施」小識・賦詩五首并序〉，皆收入《心月樓詩文集・龍泉集・己亥詩卷》。

○ 7月24日，臺灣師範大學國文學系賴貴三教授指導夜間在職進修碩士班高慧芬口試通過「關渡先生黃敬《觀潮齋詩集》研究」學位論文。

公元2021年（民國一百一十年辛丑）

○ 6月29日，臺灣師範大學國文學系賴貴三教授指導日間碩士班林芷羽口試通過「臺灣先儒黃敬《易經初學義類》研究」學位論文。

○ 7月，臺灣師範大學國文學系賴貴三教授完成臺灣先賢關渡先生黃敬《易經初學義類》校釋（附：《觀潮齋詩集》），交由萬卷樓圖書公司編輯付梓出版。

附錄二
黃敬徵引歷代文獻釋《易》一覽表

　　黃敬此書引用歷代學者計有66家（朱子兩見計1位）與67種書籍（朱子兩種書）出處，總計556條：一、先秦至唐9家14條；二、北宋8家27條，南宋14家（朱子兩見計1位）330條；三、元6家40條；四、明17家123條；五、明清之際3家4條；六、清8家17條；七、1家1條不知年代。引用數次最多前五位，依序排列為：一、〔南宋〕朱熹293條（《周易本義》286條、《朱子語類》7條；二、〔明〕蔡清《易經蒙引》49條；三、〔明〕林希元《易經存疑》36條；四、〔元〕胡炳文《周易本義通釋》27條；五、〔北宋〕程頤《周易程氏傳》19條。以下表列各朝代作者、書名出處與總數，提供參考。

序號	朝代	作者	書名	索引	總數
1	西周		尚書·虞書	豫九四	1
2	東周		周易·說卦傳	井初六、旅六二	2
3	東周	左丘明	春秋左氏傳	乾用九、大有初九	2
4	東周	孟軻	孟子	恆六五、大壯卦辭	2
5	西漢	戴德	大戴禮記	家人六二	1
6	東漢	鄭玄	周易鄭注	萃上六	1
7	三國吳	虞翻	〔唐〕李鼎祚《周易集解》引	震六三、豐六二、巽初六	3
8	北齊	顏之推	顏氏家訓	家人初九	1
9	唐	陸德明	經典釋文（引劉表）	習坎上六	1

序號	朝代	作者	書名	索引	總數
10	北宋	邵雍	皇極經世書・經世衍易圖	姤卦辭	1
11	北宋	司馬溫公（光）	資治通鑑	豐六五	1
12	北宋	程頤	周易程氏傳	坤文言、蒙六三、師卦辭、小畜六四、否九五、大有九四、蠱六五、臨六四、无妄六二、習坎六四、恆卦辭、遯上九、明夷九三、萃九四、困上六、漸六四、兌九五、小過上六、未濟卦辭	19
13	北宋	蘇軾	東坡易傳	頤六二、損卦辭	2
14	北宋	龔原	〔明〕胡廣《周易傳義大全》引	訟九四	1
15	北宋	游酢	游廌山集・中庸義（《周易傳義大全》引）	乾大象	1
16	北宋	楊時	〔清〕李光地《御纂周易折中》（引）	蠱九二	1
17	北宋	鼂（晁）說之	御纂周易折中（引）	小過大象	1
18	南宋	蘭廷瑞	御纂周易折中（引）	革九五	1
19	南宋	馮時行	御纂周易折中（引）	睽卦辭	1
20	南宋	朱震	漢上易傳	賁六二、恆上六	2
21	南宋	楊萬里	誠齋易傳	泰初九、六四、觀六三、睽象	4

序號	朝代	作者	書名	索引	總數
22	南宋	李隆山（名舜臣，字子思）	御纂周易折中（引）	夬大象、井卦辭、既濟卦辭	3
23	南宋	項安世	周易玩辭	坤文言・上六	1
24	南宋	朱熹	周易本義	壹・六・（七）、（八）、（十）	3
				上經、乾卦辭、初九、九三、上九、用九、象一、二、三、四、大象、文言一、二、三、四、五、六、七、八、九、十、十一、十二	23
				坤象一、二、三、初六、初六小象、六四、六五、用六、文言一、二、三、四、五、六、七、八	16
				屯卦辭、象一、二、三、大象、初九、六二	7
				蒙卦辭、六三、上九	3
				需卦辭、大象、初九、九二、九二小象、九三、九三小象、六四	8
				訟卦辭、九二小象、六三、九四、上九	5
				師卦辭、象、初六、六三、六五、上六	6

序號	朝代	作者	書名	索引	總數
				比卦辭、彖、大象、上六小象	4
				小畜卦辭、大象、初九、九二、九三	5
				履卦辭、九二、六三	3
				泰卦辭、大象、九三、六四小象	4
				否卦辭、否九四	2
				同人六二、上九	2
				大有九三	1
				謙卦辭、六四	2
				豫大象、初六、六三、九四	4
				隨卦辭、彖、初九、上六	4
				蠱卦辭、初六	2
				臨卦辭	1
				觀卦辭、六三	2
				噬嗑卦辭、大象、初九、六二、六三、九四、六五、上九	8
				賁卦辭、彖一、二、大象、六四、六五	6
				剝卦辭、初六、六二、六五	4
				復卦辭、大象、初九、六四、六五小象、上六	6

序號	朝代	作者	書名	索引	總數
				无妄卦辭、六二、六二小象、九四小象、九五小象	5
				大畜卦辭、大象、初九、六四	4
				頤卦辭、初九、六二、六二小象	4
				大過卦辭、彖、九二	3
				習坎卦辭、六三、六四	3
				離卦辭、大象、六二、九三	4
				咸卦辭、初六、九三、九五、上六、上六小象	6
				恆卦辭、彖、大象、九三、上六	5
				遯卦辭、上九	2
				大壯卦辭、初九、九三、九四、六五	5
				晉卦辭、大象、六二、上九	4
				明夷彖一、二、三、初九、九三	5
				家人卦辭、九三、六四、九五	4
				睽卦辭、初九、六五	3
				蹇卦辭、九五、上六	3
				解卦辭、九四、六五	3
				損卦辭、六五	2

序號	朝代	作者	書名	索引	總數
				益卦辭、大象、六四	3
				夬卦辭、九三、九三眉批、九四、九五	5
				姤卦辭、初六、初六小象、九二、九三小象、九五、上九	7
				萃卦辭、大象、六二、六三眉批	4
				升卦辭、大象、九三、六五	4
				困卦辭、大象、初六、九二、六三、九四	6
				井卦辭、初六、九三、九五、上六	5
				革卦辭、象、初九	3
				鼎卦辭、象、初六、九二、九四、六五	6
				震卦辭、象、六二、六三、九四	5
				艮卦辭（兩見）、象、六二、九三	5
				漸象、初六、六二、六二小象、九三、九五	6
				歸妹卦辭	1
				豐卦辭、初九、六二、九三、九四、上六小象	6
				旅卦辭、九三、六五	3

序號	朝代	作者	書名	索引	總數
				巽卦辭、彖、大象、六四、九五、上九小象	6
				兌卦辭、上六	2
				渙卦辭、六三、九五、上九	4
				節卦辭、九二	2
				中孚上九	1
				小過卦辭、六五、六五小象	3
				既濟卦辭、彖、六二、六四、九五	5
				未濟卦辭、初六小象、九二小象、六三、六五小象	5
25	南宋	朱熹	朱子語類	比九五、小畜卦辭、剝上九、无妄六二、明夷六五、家人大象、未濟卦辭	7
26	南宋	李過	古今圖書集成・理學彙編學行典・理數部・總論・觀物外篇上（引）	未濟卦辭	1
27	南宋	馮椅	厚齋易學	晉九四	1
28	南宋	易祓	御纂周易折中（引）	井卦辭	1
29	南宋	邱建安（丘富國）	御纂周易折中（引）	復六五、恆卦辭、彖、明夷九三、六五、井卦辭、鼎卦辭、巽九二	8
30	南宋	王應麟	困學紀聞	大畜六四、家人卦辭	2
31	南宋	徐進齋	周易傳義大全（引）	大畜六五	1
32	南宋	王宗傳	童溪易傳	萃六二	1

序號	朝代	作者	書名	索引	總數
33	元	胡一桂	御纂周易折中（引）、周易傳義大全（引）	謙卦辭、九三	2
34	元	吳澂（澄）	易纂言	習坎初六	1
35	元	胡炳文	周易本義通釋	壹・七、坤上六、蒙卦辭、訟卦辭、師六五、比大象、謙卦辭、六五、豫卦辭、初六、上六、噬嗑上九、无妄九五、大畜上九、明夷卦辭、初九、六二、六四、睽初九、益九五、革九五、歸妹九四、上六、豐初九、九三、渙初六、節初九	27
36	元	張中溪（清子、希獻）	周易傳義大全（引）	訟九五、大有九二、六五、豫六三、頤六五、艮上九、巽九五	7
37	元	梁寅	周易參義	豫九四、无妄六三、大過九二、兌九四	4
38	元	王申子	大易緝說	大壯卦辭	1
39	明	胡廣	周易傳義大全	師六五、明夷卦辭、初九	3
40	明	張雨若	〔明〕張振淵《周易說統》卷三（引）	謙六五	1
41	明	陸振奇	易芥	壹・八、遯六二、解大象、鼎卦辭	4
42	明	蔡清	易經蒙引	乾九二、象、坤六二、屯初九、蒙初六、九二、六五、需六四、師六三、履	49

序號	朝代	作者	書名	索引	總數
				上九、泰初九、謙六二、隨六二、臨初九、觀初六、噬嗑卦辭、初九、賁九三、六五、剝六二、復上六、无妄上九、大畜九二、咸初六、恆卦辭、初六、九三、遯九三、大壯彖、明夷上六、蹇九五、損九二、上九、益九五、升六二、困卦辭、九五、井卦辭、革九四、鼎九四、艮六二、漸卦辭、六四、歸妹九二、巽初六、節六三、小過卦辭、九三、六五	
43	明	林希元	易經存疑	需卦辭、大象、師卦辭、比卦辭、履卦辭、大有九四、謙卦辭、初六、臨上六、噬嗑九四、六五、賁九三、恆初六、恆九二、睽彖、解九四、損上九、益初九、益六四、夬九三、九五、姤彖、升六五、困九五、革上六、鼎初六、艮九三、漸初六、六二、旅六五、兌九五、渙六四、九五、小過卦辭、既濟九三、未濟六三	36
44	明	金賁亨	學易記	復六二、六三	2

序號	朝代	作者	書名	索引	總數
45	明	徐師曾	今文周易演義	歸妹上六	1
46	明	胡經	？	鼎卦辭	1
47	明	來知德	周易集註（易經來註圖解）	觀初六、六二、恆九三、六五、旅上九	5
48	明	鄧汝極	？	損六三	1
49	明	李光縉	？	坤文言‧六三	1
50	明	蘇濬（濬）	易經兒說	咸卦辭	1
51	明	吳默	潘士藻《讀易述》卷一（引）	乾文言‧九五	1
52	明	陳際泰	？	師卦辭、大有卦辭、賁卦辭、晉卦辭、未濟九四	5
53	明	何楷	古周易訂詁	訟大象、困九二、革上六、漸初六、上九、巽九二、中孚卦辭	7
54	明	龔煥	御纂周易折中（引）	小畜初九、九二	2
55	明	黃道周	易象正（檢索皆未見引文）	蹇卦辭、夬卦辭、升卦辭	3
56	明清	吳曰慎	御纂周易折中（引）	晉六三	1
57	明清	顧炎武	日知錄	晉上九	1
58	明清	張次仲	周易玩辭困學記（困指）	大有九三、大過九三	2
59	清	徐與喬	？	升六四	1
60	清	李光地	御纂周易折中	大有上九、家人初九、豐六二	3
61	清	任啟運	周易洗心	解象、姤九二、未濟大象	3

序號	朝代	作者	書名	索引	總數
62	清	惠棟	周易述	姤九二	1
63	清	葉佩蓀	易守	坤卦辭	1
64	清	葛懋哉	？	家人六二、損六五、益象、歸妹初九、中孚卦辭	5
65	清	李灝	易範同宗錄（？）	大有卦辭	1
66	清	薛嘉穎	易經精華	離上九、損卦辭	2
67	？	孫吳江	？	損大象	1

※〔明〕胡廣奉敕編纂《御纂周易折中》引用先儒姓氏

一、漢：孔氏安國（子國）、楊氏雄（子雲）、劉氏歆（子駿）、鄭氏玄（康成，「玄」字缺末筆避諱）。

二、晉：王氏弼（輔嗣）、韓氏伯（康伯）。

三、三國：董氏遇（季直）、虞氏翻（仲翔）。

四、北魏：關氏朗（子明）。

五、南朝齊：劉氏瓛。

六、唐：孔氏穎達（仲達）。

七、五代宋：陳氏臬、希夷陳氏摶（圖南）、胡氏旦、安定胡氏瑗（翼之）、泰山孫氏復（明復）、徂徠石氏介（守道）、廬陵歐陽氏脩（永叔）、錢氏藻、劉氏彝（執中）、于氏弇、臨川王氏安石（介甫）、廣陵王氏逢、邵子雍（堯夫）、張子載（子厚）、涑水司馬氏光（君實）、東坡蘇氏軾（子瞻）、房氏審權、嵩山晁氏說之（以道）、和靖尹氏焞（明彥）、藍田呂氏大臨（與叔）、廣平游氏酢（定夫）、上蔡謝氏顯道（良佐）、龜山楊氏時（立中）、壽安張氏繹（思叔）、兼山郭氏忠孝（立之）、張氏汝明（舜文）、莆田張氏汝弼（舜元）、括蒼

龔氏源（深父）、開封耿氏南仲、希道李氏元量、東明劉氏槩（平仲）、路氏純中、漢上朱氏震（子發）、白雲郭氏雍（子和）、鄭氏正夫、閭氏彥升、東谷鄭氏汝諧（舜舉）、凌氏唐佐、陸氏秉、李氏開（去非）、王氏湘卿、李氏光（泰發）、丹陽都氏潔（聖與）、合沙鄭氏東卿（少梅）、容齋洪氏邁（景盧）、劉氏翔、鄭氏剛中（亨仲）、閭丘氏昕（逢辰）、蘭氏廷瑞（惠卿）、王氏大寶（元龜）、李氏椿年（仲永）、沙隨程氏炯（可久）、莆田鄭氏厚（隆山）、李氏舜臣（子思）、縉雲馮氏當可（時行）、童溪王氏宗傳（景孟）、誠齋楊氏萬里（廷秀）、雙溪王氏炎（叔晦）、南軒張氏栻（敬夫）、東萊呂氏祖謙（伯恭）、林氏栗（黃中）、西山蔡氏元定（季通）、勉齋黃氏榦（直卿）、盤澗董氏銖（叔重）、潛室陳氏埴（器之）、清江張氏洽（元德）、范氏念德（伯崇）、梅巖袁氏樞（機仲）、瓜山潘氏柄（謙之）、節齋蔡氏淵（伯靜）、九峯蔡氏沈（仲默）、三山吳氏綺（忠猷）、雲莊劉氏爚（晦伯）、覺軒蔡氏模、西溪李氏過（季辨）、厚齋馮氏椅（奇之）、瀘川毛氏璞（伯玉）、庸齋趙氏汝騰、趙氏汝楳、山齋易氏祓（彥章）、融堂錢氏時（子是）、雙峯饒氏魯（仲元）、進齋徐氏幾（子與）、馮氏去非、姚氏小彭、黃氏以翼（宗台）、鶴山魏氏了翁（華父）、西山眞氏德秀（景元）、習靜劉氏彌邵（壽翁）、平菴項氏安世（平甫）、柴氏中行（與之）、潘氏夢旂（天錫）、楊氏文煥（彬夫）、隆山陳氏友文、思齋翁氏泳（永叔）、天台董氏楷、古為徐氏直方（立大）、毅齋沈氏貴瑤（又名汝礪）、誠叔建安丘氏富國（行可）、單氏、雷氏。

八、**元明**：史氏詠、冷氏、蛟峯方氏逢辰、吳氏應回、疊山謝氏枋得（君直）、魯齋許氏衡（仲平）、玉齋胡氏方平、新安胡氏次焱（鼎濟）、潛齋胡氏允、節初齊氏夢龍、覺翁程氏鉅夫、苟軒程氏龍（舜俞）、新安程氏直方（道大）、葵初王氏希旦（愈明）、勿軒熊氏禾（去

非）、雙湖胡氏庭芳（一桂）、方塘徐氏之祥（麒父）、中溪張氏清子
（希獻）、汪氏深（性所）、雲峯胡氏炳文（仲虎）、息齋余氏芑舒
（德新）、臨川吳氏澂（幼清）、廬陵龍氏仁夫（觀復）、番陽董氏真
卿（季真）。

※〔清〕李光地奉敕編纂《御纂周易折中》引用姓氏

案:「玄」,皆避〔清〕聖祖康熙玄燁名諱,統改作「元」。

一、漢:董氏仲舒、孔氏安國(子國)、司馬氏遷(子長)、京氏房(君明)、劉氏向(子政)、揚氏雄(子雲)、班氏固(孟堅)、馬氏融(季長)、服氏虔(子慎)、荀氏爽(慈明,一名諝)、鄭氏元(康成)、宋氏衷(仲子,一作忠)、虞氏翻(仲翔)、陸氏績(公紀)、王氏肅(子邕)、姚氏信(德祐)、王氏弼(輔嗣)、翟氏子元(未詳世次,見荀爽《九家易》,今附於此)。

二、晉:干氏寶(令升)、范氏長生(蜀才,一名賢)、韓氏伯(康伯)。

三、齊:沈氏驎士(雲禎)。

四、北魏:關氏朗(子明)。

五、隋:王氏通(仲淹,文中子)。

六、唐:陸氏元朗(德明)、孔氏穎達(仲達,一作沖遠)、房氏喬(元齡)、侯氏行果(李鼎祚《集解》作「侯果」)、陸氏贄(敬輿)、韓氏愈(退之)、王氏凱沖、崔氏憬(以上二人未詳世次,見李鼎祚《集解》,今附於此)、李氏鼎祚、陸氏希聲(君陽遯叟)、劉氏蛻(復愚)。

七、宋:王氏昭素(酸棗)、句氏微、代氏淵(仲顏)、范氏仲淹(希文)、劉氏牧(長民)、胡氏瑗(翼之,安定)、王氏逢(會之)、石氏介(守道,徂徠)、歐陽氏脩(永叔,廬陵)、蘇氏舜欽(子美)、周子敦頤(茂叔,濂溪)、邵子雍(堯夫,康節)、王氏安石(介甫,臨川)、司馬氏光(君實,涑水)、張子載(子厚,橫渠)、程子顥(伯淳,明道)、程子頤(正叔,伊川)、蘇氏軾(子瞻,東坡)、呂氏大臨(與叔,藍田)、楊氏繪(元素)、陸氏佃(農師)、沈氏括(存中)、晁氏說之(以道,嵩山)、龔氏原(深父,括蒼)、薛氏溫其、

盧氏、集氏（以上三人未詳世次，見房審權《義海》，今附於此）。謝氏良佐（顯道，上蔡）、游氏酢（定夫，廣平）、楊氏時（中立，龜山）、尹氏焞（彥明，和靖）、郭氏忠孝（立之，兼山）、耿氏南仲（希道，開封）、李氏元量、閻氏彥升、李氏彥章（元達）、李氏開（去非，小舟）、張氏浚（德遠，紫巖）、劉氏子翬（彥沖，屏山）、鄭氏剛中（亨仲）、沈氏該（守約）、朱氏震（子發，漢上）、郭氏雍（子和，白雲）、程氏迥（可久，沙隨）、鄭氏東卿（少梅，合沙）、鄭氏汝諧（舜舉，東谷）、楊氏萬里（庭秀，誠齋）、蘭氏廷瑞（惠卿）、馮氏當可（時行，縉雲）、王氏宗傳（景孟，童溪）、林氏栗（黃中）、袁氏樞（機仲，梅巖）、鄭氏樵（漁仲，夾漈）、朱子熹（元晦，紫陽）、張氏栻（敬夫，南軒）、呂氏祖謙（伯恭，東萊）、陸氏九淵（子靜，象山）、李氏舜臣（子思，隆山）、項氏安世（平父，平庵）、易氏祓（彥章，山齋）、趙氏彥肅（子欽，復齋）、蔡氏元定（季通，西山）、陳氏淳（安卿，北溪）、黃氏榦（直卿，勉齋）、董氏銖（叔重，磐澗）、陳氏埴（器之，潛室）、楊氏簡（敬仲，慈湖）、蔡氏淵（伯靜，節齋）、李氏過（季辨，西溪）、馮氏椅（儀之，厚齋）、毛氏璞（伯玉）、柴氏中行（與之）、真氏德秀（希元，西山）、魏氏了翁（華父，鶴山）、趙氏汝騰（茂實）、趙氏汝楳、李氏心傳（微之，秀巖）、劉氏彌劭（壽翁，習靜）、錢氏時（子是，融堂）、饒氏魯（仲元，雙峯）、稅氏與權（巽父）、潘氏夢旂（天錫）、楊氏文煥（彬夫，釋褐）、徐氏幾（子與，進齋）、翁氏泳（永叔，思齋）、丘氏富國（行可，建安）、吳氏綺（終畝）、田氏疇（興齋，雲閒）、徐氏直方（立大，古為）、陳氏友文（隆山）、王氏應麟（伯厚，深寧叟）、吳氏應回、鄭氏湘鄉、陳氏、劉氏、董氏、楊氏、鄭氏（以上五人未詳世次，或失其名字，今附於此）。

八、金：單氏渢、雷氏思（西仲）。

九、元：許氏衡（平仲，魯齋）、李氏簡（蒙齋）、王氏申子（巽卿，秋山）、熊氏朋來（與可）、胡氏方平（師魯，玉齋）、吳氏澄（幼清，草廬，臨川）、龔氏煥（幼文，泉峯）、胡氏允（潛齋）、齊氏夢龍（覺翁，節初）、胡氏一桂（庭芳，雙湖）、鮑氏雲龍（景翔，魯齋）、徐氏之祥（麒父，方塘）、胡氏炳文（仲虎，雲峯）、張氏清子（希獻，中溪）、熊氏良輔（任重，梅邊）、萬氏善（明復）、余氏芑舒（德新，息齋）、龍氏仁夫（觀復）、黃氏瑞節（觀樂）、董氏真卿（季真，番陽）、保氏八（公孟，普庵）、俞氏琰（玉吾，石澗）。

十、明：梁氏寅（孟敬，石門）、蔣氏悌生（仁叔）、薛氏瑄（德溫，敬軒）、劉氏定之（主靜，保齋）、胡氏居仁（叔心，敬齋）、蔡氏清（介夫，虛齋）、邵氏寶（國賢，二泉）、林氏希元（懋貞，次厓）、陳氏琛（思獻，紫峯）、余氏本（子華）、金氏賁亨（汝白）、豐氏寅初（復初）、葉氏良佩（敬之）、姜氏寶（廷善，鳳阿）、楊氏時喬（宜遷，止庵）、歸氏有光（熙甫，震川）、趙氏玉泉、沈氏一貫（肩吾，蛟門）、錢氏一本（國瑞，啟新）、唐氏鶴徵（元卿，凝庵）、高氏萃、蘇氏濬（君禹，紫溪）、顧氏憲成（叔時，涇陽）、鄭氏維嶽（孩如）、姚氏舜牧（虞佐，承庵）、潘氏士藻（去華，雪松）、高氏攀龍（存之，景逸）、許氏聞至（長聖）、焦氏竑（弱侯，澹澍）、陸氏銓（君啟）、來氏知德（矣鮮，瞿唐）、章氏潢（本清）、江氏盈科（楚餘，綠蘿）、方氏時化（雨若）、楊氏啟新（文源）、趙氏光大、陸氏振奇（庸成）、繆氏昌期（當時，西谿）、方氏應祥（孟旋）、陳氏仁錫（明卿）、張氏振淵（彥陵）、谷氏家杰（拙侯）、喬氏中（還一）、何氏楷（元子）、黃氏淳耀（蘊生，陶庵）、錢氏志立（爾卓）、趙氏振芳（胥山）、徐氏在漢（天章，寒泉）、顧氏象德（善伯）、錢氏澄之（幼光）、吳氏曰慎（徽仲，敬齋）、葉氏爾瞻、汪氏砥之、程氏敬承、張氏雨若、孫氏質卿、吳氏一源、汪氏咸池、盧氏中庵、郭氏鵬海、游氏讓溪（以上十人未詳世次，或失其名字，今附於此）。

附錄三
黃敬經傳眉批詮釋《易》義一覽表

案：以下「眉批」總計383條，包含黃敬依照《周易》卦爻辭、〈象傳〉、乾坤〈文言傳〉與大小〈象傳〉，書寫於天頭的文字，多數加「按」字，亦有未加「按」字且非徵引各家《易》說者，皆計入不另外區別，特此說明。

序號	卦辭	象傳	象傳	爻辭	總數
1	乾			初九、九二、九三	4
2	坤			六二、六三、六四、六五、用六	6
3	屯			初九、六二、六三、六四、九五、上六	7
4	蒙			初六、九二、六三、六四、六五、上九	7
5	需			初九、九二、九三、六四、九五、上六	7
6				訟初六、九二、六三、九四、上九	5
7				師初六、九二、六三、六四、六五、上六	6
8	比			初六、六二、六三、六四、九五、上六	7
9	小畜			九三、六四、九五、上九	5
10				履初九、九二、六三、九四、九五、上九	6
11	泰			初九、九二、九三、六四、六五、上六	7
12	否			初六、六二、六三、九四、九五、上九	7
13	同人			初九、六二、九三、九四、九五、上九	7
14				大有初九、六五、上九	3
15				謙初六、六二、六四、上六	4

序號	卦辭	象傳	象傳	爻辭	總數
16	豫		豫	初六、六二、六三、九四、六五、上六	8
17	隨			初九、六二、六三、九四、九五、上六	7
18	蠱			初六、九二、九三、六四、上九	6
19	臨			九二、六三、六四、六五	5
20	觀			初六、六二、六四、九五、上九	6
21				噬嗑初九、六二、六三、九四、六五	5
22	賁			初九、六二、六四、六五、上九	6
23	剝			初六、六二、六三、六四、六五、上九	7
24	復			初九、六三、六四、六五、上六	6
25	无妄			初九、六二、六三、九四	5
26	大畜			初九、九二、九三、六五	5
27	頤			初九、六二、六三、六四、六五、上九	7
28	大過			初六、九二、九四、九五、上六	6
29	習坎			初六、九二、六三、六四、九五、上六	7
30	離			初九、六二、九三、九四、六五	6
31				咸六二、九三、九四、上六	4
32				恆九二、九三、九四、六五	4
33	遯			初六、九三、九四、九五、上九	6
34	大壯			初九、九二、九三、九四、六五、上六	7
35				晉初六、六二、六三、九四、六五	5
36				明夷初九、六二、九三、六四、上六	5
37	家人			初九、六二、九三、六四、九五、上九	7
38	睽			初九、九二、六三、九四、六五、上九	7
39				蹇初六、六二、九三、六四、上六	5

序號	卦辭	象傳	象傳	爻　辭	總數
40	解	解	解	初六、九二、六三、九四、六五、上六	9
41	損			初九、九二、六四、六五	5
42	益			六二、六三、九五、上九	5
43				夬初九、九二、九三、九四、上六	5
44	姤			初六、九二、九三、九四、九五、上九	7
45	萃			初六、六二、六三、九五、上六	6
46				升初六、六二、九三、六四、上六	5
47				困初六、九二、六三、九四、上六	5
48				井初六、九二、九三、六四、九五、上六	6
49	革			初九、六二、九三、九四、九五、上六	7
50				鼎九二、九三、九四、六五、上九	5
51	震			初九、六二（兩見）、六三、九四、六五、上六	8
52	艮			初六、六二、九三、六四、六五、上九	7
53	漸			六二、九三、六四、九五	5
54	歸妹			初九、九二、六三、九四、六五、上六	7
55	豐			初九、六二、九三、九四、六五、上六	7
56	旅			初六、六二、九四、上九	5
57	巽			初六、九二、九三、六四、九五、上九	7
58	兌			初九、九二、六三、九五、上六	6
59	渙			初六、九二、六四、上九	5
60	節			初九、九二、六三、六四、九五、上六	7
61	中孚			初九、九二、六三、六四、九五、上九	7
62				小過初六、六二、九四、六五、上六	5

序號	卦辭	象傳	象傳	爻辭	總數
63	既濟			初九、六二、九三、六四、九五、上六	7
64				未濟初六、九二、六三、六五、上九	5

附錄四
黃敬徵引文獻史事證《易》一覽表

案：本表僅錄黃敬眉批所徵引歷代文獻中，以史事證《易》者，並可與
　　「附錄二」對照參考。總計105條：從遠古到秦共64條，從楚漢到
　　五代共25條，唐代共10條，從五代到南宋共6條，可知歷代文獻引
　　史證《易》的情況。

序號	朝代	人名	史事	索引	出處
1	遠古唐虞夏商周	伏羲氏、黃帝、禹、武王（姬發）、南宮适、史佚	伏羲氏興神鼎，一象一統；黃帝作寶鼎，三象三才；禹鑄九鼎，象九州。武王命南宮适、史佚展九鼎於洛邑，故人君撫大寶位。	鼎卦辭	〔明〕胡經，未詳所出？
2	唐虞商周	堯、舜、湯、武（周武王）	堯禪舜授，湯武放伐，制禮作樂，網罟、舟車，一切開先創造者，總是天、地間未有之事。	乾九五文言	〔明〕潘士藻《讀易述》引〔明〕吳因之（默）
3	唐虞商周	堯、舜、湯、武	堯、舜之揖讓天下，維德之化；湯、武之征伐，則有威存焉。	革九五	〔清〕李光地《御纂周易折中》引〔南宋〕蘭廷瑞
4	唐虞東周	堯、舜、孔子	觀堯之無名，虛也；舜之無為，虛也；孔	咸卦辭	〔明〕蘇濬《易經兒說》

序號	朝代	人名	史事	索引	出處
			子之無意、必、固、我，虛也，茲其感通之至妙。		
5	唐虞周	堯、舜、仲尼（孔子）	帝釐下土，設居方，堯、舜之事業；老安、少懷，萬物各得其所，仲尼之志。	未濟大象	〔清〕任啟運《周易洗心》
6	虞西周東周	舜、共（共工）、驩（驩兜）、旦（姬旦，周公）、管（管叔，姬鮮）、蔡（蔡叔，姬度）、孔子、陽貨、孟子（軻）、王驩（子敖）	舜與共、驩同朝，旦與管、蔡共國，孔子之見陽貨，孟子之見王驩，小人曰在前，而我自遯。	遯六二	〔明〕陸振奇《易芥》
7	虞	舜	聽訟以中正為主，訟獄之歸舜，九五有之。	訟九五	〔明〕胡廣《周易傳義大全》引〔元〕張中溪
8	虞	舜	舜德溫恭，而不免三苗之伐；聖人豈輕用兵哉？不得已也。	謙六五	〔明〕張振淵《周易說統》引〔明〕張雨若
9	虞	舜	雖舜之聖，且畏巧言、令色，安得不戒？	兌九五	〔北宋〕程頤《周易程氏傳》

序號	朝代	人名	史事	索引	出處
10	夏商周	禹、稷、顏回、夷（伯夷）、惠（柳下惠）、孔子、孟子	禹、稷、顏回，同道而異趣；夷、惠，同性而異行，未足為同之異。一孔子，而齊、魯異遲速；一孟子，而今、昔之餽異辭受，此同而異。	睽象	〔南宋〕楊萬里《誠齋易傳》
11	夏	禹、伯益	謙之一字，自禹征有苗，伯益發之。	謙六五	〔元〕胡炳文《周易本義通釋》
12	夏	公劉	公劉創京於豳之初，相其陰陽，觀其流泉，先卜其井泉之便，而后居之。	井卦辭	〔清〕李光地《御纂周易折中》引〔南宋〕李隆山
13	夏秦	禹、嬴政（秦始皇）	擬之王業，其車書一統，玉帛萬國之會。	大有卦辭	〔明〕陳際泰，未詳所出？
14	商	伊尹	伊尹任天下之重，此爻足以當之。	大有九二	〔明〕張中溪《讀易紀聞》
15	商	盤庚、太王（古公亶父）	盤庚遷殷避水患，太王遷岐避狄人。	益六四	〔明〕林希元《易經存疑》
16	商周	成湯、文王（姬昌）	成湯起於夏臺，文王興於羑里。	明夷九三	〔南宋〕朱熹《周易本義》
17	商周	湯、武（武王）	斯義也，其湯、武之事。	明夷九三	〔北宋〕程頤《周易程氏傳》
18	商周	成湯、武（武王）	成湯未革夏命，而室家已相慶於來蘇之	革九五	〔元〕胡炳文《周易本義通

序號	朝代	人名	史事	索引	出處
			先。不然,湯、武之事,未易舉。		釋》
19	商周	文王、箕子	羑里演《易》,處之甚從容,文王之德;佯狂受辱,處之極艱難,箕子之志。然文因之演義《易》,箕因之演禹《疇》,聖賢患難,關係斯文。	明夷卦辭	〔元〕胡炳文《周易本義通釋》
20	商周	伊尹、周公	臣罔以寵利居成功,伊尹之匪彭;公孫碩膚,赤舄几几,周公之匪彭。	大有九四	〔明〕林希元《易經存疑》
21	商周	成王（姬誦）、太甲（子至）	成王、太甲皆以臣,而用譽者。	蠱六五	〔北宋〕程頤《易程傳》
22	商	高宗（武丁）	高宗伐鬼方,既濟乘富強之餘,故憂其敗;未濟憤凌夷之積,故慶其賞。	未濟九四	〔明〕陳際泰,未詳所出?
23	商周	微子（啟）	獲明夷之心者,微子之自靖;出門庭者,微子之行遯。	明夷六四	〔元〕胡炳文《周易本義通釋》
24	商周	微子、比干、箕子	微子去卻易,比干諫死,又卻素性;箕子在半上落下,最是難處,被他監係在那裏,不免佯狂。	明夷六五	〔南宋〕朱熹《朱子語類》

序號	朝代	人名	史事	索引	出處
25	商周	比干	比干之死，自獻於先王，而萬世不以為非。	困卦辭	〔明〕蔡清《易經蒙引》
26	西周	文王	至誠無息，天行健也，「文王之德之純」。	乾九五	〔北宋〕游廣平（酢）《游廌山集》
27	西周	文（文王）	聽訟以中正為主，虞、芮之質文，九五有之。	訟九五	〔明〕張中溪（獻翼）《讀易紀聞》
28	西周	文（文王）	文德懿恭，而不免密人之征。聖人豈輕用兵哉？不得已也。	謙六五	〔明〕張振淵《周易說統》引〔明〕張雨若
29	西周	伯夷	初為伯夷海濱之事，以待天下之清。	明夷初九	〔明〕胡廣《周易傳義大全》
30	商周	伯夷、武王	伯夷可避北海，而武王不能已牧野之師，古之身任天下之重者，大抵如斯。	蹇卦辭	〔明〕黃道周，未詳所出？
31	西周	二餓夫（伯夷、叔齊）	鷹揚之烈，不偉于二餓夫。	漸上九	〔明〕何楷《古周易訂詁》
32	西周	文王、周公	文王羑里之囚，不殄厥慍，亦不隕厥問。周公流言之變，公孫碩膚，德音不瑕。文、周之疾，不藥而自愈矣。	无妄九五	〔元〕胡炳文《周易本義通釋》

序號	朝代	人名	史事	索引	出處
33	西周	武王	武王伐商，發鉅橋之粟，散鹿臺之財，以周窮民及善人，是散其王居。	渙九五	〔明〕林希元《易經存疑》
34	周秦漢		古者遷國，必有所依，如周、秦、漢依山河之險，遷都關中。亦有依大國者，周依晉、鄭依齊、許依楚。	益六四	〔明〕林希元《易經存疑》
35	西周	康（康王，姬釗）、畢公（姬高）	康命畢公「彰善癉惡，樹之風聲」。王國大夫「大車毳衣，畏子不敢」，皆治內之事。	晉上九	〔明清之際〕顧炎武《日知錄》
36	東周	〈小星〉之夫人、仲氏	〈小星〉之夫人，謹禂衾於進御之所；仲氏之淑慎，顯溫惠於先君之思。	歸妹初九	〔清〕葛懋哉，未詳所出？
37	東周	重耳（晉文公）、齊姜	重耳出奔之時，安于齊姜，而忘四方之志。	賁九三	〔明〕林希元《易經存疑》
38	東周	管仲、孟明（視）	因敗為功，管仲舉於巾車，孟明勝敵於囚虜之餘。	鼎初六	〔明〕林希元《易經存疑》
39	東周		《春秋》王師敗績于茅戎、天王狩于河陽，與此同一書法。	坤上六	〔元〕胡炳文《周易本義通釋》

序號	朝代	人名	史事	索引	出處
40	東周	楚公子圍	楚公子圍之美矣君哉也，然終以野死，則亦何利哉？	坤上六文言	〔南宋〕項安世《周易玩辭》
41	東周		女子爭桑，而吳、楚速兵；羊斟爭羊，而宋師敗績。	訟大象	〔明〕何楷《古周易訂詁》
42	東周	晏平仲（嬰）	晏平仲善與人交，久而敬之。	臨上六	〔明〕林希元《易經存疑》
43	東周	莫敖、正考父、宰我、高柴、管仲、晏子（晏嬰）	有舉趾之莫敖，而正考父循牆；有短喪之宰我，而高柴泣血；有三歸反坫之管仲，而晏子敝裘，雖非中行，足以矯時勵俗。	小過大象	〔清〕李光地《御纂周易折中》引〔北宋〕晁說之
44	東周	老氏（老聃）、莊（周）、列（禦寇）	老氏隱居志道，其言曰柔勝剛、牝勝牡，而所謂三寶，則曰慈、曰儉、曰不敢為天下先。莊、列之徒，暢其風宗，皆引其支而揚其波。	坤卦辭	〔清〕葉佩蓀《易守》
45	東周	夫子（孔子，丘）	為治者，治道規矩皆已備舉，治道之成，惟當待之，夫子「必世而後仁」。	需大象	〔明〕林希元《易經存疑》
46	東周	孔子	孔子在陳，絃歌不絕。	困卦辭	〔明〕蔡清《易經蒙引》
47	東周	孔子、陽貨	見惡人，如孔子之於陽貨是已。	睽初九	〔南宋〕朱熹《周易本義》

序號	朝代	人名	史事	索引	出處
48	東周	孔（孔子）、孟（孟子）	孔抑干祿之師，孟噓趙孟之貴，而於為己務實之學，欲其日升不已。	升卦辭	〔明〕黃道周，未詳所出？
49	東周	顏子（淵）	未能无息而不息者，君子之自強，若顏子「三月不違仁」。	乾九五	〔北宋〕游廣平（酢）《游廌山集》
50	東周	顏子	顏子不遷怒，是從懲忿工夫造來。不貳過，是從窒欲工夫造來。	損大象	〔？〕孫吳江，未詳所出？
51	東周	漆雕開	六三察己以從人，九五察人以脩己，六三似漆雕開。	觀六三	〔南宋〕楊萬里《誠齋易傳》
52	東周	冉（求，子有）、閔（損，子騫	二休復下仁，以友輔仁，冉、閔之徒也。	復六二	〔明〕金賁亨《學易記》
53	東周	尾生	无妄之極，則至誠矣，中孚上九，為信之極，此尾生孝己之行。	无妄上九	〔明〕蔡清《易經蒙引》
54	東周	楊（朱）、墨（翟）	世固有執拗終身者，如楊、墨之徒，所守非不堅，正則未也，故終不可行。	恆卦辭	〔明〕蔡清《易經蒙引》
55	東周	孟子	為學者，致知力行工夫已做，學業之成，唯當待之，孟子「勿助」、「勿忘」。	需大象	〔明〕林希元《易經存疑》

序號	朝代	人名	史事	索引	出處
56	東周	趙太后（威后）、長安君、左師觸龍	趙太后愛其少子長安君，不肯使質於齊，此其蔽於私愛。左師觸龍，因其明，而導之以長久之計。	坎六四	〔北宋〕程頤《易程傳》
57	東周	公孫衍、張儀	公孫衍、張儀阿諛苟容，竊取權勢，乃妾婦順從之道，非丈夫之所宜。	恆六五	〔明〕來知德《周易集註》
58	東周	二臣（觀射父、左史倚相）、齊威王（田因齊）、四子（檀子、田盼、黔夫申縛、種首）	楚書以二臣之善，珍乎白珩；齊威以四子之功，美於照乘。	損六五	〔清〕葛懋哉，未詳所出？
59	東周	梁惠王（魏罃）	梁惠王移民間之粟，惠而不費，未見其貞。	損上九	〔明〕林希元《易經存疑》
60	東周	陳恆、季氏（季孫氏）	非理枉道而得民者，齊之陳恆，魯之季氏。	萃九四	〔北宋〕程頤《易程傳》
61	東周		春秋、戰國諸侯，各有朋黨，以相侵伐。	渙六四	〔明〕林希元《易經存疑》
62	秦		有吉而有咎者，嬴秦之滅六國。	師卦辭	〔明〕林希元《易經存疑》
63	秦楚	秦政（秦始皇，嬴政）、項籍（羽）	秦政、項籍，豈能久也？	履六三	〔南宋〕朱熹《周易本義》

序號	朝代	人名	史事	索引	出處
64	秦漢	秦皇（嬴政）、漢武（劉徹）	上以震動為恆，秦皇、漢武之類是。	恆上六	〔南宋〕朱震《漢上易傳》
65	楚漢	沛公（劉邦）、羽	沛公見羽鴻門，彷彿此爻之義。	需六四	〔明〕蔡清《易經蒙引》
66	楚漢	沛公、羽	柔能制剛，弱能制強，沛公見羽鴻門近之。	履卦辭	〔明〕林希元《易經存疑》
67	楚漢	漢高祖（劉邦）	漢高祖入關與民約法三章，是能渙其大號者。	渙九五	〔明〕林希元《易經存疑》
68	西漢	漢祖、戚姬、四老（商山四皓）	漢祖愛戚姬，將易太子，是其所蔽。四老者，高祖素知其賢而重之，此其不蔽之明心。	坎六四	〔北宋〕程頤《易程傳》
69	西漢	張良、四老人（商山四皓）	狙擊之功，不加于四老人。	漸上九	〔明〕何楷《古周易訂詁》
70	西漢	韓信、陳平	因賤致貴，韓信舉於行陣、陳平拔於亡命。	鼎初六	〔明〕林希元《易經存疑》
71	西漢	漢文（劉恆）	有元永而不貞者，漢文恭儉二十年如一日，而不免溺于黃老清淨。	比卦辭	〔明〕林希元《易經存疑》
72	西漢	賈生（誼）、漢文	賈生之於漢文，彼雖交淺言深，何嘗不正乎？	恆初六	〔明〕林希元《易經存疑》

序號	朝代	人名	史事	索引	出處
73	西漢	賈誼、絳（絳侯周勃）、灌（灌嬰）、帝（漢文帝）	賈誼新進，絳、灌之徒譖之於帝，謂洛陽少年，專事紛更。	漸初六	〔明〕林希元《易經存疑》
74	西漢	文帝（劉恆）	漢文帝承高、惠豐積之厚，而屢下賜民租之詔。	損上九	〔明〕蔡清《易經蒙引》
75	西漢	霍光	出入朝堂，小心敬慎，郎僕射嘗識視之，不失尺寸，霍光之匪彭。	大有九四	〔明〕林希元《易經存疑》
76	東漢	南陽（光武帝，劉秀）	南陽中興，雲臺合策，有濟難之責者，可以鑒矣。	蹇卦辭	〔明〕黃道周，未詳所出？
77	東漢	嚴光、劉秀（光武帝）	桐江一絲，扶漢九鼎，節義之有益于人、國。	損九二	〔明〕蔡清《易經蒙引》
78	東漢	客星（嚴光）	麟閣之勳，不宏于一客星。	漸上九	〔明〕何楷《古周易訂詁》
79	東漢	桓帝（劉志）	漢桓帝令民鑄錢以賑饑，惠而不費，未見其貞。	損上九	〔明〕林希元《易經存疑》
80	東漢	曹（操）、劉（備）	曹、劉共飯，地分於匕箸之間。	訟大象	〔明〕何楷《古周易訂詁》
81	東漢	劉先主（備）	劉先主當猖獗之時，信義愈著于四海，是	蹇九五	〔明〕蔡清《易經蒙引》

序號	朝代	人名	史事	索引	出處
			中節也，故士從之如雲。		
82	新 東漢 東晉	操（曹操）、懿（司馬懿）、莽（王莽）、溫（桓溫）	〈文言〉曰「弗敢成」，「弗敢」二字妙！操、懿、莽、溫之惡，皆以「敢」心成之。	坤六三文言	〔清〕薛嘉穎《易經精華》引〔明〕李光縉
83	東漢 曹魏	漢獻（劉協）、曹操、魏高貴鄉公（曹髦）、司馬（昭）	漢獻之遷於曹操，魏高貴鄉公之受制於司馬。	困九五	〔明〕林希元《易經存疑》
84	東漢		漢群雄割據，而為黨者，此一黨也。	渙六四	〔明〕林希元《易經存疑》
85	東晉	溫嶠、王敦	溫嶠之於王敦，其事類此。	夬九三	〔南宋〕朱熹《周易本義》
86	蜀漢	孔明（諸葛亮）	有无咎而不吉者，孔明之伐魏。	師卦辭	〔明〕林希元《易經存疑》
87	蜀漢	德公（龐德）臥龍（諸葛亮）	德公可隱鹿門，而臥龍不能辭渡瀘之險，古之身任天下之重者，大抵如斯。	蹇卦辭	〔明〕黃道周，未詳所出？
88	三國	曹（操）、劉（備）、孫（權）	三國鼎分，海內人心渙散，以曹、劉、孫之雄畧，而不能一天下，以成帝業，乃遭時之不幸，非才力之不足。	睽彖	〔明〕林希元《易經存疑》

序號	朝代	人名	史事	索引	出處
89	北朝齊	齊文宣（高洋）、楊愔	齊文宣荒淫狂悖，甚于桀、紂，然而知楊愔之賢，悉以政事委之，時人以為主昏於上，政清於下。	豐六五	〔北宋〕司馬光《資治通鑑》
90	唐	唐高祖（李淵）	唐高祖伐隋與民約法十二條，是能渙其大號者。	渙九五	〔明〕林希元《易經存疑》
91	唐	魏徵、太宗（李世民）	魏徵之受金甕、受絹帛於太宗之類。	益初九	〔明〕林希元《易經存疑》
92	唐	太宗、唐明皇（李隆基）	有元而不永者，唐太宗貞觀之治，而不克終；唐明皇天寶之亂，不及開元。	比卦辭	〔明〕林希元《易經存疑》
93	唐	盧陵（中宗，李顯）	盧陵反祚，桃李在門，有濟難之責者，可以鑒矣。	蹇卦辭	〔明〕黃道周，未詳所出？
94	唐	五王（張柬之、敬暉、崔玄暐、桓彥范、袁恕己）、武三思	唐五王惟失此義，中武三思之害。	小過九三	〔明〕蔡清《易經蒙引》
95	唐	唐明皇（玄宗，李隆基）、李林甫	唐明皇知李林甫之奸而又用之，一則恃自己聰明，一則恃海內平安，不知恃聰明便是昏了、恃平安便危了。	兌九五	〔明〕林希元《易經存疑》
96	唐	牛（僧孺）、李（德裕）	朋黨，唐牛、李，此一黨也。	渙六四	〔明〕林希元《易經存疑》

序號	朝代	人名	史事	索引	出處
97	唐	子儀（郭子儀）	功蓋天下，而主不疑，位極人臣，而眾不忌，子儀之匪彭。	大有九四	〔明〕林希元《易經存疑》
98	唐	劉貴、唐文（文宗，李昂）	劉貴之於唐文，彼雖交淺言深，何嘗不正乎？	恆初六	〔明〕林希元《易經存疑》
99	唐		唐群雄割據，而為黨者，此一黨也。	渙六四	〔明〕林希元《易經存疑》
100	五代	蘇（逢吉）、史（弘文）	蘇、史滅宗，忿起於笑談之頃。	訟大象	〔明〕何楷《古周易訂詁》
101	北宋	宋神宗（趙頊）、王安石	宋神宗銳志更政，終身為王安石所惑而不悟。	比卦辭	〔明〕林希元《易經存疑》
102	北宋	邵子（雍）、程子（頤）	《易》一本雙幹，邵子終日言不離乎是，程子思終夜思，手舞足蹈。	損六三	〔明〕鄧汝極，未詳所出？
103	北宋	程頤、蘇軾	朋黨，宋洛、蜀，此一黨也。	渙六四	〔明〕林希元《易經存疑》
104	北宋	王安石	棟橈，陽失之太過，王安石似之。	大過九三	〔清〕張次仲《周易玩辭困學記》（《困指》）
105	北宋	宋神宗、王安石	宋神宗以人言而罷安石，是「中未光也」，故不久復用。	夬九五	〔明〕林希元《易經存疑》

附錄五
黃敬徵引歷代史事證《易》一覽表

案：本表僅錄黃敬眉批「按」語中，徵引歷代史事以證《易》者，僅摘
　　要史事文字內容，並非全文照錄；且不包括「附錄四」所徵引歷代
　　《易》學文獻中，所述及歷代史事以證《易》者，特此說明。總計
　　430則，除1則時代不能確定外，其餘429則，分別朝代統計如下：
　　一、遠古至商代96則；二、周代110則；三、秦至漢代99則；四、
　　三國至隋代27則；五、唐代38則；六、宋代48則；元至清代11則。
　　以下依朝代、人名、史事與索引排序，提供參考。

序號	朝代	人名	史事	索引
1	遠古	三皇、五帝、三王	聖天子繼天出治，三皇、五帝、三王皆足以當之。	乾九五
2	遠古三代	伏羲、舜、禹、文王（姬昌）、武王（姬發）	伏羲時，龍馬負圖；舜時，鳳凰來儀，百獸率舞；禹時，黃龍負舟，洛龜出書；文王時，麟趾呈祥，騶虞獻瑞；武王時，白魚躍舟、赤烏流屋。	中孚卦辭
3	唐虞夏	堯、舜、禹	堯老而舜攝，舜亦以命禹。	乾上九
4	唐虞夏	堯、舜、禹	「允執厥中」，堯所以授舜，舜所以命禹。	泰九二
5	唐虞夏商周	堯、舜、禹、湯、文、武、周（公）	自古聖人法天明道，而堯、舜、禹以危微交儆，湯、文、武、周莫不憂勤惕厲，惟恐失墜。	震卦辭

序號	朝代	人名	史事	索引
6	唐虞周		唐、虞有三事，厚生並重；成周有八政，食貨為先，蓋王者德修於身，而澤被於天下焉。	井九五
7	唐虞周		唐、虞之五典、五惇，成周之三物、六行。	節九五
8	唐虞	堯、舜	聖人无為而治，堯、舜之「垂裳拱手」。	坤六二
9	唐虞	堯、舜	堯、舜之授禪，要非聖人不能也。	大過卦辭
10	唐虞		以賢臣而輔聖君，唐、虞之明良喜起。	比六四
11	唐虞		唐、虞三代之盛，一道同風。	同人卦辭
12	唐虞		唐、虞之儆戒无虞。	否九五
13	唐虞		上、下一心，君、臣同德，唐、虞之交贊、交儆。	中孚九五
14	唐虞	堯、舜、巢（巢父）、由（許由）	遇堯、舜之君，而托巢、由之行。	觀六二
15	唐虞	舜、北人無擇、堯、許由	舜欲用其友北人無擇，而無擇自投清泠之淵；堯欲以許由為九州長，而許由洗耳於潁水之濱，皆知節而不知通。	節九二
16	唐虞	后稷	以臣代君養民，如后稷教稼，下皆由之以得所養。	頤上九
17	唐夏	堯、皋陶、禹	史臣贊堯「以親九族」，必本之「克明峻德」；皋陶贊禹「惇敘九族」，必本之於「慎修思永」。	家人上九
18	唐	堯	堯之「允恭克讓」。	坤六五
19	唐	堯	帝堯之時，康衢叟歌「忘帝力于何有」，康衢童謠「順帝則于不知」。	觀初六

序號	朝代	人名	史事	索引
20	唐	堯	堯克明峻德，而黎民于變。	觀卦辭
21	唐	堯	「敦復」，堯之「欽明，文思安安」。	復六五
22	虞	舜、契	舜命契，曰：「敷教在寬。」	蒙上九
23	虞	舜	舜命一德之五臣，以征逆命之三苗。	小畜九五
24	虞	舜	舜舍己從人，任賢勿貳。	豫九四
25	虞	舜	舜之處嚚母，可謂得中道矣。	蠱九二
26	虞	舜	舜恭己南面，而四方風動。	觀卦辭
27	虞	舜	舜有「怙終賊刑」之條文，有「刑茲無赦」之法。	噬嗑上九
28	虞	舜	大舜以至誠，感動瞽瞍。	无妄初九
29	虞	舜、禹、皋（皋陶）	舜之大知，而用禹、皋。	臨六五
30	虞	舜	不尚刑威，而脩德教，蠻夷鳩義，大舜制於當發。	大畜六五
31	虞	舜	舜之「用中」，得中道也。	離六二
32	虞	舜、共（工）、驩（兜）	舜流共放驩，乃見其有害。	解六五
33	虞	兜（驩）、工（共工）	兜、工比周，應頑殄行，而侯明撻記，引以並生。	姤九五
34	虞		三苗率叛眾而格於虞廷。	剝六五
35	虞		畜止必以正法，有虞刑期無刑，干羽以格頑苗。	大畜卦辭
36	虞夏商	舜、禹、湯、尹（伊尹）	舜舉禹為司空，湯舉尹為阿衡，故所養及於天下也。	頤六五

序號	朝代	人名	史事	索引
37	虞夏商周	舜、禹、湯、武	舜、禹以揖讓授禪而得帝位，湯、武以伐暴救民而得王位，亦皆以正，故內可以正百官，外可以正萬民。	漸卦辭
38	虞周	舜、英（女英）、皇（娥皇）、文王	男正位乎外，女正位乎內。王者之家，舜之於英、皇，文王之於后、妃。	家人九五
39	虞周	舜、文（文王）	苗弗率，而舜惟敷德以動之；崇不降，而文惟修德以服之。	萃九五
40	夏商周	禹、皐（陶）、伊（尹）、旦（周公）	上足致君，下足澤民，禹、皐、伊、旦之儔。	乾九二
41	夏商周	益、伊尹、周公	益、伊尹、周公之不有天下。	乾九二文言
42	夏商周	太康、雍己、夷王、昭王	夏至太康，商至雍己，周至夷、昭，皆治極生亂，見天運之必然。	泰九三
43	夏商周	桀、湯、武、紂	湯未伐夏，而民有「徯后」之呼；武未伐商，而民有「籲天」之嘆。及湯伐夏，而室家相慶；武伐紂，而萬姓悅服。	同人九五
44	夏商周	禹、湯、文、武	禹、湯、文、武，莫不皆然，是所過者化，所存者神。	觀卦辭
45	夏商周	夏禹、商湯、周文、武	以生道殺民，雖死不怨殺者，此是為悅之正，夏禹、商湯、周文、武皆如是。	兌卦辭
46	夏商周	夏太康、商小辛、周幽王、晉、楚	夏太康當豐大，而逸遊無度；商小辛當豐大，而淫酗肆虐；周幽王當豐大，而烽烟召釁。至若列國，晉	豐卦辭

序號	朝代	人名	史事	索引
			當豐大，而築虒祁；楚當豐大，而成章臺，皆不能保持天運，所以可憂。	
47	夏商周		夏后氏五十而貢，殷人七十而助，周人百畝而徹，稽一年所入之數，以為一年所出之數，此度數之節得中也。	節卦辭
48	夏商	禹、湯	禹有下車之泣，湯有解網之仁。	噬嗑六五
49	夏商	桀、紂	桀之「弗克庸德」，紂之「罔有悛心」。	復上六
50	夏商	紂、桀	紂之自絕于天，結怨于民；桀之弗敬上天，降災下民，惟其弗合天理、人情，是以有天災、人眚。	小過上六
51	夏	禹、鯀	大禹能補鯀父之過。	蠱初六
52	夏	禹、防風氏	禹合諸侯于塗山，執玉帛者萬國，防風氏後至，禹因而戮之。	比卦辭
53	夏	大禹	大禹之能「安汝止」。	艮上九
54	夏	太康、仲康	太康壞天下，而仲康復振，易亂為治。	蠱卦辭
55	夏至唐	夏桀、妹喜、紂、妲己、周幽、褒姒、晉孋姬、吳西施、漢呂后、晉賈后、唐韋后	夏桀之有妹喜、紂有妲己、周幽有褒姒、晉有孋姬、吳有西施、漢有呂后、晉有賈后、唐有韋后，皆女之不貞者，所以致禍也。	家人卦辭
56	商周	湯、武（武王）	湯之革夏命，武之反商政，故能撥亂反正。	否上九
57	商周	湯、文（文王）	湯、文之以德服人，而人心說誠服。	隨卦辭

序號	朝代	人名	史事	索引
58	商周	湯、文（文王）	北狄之民曰「徯我后」，江漢之民曰「父母孔邇」，是遇於湯、文而不及己，皆由其失道，自遠民耳。	姤九四
59	商周	湯、武	觀民即所以觀己，湯曰：「萬方有罪，罪在朕躬。」武曰：「百姓有過，在余一人。」	觀九五
60	商周	湯、武	湯、武之放伐，要非聖人不能也。	大過卦辭
61	商周	湯、武	湯有慚德，武未盡善。大明在上，而下皆順從，湯之「九圍是式」，武之「八百會同」。	晉六五
62	商周	成湯、武	能懼之早，成湯之慄慄危懼，武王之夙夜祗懼。	震初九
63	商周	成湯、武王	成湯之於元聖，咸有一德；武王之于十人，同心同德。	中孚九二
64	商周	王（商湯）、周公（姬旦）、仲（蔡仲）	〈仲虺（之）誥〉，王曰：「慎厥終，惟其始。」周公命仲曰：「慎厥初，惟厥終。」皆於既濟之初，而能戒謹也。	既濟初九
65	商周	尹（伊尹）、傅（說）、周（公旦）、召（公奭）	尹、傅、周、召之儔，皆棟隆吉也。蓋剛柔適宜，不假他人之助。	大過九四
66		湯、伊尹、文王、太公（呂尚）	君臣一德也，如湯與伊尹、文王與太公，君臣所麗得正，故行無窒礙而亨。故事必柔順而后吉者，是君臣順；五皆柔順，是君臣順德也，如湯與伊尹、文與太公，君臣所麗能順，故可保其終而吉。	離卦辭
67	商周	伊尹、湯、太公、文	伊尹耕莘而遇湯，太公釣渭而遇文。	晉六二

序號	朝代	人名	史事	索引
68	商周	太公、傅說、閎夭	太公以奢釣而升，傅說以胥靡而升，閎夭以罝兔而升。	升九三
69	商周	伊尹、桀、太公、紂、成湯、文王	伊尹耕于莘，桀不能用；太公釣於渭，紂不能用。成湯用伊尹而興商，文王用太公而興周。	井九三
70	商周	伊尹、太公	伊尹耕莘之時，雖夏當革而不革；太公釣渭之日，雖商當革而不革，蓋无勢、无應，不可以有為。	革初九
71	商周	伊尹、太公	初雖不遇，終得相遇，莘野、渭濱之流。	鼎九三
72	商周	湯、伊尹、文王、太公	湯之任伊尹、文王之任太公。	鼎六五
73	商周	伊尹、太公	伊尹待三聘而進，太公待後車而進，皆得其正，故上可以正君，下可以正俗。	漸卦辭
74	商周	伊尹、湯、桀、太公、武王	伊尹相湯，必五就桀而后革夏；太公相武王，必十三年而後革商。	革六二
75	商周	伊尹、太公	以德行之節論之，伊尹、太公之流，隱居以求其志，而可止則止，行義以達其道，而可行則行，此德行之節得中也。	節卦辭
76	商周	紂（帝辛，子受）	此爻為紂之暗也，六爻皆以商、周之事言之。	明夷上六
77	商周	紂、文王	東鄰指紂，西鄰指文王。	既濟九五
78	商周	西伯（姬昌）、祖伊、文公（滕文公，姬繡）	西伯既戡黎，祖伊恐；齊人將築，文公恐，蓋不待及於其身，而後戒也。	震上六

序號	朝代	人名	史事	索引
79	商	湯、桀、伊尹	湯之伐桀，而聿求元聖與之戮力，元聖謂伊尹。	師九二
80	商	湯、伊尹	湯信任伊尹，咸有一德，克享天心，受天明命。	大有上九
81	商	成湯、伊尹 高宗（武丁）、傅說	成湯舉伊尹而任以阿衡，高宗舉傅說而置諸左右。	隨九五
82	商	湯、伊、萊（朱）	湯之勇知，而用伊、萊。	臨六五
83	商	湯	湯之「建中」，得中道也。	離六二
84	商	太甲	太甲顛覆典刑，然能悔過，自怨自艾。	豫上六
85	商	太甲	太甲不順，乃後能處仁遷義，克終厥德。	巽九五
86	商	盤庚	盤庚遷殷，至於三誥而后民從。	革九三
87	商	高宗	荊楚率叛眾而歸於高宗。	剝六五
88	商	高宗、傅說	此爻言君臣易合，高宗以夢得傅說。	睽六五
89	商	高宗	高宗三十二年，伐鬼方，次于荊；三十四年，克鬼方。	既濟九三
90	商	傅說、膠鬲	傅說舉于板築之間，膠鬲舉于魚鹽之中。	比六二
91	商	帝乙	帝乙歸妹，以君下賢。	泰六五
92	商	伯夷、紂	伯夷當紂之時，居北海之濱，以待天下之清。	需初九
93	商	文王、紂、散宜生	文王當紂之時，明夷也，囚于羑里，「夷于左股」。散宜生之徒，以寶玉、文馬贖之，「用拯馬壯吉」。	明夷六二

序號	朝代	人名	史事	索引
94	商	夷（伯夷）、齊（叔齊）、商山四皓	遯處林泉，不干世事。如夷、齊之采薇，隱于首陽；四皓之采芝，入于商山。	遯上九
95	商	伯夷	伯夷海濱之事，民到于今稱之。	蹇初六
96	商	微子（啟）	全身全節，微子之去商。	遯九五
97	西周	文（文王）	文之「徽柔懿恭」。	坤六五
98	西周	太公、文王	太公八十輔文王。	歸妹九四
99	西周	文王	不尚刑威，而脩德教，南國鼠牙，文王制於既發。	大畜六五
100	西周	文王	文王之敬止，為人君止於仁，為人臣止於敬，為人子止於孝，為人父止於慈，與國人交止於信。	艮卦辭
101	西周	文王、崇侯虎、紂	文王為崇侯虎所譖，而紂囚之羑里。	小畜卦辭
102	西周東周	文王、唐叔虞、文侯（姬仇）、僖公（姬申）、晉文公（姬重耳）	文王繫晉卦時，未有唐叔虞也。厥後文侯捍王于艱難，王錫之馬四匹，策命為伯。至僖公二十八年，晉文公朝王，出入三覲，王錫之車輅弓矢。于是姬姓獨晉伯者數世，周室賴之。	晉卦辭
103	西周	文、武、成王（姬誦）	周自文、武至于成王，而後禮樂興。	需九五
104	西周	文、武、成、康（康王，姬釗）、穆王（姬滿）	周自文、武、成、康而後，至穆王騎駿馬巡天下，而漸即於衰，雖曰「天運」，實「人事」也。	既濟卦辭
105	西周	武、紂、太公	武之伐紂，獲仁人以遏亂署，仁人，太公之徒。	師九二

序號	朝代	人名	史事	索引
106	西周	武（武王）	武會同心之八百，以伐無道之獨夫。	小畜九五
107	西周	武王	武王大賚于四海，有孚惠心；而萬姓悅服，有孚我德。	益九五
108	西周	周公	周公夜以繼日，坐以待旦。	乾九三
109	西周	周公	以臣代君養民，周公明農，天下皆由之以得所養。	頤上九
110	西周	三監（管叔、霍叔、蔡叔）、殷士（武庚）	三監不靖，殷士怙寵而教告，要囚愍於式訓，未嘗引繩而批根之也。	姤九五
111	西周		以賢臣而輔聖君，成周之後先奔走。	比六四
112	西周		成周之制治未亂。	否九五
113	西周		畜止必以正法，成周辟以止辟，制禮以化頑民。	大畜卦辭
114	西周	蔡仲	蔡仲能蓋前人之愆。	蠱初六
115	西周	厲王（姬胡）、宣王（姬靜）	周厲壞天下，而宣王中興，易亂為治。	蠱卦辭
116	西周	宣王、厲王	宣王承厲王之烈，因有撥亂之志，遇災而懼，側身修行，欲消去之，而王化復行。	震六五
117	西周	厲王、宣王	當人心渙散之時，未免有傷害、憂懼，周厲為周人所逐是。若至渙極，則時將濟，又以陽剛處之，其才足以濟，故能渙其傷害、憂懼，宣王承厲王之烈，而能撥亂是。	渙上九
118		穆王、君牙	穆王命君牙曰：「心之憂危，若蹈虎尾。」	履九四

序號	朝代	人名	史事	索引
119	西周	穆王、呂侯	〈呂刑〉之維良折獄，得聽訟之宜。	噬嗑九四
120	西周	申侯、袁濤塗（陳轅濤塗）、虞公、虞叔	申侯之專利不厭，而袁濤塗譖之；虞公之求劍無厭，而虞叔攻之。	益上九
121	東周	齊桓公（姜小白）、晉文公	桓、文之霸列國，終是假仁。	隨卦辭
122	東周	齊桓、晉文	霸者違道干譽，雖致民歡虞，終是悅之不正，大民勸也，齊桓、晉文是。	兌卦辭
123	東周	寧戚、齊桓、百里（奚）、秦穆	遇主于巷，委曲求合，如寧戚叩角而歌，以動齊桓；百里飯反而肥，以感秦穆，本非正道，然當睽之時期，於行道救世，非此終不得遇。	睽九二
124	東周	齊桓公	齊桓公天威，不違顏咫尺是。	小過六二
125	東周	重耳（晉文公）、太叔段	重耳之奔狄，在小邑，所以「无眚」。若太叔段之都城過百雉，安能免於患乎？	訟九二
126	東周	宋襄（子茲甫）、荀息、申生	窮而不知變，宋襄之仁、荀息之信、申生之孝是。	中孚上九
127	東周	鬻權（鬻拳）、先軫（原軫）	鬻權懼君以兵，先軫不顧唾君，其事皆出於忠固貞。然鬻權以懼君自縊，先軫以唾君死狄，是皆厲也。	大壯九三
128	東周	趙穿、胥甲、荀偃、士匄	趙穿、胥甲之追秦軍而呼軍門，荀偃、士匄之圍偪陽而請班師，蓋其好勇輕事，而才弱力微，不能濟事。	大壯上六

序號	朝代	人名	史事	索引
129	東周	（晉）魏戊、士榮	不中正，不能斷獄，如魏戊與士榮之類。	噬嗑六三
130	東周	董安于、西門豹	董安于性緩，常佩絃以自急；西門豹性急，常佩韋以自緩。	小過九四
131	東周	京城太叔（段）、桓叔	京城之太叔，蔓難難除；曲沃之桓叔，椒聊實甚。	噬嗑初九
132	東周	衛懿公、衛文公、晉靈公、晉悼公	衛懿壞，而文公再造；晉靈壞，而悼公復起，易亂為治。	蠱卦辭
133	東周	柳下惠	柳下惠不卑小官，進不隱賢，必以其道。	履初九
134	東周	柳下惠	以和而悅，內不失己，外不失人，故吉，柳下惠是。	兌初九
135	東周	管仲、敬仲（陳完）、邾子、子貢	管仲辭鄉為有禮，而知其世祀；敬仲辭火為不淫，而卜其必昌。若邾子執玉高，公受玉卑，子貢以為必死亡。	履上九
136	東周	鮑叔、管仲	鮑叔之薦管仲，相臨之切，誠意懇焉。	臨六四
137	東周	管仲、易牙、豎刁、開方	管仲之不制易牙、豎刁、開方，卒至率五公子之徒作亂。	姤九二
138	東周	齊景（杵臼）、陳氏（无宇）	齊景迫於陳氏，而猶與大夫謀樂，多內嬖而不立太子。	離六五
139	東周	田駢	齊人之譏田駢不仕。	歸妹上六
140	東周	黔敖、晏子（晏嬰，平仲）	饑者不食，黔敖是。過於儉嗇，而流於固，晏子豚肩不掩豆、一裘三十年是。	節上六
141	東周	黃（帝）、老	養德如學聖賢之道，則為正學；	頤卦辭

序號	朝代	人名	史事	索引
		（聃）、申（不害）、韓（非）	黃、老、申、韓，則非正。	
142	東周	老子	无私感之悔，而志抑末，老子之以「知希為貴」。	咸九五
143	東周	子產、裨諶、蘧瑗（伯玉）、史鰌、仲叔圉（孔圉）、王孫賈	鄭微弱而為命，有子產、裨諶諸人，故鄭不見侵；衛無道而用才，有蘧、史、圉、賈諸人，故衛不至喪。	需上六
144	東周	子皮、子產	子皮委子產以政，而賴其養民也惠。	頤六四
145	東周	子產	鄭處晉、楚之間，而子產猶能因時制宜，振衰救弊，不至困阨之甚，是賴剛中之才，而可求小得。	習坎九二
146	東周	子產、孔子	子產革鄭之弊，未免有褚衣之謗，必已日而後有「誰嗣之歌」；孔子革魯之弊，未免有麑裘之謗，必已日而後有「惠我之誦」。	革卦辭
147	東周		鄭弱孤立，而處晉、楚之間，未免有侵陵之患；由其用柔能下，善於為命，故不惟晉、楚不侵陵，且反得晉、楚之助，而所求必得。	巽六四
148	東周	孔子	孔子之「從心所欲」。	坤六二
149	東周	孔子	此「樂」字是「樂以忘憂，不知老之將至」耳。	離九三
150	東周	孔子、冉求	孔子之於冉求，既以「非吾徒」絕之，固見其嚴；而又使門人正之，又見其愛人之无已，蓋寬猛並用。	蒙初六

序號	朝代	人名	史事	索引
151	東周	林放、夫子（孔子）	林放獨能問禮之本，故夫子大其問，而告以寧儉、寧戚。	賁上九
152	東周	孔子、少正卯	孔子為司寇時，不誅少正卯，至攝相七日，而即誅之，時位之有異。	臨九二
153	東周	蘧伯玉（瑗）	蘧伯玉行年五十，而知四十九年之非；行年六十，而六十化。	恆九二
154	東周	子路（仲由）	子路人告之以有過則喜，而勇於自治。	損六四
155	東周	夫子、由（仲由）、求（冉求）	夫子所以於由之兼人，故退之；求之退，故進之也。	小過九四
156	東周	曾子（曾參，子輿）、子路	善悅人者，弗計其分之所宜，此曾子所謂「脅肩諂笑」、子路所謂「未同而言」也。	兌六三
157	東周	閔子（損，子騫）、夫子、、司馬牛	閔子之言必有中，又夫子以司馬牛多言而躁，故告以仁者其言也訒。	艮六五
158	東周	有子（若）	有子曰：「恭近於禮，遠恥辱也。」上九恭不近禮，所以取辱而凶。	巽上九
159	東周	仲梁懷、桓氏、陳寅、樂祁	仲梁懷為桓氏宰、陳寅為宋樂祁。	歸妹初九
160	東周	孔子、孟子	教之位雖有異，而教之道則無異，故孔、孟尤為百世師。	蒙卦辭
161	東周	孔子、孟子	孔子所謂「有教無類」，孟子所謂「歸斯受」。	蒙九二
162	東周	孔子、孟子	畜止必以正法，如孔子、孟子之道，不偏不倚，無過不及。	大畜卦辭

序號	朝代	人名	史事	索引
163	東周	孔、孟	孔、孟雖抱有為之具，而無有能用之者，是不得行其道於天下，僅傳諸其徒而已。	井九二
164	東周	孔子、夷之（夷子）、孟子	互鄉難言，而童子獨能潔己以見孔子；墨者異端，而夷之獨能從命以聽孟子。	復六四
165	東周	孔子、陽虎（貨）、孟子、王驩	孔子之待陽虎，孟子之處王驩，身否而道亨。	否六二
166	東周	七十二賢、孔子	有事於學術，以見大人正其學，七十二賢之於孔子。	萃卦辭
167	東周	季氏、冉有	季氏陷於僭竊之罪，冉有不能救之。	艮六二
168	東周	宰我	宰我信道不篤，以從井救人，而憂為仁之陷害。	艮九三
169	東周	封人（儀封人）、晨門	初知時之不可而不為，封人、晨門之徒是。	節初九
170	東周	魯哀公（姬將）、季（孫）、孟（孫）	魯哀公柔弱，陷於季、孟之間，而不能自振、有為，致溺於憂懼。	震九四
171	東周	披裘公、延陵季子（季札）	披裘公，吳人也。延陵季子出遊，見道中遺金，顧謂公曰：「取被金。」公怒曰：「君子何居己之高，而待人之卑？吾五月披裘而負薪，豈拾金者？」	井六四
172	東周	孟子	此孟子所謂：「聖人百世之師，伯夷、柳下惠是也。」	觀上九

序號	朝代	人名	史事	索引
173	東周	孟子、墨者夷之	必利貞者，如聞見不正，雖見大人，而取正之具已非，墨者夷之之見孟子。	萃卦辭
174	東周	孟子	孟子周流列國，傳食諸侯。於宋饋七十鎰，後車數十乘，從者數百人。	旅六二
175	東周	梁惠（梁惠王，魏罃）	梁惠之糜爛其民，而戰大敗，將復是傷而不安；又驅其所愛子弟以狗，是沉溺不返。	困初六
176	東周		陳處晉、楚之間，欲與楚則晉伐，欲與晉則楚伐，是往來前後，皆有險。	習坎六三
177	東周	燭之武	秦欲伐鄭，燭之武曰：「越國以鄙遠，君知其難也。」	同人九四
178	東周	百里奚、穆公（秦繆公，嬴任好）、蹇叔	百里奚自虞之秦，上有穆公同德，下有蹇叔同德，故其心大快。	旅九四
179	東周	隨少師、秦三師（百里孟明視、西乞術、白乙丙）	當未濟之初，則又值難濟之時，而欲冒險輕躁，隨少師之敗績，秦三師之被擒是。	未濟初六
180	東周	荷蕢、荷蓧、長沮、桀溺	避世離群，无所與同，荷蕢、荷蓧、長沮、桀溺之流。	同人上九
181	東周	穆叔（叔孫豹）、豎牛（叔孫豹庶長子）、季桓子（季孫斯）、陽虎、公子地（宋元公之	穆叔之狗於豎牛，季桓子之狗於陽虎。又公子地之寵蓬富，獵亦為變，執其隨人之象。	咸九三

序號	朝代	人名	史事	索引
		子、景公之弟）、蘧富（獵）		
182	東周	臧武仲（紇）	過以召災，而妄欲免災，臧武仲之據地要君。	无妄卦辭
183	東周	臧文仲（辰）、臧武仲、齊莊（姜光）	德不稱位，若盜得而陰居之，一心戀戀，常恐為人所奪，臧文仲之竊位。又〈魏風〉以碩鼠棘貪殘，臧紇以似鼠讒齊莊，亦似此。	晉九四
184	東周	陳相、陳良、許行	陳相棄陳良之學，而學許行。	蒙六三
185	東周	楊子（朱）、墨氏（翟）、子莫	畜止必以正法，若楊子之為我，墨氏之兼愛，子莫之執中無權，皆非正道。	大畜卦辭
186	東周	魯昭公（姬稠）、季氏	好大喜功，如魯昭之於季氏，則反害而凶。	屯九五
187	東周	鄭厲公（姬突）、蔡仲、魯昭公、季氏	鄭厲公之困于蔡仲，魯昭公之困于季氏，皆欲動不得，欲靜不得。由其不能咎前之非，而發憤有為，所以厲欲殺蔡仲，而致出奔；昭欲去季氏，而致遜齊，是不能有悔，故往而不吉。	困上六
188	東周	子賤（宓子齊）	子賤親賢取友，故能成其德。	蒙六四
189	東周	晉伯宗	晉伯宗每朝好直言，其妻戒之，果遭三郤之害。	需九三
190	東周	穿封戍、王子圍（羋圍）	穿封戍與王子圍爭囚，而不得勝。	訟初六
191	東周	屈瑕	若屈瑕之師亂次，以濟囊瓦之師，蔑有鬥心，則失律矣，故至于喪敗而凶。	師初六

序號	朝代	人名	史事	索引
192	東周	子玉、子反	楚子玉之敗于城濮，子反之敗于鄢陵。	師六三
193	東周	荀罃、伍員、文種、季札	荀罃之彼出我入，伍員之多方誤楚，文種之約辭行成，吳公子札之安眾、安民。	師六四
194	東周	范蠡、種（文種）	范蠡泛舟五湖，而大夫種不去，後果罹于患害。	遯初六
195	東周	楚靈王（熊圍）	無道以致福，而妄欲邀福，楚靈王之投龜詬天。	无妄卦辭
196	東周	楚昭王（熊珍、熊軫）	不獲其助，而至于顛倒，楚昭王之於白公是。	中孚六三
197	東周		江黃蓼六處，楚重險之地，又不能有為，所以終于滅亡。	習坎初六
198	東周	趙括、廉頗	趙以趙括代廉頗，即棄長子而用弟子。	師六五
199	東周	公叔文子、史鰌、戌（穿封戌）	公叔文子請享靈公，史鰌曰：「子必禍矣！子富而君貪。」文子曰：「其若之何？」史鰌曰：「無害，子臣可以免。富而能臣，必免於難；戌也驕，其亡乎！」	大有初九
200	東周	士燮（韓厥）、伍子胥	晉入楚軍，晉人皆喜，惟士燮憂；越貢吳師，吳人皆喜，惟子胥懼。	豫六二
201	東周	顏蠋	戰國時齊顏蠋隱居不仕，嘗曰：「晚食以當肉，安步以當車。」	頤六二
202	東周	白起、王翦	白起、王翦之儔，只可用之以禦寇，他无所利。	漸九三
203	東周	范雎	范雎本輕險之徒，原非正大之士，乃知知止而退。	未濟九二

序號	朝代	人名	史事	索引
204	東周	赧王（姬延、姬誕）	居首而不能比下，此末代之君，周之赧王。	比上六
205	東周	周赧王	周赧王既已衰弱，而所得諸臣，又皆莫振，安能以有為哉？	小過六五
206	東周		周之衰而未滅，久疾而不死。	豫六五
207	秦		秦號令能及于天下，以力不以德，而卒不能保其終。	乾卦辭
208	秦	秦嬴（嬴政）	秦嬴之得天下，終非合義。	隨卦辭
209	秦	始皇（嬴政）	始皇於天下初定之日，而尚律法，焚書坑儒，則行險而不居易，安得為利？無事而造橋，觀，則不能安靜，安得為吉？有事而黷武害民，久為煩擾，亦安得為吉？	解卦辭
210	秦	韓非	不度事幾，不審時宜，而徒上于進，必遭摧折之虞，自取疑忌之禍，如秦之韓非。	大壯初九
211	秦	蔡澤	蔡澤歸相印于秦。	乾上九
212	秦		秦失其鹿，天下共逐之。	屯六三
213	秦	二世（胡亥）、趙高	秦二世之用趙高，君臣所麗不正，安能得亨乎？	離卦辭
214	西楚	項羽、范增	無賢人相輔，如項羽之不用范增。	屯六三
215	楚漢	沛公（劉邦）、項羽	沛公對項羽曰：「臣如陛下之馬，鞭之則行，勒之則止。」	謙初六
216	楚漢	漢高（劉邦）、韓信、項羽、范增	漢高與韓信、項羽與范增，君臣相忌，所麗雖正而不順，安能保其終而吉乎？	離卦辭
217	楚漢	項羽、沛公、虞	項羽之敗于烏江，進則沛公在前，	困六三

序號	朝代	人名	史事	索引
		妃、范增	退則無面見江東父老。八千子弟，今無一人，與虞妃為垓下之別，孤立寡助，伏劍而死，凶何如哉？	
218	楚漢	沛公、項王（羽）	沛公遇項王鴻門之事。	漸六四
219	西漢	漢高	嬴秦之亂，而漢高起於亭長。	屯卦辭
220	西漢	漢高	漢高百戰百敗，盤桓不得進也，而能忍耐退入西蜀，利居貞以待時也。	屯初九
221	西漢	沛公	沛公之入蜀，在小邑。	訟九二
222	西漢	沛公	沛公渡陳倉以後，有才、有勢，又有機，故雖未出險，亦將出險。	習坎九五
223	西漢	英布、彭越	漢之英、彭所由亡。	師上六
224	西漢	灌嬰、英布、蕭何	灌、英等，謂蕭何無汗馬之勞，而位居諸臣之上。	謙六四
225	西漢	蕭何、曹參	蕭何與曹參有隙，雖相睽而卻相信焉。	睽九四
226	西漢	韓信、彭越、呂后（雉）	韓信、彭越，皆有所係，而不能遯，後為呂后誣以欲反，而及于難，是有疾而厲也。	遯九三
227	西漢	韓信、蕭何	當來反，韓信在楚，不用如去。六四是有位无才，若不連于九三，終不得濟，惟來連庶可共濟，蕭何月下之追韓信。	蹇六四
228	西漢	韓信、漂母	韓信寄食於漂母，「旅瑣瑣」也；有二少年令其出胯下，是取輕侮之災也。	旅初六
229	西漢	子房（張良）	全身全節，子房之去漢。	遯九五

序號	朝代	人名	史事	索引
230	西漢	陳餘、張耳	若有他焉，則始終有異，陳餘、張耳則不得安矣。	中孚初九
231	西漢	太史公（司馬遷）、張良、始皇、沛公	太史公疑張良為鐵石心腸，而其狀貌乃如婦人、女子，蓋其有剛毅之資，故能錐擊始皇，興漢滅楚；而當日圯上進履、附耳躡足、教沛公入蜀諸事，又多出以退遜之心。	鼎上九
232	西漢	周勃	周勃入北軍，令軍中曰「為劉者左祖，為呂者右祖」，卒能平呂氏之亂。	夬九二
233	西漢	高祖、諸呂（呂雉等）、惠帝（劉盈）、周勃	高祖沒，諸呂擅權，是渙之始。惠帝幼弱，是陰柔不能濟渙，賴周勃以安之，順而得吉。	渙初六
234	西漢	高（劉邦）、惠帝（劉盈）、文（劉恆）、景（劉啟）、武帝（劉徹）	漢自高、惠、文、景而後，至武帝脩封禪、好神仙，而亦即於侈；皆治極生亂，雖曰「天運」，實「人事」也。	既濟卦辭
235	西漢	張釋之	張釋之為廷尉，天下无冤民。	噬嗑九四
236	西漢	武帝	漢武席文、景之富庶，而開西南夷，卒致輪臺之悔。	泰上六
237	西漢	汲黯、漢武	汲黯以誠實動漢武。	升九二
238	西漢	李陵、蘇武	李陵之降單于，後見蘇武守節，嘆曰：「嗟乎！義士，陵與衛律之罪，上通于天矣。」	節六三
239	西漢	霍光、張安世	霍光之輔漢宣，有求必得，嘗與上驂乘，而上背如芒刺。後使張安世驂乘，上甚肆體安焉，亦由安世之忠愛循理，有明哲保身之道。	隨九四

序號	朝代	人名	史事	索引
240	西漢	嚴延年	漢嚴延年為河南太守，陰鷙酷烈，其母自東海來，大驚曰：「吾不意臨老見壯子被刑也。」遂去。未幾，嚴果坐法棄市，不復東歸。	漸九三
241	西漢	于定國	于定國為廷尉，民自以不冤。	噬嗑九四
242	西漢	疏廣、疏受	疏廣謂疏受曰：「吾聞知足不辱，知止不殆，即日俱乞骸骨歸，亦是嘉遯也。」	遯九五
243	西漢	龔遂	渤海之民，賴龔遂以治，而各安農業。	解初六
244	西漢	趙飛燕、淖方成	趙飛燕初入宮，有披香博士唾曰：「此禍水也，滅火必矣。」	坤初六
245	西漢	梅福	天地閉，賢人隱，當棄官歸去，梅福變姓名為吳門市卒。	坤六四
246	西漢	貢禹	貢禹彈冠待薦。	比初六
247	西漢	石顯、牢梁、五鹿充宗	石顯與牢梁、五鹿充宗結為黨友。	比六三
248	西漢	賈捐之、石顯	賈捐之素短石顯，又欲援顯以圖進，卒為顯所制。	小畜九三
249	西漢	石顯、宏恭、蕭望之、劉更生、周堪	石顯、宏恭進，而蕭望之、劉更生、周堪之輩退。	否卦辭
250	西漢	蓋寬饒、韓歆（延壽）、楊惲	得中，則心無過當而失正，則事或有恃壯之失，漢蓋寬饒、韓歆、楊惲之類。	大壯九二
251	西漢		漢元、成諸臣，優游靡斷，終見羞吝，皆非得中。	蠱六四
252	西漢	王章、王鳳	王章雖王鳳所引，而不黨王氏。	剝六三

序號	朝代	人名	史事	索引
253	西漢	京房（李君明）	不度事幾，不審時宜，而徒上于進，必遭摧折之虞，自取疑忌之禍，漢之京房。	大壯初九
254	西漢	元帝（劉奭）	六五資稟柔懦，處位不當，僅可免悔，漢元帝之優柔靡斷。	大壯六五
255	西漢	哀帝（劉欣）、董賢	漢哀帝之寵董賢，君臣所麗不正，安能得亨乎？	離卦辭
256	西漢	龔勝、邴漢、劉歆、甄豐	君子重名節，能絕所好以遯，龔勝、邴漢之上疏乞歸。若陰柔小人，溺于所安，劉歆、甄豐等之不能去。	遯九四
257	西漢	劉昆	劉昆為弘農守，虎負子渡河，誠能格頑。	中孚卦辭
258		孔光、王舜、王莽	孔光、王舜等，本漢臣而從莽。	隨六二
259	新	王莽、薛方	王莽徵薛方。薛方曰：「明主方隆，唐、虞之德，小臣願守箕山之節。」莽悅其言，不強致。	剝卦辭
260	新	楊雄（揚雄）、王莽	楊雄本文學之徒，而媚於王莽，卒致敗名喪節。	咸六二
261	新	王莽	王莽於軍師外敗，大臣內叛，憂懣不能食，唯飲酒啖鰒魚，讀軍師倦，因馮几臥，不復就枕。	夬上六
262	東漢	光武（劉秀）	新莽之亂，而光武起自南陽。	屯卦辭
263	東漢	新莽、光武	新莽篡漢稱帝，被光武所滅，復興漢室。	解上六
264	東漢	王郎、任光、劉秀	王郎之困信都，非欲以害任光，特欲其助己。而任光不肯，後聞劉秀至，大喜，乃歸之。	屯六二

序號	朝代	人名	史事	索引
265	東漢	光武	漢光武欲保全功臣爵土，不令以吏治為過，故功臣并不用。	師上六
266	東漢	劉秀、祭遵、湖陽公主、董宣、竇篤、周紆	劉秀舍中兒犯法，祭遵治之，而觸帝之怒；湖陽公主之奴殺人，董宣治之，而致主之訴；竇篤夜到止姦亭，周紆治之，而詔收紆下獄。	噬嗑六二
267	東漢	光武	光武渡滹沱河以來，有才、有勢，又有機，故雖未出險，亦將出險。	習坎九五
268	東漢	光武	光武之偷涉滹沱。	未濟六三
269	東漢	馮異、光武	主簿馮異之從漢光武，卒成濟蹇之功。	蹇上六
270	東漢	鄧禹、劉秀	南陽鄧禹杖策追劉秀，秀留幕下，凡有謀議，必禹參贊，是已合志。	損初九
271	東漢	二十八將、光武	有事於功名，以見大人展其志，二十八將之於光武。	萃卦辭
272	東漢	耿弇、光武、子輿（劉子輿，王郎）	耿弇之本附光武，厥後過子輿處，從者皆欲歸子輿，而弇獨往從光武。	萃初六
273	東漢	明帝（劉莊）	漢明帝崇尚儒學，斷獄得情，承平之治，稱東都第一，亦見所行无礙。然性褊察，朝廷莫不悚慄，爭為嚴切以避誅。	履九五
274	東漢	明帝	漢明帝尊師重傅，臨雍拜老，羽林之士，亦通《孝經》。	觀卦辭
275	東漢	章帝（劉炟）、竇憲、和帝（劉肇）	漢章帝之責竇憲曰：「國家棄憲，如孤雛、腐鼠耳。」和帝時，憤其專權賜死。	解六五

序號	朝代	人名	史事	索引
276	東漢	班固、竇憲	班固之從竇憲後，坐憲黨，死于獄中。	姤九三
277	東漢	張陵、梁不疑	張陵雖梁不疑所薦，而不黨梁氏。	剝六三
278	東漢	魯恭、馬稜（棱）	魯恭為中牟令，馴雉依桑；馬稜守武陵，飛蝗赴海，誠能格頑。	中孚卦辭
279	東漢	獻帝（劉協）	此爻如漢獻帝。	屯上六
280	東漢	獻帝、袁紹、何進	漢獻帝之時，黃巾四起，權奸竊柄，人心渙散。袁紹位居三公，何進誼忝帝戚，有可為之地，而鹵莽無謀，又不能訪友共濟，是无才、无人，不能使渙而復合。	渙卦辭
281	東漢	鍾瑾	鍾瑾之無皁白，惟以退讓為貴。	訟六三
282	東漢	左雄、周舉	左雄為周舉所劾而謝曰：「是吾過也。」	訟九四
283	東漢	范巨卿（范式）	范巨卿雞黍相約。	比初六
284	東漢	鍾離意	鍾離意數封還詔書，而上從其諫。	小畜六四
285	東漢	梁冀、曾騰、陳蕃、李固、張綱	梁冀、曾騰進，而陳蕃、李固、張綱之徒退。	否卦辭
286	東漢	李固、梁冀、杜喬	漢自李固為梁冀所廢，而後內外喪氣，唯杜喬正色無所撓，由是朝野咸倚賴焉。	剝上九
287	東漢	皇父規（皇甫規）、梁冀	皇父規獻策，而為梁冀下第，乃規遂以疾求免。	晉初六
288	東漢	李膺、荀淑、陳實（寔）	漢李膺以荀淑為師、陳實為友，所交盡天下賢士。	隨初九
289	東漢	雷義、陳重	雷義與陳重交，語曰「膠漆雖謂堅，不如雷與陳」。	隨上六

序號	朝代	人名	史事	索引
290	東漢	成瑨、岑晊、宗資、范滂	成瑨守南陽,任功曹岑晊;宗資安汝南,任功曹范滂,語曰:「南陽太守岑公孝、弘農成瑨,但坐嘯;汝南太守范孟搏、南陽宗資,主畫諾。」	賁六二
291	東漢	郭林宗(泰)、徐孺子(穉)	知幾不進而自止,東漢郭林宗、徐孺子之徒	大畜九二
292	東漢	楊伯起(震)、樊豐	楊伯起不避樊豐,則不亨矣。「小利貞」是做小人,以不可害君子也。若樊豐之害楊伯起,則不貞矣。	遯卦辭
293	東漢		漢之末而未亡,久疾而不死。	豫六五
294	東漢	樊豐、耿寶、瓊、李固、宋娥、梁氏	漢殺樊豐、耿寶,而黃瓊、李固之徒相繼登用,豈不元亨乎?乃未幾而宋娥弄權,中官襲爵,梁氏用事,而賢人君子不能救。漢祚之衰,噫!伊誰之咎哉?	臨卦辭
295	東漢	袁紹、董卓、玄德、公孫瓚	袁紹之不能去董卓是,使當時能任玄德,而紹安出其後,則卓可去,而紹可進矣。奈何聞公孫瓚之言,而不信乎?	夬九四
296	東漢	孟德(曹操)、元直(徐庶)、先主(劉備)	孟德之召元直,使不得事先主,而元直心常切于先主。然孟德非欲害元直,第欲其助己。	賁六四
297	東漢	曹操、趙雲、劉備	曹操將兵臨漢中,趙雲出營視之,操兵大出,雲且戰且卻,入營使人開門,操疑有埋伏,引去,雲以勁弩追殺之,操兵大敗。明日,劉備	習坎卦辭

序號	朝代	人名	史事	索引
			至營，視曰：「子龍一身都是膽也。」	
298	東漢	先主、曹操、趙雲、	四如先主，二如曹操，初如趙雲；趙雲之困于曹操，先主不能救之。然邪不勝正，趙雲終得遇先主。	困九四
299	東漢	荀彧、曹操	荀彧清修之士，而附於曹操，卒致敗名喪節。	咸六二
300	東漢	曹操	曹操少機警，時人未之奇，後至於攬權。	姤初六
301	東漢	張松、曹操、劉備	張松先欲獻地圖於操，而操不禮。後乃獻於劉備。然松必先獻操，而後獻備。	萃六三
302	東漢	昭烈（劉備）、曹操	昭烈遇曹操煮酒之時。	漸六四
303	東漢	劉備、劉表	劉備棄新野走樊城，而得依於劉表。	渙九二
304	東漢	禰衡	恃剛躁進，其進必折，若禰衡之極，則亦安得進乎？	大壯九四
305	東漢	禰衡	禰衡以驕亢之性，所往輒不相投。	旅上九
306	三國	龐統、于禁	龐統之敗於落鳳坡，于禁之敗於魚罾口，皆躁進以取災。	小過初六
307	蜀漢	諸葛武侯（諸葛亮）	諸葛武侯躬耕南陽，時號「臥龍先生」。	乾初九
308	蜀漢	先主、孔明（諸葛亮）	知己陰柔之才，不足濟屯，而求初九之賢以輔，如先主之下聘孔明。	屯六四
309	蜀漢	孔明、劉先主（備）	孔明受劉先主之恩，由是感格，遂許以馳驅，而復受託孤之責，是困于厚待。	困九二

序號	朝代	人名	史事	索引
310	蜀漢	劉備、孔明	劉備與孔明為魚水之得，此相悅以正。	兌卦辭
311	蜀漢	昭烈	才可有為，而无人共濟，固當順時而止，如劉備托菜種園時。	无妄九四
312	蜀漢	玄德（劉備）	玄德之馬躍檀溪，不敢由於陸，而由於水。	未濟六三
313	蜀漢	劉備、關（羽）、張（飛）	劉備以英雄之資，又有關、張輔之，有才、有人，當是時，未得其地，故卒僅鼎足三分，而不能使合而為一。	渙卦辭
314	蜀漢	孔明、龐統	孔明之薦龐統，相臨之切，誠意懇焉。	臨六四
315	蜀漢	諸葛（亮）	諸葛一生惟謹慎。	大過初六
316	蜀漢	諸葛武侯（亮）	事君能致其身，諸葛武侯當之。	蹇六二
317	蜀漢	孫乾、簡雍、臥龍（諸葛亮）、鳳雛（龐統）、五虎將（關羽、張飛、馬超、黃忠、趙雲）、劉使君（劉備）	孫乾、簡雍之輩，賴臥龍、鳳雛、五虎將之助，發強剛毅之資，尤協大中正之德，而居君位，其志得行。劉使君仁義著於天下，而居君位，尤為臥龍、鳳雛、五虎將中之大人，孫乾、簡雍從之，得其正矣。	巽卦辭
318	蜀漢	郤正、黃皓	郤正為黃皓所進，而不黨黃皓。	剝六三
319	蜀漢	姜伯約（維）	殺身成仁之事，姜伯約之不能復漢，不可以成敗、利鈍論。	大過上六
320	南朝陳、蜀漢	陳後主（陳叔寶）、蜀後主（劉禪）	上陰柔不能戒，故有厲，陳後主、蜀後主是。	既濟上六
321	曹魏	司馬氏	魏之司馬所由篡也。	師上六

序號	朝代	人名	史事	索引
322	西晉	何曾	養身若何曾一席費萬錢，猶云無下箸處，則非正。	頤卦辭
323	西晉	惠（司馬衷）、愍（司馬鄴）	以陰柔之才，居陰極之時，將必亡而已矣，晉之惠、愍。	習坎上六
324	西晉	李密、武帝（司馬炎）	李密〈陳情表〉曰：「臣不勝犬馬怖懼之情，謹拜表以聞。」武帝覽表，賜婢二人，奉事祖母。	巽九二
325	西晉東晉	殷浩、王衍	殷浩、王衍之徒，則以才弱當未可行之時，而欲有行，未免有咎。	艮初六
326	前秦東晉	苻堅、謝玄	苻堅為謝玄所破，聞風聲鶴唳，皆疑為晉軍，是中无定主，而方寸亂。	習坎卦辭
327	東晉	陶淵明（潛，元亮）	陶淵明之不為五斗米折腰。	姤上九
328	晉隋		晉及隋，號令能及于天下，皆以力，不以德，而卒不能保其終。	乾卦辭
329	南朝齊	周顒、孔稚圭	周顒本隱北山，後為鹽海令，孔稚圭作〈北山移文〉以刺之。	頤初九
330	北朝齊	北齊後主（高緯）	北齊後主好奢華，製无愁之曲，民間謂之「无愁天子」，則不能憂徹，安得无咎乎？	萃上六
331	北朝魏	魏明帝（元詡）、蕭寶寅（夤）、蘇湛	魏明帝時，蕭寶寅將逆謀，遣蘇湛表弟諷湛曰：「吾今不復為臣，肝膽與君共之。」湛曰：「朝廷假我以羽翼，因得榮寵，可乘閒而有問鼎之心乎？」遂再三乞歸。後魏主嘉湛，加世職焉。	鼎九二

序號	朝代	人名	史事	索引
332	隋	文中子（王通）	隋文中子潔身不出，講學于河汾，程子稱其為隱德君子。	蠱上九
333	唐	高祖（李淵）	前五代之亂，而唐高祖以興。	屯卦辭
334	唐	高祖、太宗（李世民）、中宗（李顯）、韋后（韋香兒、蓮兒）	唐自高祖、太宗而後，至中宗而縱嬖韋后，卒至被弒，皆治極生亂，雖曰「天運」，實「人事」也。	既濟卦辭
335	唐	太宗	唐太宗大召名儒，增廣生員，宗戚子弟，莫不受學。	觀卦辭
336	唐	太宗、魏徵、長孫皇后	唐太宗嘗因怒欲殺魏徵，每得長孫皇后之諫而輒止。	大過九二
337	唐	太宗、魏徵、王珪、尉遲恭（敬德）、秦叔寶（瓊）、武后（則天）	唐太宗內有魏徵、王珪之相，外有尉遲恭、秦叔寶之將，又大召名儒，增廣生員，貞觀之治，稱為隆盛。而不知武后已潛在宮中，此正不期而遇也。武后以才人充陳，本非六禮所聘，又極淫亂，是遇已非正，而德又不貞，故聖人為之戒，謹於始也。	姤卦辭
338	唐	太宗、蘇威	太宗數蘇威曰：「公南朝碩輔，政亂不匡，遂令生民塗炭。今既老且病，吾此間無勞相見也。」	井初六
339	唐	褚遂良	唐自褚遂良沒諫者，咸以言為諱，是君過剛，而臣過柔，莫能相濟有為。	大過九五
340	唐	武后	武后臨朝，武攸緒去，隱嵩山，視不義之富貴，如浮雲。	賁初九
341	唐	武后、狄梁公（仁傑）	武后臨朝，忠臣多為所殺，而狄梁公獨為信用。	无妄初九

序號	朝代	人名	史事	索引
342	唐	盧藏用、武則天、司馬承禎	盧藏用隱終南山，武則天時徵為左拾遺，是「不恆其德」矣。司馬承禎譏之，是「或承之羞」矣。	恆九三
343	唐	武后、閻朝隱	武后有疾，方禁屠宰，閻朝隱以身代犧牲，雖曰所以敬君，亦為人所恥辱而凶。	巽上九
344	唐	狄仁傑、狄光嗣、張柬之、姚崇、桓彥範、敬暉	唐狄仁傑舉其子光嗣，亦薦張柬之、姚崇、桓彥範、敬暉等，皆為名臣。	同人初九
345	唐	阮行沖、狄仁傑	阮行沖賴狄仁傑之薦舉。	升初六
346	唐	蘇味道	蘇味道處事依違無決斷，模稜持兩端，人謂之「蘇模稜」。	巽初六
347	唐	周興	畜止必以正法，若周興之以甕炙囚，則非正法。	大畜卦辭
348	唐	魏元同（玄同）、裴炎	魏元同與裴炎交，能保終始，時號「耐久朋」。	隨上六
349	唐	張易之、張昌宗	唐張易之以鐵籠炙鵝、鴨，其弟昌宗亦依法以炙驢、羊，後伏誅。	頤六三
350	唐	郭宏霸、魏元忠、宋之問、張易之	郭宏霸為魏元忠嘗穢糞，宋之問為張易之捧溺器。	歸妹六三
351	唐	張炫、薛師、趙履溫、安樂公主（李裹兒）	張炫諂事薛師，掌擊黃幰；趙履溫趨赴安樂公主，背挽金車，是妄悅而不正。	兌卦辭
352	唐	李義甫	李義甫謂人臣不當犯顏諫諍，使君悅、臣安，此小人之道。	兌上六
353	唐	唐中宗（李顯）、岑羲、蕭至忠、袁喜祥	唐中宗時，岑羲、蕭至忠護己之短，而全在政府，後為袁喜祥獻其逆謀之獄。	解六三

序號	朝代	人名	史事	索引
354	唐	唐明皇（玄宗，李隆基）、安祿山	唐明皇恃天下太平而不之戒，卒召安祿山禍亂。	既濟六四
355	唐	李林甫、張九齡	李林甫用，而張九齡罷相。	小畜上九
356	唐	楊貴妃、安祿山	治家太嚴，則人情不堪。然過寬，則家範不立，楊貴妃與安祿山，笑話相謔，終必羞吝。	家人九三
357	唐	盧懷慎	素飽，盧懷慎，人謂「伴食宰相」。	漸六二
358	唐	郭子儀	始无敢矯詔專成，後因君命而有以終其功，若郭子儀。	坤六三
359	唐	郭汾陽（子儀）、唐肅宗（李亨）	以順而升，郭汾陽以順德，事唐肅宗。	升六四
360	唐	郭子儀、魚朝恩	郭子儀值相州軍潰，為魚朝恩所譖，遂罷兵柄，而居之京師。然所遭雖不幸，而所存自不亂，後得再復。	震六二
361	唐	盧杞、郭子儀	盧杞未為相，郭子儀已防其得志。	剝初六
362	唐	黃嵩、盧杞	黃嵩之攀援盧杞，卒致取敗，皆凶也。	豫初六
363	唐	盧杞	盧杞貌甚陋，時人莫之忌，後至於秉政。	姤初六
364	唐	李絳	唐李絳每指陳得失，而上謂其忠。	小畜六四
365	唐	陸贄、德宗（李适）	陸贄以至誠，感動德宗。	无妄初九
366	唐	陸贄、德宗	陸贄以誠實感德宗。	升九二
367	唐	陸贄、張鎰	陸贄與張鎰為忘年之交，此相悅以正。	兌卦辭

序號	朝代	人名	史事	索引
368	唐	李德裕、柳公權	李德裕欲薦柳公權，卒以薦不由己，而左遷之，則有徇私，皆公之失。	萃六二
369	唐	韓愈	韓愈為潮州刺史，鱷魚遠避，誠能格頑。	中孚卦辭
370	唐	唐文宗（李昂）	唐文宗出御袖，以示諸臣曰：「此衣已三浣矣。」正是以樸素為賁，不賁之賁也。	賁六五
371	北宋	華山希夷（陳摶）	幽人，如華山希夷之類。	歸妹九二
372	北宋	太祖（趙匡胤）	後五代之亂，而宋太祖以出。	屯卦辭
373	北宋	太祖、石守信	宋太祖謂石守信等曰：「人生如白駒過隙，卿等何不市好田宅、買歌兒舞女、飲酒相歡，終其天年？」是縱樂，非安樂也。	離九三
374	北宋	太祖、太宗（趙光義）	存心行事，或有不正，然賦性聰明，虛心求助，宋之太祖、太宗是。	未濟九五
375	北宋	趙普、盧多遜、彌德超、曹彬	趙普秉政，竄盧多遜於朱崖、竄彌德超於瓊州，而曹彬召用。	解九二
376	北宋	宋太宗、趙普、曹彬、盧多遜、彌德超	九五如宋太宗，六二如趙普、曹彬，三、四如盧多遜、彌德超。趙普為盧、彌所隔，而不得事太宗。然邪不勝正，後事得白，復入秉正。	漸九五
377	北宋	趙普、太宗	二似趙普，五似太宗，太宗不用趙普，而趙普罷政，後復召用。	既濟六二
378	北宋	竇儀	竇儀曰：「吾不作宰相，亦不詣朱崖，吾門可保矣。」	姤九三

序號	朝代	人名	史事	索引
379	北宋	宋太宗、曹彬	宋太宗之疑曹彬，先罷彬，而後復召彬。既知其忠，益厚待之。	睽上九
380	北宋	李昉、宋太宗	李昉為宋太宗臣，太宗命鸞輿迎之御榻側，帝手酌罇，選果之珍者賜之。	益六二
381	北宋	李穆公（昉）、宋太宗	以順而升，李穆公以順德，事宋太宗。	升六四
382	北宋	呂蒙正、蘇易簡	宋太宗朝，呂蒙正與蘇易簡同拜學士，俱為名相，時人以「鳳齊飛」喻之。	大畜九三
383	北宋	呂蒙正、王曾、寇準、師德（張師德）	蒙正書人，以進王曾，絕口不言；寇準被薦，而不知師德，及門而將。	萃六二
384	北宋	王曾	不素飽，如王曾之志不在溫飽。	漸六二
385	北宋	王曾	王曾為相，擢用人材，絕口不與人言，曰：「用賢，人主之事。」	中孚六四
386	北宋	宋真宗（趙恆）、神宗（趙頊）	宋真宗之借天書，以粉飾太平；神宗之用青苗法，以圖求至治是。	未濟上九
387	北宋	丁謂、萊公（寇準）	丁謂為萊公拂鬚，萊公責之曰：「豈有官長而為人拂鬚乎？」由是得罪。	臨六三
388	北宋	寇準、王旦	寇準之求王旦薦己為相，則失其道矣。	隨六三
389	北宋	杜衍、韓琦、范仲淹、富弼	宋杜、韓、范、富諸公，一時並用，仁宗之朝，而公言廷諍，不相苟合。	同人六二
390	北宋	范仲淹（子純仁）、章惇	陰禍已加於身，小則貶逐，如范仲淹為章惇所謫。	剝六四

序號	朝代	人名	史事	索引
391	北宋	邵康節（邵雍）、程子（程頤）	邵康節坦夷溫厚，程子稱為「內聖外王之學」，其道純一不雜，汪洋浩大。	履九二
392	北宋	明道（程顥）	明道先生，人人皆稱其盛德。狡詐者獻其誠，暴慢者致其恭。	謙六二
393	北宋	張思叔（繹）	養身如張思叔之飲食，必慎節則為正。	頤卦辭
394	北宋	張思叔	張思叔座右銘所謂「步履必安詳，居處必正靜」。	離初九
395	北宋	張載	關中張載，以議新政不合，移疾家居。	需九二
396	北宋	元祐諸臣	宋元祐諸臣，矯枉過正，未免有悔，然于理則无大咎。	蠱九三
397	北宋	呂大防、范祖禹、司馬光	呂大防戇直无黨，范祖禹法司馬光不立黨。	解九四
398	北宋	司馬光、蔡京、王安石	三處二陽之間，而為所曳掣，如司馬光之困於蔡京、王安石。然邪不勝正，終必復合，如司馬光之復為相。	睽六三
399	北宋	司馬溫公（光）	司馬溫公平生未嘗一語輕人、慢人，此止能巽者，故无可羞吝。	巽九三
400	北宋	王安石、蘇洵	荊公未為相，蘇老泉已知其奸邪。	剝初六
401	北宋	王安石	畜止必以正法，若荊公之請復肉刑，則非正法。	大畜卦辭
402	北宋	王安石	王安石之謂「天變不足畏，人言不足恤，祖宗之法不足守」，則未能戒懼，而安能以无懼乎？	震初九

序號	朝代	人名	史事	索引
403	北宋	王安石、呂惠卿、章惇、曾布、蔡京、蔡攸	王、呂、章、曾、蔡氏父子黨同伐異,相與依阿。	同人六二
404	北宋	王安石、宋神宗	學術不正,雖見大人,而致用之術已疏,王安石之見宋神宗。	萃卦辭
405	北宋	王安石、宋神宗、呂惠卿	王安石之惧宋神宗,呂惠卿之惧王安石。	鼎九四
406	北宋	哲宗(趙煦)	宋哲宗時,熙、豐小人退居閒野,元祐諸君子久抑得伸。	泰卦辭
407	北宋	唐坰、王安石、曾布、王珪、元絳、薛向、陳繹、張璪、李定、張商英	唐坰初附王安石,後乃奏疏陳時事,直斥王安石專作威福,曾布等表裏擅權,王珪曲事安石,無異廝僕。元絳、薛向、陳繹,安石頤指氣使,張璪、李定為安石爪牙,張商英乃安石鷹犬,是坰能變為君子。	否初六
408	北宋	徽(趙佶)、欽(趙桓)	以陰柔之才,居陰極之時,將必亡而已矣,宋之徽、欽。	習坎上六
409	南宋	秦檜、胡瑗、李綱	秦檜未為相時,胡瑗、李綱等皆不知其奸。	否六三
410	南宋	曹詠、秦檜	曹詠附秦檜為戶部侍郎,後罪貶。	豫六三
411	南宋	秦檜、韓世忠	秦檜初參政府,而韓世忠辭歸。	剝六二
412	南宋	韓世忠、秦檜	韓世忠為秦檜所阻,而請罷。	大畜初九
413	南宋	岳武穆(飛)、秦檜	岳武穆不避秦檜,則不亨矣。「小利貞」是儆小人,以不可害君子也。若秦檜之害岳武穆,則不貞矣。	遯卦辭
414	南宋	韓侂胄、趙汝愚	韓侂胄進,而趙汝愚遭貶。	小畜上九

序號	朝代	人名	史事	索引
415	南宋	趙師睪、韓侂冑	趙師睪附韓侂冑納珠冠為犬吠。	歸妹六三
416	南宋	梁成大、史彌遠	梁成大附史彌遠，攘臂以排斥忠良。	泰六四
417	南宋	翁應龍、賈似道、葉李	翁應龍劾賈似道，流于并州，而葉李諸賢於歸。	解九二
418	南宋	文天祥	殺身成仁之事，如文天祥之不能存宋，不可以成敗、利鈍論。	大過上六
419	元	趙孟頫、留孟炎	趙孟頫、留孟炎之降元，而為元世祖恥笑，是不節之咎。	節六三
420	明	石亨、薛文清（瑄）	石亨竊弄威權，而薛文清罷仕。	剝六二
421	明	薛瑄、曹吉祥	薛瑄為曹吉祥所阻，而移歸。	大畜初九
422	明	徐爵、馮保	徐爵附馮保，仗勢以進退人材。	泰六四
423	明	楊順、嚴嵩	楊順之攀援嚴嵩，卒致取敗，皆凶也。	豫初六
424	明	沈鍊、嚴嵩、順昌（周順昌）、魏瑺（魏忠賢）	沈鍊詆嚴嵩而被謫，順昌詬魏瑺而下獄，由其居下任壯，未審其籌策，以至此耳。	夬初九
425	明	崔呈秀、魏忠賢	崔呈秀附魏忠賢刻義子於溺器。	歸妹六三
426	明	楊椒山（繼盛）、嚴嵩	陰禍已加於身，大則刑誅，如楊椒山為嚴嵩所害。	剝六四
427	明	嚴世蕃	明嚴世蕃唾婢口，謂之「香唾盆」；點美女，謂之「肉雙陸」，伏誅。	頤六三
428	明	張綵、劉瑾	張綵附劉瑾為吏部尚書，後伏誅。	豫六三
429	明	崇禎（思宗，朱由檢）	明崇禎承天啟之餘燼，而一時更張過於苛察，人情不堪，卒致滅亡。	離九四

序號	朝代	人名	史事	索引
430	？	天臺道士、烟波釣徒	天臺道士、烟波釣徒，凡事未可做皆不做，凡日用安靜，而韜晦處皆是。	艮六四

觀潮齋詩集

毓癡　陳鐵厚　編輯

屯仁　賴貴三　校釋

觀潮齋與黃敬

陳鐵厚

　　「觀潮齋」乃黃敬別構。關渡山臨濱海，故題曰「觀潮齋」。[1]面對坌嶺，[2]而「坌嶺吐霧」[3]乃淡北八景[4]之一也。黃敬，字景寅，號必先。（見

1　案：特別感謝臺灣師大學國文學系博士研究生黃文瀚學棣，於2017年1月代為申請複印「臺灣圖書館」（原「央圖臺灣分館」改制）典藏《觀潮齋詩集》，筆者重新打字核校，刊存備參。此集為日本昭和五年（1930）五月，毓癡陳鐵厚編刊《芸香齋藏書‧觀潮齋詩集》鉛印本一冊，僅43頁，共140首詩，多描繪自然景物之美。「芸香齋」為臺北早期書店，此集第一頁正中天頭處貼有「央圖臺灣分館」（3 1111 004698245）條碼，中央鈐有正方陽文篆印一方：「央圖臺灣分館藏書章」，右下角又鈐長橢圓形陽文篆印一方：「央圖臺灣分館藏書章」（集末第42頁左下角同鈐此章）；本集末頁之後，又蓋有「民國陸拾捌年貳月□日　收文」戳記。

2　案：「坌嶺」，即位於新北市五股、八里、林口三區交界上的「觀音山」。荷蘭時代名「淡水山」，但漢人習稱「八里坌山」，因此地有原住民族部落「八里坌社」，因以得名。康熙年間沿用「八里坌山」，簡約雅稱「坌嶺」。全山大都為火成岩所構成，山頂「好漢坡」可西望淡水河口與臺灣海峽，東望大屯山群峰，南望關渡平原，淡水河環繞，風景極佳，為臺灣百大名山之一。

3　案：八里坌山特殊景致早為臺灣文士關注，尤其當海霧或雲氣籠罩時，更寫盡此山水之靈美，至乾隆二十九年（1764）之前，「坌嶺吐霧」已被認定為三臺最美風景，並榮登《淡水廳志》山川名勝榜首。大龍峒舉人陳維英（1811-1869）曾題詩詠嘆：「坌嶺微茫八里間，連朝吐霧罩鴉鬟；此中定有深藏貌，未許分明見一斑。」

4　案：淡水勝景首次登載於清康熙三十五年（1696）《臺灣府志》「淡水廳四景」，同治年間（1862-1874）所修《淡水廳志》中，則正式增加登列為「淡水八景」：「戌臺夕陽（紅毛城）、屯山積雪（大屯山）、坌嶺吐霧（觀音山）、劍潭夜光（劍潭）、淡江吼濤（淡水港口）、蘆洲泛月（鷺洲）、關渡分潮（關渡）、峰崎灘音（汐止）」，至日本時期

《太古巢聯集》「黃必先由廳案首前捷泮」聯曰：「發關渡山之秀氣，吐霧峯前，早知隱豹。冠淡水廳之人文，觀潮齋上，初起潛龍。」因近來研究臺灣史人士少知黃敬之號曰「必先」，故為其說明之。）[5]淡水干豆莊人（「干豆」又作「關渡」），日治時易名「江頭」，即今之臺北市北投鎮關渡里是也。

敬咸豐四年[6]膺歲貢，嗣授福清縣縣[7]學教諭，以母老辭歸，假干豆天妃宮（今之「關渡宮」）為社塾，皆以敦行為本，游其門者多達材，故當時學者皆稱其謂「關渡先生」。其著作有《易經義類存編》二卷、《易經總論》一卷、《古今占法》一卷，未刊行。詩散佚，編者以前哲遺著，代遠年湮，無存可惜；搜羅抄錄，費多年時間，共得一百四十首，[8]欲付剞劂，謹請臺南前清秀才，瀛社謝汝銓字雪漁先生序文。因以世事傯攘，故

仍維持不變。爾後，因行政區域劃分，部份勝景已不在「淡水」境內，遂多改稱「淡北八景」，又隨時代變遷，有些景觀如「鷺洲泛月」之沙洲，今已不存，無緣再見。

5　案：《太古巢聯集》，〔晚清〕陳維英撰，田大熊、陳鐵厚合編，何茂松發行，昭和12年（1937）10月30日，無聊齋刊印行，頁12，其小注曰：「黃別構於關渡山，以濱水曰『觀潮齋』。而齋適對坌嶺，而『坌嶺吐霧』乃淡北八景之一也。」又有〈賀黃景寅新婚〉：「早飲香名字，誰不說直卿學問，庭堅詩思。況復新添戒旦友，文藻應加純粹。且最弄畫眉筆致，脂粉生香梅帳底。假刁難欲就返迴避，雖唱了不妨寐。鴛鴦得水深深戲，覺此生唯有此夜為真樂事。明日含羞嫻相見，昨夜情形猶記。細語祝郎，牽郎臂。第一願泮壁，秋闈芙蓉新題試，這三次，皆得意。」詳見〔清〕陳維英著：《偷閒錄》（臺北：臺灣大學抄本，2006年），第一冊。

6　案：「咸豐四年」，為清文宗甲寅，公元1854年。

7　案：「福清縣」，今改為縣級「福清市」，位於福建省福州市東南部，福建中部沿海，與臺灣一水之隔。

8　案：日本統治末期，陳鐵厚與李恆剛兩位先生曾廣為搜求輯佚，今《全臺詩》（施懿琳等編，文化建設委員會發行、臺灣文學館出版、遠流出版事業公司印行，2004年2月1日）錄其詩作共140首，皆本於《觀潮齋詩集》。但經筆者統計，《觀潮齋詩集》詩題84則，詩篇共150首，補遺3首〈雞籠竹枝詞〉、〈二重溪〉與〈曹仁憲謹榮壽〉，總153首，各體詩篇數如下：五古、五律皆無，七古1首，七言排律1首，五絕27首，七絕44首（43首集中所錄，1首〈二重溪〉補遺），七律58首，古樂府歌行3首，勸學歌11首，〈漁樵耕讀圖〉詩4首，七言竹枝詞4首（3首集中所錄，1首〈雞籠竹枝詞〉補遺）。

欲刊行又止。今謹繕集一部，蒙王國璠先生、李孝本先生美意，登載《臺北文獻》，俾償同好諸君參閱，相共扶持風雅，振興韻學，是為幸甚！

觀潮齋詩集・序

雪漁　謝汝銓

關渡黃敬先生，品詣學術，兩俱優美，為當時社會推重。素精《易》學，闡明靡遺；馬融絳帳，咸為受《易》而來，著有《易經義類存編》二卷，《易經總論》、《古今占法》各一卷。讀其略傳，可知其概。[1]

先生於《易》以外，又能詩，暇時常吟詠自娛，有《觀潮齋詩》一卷，存而未梓。稻江陳鐵厚君，以前哲遺著，代遠年湮，散佚可惜，為保此吉光片羽，不憚煩勞，搜羅抄錄，集貲將付剞劂，請序於余。

為之通篇瀏覽，卷帙無多，覺能獨闢蹊徑，迥出尋常。輕清流利者有之，典贍[2]風華者有之；當時學界，重文不重詩，故能作詩人之詩者殊少。觀潮齋詩能不為文人之詩，蓋其致力於此者有素。斯集鋟板，必見其傳，足為吾南溟學界，增一光彩。謹以此為序而歸之。

民國十九年（昭和己卯）[3]古曆蒲節，雪漁謝汝銓作於稻江奎府樓。[4]

1　案：本篇序文於每句後，均空一格，且並未分段；新式標點符號與段落，均為筆者所加。
2　案：「贍」，誤刊作「膽」，今正之。
3　案：從本集雪漁謝汝銓與毓癡陳鐵厚二〈序〉，時間均記為「民國十九年（昭和己卯）」，但民國十九年（1930）舊曆歲次為「庚午」年，並非「己卯」年。二序既然皆作「民國十九年（昭和己卯）」，「己卯」為民國二十八年（昭和十四年，1939）與「庚午」為民國十九年（昭和五年，1930），顯然矛盾扞格。因此，臆斷民國十九年（昭和五年，1930）歲次「庚午」，當為陳鐵厚抄輯《觀潮齋詩集》之年；而民國二十八年（昭和十四年，1939）歲次「己卯」，則當為《觀潮齋詩集》正式鉛印刊行之年。
4　案：謝汝銓（雪漁，1871-1953），幼名廷選，臺灣縣東安坊（今臺南市）人。就所居號

奎府樓主、奎府樓老人。本貫福建泉州，為晉江縣塔頭鄉人，同治十年生於臺南。年十二，經書終業，始習制藝。十五，從蔡國琳（玉屏，1843-1909）學，初為律、絕，與賴文安、羅秀惠、林湘沅同窗。光緒十八年（1892）中秀才。明治三十四年（1901）自國語學校國語部畢業，任職臺灣總督府學務課，是第一個任職臺灣總督府的臺灣文人。戰後任臺灣省通志館顧問，曾任瀛社社長，著有《奎府樓詩草》。

序

毓癡　陳鐓厚

　　本詩集為前清臺灣名儒黃敬先生所作之遺稿也。先生於北部文學界所謂五大宿儒之一，與宜蘭李望洋、竹塹鄭用錫、大龍峒陳維英、港仔墘曹敬齊名，其創作力量又富。[1]

　　先生於咸豐四年[2]膺歲貢，嗣授福清縣學校教諭。而於《易》造詣頗深，蓋嘗受[3]業盧春選先生也。其序《易》之文，文華燁燁，可謂一代之哲學家。而詩又唐音可傳，余甚私淑。

　　茲集出版，定能引起吾臺韻學界扶持風雅，趣味必多。編者發刊此集之工作，庶不虛矣！區區効力於詩學奧妙之微意，或亦為讀者所許我乎！謹識。

　　民國十九年（昭和己卯）五月，毓癡　陳鐓厚識。

附記

　　是集以世事偬攘故，欲刊行又止，弗獲已。謹繕集一部，漸寘[4]總督府圖書館，俾償同好諸君，聊當「探驪先手」云爾。

1　案：本篇序文與附記於每句後，均加句號，並未分段；新式標點符號與段落，均為筆者所加。
2　案：咸豐四年，甲寅歲，公元1854年。
3　案：「受」，誤刊作「授」，今正之。
4　案：「漸寘」，疑為「暫寘」之誤。「寘」，同「置」。

目次

觀潮齋詩集

臺北　　毓癡陳鐵厚　編

一　曹仁憲榮壽　道光乙巳秋作

名區自昔人文藪，樂天雅量會耆耈；蒼顏黃髮古衣冠，誰作畫圖傳不朽？

至今景仰洛陽風，猶說香山有九叟；惟我夫子間世生，堪與前賢相匹耦。

聰明賦質不尋常，大地鍾靈想獨厚；況乎聚石為書倉，家學相傳淵源有。

一日能誦千萬言，奇才何啻誇八斗？英年經笥腹便便，小儒望之皆卻走。

心花煥發筆花開，高舉凌雲攀桂手；占作蟾宮第一人，回頭同輩在其後。

旋膺考選獲銅章，出宰閩中著績久；三山轉渡鳳山來，沙馬磯頭煩保守。

因民所利而利之，引水灌田清且瀏；甘棠德澤溥無疆，遺愛依然眾人母。

臥轍攀轅挽白駒，婦孺歡呼碑載口；惟餘兩袖拂清風，一鶴一琴隨左右。

忽報鹿車入淡疆，塹南塹北皆翹首；爭如苦旱望雲霓，願撤襜帷覘組綬。

下輿即便勸農桑，有腳陽春行隴畝；于時壽考詠作人，芃芃棫樸薪與槱。

重修文甲首捐金，示期開課偕進取；亦為官長亦為師，言坊行表毫不苟。

絛衣白鹿洞中規，孝經小學循循誘；有德有造同玉成，大鳴小鳴各鐘叩。

惠雨並同化雨施，吾儕同飲醇醪酒；耳濡目染屢沾恩，此意未能報瓊玖。

私心正擬頌三多，恰逢華誕洵非偶；南星北斗一齊明，大年原由大德受。

應知海屋已添籌，屈指春秋五十九；天愛斯文一老遺，瓣香為祝岡陵壽。

案：曹仁憲，即臺灣名宦曹謹（字懷樸，號定庵，1787-1849）。曹謹，河南懷慶府河內縣人，生於清高宗乾隆五十二年九月二十六日（1787年11月5日）辰時生，卒於道光二十九年閏四月十八日（1849年6月8日），享壽六十有三歲。原名瑾，後改為謹，字懷樸，號定庵。道光年間，蒞臺灣任鳳山知縣（高雄市、屏東縣）、淡水同知（基隆市、新北市、臺北市、桃園市、新竹縣、新竹市、苗栗縣、大甲溪以北的臺中市）。任內詢疾苦、籌賑糶、修倉廒、施方藥、興水利、蓋望樓、建礮臺、濬濠溝、築土牆、編保甲、練鄉勇、詰盜賊、禦英夷、和族群、廣教化、興文教、修文廟、馭胥役、剔弊端、除蠹吏……，政績卓著，民咸感戴。鳳山知縣任內，在幕僚林樹梅建言之下，興築曹公圳，影響最為深遠。在臺灣治績，「上循天道，下應民心」，德備「廉、能、誠、功」，堪稱為「臺灣第一循吏」，臺民尊稱為「曹公」。

案：道光乙巳，為清宣宗二十五年，公元1845年。此年秋，曹謹欲引疾回故里，為感念其恩澤，文甲（學海）書院破天荒刊登〈曹仁憲榮壽徵詩啟〉，以廣徵士民五字、七言詩作，為刊印去思文，且印行《百壽詩錄》（計詩一百四十二首，作者一百二十六人）以紀之。黃敬此詩，即因此機緣而作，載陳鐵厚藏本《百壽詩錄》，題作〈曹仁憲謹榮壽七言古一首〉。再者，本集各詩原無標點符號與序號，每詩各句下，皆空移一格，以示句讀；筆者於本集各詩均加上序號與新式標點符號。

案：「洵」，誤刊作「詢」，今正之。

補遺：黃敬〈曹仁憲謹榮壽〉

南極生光映德輝，我公應運享遐齡。算年適合蓍龜數，鑑貌還如松鶴形。會可香山追老白，圖堪耆社入丹青。茱觴好作堯觴祝，菊酒堪為壽酒馨。屈指明秋週甲子，承顏晚歲喜男丁。斯文有幸斯人在，長使我儕奉典型。

案：此七言排律一首，見於陳鐵厚藏本《百壽詩錄》，然並未收入陳鐵厚
編輯《觀潮齋詩集》中，當補入。施懿琳編校《全臺詩·百壽詩錄》
（智慧型全臺詩知識庫）誤將「黃敬」與「陳鐵厚」，書作「黃政」
與「陳墩厚」，應正之。

二　觀潮齋即景

水自清幽山自崇，漁燈點點照江紅；輕鷗逐浪浮還沒，小艇隨波西復東。
隔岸鐘聲敲落月，拂牆花影動微風；莫言箇裡無真趣，別有乾坤在此中。

觀潮齋裡景堪崇，絕少塵飛拂面紅；水倒天星珠錯落，江懸夜雨玉丁東。
垂墙柳寫丹青畫，鎮壁詩吟太古風；便覺眼前皆悟境，碧空月浸碧波中。

卜築關山一曲崇，渡頭漁火對門紅；雙雙瓦雀巢堂北，泛泛江鷗戲水東。
柳汁沾衣春又雨，松濤驚枕夜還風；此間別有閑天地，大半生涯在釣中。

浮雲不共此山崇，山嵐蒼蒼晚日紅；柳曳綠陰拖舍北，桃分疏影出墙東。
關門霧鎖長流水，津口潮回萬里風；更有一般真景趣，夢魂遙寄櫓聲中。

潮齋自昔久推崇，照讀還吹漁火紅；筆氣光冲星拱北，詞源傾倒水流東。
桃花泛作三春浪，桂子飂來八月風；此去雲衢應不遠，試看鵬奮九霄中。

半榻詩書太業崇，藜燈靜對野燈紅；疎松影落空江裡，細草春香小苑東。
樵客來今山帶雨，漁舟過去水生風；吟邊不少詩奴興，漫學新言寄此中。

遠遠浮嵐叠叠崇，蘆洲漁火暗還紅；獅頭岸上雲橫地，象鼻門前水自東。

桂棹撥開波底月,布帆斜挂海邊風;登臨誰識留賓意?萬里江山入眼中。

江上青峯崇更崇,峯頭夕照落江紅;天迴屯嶺橫關北,地捲奔濤壯海東。
石磯朝含山外雨,柴門夜閉水邊風;幾回俯視憑夷府,人在雲霄一鏡中。

設置科條德教崇,奇花滿院吐深紅;千層鱷浪飄庭外,不盡雲霞出海東。
水鳥寄波颸夕照,漁舟唱晚棹江風;山川縹緲含真意,鼓化鳶魚變態中。

　　案:「墻」,同「牆」,此本都作「墻」。

三　仝迴文

迢迢綠水繞山崇,片片晴霞映日紅;橋落波光虹倒影,磨鏡秋色月生東。
遙天暮靄遮高樹,遠浦漁舟泊晚風;邀客有時酣眺望,潮迴暗浪碧波中。

中波碧浪暗迴潮,望眺酣時有客邀;風晚泊舟漁浦遠,樹高遮靄暮天遙。
東生月色秋磨鏡,影倒虹光波落橋;紅日映霞晴片片,崇山繞水綠迢迢。

　　案:「仝」,「同」之異體古字。
　　案:「色」,或作「水」,兩存於本句中。
　　案:「浦」,誤刊作「捕」,今正之。
　　案:「色」,或作「水」,兩存於本句中。

四　峯峙灘音

四望沙灘隔翠岑，為何峯峙有灘音？清流古樹蟬依咏，響徹幽岩鳥和吟。
祇訝霜鐘鳴谷底。如聞石磬擊江潯；分明韻在山頭出，覓到山頭韻已沉。

案：「咏」，同「詠」，此本都作「咏」。

五　劍潭射光

瞥見寒潭夜夜光，應疑寶劍此中藏；凌雲紫氣冲霄外，映日金精射岸傍。
浩蕩烟波成錦繡，晶瑩碧水煥文章；江頭若得春雷響，化作青龍入帝鄉。

案：「劍」，原本都作「劒」，兩字同。

六　淡江吼濤

夜靜何聲入耳嘈？那知淡北吼江濤；喧天不是因風怒，震地偏憐對月號。
雨後鳴時晴可卜，暗中響處雨相遭；喤喤恰似雷霆起，醒覺潛龍萬里翶。

七　蘆洲泛月

淡北關前一小洲，荻蘆搖曳泛中流；江含夜色清輝漾，月照波光罩影浮。
葭葉有聲翻白雪，浪花無際滾金毬；小船乘興隨機轉，賽過蘇公赤壁遊。

案：「蘆洲泛月」先後被列入「淡北八景」與「芝蘭八景」之一，該地位
　　處臺北盆地之內，清領時期稱「和尚洲」，日治時期則為「鷺洲」，二

戰後改為今名,且劃出三分之二為今新北市三重區。此處淡水河道寬廣,視野開闊,且近處有蘆葦與鷺鷥陪襯,遠處亦有大屯山與觀音山呼應,在月色映照之下,更顯迷人,成為北臺勝景之一。時賢陳維英亦有同題詩作:「櫂歌漁唱泛蟾輝,兩岸蘆花水四圍。此地風光真赤壁,滿船載得月明皈。」並可參閱林占梅〈蘆洲晚泛〉(《全臺詩》第捌冊)、林逢原〈蘆洲泛月〉(《全臺詩》第拾冊)、謝尊五〈鷺洲納涼〉(《風月報》第93期,1939年9月1日)。

案:「荻蘆」,即蘆葦,臺灣民間所稱「菅芒」。

案:葭,亦為蘆葦之別稱,此處指秋色。

案:「雪」,或作「露」,兩存於本句中。

案:「金毯」,指月亮。

八　關渡分潮

南北安瀾頌禹勳,而今渡口各成紋;誰將素練中拖界?卻把洄潮兩道分。
二水蒼茫含皓魄,雙條縹緲暗斜曛;莫嫌欲濟無舟楫,幾度津頭思不群。

九　坌嶺吐霧

坌嶺為何高插天?朝朝吐霧與相連;橫來海氣千尋白,接得巖雲一派鮮。
林裡蒼茫藏虎豹,谷中呼吸隱神仙;莫嫌勝景層層鎖,剪破春風在眼前。

十　戍臺夕陽

紅夷失勢棄孤臺,戍卒奔逃不復回;暮鳥煙中啼古樹,夕陽雨後照蒼苔。
光懸樑屋輪斜掛,影射江波戶倒開;試問英雄當日事,令人對景自徘徊。

十一　屯山積雪

四面雲峯列座間，寒來獨異見屯山；紛紛白雪堆岩谷，片片銀花插髻鬟。
翠樹粧成瓊樹立，青屏化作玉屏環；天時遞轉陽和近，一展黛眉開笑顏。

十二　偶咏屯山積雪

四圍磊落列峯巒，惟有屯山帶雪寒；聳翠雲屏粧玉樹，迂迴鳥道結冰盤。
瓊花散下梅花白，銀絮堆來柳絮殘；日出豈能留得住？終歸大海作波瀾。

一望屯山雪未殘，瓊花片片盡生寒；九天剪落銀河水，大塊堆成碧玉巒。
縞袂美人來嶺際，白頭高士臥雲端；太陽一出頻相照，流出關津作翠瀾。

十三　半窗殘月　四首

殘月懸將墜，疎窗射影來；嫦娥疑愛我，臨去猶徘徊。

漏盡鴻初曙，月殘夢欲蘇；一枝梅影動，滿紙盡模糊。

半窗分曙色，殘月一痕穿；睡起眼花亂，劇疑白玉殘。

欲落還非落，將沉又非沉；半窗清意味，不減到天心。

十四　聞蟬即景

忽聽蟬聲嘈雜吟，歌來一曲恍如琴；榴花葉底初鳴罷，柳絮枝頭又續音。

十五　村庄即事

綠竹參差繞四鄰，村庄日日無閑人；老妻饁餉溪田畔，稚子飯牛澗水濱。

相逢相問雨時兮，眾鳥投林日已西；徧野農夫歸思急，臨流佇足濯塗泥。

> 案：「庄」，同「莊」，此本都作「庄」。
> 案：「饁」，音謁，餉田、野饋之餉也，送飯給在田裡工作者享用之意。

十六　春山

翠嶂層巒列眾山，依依似笑靄雲間；好將攜酒當春去，醉玩岩巔若等閑。

春光昨夜到關山，頓覺山頭開笑顏；若得郭熙頻指點，四圍卻在畫圖間。

綠波春泛過關津，泛過關津水色春；水色新時頻望眺，時頻望眺綠波新。

長江無際水清新，碧漲初分南浦春；便覺船如天上去，一聲欸乃過關津。

> 案：「欸」，原本誤作「款」，今正之。「欸乃」，本為古琴曲，亦稱漁歌、欸乃歌；「欸乃」也是搖櫓聲，如〔唐〕柳宗元（字子厚，河東人，773-819）〈漁翁〉詩：「煙銷日出不見人，欸乃一聲山水綠。」或為划船時所唱的歌，如〔南宋〕陸游（字務觀，號放翁，越州山陰人，1125-1210）〈南定樓遇急雨〉詩：「人語朱離逢峒獠，櫂歌欸乃下吳舟。」

十七　咏魚

桃浪三千尚未施，暫遊淺水伴魚兒；禹門一躍成龍去，化作甘霖四海知。

十八　夜聞犬吠有感　二首

明月迴雲樹，清風冷砌苔；忽聞村犬吠，疑是有人來。

萬籟聲初寂，颸風入北口；誤驚村裡犬，亂吠月明中。

> 案：「口」，當為韻腳，不協末句「上平‧一東」之「中」字，疑為誤刻，
> 可作「宮」或「峒」。

十九　咏上元夜

為問元宵意若何？千金難買一時多；此生此夜不長好，明月燈光盡錯過。

人說中秋景最幽，元宵美景勝中秋；可憐玉漏頻相迫，明月燈光不肯留。

二十　偶咏新雷

昨夜春雷始發鳴，桃花欲浪振先生；就中喜有龍門客，躍出風波濟太平。

江山萬里動雷鳴，振起潛龍第一聲；欲向禹門爭變化，三千桃浪泛初平。

二十一　春風

春日融和淡蕩風，不寒不暖過墻東；剪開柳眼盈堤綠，吹落杏花遍地紅。

昨宵芳信報春風，十八封姨來自東；好樹朱旛頻對待，莫教阿措怨飛紅。

二十二　春柳

綠堤弱柳綠當春，翠色依依恍入神；昔日陽關歌叠曲，一枝攀折贈行人。

萬縷千條春又春，烟光滿眼欲傳神；倘教染得青青汁，自是藍袍第一人。

二十三　九日登高偶作

節屆重陽雨乍晴，相將訪友看風箏；登高遠望家何處？惟有濃雲嶺上橫。

案：原「中央圖書館臺灣分館」（臺灣圖書館）原抄本題作〈丙戌年在太平橋讀書〉，題下有註「九月登高偶作」。「丙戌年」為清道光六年，公元1826年，黃敬時年21歲。

二十四　雲錦

一片天帆掛綵雲，千重糾縵自成紋；鮮明奪得秦川錦，綺麗偷來蜀國文。
訝是嫦娥工織絹，疑是玉女解拖裙；仙梯可借憑登取，製作羅裳獻聖君。

二十五　露珠

不辨露華點點濡，枝頭葉底盡明珠；精光暗認鮫人立，錯落難邀賈客需。
濕透秧針多與少，穿來柳線有還無；如逢解佩憑相贈，好把文章燦斗樞。

二十六　虹橋

忽覩飛虹架碧霄，誰將五彩作長橋？黃河曲曲橫千尺，銀漢悠悠掛一條。
海客問津應借渡，天孫赴會漫相邀；昇仙何處頻題柱，此去蟾宮路不遙。

二十七　蜃樓

蒼茫蜃氣噴中流，一望翻成百尺樓；浪壓曲欄波渺渺，濤奔臥榻水悠悠。
應勞海若開宮扇，但費憑夷捲玉鈎；想是兩山將下雨，珠簾十二現清幽。

二十八　粉紅蓮

老圃原非小渚連，秋深忘得吐紅蓮；西湖也向東籬透，三品還同九品妍。
挺出圜英如翠盎，獻來玉盞簇青錢；淵明睡去眼花亂，錯認柴桑作小田。

本是西湖六月蓮，秋來老圃吐秋天；寒英結得並頭瑞，紫艷開成九品妍。
水國仙人依逕曲，江鄉君子到籬邊；濂溪一見也相愛，何讓陶令對酒眠？

二十九　粉褒姒

想是虞妃逕曲遊，竊分玉貌吐高秋；含霜宛似流涎沫，欲笑何須裂綵紬？

白帝繯回頻獻媚，姮娥到處帶嬌羞；晚風莫遣隨風去，怕有幽王來暗偷。

昔日褒妃體態柔，芳魂化作一枝秋；傍籬恍似龍涎吐，繞徑還疑電跡投。
青女裂繒邀寵媚，素娥抱鏡映嬌羞；此中那有烽煙起，粉面如何笑不休？

三十　虎爪黃

東籬不是近高岡，忽吐園英類獸王；挺出鋸牙欹曲徑，獻來鉤爪耐寒霜。
蕊開若嘯金風起，萼破將吞玉兔光；自是園林驚落葉，花鈴弗用護柴桑。

望見幽花色色黃，誰將虎爪掛柴桑？枝搖認作山君動，節晚看來武力揚。
跡托東籬驚百獸，牙衝老圃訝群羊；倘能一笑秋風起，肯與龍孫戰幾場？

三十一　報君知

西風白帝未歸期，老圃黃花已早知；青女捷音投曲徑，高秋芳信寄霜枝。
傳來屈子餐英候，道是淵明釀酒時；為報諸君須咏句，莫教逸士笑無詩。

秋從何處到疏籬？叢菊無言卻暗知；欲報人間重九日，先開逸態兩三枝。
宛如白帝傳佳信，寄語淵明莫失時；逕曲幾回相詢問，含情不語若推詩。

三十二　紫狀元

只因白帝到籬東，拔取園英冠眾叢；名壓梅魁憑艷紫，身超曲徑任拖紅。
高標吐出無雙品，晚節立成第一功；幸遇探花瓊宴會，攀來宰相玉壺中。

不讓梅魁冠小園，籬疏獨占狀頭元；高標吐出非雙品，及第開來無二尊。
也把幽香颺翰苑，何曾衣紫躍龍門？淵明幾日歸家後，獻盞聊酧白帝恩。

三十三　金孔雀

芳名漫托孔家禽，寄跡疏籬弄晚陰；三品搖來珠翠影，一枝露出羽毛金。
翻風欲舞猶非舞，叫月無音若有音；也是畫屏逢白帝，故將佳色結同心。

三十四　醉虞妃

前身原是一虞妃，此日翻來曲徑依；醉態疑嘗元亮酒，芳魂夢入楚宮幃。
含霜欲洗烏江恨，抱節應從垓下歸；借問霸王當日事，酣情不語對柴扉。

三十五　武陵桃

想是淵明洞裡逃，柴桑種出武陵桃；三秋夜作三春浪，九月翻成二月濤。
逕曲依稀紅雨下，籬東恍惚紫霞高；漁郎遙望眼花亂，誤認桃源泛小艘。

劉郎一去不相遭，叢菊開來幾樹桃；把卻武陵和露種，留餘蓮社吐秋高。
疏籬風度翻紅浪，曲徑雨經漾翠濤；欲向問津何處是？惟看元亮酧香醪。

三十六　玉兔耳

想是嫦娥昨夜來，妄將兔耳落天臺；梁園脫跡星精化，老圃棲身玉貌開。
露結一株憑顧守，霜凝三窟任徘徊；疏籬倘與蟾宮近，異日也從白帝回。

三十七　金丹鳳

赤鳳原來朝牡丹，偏居蓮社傲霜寒；翻風欲展千金羽，映日頻張五采翰。
老圖揚雄舒虎爪，東籬放色笑雞冠；倘能變化岐山去，一唱靈音天下安。

岐山鳴後久無觀，訝是化成菊蕊園；彩羽偏垂秋節晚，金精不得曉霜寒。
幾疑天上投朱雀，欲向籬邊遶牡丹；一旦彩陽金羽去，飛騰直振九霄翰。

　　案:「蕊」，同「蕊」。

三十八　醉西施

范蠡未曾到竹籬，秋深忽見吐西施；芳魂不見姑蘇去，醉態偏從蓮社欹。
何用顰眉呈國色？卻將獻盞表天姿；欲知無限沉酣處，只在嬌羞不語時。

　　案:「醉」，形近誤作「酸」。臺灣圖書館原抄本作「醉西施」，《臺北文
　　　　獻》刊本誤作「酸西施」。
　　案:「欹」，原詩亦誤刊作「歌」，據冠甫陳慶煌教授考證改正，迻錄其文
　　　　如下，提供參考觀照。

附:陳慶煌〈「醉西施」小識·賦詩五首并序〉

今查〈醉西施〉:「范蠡未曾到竹籬，秋深忽見吐西施。芳魂不見姑蘇去，
醉態偏從蓮社欹（案:誤刊作「歌」）。何用顰眉呈國色？卻將獻盞表天
姿。欲知無限沉酣處，只在嬌羞不語時。」《臺北文獻》刊本題目作「酸
西施」不若原抄本及《全臺詩》詩題佳。我緣審察某篇研究論文，見其指

明黃敬該詩第四句出韻，心想一代學人，不可能疏漏如是，遂憑韻腳與對
仗，斷定「歌」必為「敬」之訛。嗣復上網檢索《全臺詩》電子資料庫，
果然無誤，順亦推算出黃敬之生年，爰就吾治學究研之心路歷程，賦詩五
首如下云。

讀書丙戌太平橋，敬字景寅生肖虎。弱冠前推誕丙寅，帝當嘉慶成年譜！
知命之前舉貢生，性純孝母硯田耕。福清教諭謙辭去，戊子登仙德業成！
黃氏平生精易理，經師偶詠信能徵。自然景物空靈現，活潑天機妙筆能！
辦如長舌美西施，黃敬入吟詩句奇。收韻歌因形近誤，我今校訂正為敬！
原來底本無差錯，學位論文疏檢索。明察秋毫始置評，兢兢業業期淵博！

三十九　出牆燕

何時飛燕入柴桑？節晚開來盡出牆；叢萼曾經霜剪破，繁葩猶帶紫泥香。
籬疏欲吐呢喃語，徑曲輕翻上下翔；幾日寂寞傷酒後，卻疑王謝舊時堂。

四十　濠梁觀魚

化蝶曾徵夢不虛，閑來無事復觀魚；濠梁相賞歡無極，物我兩忘樂有餘。
目送寄波來又去，心隨吹浪疾還徐；山中自有真情趣，一著天機孰問渠？

四十一　咏小梅

未入羅浮夢裡時，歲寒心緒有誰知？待他識得東風面，始信東風第一枝。

四十二　步咏菊花原韻

秋花不與春花同，朵朵凝霜朵朵紅；一自陶潛歸去後，花魂獨伴主人翁。

昔年元亮性貞剛，獨愛黃花碧傲霜；元亮不知何處去，黃花依舊挺秋芳。

陶潛留下菊花栽，此日凝霜次第開；莫道書軒空冷落，一枝秋色入簾來。

為因陶令咏歸來，若得一枝帶笑開；待我釀成黃菊酒，諸君老圃飲幾杯。

四十三　水仙花

昔年被貶出天臺，迴向群芳立水涯；總為塵緣修未盡，何時修盡返仙臺？

本是空中列眾仙，如何不上碧雲天；只因戀卻非干事，流落芳魂到水邊。

四十四　迎涼草

入夜炎威處處揚，誰家有草獨迎涼？幾時樹在南窗下，一枕薰風午夢長。

四十五　終歸日

負笈從師志益高，青燈紅卷莫辭勞；今朝欲作歸家計，未解先生意若何？

四十六　遇斷橋

佇足長江頭，斷橋水上浮；但聞波湧浪，誰復問東流？

四十七　搭渡船

紛紛細雨落崇朝，欲往關津路甚遙；借問扁舟何處有？牧童遙指在新橋。

四十八　過關渡港

一望青山近，微濛不見家；只因歸思念，那怕浪淘沙？

四十九　歸家將入門

佇足堂門外，姑將整客儀；家中人未覺，稚子已先知。

五十　家中飲酒

壺中有酒瓶中花，花自清香酒自嘉；醉後不知今日事，幾忘此次是吾家。

五十一　庭前新筍半成竹

閑看新筍漸菁菁，半欲成龍半未成；最愛風來時解籜，滿庭蕭洒有餘情。

莫道龍孫尚未成，庭前寒碧正新榮；如今且抱凌雲志，他日干雲眼界橫。

五十二　書齋雨後即景

書齋雨後景依然，夜半將眠未忍眠；錯認流餘階下石，倉徨踏破水中天。

案：「倉」字，此詩作從「彳」部。

五十三　步閨怨元韻

柳色青青鎖玉閨，揮毫欲寫向誰題？妾心萬里君千里，飛夢頻驚五夜雞。

五十四　遊和美將歸遇雨　己丑年

本擬歸期在此朝，那堪風雨落瀟瀟？孤舟未得行方便，又阻江頭兩信潮。

案：己丑年，為道光九年，公元1829年。此詩與以下所見「和美」，當為
「滬尾」（「淡水」古名）之雅稱。考察「滬尾」之名，在康熙四十八
年（1709）至乾隆五十三年（1788）之間，同時出現四種寫法：滬
尾、扈尾、戶尾、虎尾，而且唸法都是閩南語「Ho-be」的近音。此
外，一幅珍藏在臺北故宮博物院，繪製於雍正年間《臺灣附澎湖群島
圖》的古地圖中，明白繪出在「淡水營」的西方有一「扈尾社」，正
好印證黃叔璥（1682-1758）《臺海使槎錄》所記：「（紅毛小城）城西
至海口，極目平衍，名虎尾，今澹水營所駐也。」而一份嘉慶二十五
年（1820）簽立的「給佃批字」寫作「和美」，另一份道光六年
（1827）簽立的「收磧地銀字」則寫作「戶美」，且現今仍立於淡水
「福佑宮」正立面，落款刻著「道光己亥年仲冬修」（道光十九年，
1839）的一根石柱上，則寫作「滬美」。

五十五 江頭訪舟 己丑年在和美作

歸心已急意難留，欲向長江問水流；船去船來波浪際。如何不見故園舟？

五十六 東鄰吹笛 己丑年在芝東，步許先生元韻

忽聞玉笛暗聲施，知是鄰家信口吹；一曲歌殘人未散，餘音颺入讀書帷。

五十七 尋友不遇留題一絕 己丑年在芝東作

四壁無人笑語聲，一朝逸菊弄陰晴；只因歸思茫茫急，不復與君話別情。

五十八 秋社竹枝詞

相逢相問屬秋天，共說今年勝舊年；田祖有神宜報賽，吹簫擊鼓備芳筵。

盤有染兮鼎有牲，同來祀社告西成；祭餘不用留神惠，相勸庄人酒共傾。

酒酣耳熱歌聲起，翹首村村夕照微；散社忍教相別去，醉聞簫管又忘歸。

五十九 步高梅園書齋元韻 辛卯年作

聞說書齋倚嶺坪，前村花柳翠相迎；庭前俗客紅塵遠，座有高人雅韻生。
筆到泉涯泉落處，詩題石壁石留名；寄聲報與仙翁道，異日登臨伴我行。

卜築書齋倚屯坪，萬千氣象對君迎；瀠洄曲水窗前繞，倒寉青雲足下生。

夜靜池塘魚讀月,春深岩谷鳥呼名;此中自覺天衢近,寄語登高共一行。

新築書齋卜地坪,春風桃李一門迎;谷中人向苔衣坐,樹外人從鳥道生。
芳草有神應入夢,好花無數不知名;登高覓卻盡頭處,回首山光逐我行。

　　案:辛卯年,為清宣宗道光十一年,公元1831年,黃敬時年26歲。
　　案:「窑」,音同「桌」,從穴從卓,卓亦聲。「卓」意為「高」,「穴」與
　　　　「高」合意,故其本義為「高山上的洞穴」或「高崖上的洞穴」。

六十　步陳晴川書齋元韻　辛卯年作

書齋蕭洒好閒遊,雲物淒凉一色秋;倚檻敲詩花欲笑,臨池洗硯水長流。
松篩月色橫窗古,竹弄金聲入院幽;此日流觴欣暢飲,何時樽酒再重酬?

六十一　步高梅園書齋元韻　壬辰年作

世事浮雲不一端,高人托足在深巒;因尋樵徑苔粘履,為問花枝露滴冠。
樹隱夕陽空外落,池生春草夢中看;幾回借問屯山路,積雪如今殘未殘?

千岩萬壑出雲端,不及屯陰一翠巒;水遶山腰環玉帶,露垂石髮綴珠冠。
有時月自蚌中吐,是處花從鳥道看;遙憶雲峯高士在,書聲徹夜雨聲殘。

高齋聳峙北山端,大塊文章聚此巒;天織雲霞為繡錦,地栽草木作衣冠。
舉頭銀漢雙星近,回首滄浪一粟看;有客登臨憑借咏,一聲唱徹雪花殘。

　　案:壬辰年,為清宣宗道光十二年,公元1832年,黃敬時年27歲。

六十二　步陳晴川書齋元韻　壬辰年作

書齋隔斷俗塵緣，托足莫嫌此地偏；雨後庭陰空翠落，春深樹靄入聲傳。
案前青史窗前竹，雲外飛鳶物外天；教罷兒童時翹首，千秋白雲滿山巔。

晴川瀟洒脫塵緣，卜築最宜枕地偏；三徑苔沉牛隻過，數家風動竹聲傳。
笑談世事渾如夢，指點人間別有天；欲擬舞雲歸詠事，振衣直拂北山巔。

六十三　壬辰年閏九月芝東　諸先生咏庭菊步其元韻

春旹種菊吐穐時，不在山兮不在籬；對景酣情思信酒，傍人帶笑欲催詩。
月添九九香添溢，遜卻三三色卻宜；為問屈原今已往，餐英誰憶楚江詞？

案：「旹」，「時」之古文。下「穐」，則為「秋」之古文。

六十四　贈林宗衡

奇才博學冠群倫，淡北誰人不識君；昔日猶疑空美譽，今朝始信無虛聞。

案：曾迺碩、王國璠纂修：《臺北市志》（臺北：臺北市文獻委員會，1988
年），卷九〈人物志‧賢德篇〉，頁24-25，傳曰：「林宗衡，字壽卿，
福建安溪人，亦說晉江人，父商於艋舺，遂落籍。宗衡生而穎慧，文
史技藝，自然通解。性耿介，與人交，無利己之見。清道光中（約公
元1835年左右），以學優選歲貢生。不屑時名，怠於進取，築書齋於宅
第之外，四週皆園圃，植花木、藥草，躬自灌芟。某歲，淡北大水，
災民奔避，不得食。宗衡出所蓋藏，按口賑濟，賴以活者無計，有善
名。咸豐二年（公元1852年），洋匪紀貓生犯滬尾，羅阿沙

偽將吳阿班乘機寇艋舺。參將蘇斐然協同兵勇,加意巡防。惟其際大
難方滋,餉糈難繼。詔宗衡為籌餉委員,不就。然慷慨捐輸,不遺餘
力。工詩文,今存世者有〈李錫九行樂圖序〉。光緒元年(公元1857
年)卒,年不詳。」張子文、郭啟傳、林偉洲撰:《臺灣歷史人物小
傳──明清暨日據時期》(臺北:國家圖書館,2003年12月),頁
246,多本於此傳,而所記較明確者有二:其一,「道光二十二年
(1842)以學優成歲貢。三十年淡北大水,飢民載道,宗衡出所藏,
賴以活者無數。」其二,「咸豐二年(1852)洋匪紀貓生犯滬尾,羅
阿沙偽將吳阿班復寇艋舺,宗衡貢銀五千兩為官軍兵餉助勦。事平,
賞六品銜,教諭即用。辭以母老,終身不仕,但以詩文自娛。」

六十五　有一書生落魄風塵,賣字為活,題詩相贈,步其元韻。

浪跡江湖未了期,勸君莫怨命途奇;書傳鳥跡堪欣賞,楚挽白駒共縶維。
一旦名登龍虎榜,三春身到鳳凰池;歸舟借問將何處,他日親尋童子帷。

六十六　寄張文鳳

憶昔西窗慶樂群,那堪風雨悵離分?愁來漫感三春樹,夢破空懸萬里雲。
隔斷青山頻頻盼,瀠洄秋水不堪聞;何時春酒還相會,重與燈前細論文。

六十七　贈陳晴川　春夜持文數篇來齋裡

西窗一別已成塵,誰想今宵遇故人?細玩篇章皆錦繡,閑看筆墨盡清新。
舊愁已送三江水,離恨偏開一夜春;未審孤舟歸去後,何時再與君為鄰?

六十八　問病不遇

問君有病病何如？此日特來訪起居；未審高踪何處去？空餘案上古今書。

六十九　經芝東完債，並問起居，留題一絕。

與君四載結同心，此日還來問好音；完債將歸完箇信，故人一諾重千金。

七十　訪友不遇，留題一絕。

為愛高踪日日來，重門不鎖自推開；伊人可是歸何處？空使蒹葭咏溯洄。

　　案：「蒹」，誤刻作「兼」；「蒹葭」，即蘆葦。此句援引《詩經・秦風・蒹葭》詩句作意。

七十一　偶感

俗塵萬事不關情，助我書懷鳥數聲；教罷兒童歸去後，青燈獨對月三更。

風濤入夜夢難成，起視青燈暗復明；幾次欲眠眠不得，曉聲猶聽讀書聲。

七十二　秋山如粧

畫出秋山景，揮毫憶郭熙；如粧容可挹，有貌瘦偏奇。

木落搖成櫛，煙輕淡掃眉；新晴開寶鏡，紅葉落胭脂。

髮借羅雲聚，簪攀斗柄移；雨餘膏沐足，濃抹亦相宜。

七十三　水心雲影寒相照

水流心不競，雲在意俱閑；十里光相照，千層色共環。

傳神若靉靆，展鏡映青鬟；得趣翻三浪，多緣情一灣。

高低分若合，上下離犹關；飲畢情無既，乘舟帶月還。

七十四　時有水禽啼

望洋空渺渺，惟見水禽兮；泛泛隨流轉，時時進閣啼。

聲喧波上下，韻徧浪東西；邈矣天機動，居然樂事齊。

鶯聲皆莫亂，燕語豈相迷？另有知音在，休嫌落碧溪。

七十五　十日畫一水

畫水推王宰，巧符計日需；旬間成一幅，迎月得三圖。

筆氣悠揚在，形流仔細摹；天干期已滿，雨候信相符。

浪逐毫高下，波隨墨有無；濟川堪取象，學海莫模糊。

案：「畫」，此本都作「画，為「畫」之異體古字。

七十六　吳剛伐桂

月桂誰能伐？吳剛入廣寒；將開偏又合，欲斷甚為難。

斧韻流天府，刀聲滿玉盤；依然枝不改，便覺蕋迎丹。

枉費工夫就，徒勞氣力殫；匠心如可告，劍鋏不空彈。

七十七　冷露無聲濕桂花

別有秋宵露，添來桂蕋清；降時如有意，濕去更無聲。

只看珠光墜，難聞玉韻鳴；一枝空冷冷，數點自輕輕。

子落天香靜，神流爽氣橫；高攀當丙夜，月色正三更。

案：「蕋」，「蕊」之俗字。

七十八　仝

玉宇清輝冷露流，無聲細濕一枝秋；誰知寂寂高寒意？只為天香滿月樓。

七十九　古樂府長歌行

堪笑露中葵，匪陽更不晞；花花自相映，葉葉自相依。一朝時已易，
頓隨秋草衰；人生若大夢，處世客未歸。早勵青雲志，誰堪白首悲？

八十　擬曹子建美女篇

我出東門關，有女美且閑；兩目相顧盼。如何腹如山？
鬒髮為雲鬐，蛾眉月畫彎；頭上藍田碧，耳中翠玉環。
不出折其枝，現出雙全擐；被服鮮且麗，金釵墜翠鬐。
觀者盈道畔，無不羨芳顏；問女何所居？乃在城之闤。
高墙垂楊柳，珠簾綴水難；守貞猶未字，別擇覓維難。
眾媒何忙逼？聘幣不時安；佳人重節義，不貴金千鍰。
願得一人心，携手同車還。

　　案：「鬒」，音縝，形容頭髮又黑又密。
　　案：「擐」，音煥，穿戴之意。但因此處為韻腳，當讀如「環」，此句「雙
　　　　全擐」，意指雙手都穿戴著玉環。
　　案：「闤」，音環，市垣也。

八十一　擬曹子建白馬篇

勇在遊俠兒，驅馬北山陲；馬頭黃金絡，馬尾白絲垂。
銀鞍何烔爍？金鞭任指麾；馳驅未及半，猛獸過山陂。
彎弓並搭箭，一發獲雙羆；仰手方欲捉，俯身又再馳。
觀者咸稱善，眾工歸我奇；餘巧未乃展，羽書從北移。

八十二　勸學歌

列位諸君聚一堂，何人不是讀書郎？我今把筆閒敲句，奉勸知心語數行。
書千卷、冊萬箱，君今不學曰無傷；盍念古人傳世句，為人不學如牛羊。
年方富、力方充，君今不學曰無妨；荏苒韶光不我待，老來方悔少年場。
日又永、夜又長，勸君早學勿徬徨；寸陰易過時時惜，十載寒窗當自強。
春交夏、秋交冬，勸君須早勿太康；自古聖賢皆苦讀，匡衡昔日尚偷光。
槐花黃、桂花香，花花催迴少年狂；萬里青雲誠得志，功名早達帝王鄉。
君不見古來名士，買臣負薪、李密掛角、孫敬懸樑；
君不見當朝宰相，官居一品、位至三公。
許時節，何等高超？何等軒昂？

八十三　勸學歌十則

古聖賢，惜光陰；惜光陰，一分值得百萬金。
那堪枉卻千千丈，誤了白駒沒處尋。

二則

從今後，莫錯過；莫錯過，鳥飛兔走疾如梭。
年華隨水滔滔去，亟向中流挽急波。

三則

天未明，讀古經；讀古經，千秋事業炳日星。
須從疑處方能悟，未到熟時不可停。

四則

日將午，讀詩詞；讀詩詞，古調新吟件件宜。
服處還當臨晉帖，穿殘鐵硯一片錐。

五則

日向暮，讀古史；讀古史，百家子史甚殷勤。
省些無益閒言語，多閱奇書廣見聞。

六則

夜未艾，讀佳篇；讀佳篇，摘取名家時派研。
誦到精神團結處，燈花吟咐好加鞭。

> 案：「夜未艾」，語出《詩經・小雅・庭燎》：「夜如何，其夜未央？庭燎之
> 光。君子至止，鸞聲將將。夜如何，其夜未艾？庭燎晰晰。君子至
> 止，鸞聲噦噦。夜如何，其夜鄉晨？庭燎有煇。君子至止，言觀其
> 旂。」其中，「夜未央」之「央」，久也；「夜未央」，夜未久、夜未
> 深。「夜未艾」之「艾」，老也；「夜未艾」，夜未老、夜未深。

七則

或課藝，練氣機；練氣機，雕龍繡虎任毫揮。
筆花總入勤儒夢，柳汁不沾惰士衣。

八則

多閑戶，少嬉遊；少嬉遊，世態蒸人氣易浮。
執袂拍肩相逐逐，春場馳鶩起風流。

九則

遲一刻，缺一功；缺一功，學業不絕腹笥空。
我這數言當木鐸，諸生莫作耳邊風。

十則

宜勉力，勿徘徊；勿徘徊，人人盡是棟樑材。
眼前多少龍門客，那箇不是燒尾來？

八十四　題漁樵耕讀圖

漁

古岸斷，扁舟橫；老漁夫，醉未醒。睡未醒，隔江處，有人喚渡不聞聲。

樵

山徑曲，野橋新；三樵客，兩擔薪。兩擔薪，憩道左，少年人待老年人。

耕

路迂迴，田旋轉；老農夫，驅牛返。牛不行，行不遠，適遇妻兒來餂飯。

讀

一竹籬，一茅屋；一先生，課徒讀。學而習，習而熟，不亦悅乎不亦樂！

附錄一
黃敬《觀潮齋詩集》補遺二首

一　雞籠竹枝詞

萬頃波濤一葉舟，無牽無絆祇隨流；須臾滿載鱸魚返，販伙爭沽鬧渡頭。

案：偶然於網路檢索得〈臺灣竹枝詞〉，錄有〔清〕黃敬〈雞籠竹枝詞〉
一首，未見刊於《觀潮齋詩集》，錄存補遺。嗣後，索獲得閱王國
璠、邱勝安：《三百年來臺灣作家與作品》（高雄：臺灣時報社，《臺
灣時報叢書》，1977年8月），〈關渡先生黃敬〉（頁89-91），其頁91文
末，曰：「他的《觀潮齋詩集》，也沒有印行，但從王松的《臺陽詩
話》中的徵引，可以看出大有可觀。例如〈基隆竹枝詞〉云：『萬頃
波濤一葉舟，無牽無絆祇隨流；須臾滿儎鱸魚返，販伙爭沽鬧渡
頭。』」更可驗證此詩為黃敬《觀潮齋詩集》遺收作品，自應增補。
至於詩題作〈基隆竹枝詞〉或〈雞籠竹枝詞〉，只是古今名稱差異，
其實無別。至於，「儎」為「載」之異體，《彙音寶鑑・皆下去聲》
曰：「儎，舟車運物，同載。」王松：《臺陽詩話》（南投：臺灣省文
獻委員會，1994年）第158則，錄曰：「黃景寅歲元敬，淡水關渡人。
性孝友，喜讀書，著有《易經理解》及詩文集。有〈基隆竹枝詞〉
云：『萬傾波濤一葉舟，無牽無絆祇隨流。須臾滿載鱸魚返，販伙爭
沽鬧渡頭』。寫影寫聲，情景如繪。」此詩也收於連橫：《臺灣詩乘》
（南投：國史館臺灣文獻館，1992年），陳漢光：《臺灣詩錄》（南
投：臺灣省文獻委員會，1984年）。

二　二重溪

重泉聲裡獨徘徊，曾為先翁採藥來；怪底餘香至今在，四時芝尤有花開。

　　案：本詩未刊於《觀潮齋詩集》，係筆者臺灣師範大學國文學系碩士指導
　　　　學生高慧芬女棣，於撰寫學位論文「關渡先生黃敬《觀潮齋詩集》研
　　　　究」時，檢索比對《觀潮齋詩集》與《全臺詩》收錄資料時所發現。
　　　　本詩收錄於林文龍編：《臺灣詩錄拾遺》（臺中：臺灣省文獻委員會，
　　　　1979年出版），頁69。又臺灣大學臺灣文學研究所黃美娥教授編校
　　　　《全臺詩作品集》，也註明：「此詩收於林文龍《臺灣詩錄拾遺》。」

附錄二
黃敬生年試探・《觀潮齋詩集》略評*

陳慶煌

　　關渡先生黃敬（1806-1888），字景寅，淡水廳芝蘭堡干豆（關渡）莊人。少孤，母潘氏守節撫之。安溪舉人盧春選來臺設教，敬師事之，承傳《易》學。咸豐四年（1854）甲寅，膺歲貢，嗣授福清教諭，性純孝，以母老辭。設帳莊中天后宮內，勤苦課徒，先後肄業者數百人，與曹敬、鄭用錫、李望洋、陳維英並列北臺五大宿儒。遺著有《易經總論》、《易經義類存編》、《古今占法》、《觀潮齋詩》。

　　因詩僅一卷，共一百五十二首，係稻江陳鐵厚所蒐羅謄錄，經雪漁謝汝銓于昭和己卯（1930）蒲節通篇瀏覽，並為之撰序。稱其詩風輕清流利，典贍風華。余根據黃氏〈九日登高偶作〉一詩，而臺灣分館原抄本題作「丙戌（1826）年在太平橋讀書」；再由「景寅」之字，考其生肖必屬虎，遂定其為清嘉慶十一（1806）丙寅年出生，廿一歲讀書太平橋，廿四歲遊和美，在芝東步韻東鄰吹笛。卅九歲舉貢生，授業著書，偶事吟詠，門人楊克彰亦擅《易》理，能宏揚師說。先生于光緒十四（1888）戊子年辭世，享八十三春秋，古云治經多長壽，信然。

---

* 　案：收入於陳慶煌冠甫2019年6月29日《心月樓詩文集・龍泉集・己亥詩卷》，筆者獲贈，特錄於此供參。又改作〈《金臺詩・觀潮齋詩》作者黃敬生年之推測及其他〉一文，刊於《中華詩學》（臺北：中華詩學研究會），第38卷第3期（總152期）夏季出版，2021年6月，頁16-20。

經學研究叢書・經學史研究叢刊 0501A03

黃敬《易經初學義類》校釋　附:《觀潮齋詩集》

原　　著　〔清〕黃景寅
校　　釋　賴貴三
主　　編　簡逸光
責任編輯　呂玉姍
特約校對　林秋芬

發 行 人　林慶彰
總 經 理　梁錦興
總 編 輯　張晏瑞
編 輯 所　萬卷樓圖書股份有限公司
　　　　　臺北市羅斯福路二段 41 號 6 樓之 3
　　　　　電話 (02)23216565
　　　　　傳真 (02)23218698

發　　行　萬卷樓圖書股份有限公司
　　　　　臺北市羅斯福路二段 41 號 6 樓之 3
　　　　　電話 (02)23216565
　　　　　傳真 (02)23218698
　　　　　電郵 SERVICE@WANJUAN.COM.TW
香港經銷　香港聯合書刊物流有限公司
　　　　　電話 (852)21502100
　　　　　傳真 (852)23560735

ISBN 978-986-478-494-3
2021 年 11 月初版
定價:新臺幣 860 元

如何購買本書:
1. 劃撥購書,請透過以下郵政劃撥帳號:
　　帳號:15624015
　　戶名:萬卷樓圖書股份有限公司
2. 轉帳購書,請透過以下帳戶
　　合作金庫銀行 古亭分行
　　戶名:萬卷樓圖書股份有限公司
　　帳號:0877717092596
3. 網路購書,請透過萬卷樓網站
　　網址 WWW.WANJUAN.COM.TW
大量購書,請直接聯繫我們,將有專人為
您服務。客服:(02)23216565 分機 610

如有缺頁、破損或裝訂錯誤,請寄回更換

國家圖書館出版品預行編目資料

黃敬<<易經初學義類>>校釋,附:<<觀潮齋詩集
>> / 〔清〕黃景寅原著;賴貴三校釋;簡逸
光主編.-- 初版.-- 臺北市:萬卷樓圖書股份
有限公司, 2021.11
　　面;　公分.-- (經學研究叢書;501A03)
ISBN 978-986-47-494-3(平裝)

1.易經　2.研究考訂

121.17　　　　　　　　　　　　　110013740